V&R

Meinem Freund und Lehrer
Rune Jarleman

BERNHARD ROTHEN

Die Klarheit der Schrift

Teil 1: Martin Luther
Die wiederentdeckten Grundlagen

VANDENHOECK & RUPRECHT
IN GÖTTINGEN

CIP-Titelaufnahme der Deutschen Bibliothek

Rothen, Bernhard:
Die Klarheit der Schrift / Bernhard Rothen. –
Göttingen : Vandenhoeck u. Ruprecht

Teil 1. Martin Luther : die wiederentdeckten Grundlagen. –
1990
ISBN 3-525-56111-3

© 1990 Vandenhoeck & Ruprecht, Göttingen.
Printed in Germany. – Das Werk einschließlich aller seiner Teile
ist urheberrechtlich geschützt. Jede Verwertung außerhalb
der engen Grenzen des Urheberrechtsgesetzes ist ohne
Zustimmung des Verlages unzulässig und strafbar.
Das gilt insbesondere für Vervielfältigungen, Übersetzungen,
Mikroverfilmung und die Einspeicherung und Verarbeitung
in elektronischen Systemen.
Gesetzt aus Garamond auf Digiset 200 T 2.
Gesamtherstellung: Hubert & Co., Göttingen.

Inhalt

Einleitung: Aufgabenstellung und Vorgehen
Die Notwendigkeit eines neuen und vorbehaltlosen Fragens . . 7

    Im Ringen um die Grundlagen 7
    „Das Schriftprinzip" 8
    „Die Krise des Schriftprinzips" 11
    Die Möglichkeit eines neuen Verstehens 15
    Luthers Theologie im Lichte ihres Ursprungs 24
    Die Grundvoraussetzung 29
    Freude an „festen Behauptungen" (Ton, Stil und Form der Arbeit) . . 31

1. Kapitel: Im Umgang mit der Sache
Gottes Wort und die Heilige Schrift 34

    Der gepredigte Gott 34
    Der nicht gepredigte Gott 36
    Das mündliche und das geschriebene Wort 38
    „sola scriptura" 40
    „Die Bibel" – der Kanon 44
    Gottes Werk und Eigentum (Der Beweis) 55
    Keine Lehre von der Heiligen Schrift 69
    Luthers letztes Wort 73

2. Kapitel: Die Sache für uns: Die Klarheit der Schrift 79

    2.1. Das erste Prinzip und seine Bewährung 79

        Schrift und Tradition („Die Schrift allein" in der communio sanctorum) 79
        Die zweifache Klarheit der Schrift 83
        Die Bewährung im Streit 95
        „Helle, dürre Sprüche", die „mit klarem Verstand uns zwingen" (Der Abendmahlsstreit) 98
        Diener ihres Herrn und Königs (Gegen die scholastische Theologie) 108
        „Den Schwätzern den Mund gestopft" (Der Streit mit Erasmus) . 115

  Gottes Wort und der natürliche Gottesgedanke 125
  Das offenbare Geheimnis 134

 2.2. Die Klarheit der Schrift und „die Hure Vernunft" 142
  „Das Licht scheint in der Finsternis" 142
  Der ganze Mensch 151
  „Der Gerechte wird leben aus Glauben" 151
  Die „Einheit des Seins" und die biblische Antithetik 162
  Das Opfer der Vernunft 171

 2.3. Die Klarheit der Schrift „ins Licht gesetzt" (Natur und Gnade) 174
  Die Erleuchtung der Vernunft 174
  Das Kommen des Wortes – die Voraussetzung der Freiheit . . . 180
  Die natürliche Vernunft („ein Loch im Reich des Teufels") 190
  Die Lust am theologischen Denken (Die Wahrheit und die Wahrheiten) 203
  Der Weg der evangelischen Theologie 209

3. Kapitel: Das Anliegen: Die Gewißheit des Wortes – „Dafür setze ich meine Seele" 223
 Luthers Katholizität 223
 Gewißheit 227
 „Die Gerechtigkeit Gottes" 241

Ausblick: Luthers Grundprinzip als umfassende Anfrage an die heutige theologische Arbeit 247

Literaturverzeichnis 255

Personenregister 261

Einleitung: Aufgabenstellung und Vorgehen
Die Notwendigkeit eines neuen und vorbehaltlosen Fragens*

Im Ringen um die Grundlagen

Mit der vorliegenden Arbeit suche ich einen neuen Zugang zu finden zu den Grundfragen aller Theologie.

1526 hat Albrecht Dürer sein letztes großes Werk, „Die vier Apostel", unterschrieben mit Sprüchen des Neuen Testamentes, die warnen vor falschen Propheten und ihren Sekten, vor dem Geist, der gottlos ist, weil er ohne Bindung an den Menschgewordenen wirkt, vor ehr- und habsüchtigen Schriftgelehrten und vor letzten, greulichen Zeiten menschlicher Selbstherrlichkeit[1]. Immer und überall war die Kirche und

---

* Die Werke Martin Luthers werden nach der Weimarer Ausgabe zitiert (Weimar 1883 ff.), und zwar mit der bloßen Angabe der Band-, Seiten- und Zeilenzahl. Diesen Zahlen sind die folgenden Abkürzungen vorangestellt, wenn es sich um eine Sonderreihe handelt:
Br: Briefwechsel
DB: Deutsche Bibel
TR: Tischreden
Die Zitate werden, wenn dies nicht im Text selber geschieht, datiert, mit Ausnahme der häufig zitierten Schriften, bei denen dem Leser zugemutet werden darf, daß er die Stellenangabe selber mit der entsprechenden Jahreszahl verbinden kann. Ein Überblick über diese häufig zitierten Schriften und ihr Erscheinungsjahr findet sich am Anfang des Literaturverzeichnisses am Schluß der Arbeit.
Die Zitate aus den deutschen Schriften Luthers werden behutsam und ohne zu schematisieren dem heutigen Sprachgebrauch angeglichen. In der Regel geschieht das im Anschluß an die Ausgaben von H.H. Borcherdt und G. Merz (München) oder an diejenige von K. Aland (Luther Deutsch, Göttingen). Dabei bin ich aber bemüht, den originalen Luthertext stehen und wirken zu lassen mit allem, was er durch seine klanglichen und rhythmischen Schönheiten über die grammatikalische Korrektheit und sprachliche Logik hinaus zu sagen vermag. Gerade auch den Unebenheiten und der Knappheit, in welcher nicht alle Abhängigkeiten ausformuliert werden, verdankt Luthers Sprache ihre gute Lesbarkeit. – Auch die Übersetzungen aus dem Lateinischen folgen in der Regel den erwähnten Ausgaben; die Übersetzungen des Großen Galaterbriefkommentars sind der Ausgabe von H. Kleinknecht entnommen (Göttingen 1980).
Im übrigen beziehen sich die verwendeten Abkürzungen auf die 3. Auflage der RGG.
[1] Das Bild, das vielleicht besser die zwei Evangelisten und die zwei Apostel genannt werden sollte, vermachte der Maler seiner Vaterstadt Nürnberg zwei Jahre vor seinem

ihre Verkündigung aufs äußerste gefährdet. Immer und überall drohen rationale Vorurteile und zügellose Schwärmereien, menschliche Rivalitäten und Selbstsicherheiten verschiedenster Art den Blick für die Aufgabe der Kirche zu verstellen und die Grundlagen für ihr Wirken zu verschütten; und stets wird dadurch in den getauften Völkern die gesamte Kultur in eine Krise geführt. So ist es die Aufgabe jeder Generation, um die Erhaltung und Wiedergewinnung der Grundlagen zu ringen, und die Gebildeten haben durch ihr Denken an dieser Aufgabe mitzutragen. Die hier vorliegende Arbeit möchte dazu ein Beitrag sein.

Ad fontes! Sapere aude! So klingen vom Altertum her, durch die hohen Zeiten kirchlicher Macht hindurch, die Wahlsprüche der Renaissance, der Reformation und der Aufklärung auch in unsere Zeit hinein. Mit frischen Erwartungen hinter die schulmäßigen Antworten zurückzugehen, möglichst furchtlos die Fragestellungen selber in Frage zu stellen und so nach neuen Möglichkeiten des Verstehens zu suchen, das ist der Weg, der dem Forschenden in dieser Tradition gewiesen wird. Dieser Weg hat mich zum Werk Luthers geführt, und innerhalb dieses Werkes zu dem, was Luther selber als die alles tragende Voraussetzung und die alles befruchtende Quelle seiner Arbeit herausstellt: Die Klarheit der Schrift.

„Das Schriftprinzip"

Vom Papst gebannt, vom Kaiser mit der Acht bedroht und von zahlreichen Gegnern mit der Autorität von Konzilsbeschlüssen und altehrwürdigen Überlieferungen bedrängt, hat Luther 1520 die Grundlagen für sein bisheriges Forschen und die Voraussetzungen für sein hartnäckiges Festhalten an den gewonnenen Erkenntnissen zusammenzufassen und einsichtig darzulegen versucht. In der „Bekräftigung aller Artikel"[2] wird die Heilige Schrift aus der Fülle der Kommentare und aus dem Strom der Tradition herausgehoben und als die Quelle und Richterin aller theologischen Erkenntnis über alle anderen Mittel zur Wahrheitsfindung gestellt. Die Schrift sei „in sich völlig gewiß, leicht zugänglich und durch und durch offen, sie lege sich selber aus und bewähre, richte und erleuchte allen alles"[3], die Schrift sei deshalb, „wie sie sagen", „das erste Prinzip" der Theologie, insofern nämlich, als man ihre Worte als

---

Tod. Es ist sein letztes großes Werk und darf als sein geistiges Vermächtnis angesehen werden. Dürer zitiert 2. Petr 2, 1 f.; 1. Joh 4, 1–3; 2. Tim 3, 1–7 und Mk 12, 38–40 (Dürer S. 135 f.).

[2] „Assertio omnium articulorum" (7, 94 ff.). Die von Luther selber besorgte Übertragung ins Deutsche folgte ein Jahr später, 1521: „Grund und Ursach aller Artikel" (7, 309 ff.).

[3] „... ipsa per sese certissima, facillima, apertissima, sui ipsius interpres, omnium omnia probans, iudicans et illuminans ..." (7, 97, 23 f.; vgl. 317, 1–9).

erstes zu lernen und mit ihnen alles andere zu prüfen habe[4]. Diese assertorischen Sätze Luthers sind die erste Formulierung dessen, was dann als „das protestantische Schriftprinzip" in die dogmatischen Lehrbücher der evangelischen Kirchen eingegangen ist.

Dieses „Schriftprinzip", so sieht es der moderne, historisch denkende Theologe, sei zu Luthers Zeit ein allseits „einleuchtender Schlachtruf" gewesen, ihm sei es wesentlich zu verdanken, daß Luthers universitäre Theologie in breiten Schichten begeisterte Aufnahme finden konnte[5]. Für uns „diesseits der Reformation" sei diese Begründung der Theologie aber nicht mehr überzeugend[6].

Eine solche Sicht ist aber historisch und sachlich irreführend. Luthers Ausführungen über sein „Grundprinzip" waren zu keinem Zeitpunkt eine Selbstverständlichkeit, auf der er ohne weiteres hätte aufbauen und für seine Zeitgenossen einleuchtend und verständlich das Werk der Reformation hätte begründen können. Im Gegenteil wurde der Weg der evangelischen Theologie von allem Anfang an gerade an diesem Punkt radikal in Frage gestellt, und von Anfang an blieb zwischen den sich bildenden Kirchen gerade da ein grundlegendes Unverständnis stehen. Luther, so schreibt Erasmus sechs Jahre später, sei es bislang seinen Gegnern schuldig geblieben, seine Sicherheit an diesem Punkt glaubwürdig zu machen[7].

Wie kann Luther behaupten, die Schrift lege sich selber aus – und gleichzeitig darlegen, wie vor ihm ganze Generationen sie mißverstanden haben, fragt Erasmus[8]. Zeugt nicht die Auslegungsgeschichte der Bibel unübersehbar deutlich davon, wie die Schrift von ihren Auslegern stets wieder mißverstanden und verdreht wird, „bis es ihnen zur Bestätigung ihrer Meinung dient"[9]? Deshalb stellt schon Erasmus mit sachlicher Nüchternheit fest: Wenn es in der Verbindung von Schrift, Tradition und kirchlichem Amt schon ein „Allein" geben muß, das eine dieser Größen heraushebt und den andern vorordnet, dann kann dies nicht

---

[4] Ps 119,130 lehrt, „Einsicht werde allein durch Gottes Worte gegeben, gleich als durch eine Tür oder ein Offenes oder, wie sie es heißen, ein erstes Prinzip, mit dem anfangen muß, wer zu Licht und Verständnis eintreten will" („... illuminationem et intellectum dari docet per sola verba dei, tanquam per ostium et apertum seu principium (quod dicunt) primum, a quo incipi oporteat, ingressurum ad lucem et intellectum" 7,97,26 ff.).

[5] Oberman, Luther, S. 236.

[6] AaO. S. 235, vgl. Ausblick Anm. 2 und 4.

[7] Hyperaspistes, S. 488. Auch Cajetan hat in der entscheidenden Begegnung mit dem werdenden Reformator ein bibelkritisches Argument ins Spiel gebracht, indem er auf den Irrtum des Evangelisten hinsichtlich des Prophetennamens (Mt 27,19) verwies und damit die Unhaltbarkeit einer Berufung auf die „Schrift allein" deutlich machen wollte (TR 5,79,29 f.; no. 5349; 1540).

[8] De libero arbitrio, S. 26 (Ib 4).

[9] „... quicquid legunt in scripturis, detorquent ad assertionem opinionis, cui se semel mancipaveunt ..." (aaO. S. 6; Ia 4).

die Schrift sein, die wehrlos allen Mißbräuchen ausgeliefert ist, sondern es muß das Lehramt sein, das in den aktuellen Fragen sich zu äußern und gegen verzerrte Deutungen sich aktiv zur Wehr zu setzen vermag. Zwar möchte gerade Erasmus gerne manches in der Schwebe lassen. Aber wenn entschieden sein muß, so sagt er in einer augenfälligen Bescheidung, dann gelten neben der Autorität der Schrift die „Entscheidungen der Kirche", „denen ich mein Urteil in allen Stücken gerne unterordne, einerlei, ob ich ihre Anordnungen verstehe oder nicht"[10]. Damit macht sich Erasmus zaghaft auf den Weg, den die römische Kirche bis heute mit ruhiger Selbstgewißheit gegangen ist, und auf dem es trotz aller grundsätzlichen Weite und trotz der erneuten Hinwendung zur Schrift auch ein schroffes „Allein" geben muß: „Die Aufgabe aber, das geschriebene oder überlieferte Wort Gottes verbindlich zu erklären, ist *nur* dem lebendigen Lehramt der Kirche anvertraut", heißt es in der „Konstitution über die göttliche Offenbarung" des Zweiten Vatikanischen Konzils[11].

Unter dem Eindruck dieses Einwandes, noch mehr aber im Hinblick auf die tatsächlich erschreckend rasch sich zeigende Uneinigkeit in der sogenannt reformatorischen Schriftauslegung (auf die schon Erasmus wiederholt hinweist[12]), hat Luther 1525 noch einmal die Grundannahme seiner Arbeit dargestellt und ist dabei noch einen Schritt weiter gegangen: Er unternimmt es, sein „Grundprinzip" nicht nur axiomatisch zu behaupten, wie das nach den Regeln der Logik doch die einzige Möglichkeit wäre, sondern es zu *beweisen*[13]. Und er beschreibt es, in ausdrücklicher Front gegen die „Schwärmer", „die ihre Zuflucht zur Prahlerei mit dem Geist nehmen"[14], noch einmal präziser als die zweifache, nämlich die innere und die äußere Klarheit der Schrift.

So versucht Luther, im bewußten Gegenüber zu seinen Gegnern zur Rechten und zur Linken, der Kirche den Weg zu weisen zu ihren Grundlagen. Nicht ein kirchliches oder wissenschaftliches Lehramt, aber auch nicht eine innere Erleuchtung und ein persönliches Zeugnis des Geistes sollen das erste und das letzte Wort haben im Leben der Kirche, sondern diese herausragende Ehre gebührt der Schrift – der Schrift *allein*. Was das bedeutet, wie Luther es entfaltet und durchgehalten hat und zu welchen Konsequenzen es ein heutiges Denken führt, das möchte diese Arbeit nachzuzeichnen versuchen.

---

[10] „... ecclesiae decreta ..., quibus meum sensum ubique libens submitto, sive assequor, quod praescribit, sive non assequor" (aaO., ähnlich Hyperaspistes, S. 252).
[11] Der lateinische Text macht den Bezug zu den reformatorischen „particula exclusiva" noch augenfälliger: „Munus autem authentice interpretandi verbum dei scriptum vel traditum *soli* vivo Ecclesiae Magisterio concreditum est ..." (S. 28 ff., Hervorhebung von mir).
[12] Hyperaspistes S. 204 u. 494.
[13] 18,653,13ff.; s.u. S. 56ff.
[14] „istis Phanaticis", „qui refugium suum ponunt in iactantia spiritus" (18,653,2f.).

"Die Krise des Schriftprinzips"

Eine tiefe, grundlegende Verunsicherung prägt die gegenwärtige evangelische Theologie. Rudolf Bultmanns Programm der „Entmythologisierung" ist nur ein äußerstes Signal für ein untergründig weit verbreitetes und in allen kirchlichen Entscheidungen wirksames Empfinden, daß sich viele Aussagen des Glaubens „nicht mehr" halten ließen und „erledigt" seien.

„Die Auflösung der Lehre von der Schrift bildet die Grundlagenkrise der modernen evangelischen Theologie", hat Wolfhart Pannenberg stellvertretend für viele 1962 geschrieben[15]. Und ein Mannesalter später hat er in einer kaum veränderten Richtung des Denkens festgestellt: „Die altprotestantische Auffassung von der Schriftinspiration läßt sich nicht wieder herstellen."[16] Das Gefühl eines an sich bedauerlichen Verlustes scheint einen solchen Satz zu bewegen, es ist, als ob nur eine unerfüllbare Sehnsucht zurück den Weg nach vorn nötig mache, und die etwas traurige Stimmung eines „Rettungsversuches" legt sich von daher über die theologische Arbeit. Viel frischer und stärker, damit aber dogmatisch auch viel gefährlicher, ist der Triumph, den Gerhard Ebeling in den Bahnen der liberalen Theologie aus dieser Sache macht: Die Auflösung des Schriftprinzipes ist eine theologische Notwendigkeit, da dieses „einen Angriff auf den Glauben selber" darstellt, hatte Wilhelm Herrmann geschrieben[17]. Der reformatorisch verstandene Glaube ist ein „Glaube allein", der auf „falsche Stützen" verzichten muß[18]. Der „historisch-kritischen Methode" kommt so gesehen eine geradezu soteriologische Bedeutung zu: Sie zerstört alle historischen Sicherheiten und führt zum reinen Glauben, für den „das Ja zur Ungesichertheit nur die Kehrseite der Heilsgewißheit sola fide" ist[19].

---

[15] Die Krise S. 13.
[16] Syst. Theol. Bd. 1, S. 55.
[17] Teil 2, S. 22.
[18] Teil 1, S. 167.
[19] G. Ebeling, Die Bedeutung S. 41 f. Eine solche Darstellung erhebt den Anspruch, Luthers Theologie ungleich viel besser zu verstehen und seine reformatorische Erkenntnis viel konsequenter durchzuhalten, als es Luther selber möglich war. Die sog. Neuzeit wird als das Ergebnis einer Entwicklung angesehen, in welcher das Anliegen der Reformation entfaltet worden ist und sich deshalb nun auch klarer fassen läßt. Das führt aber zu einer Deutung Luthers, die ganze Räume seines Denkens als bloße Inkonsequenz ausblendet. Denn Luther selber hat ja ganz offenkundig nie eine Heilsgewißheit gelehrt, die ohne die Gewißheit des Wortes, das auch Historisches umschließt, aus einem ganz abstrakten „Glauben allein" leben müßte. Die Infragestellung der Wahrheit des Wortes und die daraus folgende tiefe Verunsicherung, die auch Luther als eine unvermeidliche Form der Anfechtung kennt, überwindet er nicht durch das Wissen darum, daß der wahre Glaube ein „Glaube allein" ist, der ohne äußere Sicherheiten leben muß, sondern durch die Klarheit des Wortes, die sich gegen alle Anfechtungen durchzusetzen und die trotz aller offenen Fragen auch ihre historische Zuverlässigkeit zu bewähren vermag (s. u. S. 66 ff.). Die tiefe

Aber auch wer am „Schriftprinzip" in seiner ursprünglichen Form festzuhalten versucht, fühlt sich durch die Jahrhunderte, die uns von Luther trennen, offenbar verunsichert. In den Lehrbüchern bestimmt oft eine eigenartige Verkrampfung die entsprechenden Abschnitte. So etwa, wenn Wilfried Joest schreibt: „Mit der Theorie der Verbalinspiration in ihrer altprotestantischen Fassung läßt sich die Freigabe der Bibel für historisch-kritische Fragestellungen allerdings nicht vereinbaren (...)."[20] Eine tiefe Unfreiheit macht sich in solchen Sätzen bemerkbar, insbesondere, wenn dann als Gegenstück die Selbstverständlichkeit herausgestellt wird: „Die Bibel will nicht als formales Lehrbuch göttlicher Wahrheiten abgeschrieben werden."[21] Gegen wen richtet sich eine solche Antithese, wenn nicht gegen eine immer wieder totgesagte, chimärenhaft verzerrt dargestellte und dennoch so zählebige „Bibelgläubigkeit", die in der gespenstischen Gestalt der Lehre von der „Verbalinspiration" wie ein verlorenes Paradies, wie ein schlechtes Gewissen oder aber wie die unheimliche Gefahr einer letzten Irrationalität die gesamte evangelische Theologie zu begleiten und auch zu lähmen scheint?

Denn die „Grundlagenkrise der evangelischen Theologie" bricht ja nicht nur in den Lehrbüchern auf! Was begrifflich vielleicht in weit verzweigten Theorien „aufgehoben" oder in „neuen Entwürfen" „gelöst" werden mag, das ruft im alltäglichen Glaubensleben der Kirche und ihrer Glieder immer wieder nach einfachen, eindeutigen und direkten Antworten. In den praktischen Stellungnahmen, im Schweigen und Dulden wie im Reden und Richten der Pfarrer sind so oder so – und notwendigerweise vereinfacht! – die Antworten wirksam, die sie mitbekommen haben auf die Frage, wo denn die Forderungen und Zusagen der Kirche ihren Grund und ihr Recht, ihre Gewißheit, her haben.

Einhellig aber ist die Antwort der universitären Theologie auf diese Frage nur in einer Hinsicht: In der stillschweigenden Annahme nämlich, daß ein anderes als die gängige Betrachtungsweise ein Weg zurück sein müßte, und daß dieser Weg versperrt ist. Daß aus dieser im Grundsätzlichen so verzagten Einstellung kein wirklicher Mut zum Forschen und keine Kraft zum Urteil erwachsen kann, ist offenkundig. Und daß von daher der kirchlichen Praxis alle Selbstgewißheit und alle Kraft zur

---

Problematik dieser Lutherdeutung liegt darin, daß gerade das, was man als die zentrale reformatorische Erkenntnis in einer gesteigerten Klarheit herausstellen möchte, in sein Gegenteil verkehrt zu werden droht. Denn woher weiß der Glaube, daß er keine Sicherheit haben kann? Verdankt er das einem „reformatorischen Verständnis", das ein Selbstverständnis ist? Und ist dieses Wissen um die notwendige Unsicherheit selber allen möglichen Verunsicherungen enthoben? Dann wird gerade dieses Wissen zum unanfechtbar sicheren Selbstvertrauen, zur Securitas (vgl. zum Problem u. S. 227–241, insbes. Anm. 43, ebenso S. 216, Anm. 131 und Ruokanen, S. 8 ff.).

[20] Dogmatik, Bd. 1, S. 78.
[21] AaO. S. 87.

Sammlung fehlen muß, ebenso. Die „Krise der Grundlagen" muß notwendig zu einer Krise der Praxis führen. Die Unsicherheiten in der Frage nach dem, was der Kirche in ihrem Eigensten vorgegeben ist, müssen zur Suche nach einer anderen, sonstwie begründeten Rechtfertigung ihrer Existenz anleiten. Allgemein anerkannte „gute Werke", etwa im sozialen oder zeitkritischen Bereich, ersetzen das Leben „aus dem Glauben allein". Die erasmische Skepsis in bezug auf die Grundlagen, sagt Luther, führt dazu, daß schlußendlich „Taten allein" gefordert werden und dem Glauben an die Gerechtigkeit Gottes jeder Halt fehlt[22].
Selten nur noch wird dieser Zusammenhang gesehen, selten nur noch versucht ein theologischer Lehrer die Kirche zurückzurufen in die Anfechtung, die mit der Frage nach den Grundlagen verbunden ist:

„Die wahrhaft theologischen Entscheidungen fallen nicht da, wo sie heute so oft gesucht werden: in der politischen oder sozialen Ethik, auf dem Felde der Kirchenreform oder der Ökumene, sondern zuerst und zuletzt dort, wo die Frage nach der Stellung und Handhabung der Bibel beantwortet oder nicht beantwortet wird."[23]

Diese Frage aber wird – wenn überhaupt – in den theologischen Bahnen des letzten Jahrhunderts beantwortet, da auch der große Kritiker dieser subjektivistischen Theologie, Karl Barth, an diesem Punkt die Sicht seiner Vorgänger grundsätzlich teilt[24]. So sucht man sich nun in den theologischen Fachzeitschriften zurück zu Friedrich Schleiermacher und pflegt in den Gemeindezeitschriften die mystische Ergebenheit neben dem sozialen und politischen Engagement. Subtilste Untersuchungen des historischen Materials stehen neben beschwörend unsicheren dogmatischen Formulierungen, widersprüchlichste „Ergebnisse" und „berechtigte Anliegen" lähmen sich gegenseitig, so daß das Feld frei wird für alle beliebigen Behauptungen... Ein besonders krasses und für das praktische Leben der Kirche besonders verheerendes Beispiel: Während die exegetische Wissenschaft sorgsam die entferntesten möglichen historischen Bezüge und Abhängigkeiten der Bibeltexte aufdeckt, ihre Formen richtig zu fassen versucht und peinlich darauf achtet, daß ja keine „Dogmatik" aus den Texten herausgelesen wird, darf sich mit der sog. Guten Nachricht in den Kirchen ohne wesentliche Proteste eine Bibelparaphrase breitmachen, die sich als Übersetzung ausgibt, obgleich sie die poetische Kraft wie auch die inhaltliche Präzi-

---
[22] „So verordnest du uns Taten allein, verbietest aber, zuvor die Kräfte zu untersuchen (...), was wir vermögen und nicht vermögen (...)" („Sic tu quoque nobis facta decernis sola, vetas vero primum explorare (...) vires, quid possumus et non possumus (...)" 18,613,1 f.).
[23] J. Wirsching S. 18.
[24] S. Teil 2, Kap. 2.2. „Die Schrift ist Zeugnis".

sion der Urtexte mit Füßen tritt. Hauptsache, es läßt sich alles einordnen in Begriff und Frömmigkeit?

Luther aber hat in dieser Kirche nichts Prägendes mehr zu sagen. Inhaltlich „entscheidet sich offenbar nichts mehr" an Luther. „Dem entspricht, daß Luther selbst im Luthergedenkjahr weder beim Kirchentag des Jahres 1983 noch bei der Tagung des Weltkirchenrates in Vancouver eine irgendwo tragende Rolle gespielt hat"[25]. Wie anders, wenn das „Grundprinzip", durch das alle Aussagen Luthers ihre bindende Kraft erhalten müssen, nicht mehr haltbar zu sein scheint?

So gesehen hat der Verfall der theologischen und kirchlichen Substanz dieselbe Ursache wie die inhaltliche Abwesenheit Luthers: die unklare und schwache Stellung der Schrift, die man als solche teils sorgsam pflegt, teils resigniert hinnimmt, teils mit Eifer bekämpft und durch ein undifferenziertes Glaubensurteil zu verleugnen versucht. So sehr die biblischen Texte durch die historische Arbeit an Farbe und Relief gewonnen haben – durch ihre unklaren Voraussetzungen verbreitet die sog. historisch-kritische Methode vor allem eine Labilität und Ungewißheit des Urteils, bestärkt eine subjektivistische Willkür und dient letztlich immer wieder dem Anliegen einer Skepsis, die gegen jede bekennende Aussage ein „Ja, aber" zu stellen bereit ist.

Das aber muß – so wahr die Welt nicht in Ordnung ist und das Leben in sich nicht die Lösungen seiner Rätsel birgt – zu einer Gegenreaktion führen. Den Relativismen zum Trotz wird der Mensch etwas Gültiges haben *wollen,* und wenn er nichts Heiliges vorfindet, wird er dieses oder jenes von sich aus als heilig erklären. Die verschiedenen neu erwachenden Fundamentalismen sind die selbstverständliche Reaktion auf die Liberalismen, die sich absolut gesetzt und doch ihre Versprechungen nicht haben halten können.

Auch in den evangelischen Kirchen wird nunmehr öfters die historisch-kritische Arbeit an der Schrift zurückgestellt, nicht so sehr mit programmatisch klarem Bewußtsein als vielmehr stillschweigend in der praktischen Arbeit der Pfarrer. Wenn dies streng im Glauben und aus einer letzten Hilflosigkeit heraus geschieht, kann man davor nur Respekt haben. Aber es sind damit auch große Gefahren verbunden. Mit dem Verdrängen der kritischen Bibelarbeit droht überhaupt das kritische Wissen um die faktische Gestalt der Bibel verdrängt zu werden, damit aber auch alles, was diese zur Erschütterung falscher rationaler Sicherheiten beiträgt. Und wenn die Bibel in einem undifferenzierten Akt des Glaubens scheinbar erst zur Heiligen Schrift gemacht wird, droht sich das Empfinden zu verschieben: Es ist dann, als ob der Mensch mit seinem Glauben die Bibel und nicht sie ihn tragen würde. Entsprechend rationalistisch verkrampft wirken dann die daraus resul-

---

[25] H. J. Dörger, S. 109.

tierenden Stellungnahmen für die Schrift, die sich meist auf recht freudlose Verteidigungsversuche beschränken, denen bald Ängstlichkeit, bald aber auch ein flaches und allzu selbstverständliches „Verstehen" anzuspüren ist. Je größer aber die Unsicherheiten bei solchen Versuchen, je größer aber auch die falschen rationalen Sicherheiten, um so größer wird auch die Gefahr von einem häßlichen Fanatismus.

Wie viel mit der Frage nach dem „Grundprinzip" Luthers auf dem Spiel steht, hat Karl Gerhard Steck deutlich gespürt. Seufzend und klagend legt er den Finger auf diesen wunden Punkt in allen Versuchen, die ursprüngliche Kraft und Gewißheit der reformatorischen Verkündigung für unsere Kirchen fruchtbar zu machen:

„Nur an einem Punkt scheint ‚Luthers Erbe' hier für uns nahezu unrealisierbar zu sein, leider genau an dem Punkt, der ihm selbst am wesentlichsten war: bei seinem ‚principium' von der Evidenz der hl. Schrift."[26]

Gerade darin aber sieht K. G. Steck in unseren Kirchen „eine tiefe Resignation" am Werk, die einem grundlegenden Mißtrauen der Schrift gegenüber entspringt. „Dann trennt uns von der römischen Kirche nichts mehr als eine vierhundertjährige Geschichte, die durchaus zu revidieren wäre."[27]

Die Möglichkeit eines neuen Verstehens

Einige Beobachtungen ermutigen aber dazu, gegen die „tiefe Resignation" in der Grundlagenfrage anzukämpfen! Es ist zunächst die einfache Feststellung, daß bisher der Rede Luthers von der Klarheit der Schrift nur sehr wenige Untersuchungen gewidmet worden sind, und daß diese offenkundige Schwächen und Fehler beinhalten. Allzu rasch sind Begriffe und Erklärungen zur Hand, die es erlauben, Luthers Denken in das Bekannte einzuordnen.

Erst vor kurzem hat Oswald Bayer aus dem „dogmatischen Schlummer" in dieser Frage aufgeschreckt: Luthers Rede vom „Schriftprinzip", so führt er aus, dürfe nicht als eine Selbstverständlichkeit genommen und in den Bahnen eines philosophischen Wissenschaftsbegriffes verstanden werden. Vielmehr stellt es

„der Sache nach einen ungeheuren Affront dar, wenn Luther die zeitliche, kontingente, geschichtliche Bibel in der Sinnlichkeit ihrer Affekte ‚primum principium' nennt. Die darin liegende Paradoxie sollte denn auch keiner übersehen, der vom reformatorischen ‚Schriftprinzip' redet"[28].

---

[26] Lehre S. 225 f.
[27] AaO. S. 226.
[28] LuJ 55, 1988, S. 57. Auch G. Ebeling spricht deshalb vom „Schriftprinzip" konsequenterweise in Anführungszeichen, Luther S. 103; RGG³, Bd. 3, Sp. 251.

Das „Schriftprinzip" bezeichnet nicht ein wissenschaftlich einzuordnendes Axiom, sondern es bezeichnet einen Konflikt:

„Wer vom ‚Schriftprinzip' redet, kann dies nur in radikaler Kritik eines Wissenschaftsbegriffs tun, dem es um ein zeitlos reines Apriori geht. Er wird statt dessen ein unreines historisches Apriori geltend machen und als Theologe einer Wahrheit nachdenken, die apriori zufällig, a posteriori aber notwendig ist. Damit gibt die Theologie auch andern Wissenschaften zu denken."[29]

Es zeigen sich damit Tiefen in Luthers Verständnis der theologischen Arbeit, die bisher unbeachtet geblieben sind. Die weiten Möglichkeiten eines neuen Verstehens lassen sich im Gegenüber zu einem besonders verbreiteten Mißverständnis anschaulich machen: Luther, so wird gesagt, wende sich mit dem Bekenntnis „sola scriptura" „ab von allen menschlichen Autoritäten und gründet sich auf ein außerhalb der kirchlichen Lehrtradition liegendes Prinzip"[30]. Die Bibel sei so „plötzlich auf sich selbst gestellt" gewesen[31].

Eine solche Beschreibung trifft Luthers Meinung nicht. Luther hat gerade die Behauptung der schroff herausgehobenen Stellung der Schrift abgestützt in den Aussagen der Schrift über den Heiligen Geist und sein Werk in der Kirche, Aussagen, die als solche durchaus auch Bestandteil der kirchlichen Lehrtradition sind. „Allein die Schrift" heißt nicht, daß die Schrift ganz „auf sich selbst gestellt" abgesehen von der kirchlichen Tradition und dem Lehramt gelesen und „völlig aus sich selbst erklärt werden"[32] soll, so wenig wie das Wort „allein Christus" sagen will, daß Christus völlig losgelöst von seiner Bindung an bestimmte Menschen gehört werden will. Es heißt aber, daß allein die Schrift der Tradition ihr Recht und ihre Wahrheit gibt, und daß sie deshalb von dieser Tradition selbst als die vorgegebene, einzige ganz frische Quelle der Erkenntnis bekannt wird. Luther ist kein Biblizist, auch nicht in dem Sinn, wie die „historisch-kritische" Forschung oft biblizistisch denkt[33]. Er bleibt auch im schroffen Widerspruch im Gespräch mit seinen Gegnern! Ein ruhiges Beachten dieser Zusammenhänge wird auch uns neue Möglichkeiten des Gesprächs, gerade auch über die konfessionellen Grenzen hinweg, eröffnen.

---

[29] AaO. S. 58.
[30] Kraus, S. 6. Gegen eine solche tumultarische Darstellung bemerkt Stuhlmacher zu Recht, daß Luther keineswegs den „Verbund von Schrift, Bekenntnis und Schriftauslegung" negiere. Oft sei Luther „mißverstanden worden, als wäre es dem Reformator um die Abschaffung der kirchlichen Tradition zugunsten der Bibel allein gegangen" (S. 92 f.). Was an dieser Kritik sehr richtig ist, erscheint aber wieder in einem zweifelhaften Licht, wenn es kurz vorher heißt: „Die Bibel ist für Luther die schriftliche Urkunde des von Mose, den Propheten, Jesus und den Aposteln verkündigten Wortes Gottes" (S. 91). Was meint der dogmengeschichtlich so belastete Begriff der „Urkunde"?
[31] Kümmel S. 14.
[32] AaO.
[33] Vgl. u. S. 40 ff. u. 79 ff.

Bisher ist Luthers „Schriftprinzip" als bekannt vorausgesetzt und mit Hilfe der gewohnten Denkschemata sogleich bejaht oder in Frage gestellt worden. So ist es bei O. H. Pesch, der Luthers „Schriftprinzip" historisierend „von seiner geschichtlichen Situation her" versteht, nämlich als Ausdruck des humanistischen „schrankenlosen Optimismus hinsichtlich der Selbstbeglaubigung der Quellen"[34]. So ist es aber auch in der großen Monographie zum Thema, die Friedrich Beisser 1966 veröffentlicht hat. Indem er „die Schrift als Text" abhebt vom „mündlichen Wort", ordnet er Luthers Grundprinzip ein in die existentialistische Kerygma-Theologie und verhindert, daß die Klarheit der Schrift zu einem wirklich kritischen Ferment in diesem Denken werden könnte[35]. Sehr weit ausholend und mit einer beeindruckenden Fülle von Quellenmaterial sucht Werner Führer in seiner 1984 erschienenen Monographie „Das Wort Gottes in Luthers Theologie" neu zu beschreiben. Hans Joachim Iwand bestimmt als „kongenialer Interpret"[36] Luthers weitgehend den Rahmen dieser Untersuchung. Das führt – unübersehbar im Schatten Karl Barths – dazu, daß die Klarheit der Schrift allzu direkt und unmittelbar („christomonistisch") als die Klarheit Jesu Christi verstanden wird[37] und es dadurch fraglich ist, wer eigentlich wen bestimmt: Die Schrift die Christologie oder die Christologie die Schrift, m. a. W.: Ob denn ein spezieller Locus der Theologie ihr Grund sei und sie sich insofern selber begründe, wie dies bei Karl Barth der Fall ist? In den Bahnen, die das gewaltige Lebenswerk dieses Theologen dem Denken bereitet hat, versuchen denn auch viele andere Interpreten das „Grundprinzip" Luthers zu verstehen. Grundlegend für diese Interpretationen ist die Unterscheidung zwischen dem Wort Gottes, das Jesus Christus ist, und der Schrift, die durch den kaum reflektierten Begriff des „Zeugnisses" eingeordnet wird in den Rahmen einer letztlich idealistischen Sprachphilosophie[38].

Viel irritierender aber als alle diese Deutungsversuche ist die Art und Weise, wie Werner Georg Kümmel Luther mißversteht. Er sieht in Luther einen – freilich ganz inkonsequenten – Begründer der historischen Bibelauslegung: Die Berufung auf die Schrift allein, so schreibt Kümmel, „hätte, konsequent angewandt, zu einer streng geschichtlichen Auslegung der Bibel führen müssen", insbesondere auch, weil Luther die Lehre vom vierfachen Schriftsinn ablehne und auf dem einen, „wörtlichen, grammatischen, buchstabischen" oder, wie Luther auch sa-

---

[34] Hinführung S. 67, ähnlich Oberman, s. u. S. 248.
[35] S. 82f. (s. u. S. 53f. u. 138). Ähnlich Gloege, RGG³, Bd. 5, Sp. 1541. Viel gröber Wingren, Gamla vägar, S. 142f.
[36] S. 21, Zitat von E. Wolf.
[37] AaO. S. 112, vgl. u. Teil 2, Kap. 2.1, „Das Wort und die Wörter".
[38] So Joest, Dogmatik Bd. 1, S. 57 u. 65; Pöhlmann, S. 55; implizit auch Hengel, S. 89f. u. a.

gen kann, „historischen" Sinn beharre³⁹. „Schon mit diesen beiden Erkenntnissen hat Luther einer das Neue Testament in seiner geschichtlichen Besonderheit voll ernstnehmenden Wissenschaft entscheidend den Weg gewiesen."⁴⁰. Eine solche Beschreibung, die hier exemplarisch für viele andere steht, ist ärgerlich, weil sie eine Fülle von bedrängenden Fragen zudeckt mit dem Vorurteil, der wörtliche Sinn der Schrift sei ihr „geschichtlicher". Wie bei jedem Vorurteil ist ein kritisches Eingehen auf diese so selbstverständliche Annahme fast nicht möglich, weil sie kaum präzise formuliert und begründet wird, sondern den Leser weiterführt in eines der vielen Systeme, in denen „das Geschichtliche" definiert und vom Gesprächspartner eine Hingabe an dieses System in allen seinen Verästelungen erwartet wird. Die gegebene Definition des „Geschichtlichen" wird dann zum Rahmen, in den die Schrift und ihre Auslegung und somit auch das Grundprinzip der Theologie eingeordnet wird. M.a.W.: Grundprinzip ist dann nicht mehr die Klarheit der Schrift, sondern ein Begriff des „Geschichtlichen".

Ist das bisherige Verständnis von Luthers „Schriftprinzip" mangelhaft und offenkundig von vielen fremden Elementen überlagert, so stellen sich auch drängende Fragen in bezug auf das, was „für uns Heutige" Luthers Grundprinzip scheinbar „unrealisierbar" macht.

Zweifellos läßt sich die altprotestantische Lehre von der Schrift „nicht wieder herstellen"⁴¹. Ist aber von dieser Feststellung auch das betroffen, was Luther als die Klarheit der Schrift meinte beweisen zu können? Historisch gesehen ist es ja offenkundig: Durch die Entdeckungen der modernen Wissenschaft, vor allem aber durch nüchterne Feststellungen über die tatsächliche Gestalt der biblischen Texte wurde zunächst das „primum principium" der Orthodoxie unhaltbar. Dieses war durch eine ausgebaute Lehre von der Schrift, ihrer Inspiration und ihren göttlichen Eigenschaften abgestützt worden. Gerade diese Stützen lieferten dann der Kritik die Fixpunkte, an denen sie die altprotestantische Dogmatik aus den Angeln zu heben vermochte. „Die kritische Bibelforschung des 17. Jahrhunderts nahm zwangsläufig gerade die Sei-

---

³⁹ S. 14f.
⁴⁰ AaO. S. 16. Ähnlich Kraus: „Wenn Luther von dem sensus literalis sive historicus urteilen kann: ‚qui solus tota est fidei et theologiae Christianae substantia', so ist es verständlich, daß fortan die grammatische Erforschung des Buchstabens und die historische Aufhellung der geschichtlichen Stunde in der protestantischen Bibelforschung von schlechthin ausschlaggebender Bedeutung sind" (S. 11). Aber auch Pannenberg bringt das „Schriftprinzip" Luthers unreflektiert in direkte Verbindung mit dem, „was wir heute historisch-kritische Exegese nennen", nämlich „das Bemühen, die biblischen Schriften (...) aus ihnen selbst zu verstehen", und das heißt für ihn wiederum, sie „zunächst im Zusammenhang ihrer zeitgenössischen Umwelt zu verstehen", was wiederum gleichgesetzt wird mit der Aufgabe, die Bibelworte „im Sinne ihrer Verfasser und ihrer ursprünglichen Leser zu verstehen" (Die Krise S. 14–16).
⁴¹ S. o. Anm. 16.

ten der Bibel und ihrer Schriftsteller aufs Korn, die vom spezifischen Offenbarungsanspruch der Orthodoxie zugedeckt worden waren, nämlich ihre Menschlichkeit und Geschichtlichkeit."[42]

Diese historische Tatsache gibt den Forschern seit langem berechtigten Anlaß, Luthers Fassung der theologischen Grundlagen von derjenigen der Orthodoxie deutlich abzuheben. Kraus[43], Gloege[44] und Ebeling[45] z. B. behandeln Luthers Verständnis der Schrift als ein grundsätzlich anderes als das der Orthodoxie. Nicht zurück, sondern vorwärts zu Luther gelte es sich zu suchen, soll der Begründer der schwedischen Lutherrenaissance, Einar Billing, seinen Studenten gesagt haben[46]!

Anders muß man es sehen, wenn man grundsätzlich von einer Kontinuität der theologischen Entwicklung meint ausgehen zu müssen. So meint Pannenberg, daß Luthers „These von der Klarheit der Schrift" in der „altlutherischen Dogmatik zur Lehre von der Perspikuität der Schrift *ausgebaut*" worden sei[47]. Dann aber trifft die Auflösung dieser Lehre natürlich auch Luther, und es erübrigt sich, wie es für Pannenberg ganz selbstverständlich der Fall ist, nach den Divergenzen zwischen Luther und der Orthodoxie zu fragen. Doch ist dies eine Annahme, die schon durch die erste kritische Rückfrage sehr bedenklich wirkt. Wie kann man so ohne weiteres davon ausgehen, daß die Lehre von der Klarheit der Schrift dasselbe meint wie diejenige von ihrer „Durchsichtigkeit"[48]? Ist es in dieser gewichtigen Sache nicht äußerst problematisch, hinter das Wort von der Klarheit, das an ein aktiv ausstrahlendes Licht erinnert, in Klammer als Äquivalent den lateinischen Begriff der perspicuitas zu stellen[49], der an ein passiv in sich ruhendes Glas erinnert, durch das nur ein von außen kommendes Licht hindurchdringen, ein Wille zur Erkenntnis also mit eigener Kraft zum Gegenstand seines Bemühens gelangen muß? Zeigt sich nicht vielmehr schon in diesen beiden Begriffen wie tiefgreifend die Veränderung ist, die Luthers Auffassung in der Orthodoxie erfährt – eine Veränderung die *im Grunde* nichts weniger ist als dies, daß der um Erkenntnis ringende Mensch von der fremden auf die eigene Gerechtigkeit zurückgeworfen wird?

---

[42] Michel S. 13.
[43] Z. B. S. 32.
[44] RGG³, Bd. 5, Sp. 1540 ff.
[45] RGG³, Bd. 3, Sp. 251.
[46] Vgl. Wingren, Gestalt, S. 25 f.
[47] Syst. Theol. Bd. 1, S. 39, Hervorhebung von mir.
[48] Auf den Unterschied zwischen der Rede Luthers von der „Claritas" und dem in der Orthodoxie gebräuchlichen Begriff „Perspicuitas" hat mich zum ersten Mal der Dogmatiker P. E. Persson in Lund aufmerksam gemacht. Er hat seine Beobachtung aber m. W. nie schriftlich entfaltet.
[49] So Joest, Dogmatik Bd. 1, S. 53.

Wenn so eine sachlichere historische Sicht neue Perspektiven erschließt, so gilt dasselbe in bezug auf die Ergebnisse der historischen Kritik, die sich zwischen Luthers Behauptung der Schriftklarheit und unser Denken zu schieben scheinen. Die Menschlichkeit der Verfasser, der historische Ort und die zeitgeschichtliche Bedingtheit der biblischen Aussagen, eine Vielfalt von theologischen Anschauungen, von denen die verschiedenen biblischen Verfasser bewegt werden, schließlich etliches an geschichtlichen Ungereimtheiten und Widersprüchen hat die kritische Erforschung der Schrift in scharfen Konturen gezeichnet. Das alles war aber Luther auch bekannt, es gibt diesbezüglich zwischen Luther und uns höchstens einen quantitativen, aber gewiß keinen qualitativen Unterschied. Im Gegenteil, zum Teil hat Luther für die Menschlichkeit und Schwachheit der Schrift ein feineres Gespür als wir Heutigen. Neu ist dagegen, daß uns durch die Erkenntnisse der modernen Naturwissenschaften ganz offenkundig jede Möglichkeit genommen ist, mit Hilfe der Bibel eine „Weltanschauung" aufzubauen, eine Vorstellung vom Ablauf der Geschichte und von den Bewegungsgesetzen der Natur. Das konnte Luther noch versuchen, das hat er in der Schrift „Berechnung der Jahre der Welt" von 1541 getan[50], und das hat ihn über Tisch zum bekannten Widerspruch gegen Kopernikus geführt[51]. Aber Luther bewegte sich mit diesen falschen Urteilen nicht auf dem Gebiet seiner eigenen Wissenschaft. Wo er selber sich von den Tatsachen überzeugen konnte, etwa in der Frage nach den Ostergeschichten oder der Chronologie der Apostelgeschichte, da führt ihn sein Grundprinzip keinen Augenblick lang zu falschen oder verkrampften Urteilen; und wir dürfen deshalb vermuten, daß gerade Luthers Verständnis der Schrift einen freien, kritischen und nüchternen Umgang mit den von der Wissenschaft erkannten Tatsachen grundsätzlich möglich macht. Anders verhält es sich mit vielen Ergebnissen der „historisch-kritischen Forschung", durch welche die Schrift zersplittert in zahllose Theologien, Legenden und widersprüchliche Berichte über historische Fakten erscheint. Dadurch muß tatsächlich jede Rede von der Klarheit der Schrift als sinnlos erscheinen. Doch auch hier erheben sich sachlich begründete Zweifel gegen ein voreiliges Infragestellen von Luthers Schriftverständnis. Denn auf welchen Grundlagen und mit welchen Kriterien sind jene Ergebnisse gewonnen worden, die nun das Bild einer hoffnungslos mit sich selber zerstrittenen Schrift zeichnen? Waren die jüdischen Schriftgelehrten und die kirchlichen Theologen der ersten Jahrhunderte so blind, daß sie diese Schriftensammlung als „Kanon" anerkannten? Sind wir wirklich seit zweihundert Jahren so viel tiefsinnigere und scharfsichtigere theologische Denker, daß erst uns

---

[50] „Supputatio annorum mundi", 53,22 ff.
[51] TR 4,412, 32 ff. (no. 4638).

diese Widersprüche auffallen? Oder verdanken sich die modernen Ergebnisse, die dann sogenannte Ergebnisse wären, einer dogmatischen Vorentscheidung, die mehr oder weniger offenkundig schon vor der Erforschung der Tatsachen – apriori – ein den Alten gegenüber verändertes Urteil in die theologische Wissenschaft hineinträgt?

Man kann solche Fragen zuspitzen mit Hilfe der Voraussetzung, die Erasmus für einen sinnvollen dogmatischen Disput in der Kirche als notwendig erachtet, eine Voraussetzung, die sozusagen sicherstellt, daß wir uns grundsätzlich im Rahmen derselben Wahrheit bewegen und also überhaupt dieselbe Sprache sprechen:

„Es geht hier wahrlich nicht um die (heilige) Schrift. Beide Seiten lieben und verehren dieselbe Schrift. Um den Sinn der Schrift steht der Kampf! (...) Es steht aber fest, daß die Schrift sich selber nicht widersprechen kann, da sie in allen ihren Teilen von demselben Geist ausgeht."[52]

Es ist dies die Voraussetzung, die Luther und Erasmus mit der ganzen christlichen Tradition teilen, und die das Zweite Vatikanische Konzil für die römische Kirche wieder deutlich herausgestellt hat: Die Heilige Schrift ist von Gott gegeben und ist darum zunächst als Einheit zu verstehen und zu erforschen[53]. Gilt diese Voraussetzung grundsätzlich noch in der evangelischen Theologie? Und wenn nicht: Aus welchen sachlichen Gründen nicht? – Anders gefragt: Ist wirklich „der alte Begriff des biblischen Kanons als widerspruchsloser, inhaltlicher Übereinstimmung der biblischen Schriften" dahingefallen durch die „Beobachtung der verschiedenen Tendenzen der neutestamentlichen Schriftsteller"[54]? Macht nicht die so selbstverständliche Annahme, der Wortsinn der Schrift sei ihr „historischer" und die Auslegung habe nach der „Gedankenwelt" der Verfasser zu fragen, aus der Bibel immer schon ein ausschließlich menschliches Werk; und *muß* nicht dieser geheimnislosen Betrachtung die Schrift als zersplittert erscheinen, da sie das menschliche Stückwerk verabsolutiert[55]? Auch hier gibt ein sorgfältiges Beachten der Tatsachen zweifellos Raum für ein neues Verstehen! Denn so wenig die Bibel das Wort Gottes ist unter Ausschluß und im Gegensatz zu einem menschlichen Wort, so wenig darf eine nüchterne Exegese davon ausgehen, daß sie es in der Bibel mit einem Wort zu tun habe, das nur und unter Ausschluß Gottes ein menschliches sei. Die orthodoxe Lehre von der Enhypostasie hat zweifellos zu einer Verleugnung der „menschlichen Natur" der Bibel geführt. Genauso ist es aber

---

[52] „Verum hic de scripturis non est controversia. Utraque pars eandem scripturam amplectitur ac veneratur. De sensu scripturae pugna est. (...) Constat autem scripturam secum pugnare non posse, cum ab eodem spiritu tota proficiscatur" (Diatribe, S. 26 u. 36, I b 3 u. 10).
[53] Dokumente S. 25, 29 u. 33.
[54] Pannenberg, Die Krise S. 15.
[55] Vgl. u. Teil 2, Einl., Anm. 59.

möglich, daß ein „neuzeitlich" „historisch-kritisches" Bibelverständnis das Personsein einseitig dem Menschen zuschreibt und das Göttliche als ein bloßes Attribut behandelt (als eine unpersonale „höhere Macht", wie dann die allgemeine Redensart sagt, ein Objekt, auf das der Mensch als freies Subjekt hinweist). Dann aber weist uns Luther – mit dem Schlagwort von der communicatio idiomatum ist es benannt, nicht begriffen! – auch hier einen anderen Weg. Still und wie am Rand findet sich in der Sachliteratur die Verheißung, daß es so sein muß. Johannes Wirsching schreibt:

„Noch immer harrt Luthers Lehre von der Klarheit der Schrift der vollen systematisch-theologischen Erschließung, auch angesichts oder gerade trotz einiger neuerer Stellungnahmen. ‚In Luthers Ausführungen zum Problem der Klarheit der Heiligen Schrift warten Überraschungen auf uns', sagt Friedrich Wilhelm Kantzenbach mit Recht."[56]

In dieser Erwartung scheint ein wenig bekannter Theologe sein Leben lang den Weg zwischen Skepsis und Fundamentalismus in ein evangelisch freies Schriftverständnis hinein gesucht zu haben, ohne sich mit den vorhandenen systematischen Begriffen zufriedenzugeben. Der Ökumeniker Hermann Sasse hat sich, zuletzt in Adelaine im Dienst einer kleinen Kirche „am Ende der Welt"[57], den Vorarbeiten zu einer „Lehre von der Heiligen Schrift" gewidmet. Gründliche und weitgespannte, von ängstlichen Zweifeln und verspannten Rechtfertigungsversuchen gänzlich freie Studien sind nun als Fragmente dieser Forschertätigkeit in einem 1983 posthum veröffentlichten Buch versammelt. Da heißt es zu Beginn des Forschungsweges:

„Es gibt wohl keine Lehre, die innerhalb der lutherischen Kirchen der Gegenwart so umstritten wäre wie die Lehre De Sacra Scriptura. Und es gibt keine, bei der das Versagen der lutherischen Theologie unserer Zeit so offenkundig ist wie diese Lehre, die für die Exegese des Alten wie des Neuen Testaments, für die Dogmatik wie für die Ethik und für alle Zweige der Praktischen Theologie in gleicher Weise grundlegend ist."[58]

Da führt die kritische Beschäftigung mit den Verstehensschwierigkeiten, die aus den Denkgewohnheiten der ältesten Kirchengeschichte erwachsen, zur Feststellung:

„Es ist eine der größten Tragödien der Kirchengeschichte, daß die frühen Kirchenväter, sogar noch Augustin, die Lehre über die Heilige Schrift nicht aus der Schrift selbst entnahmen, sondern statt dessen dieses Problem mit den vorgefaßten Begriffen eines göttlichen Buches lösen wollten. Sie verstanden darunter ein Buch, das alle Kennzeichen seines behaupteten göttlichen Ursprungs an sich trägt, ein vollkommenes Buch, ohne all das, was unser menschlicher Ver-

---

[56] S. 43.
[57] ThLZ 102, 1977, S. 422.
[58] S. 203.

stand Irrtum nennt, ohne Widersprüche, ein Buch, dessen göttlicher Ursprung durch jeden vorurteilsfreien Leser erkannt werden kann und muß."[59]

Da wird herausgearbeitet, wie die Schwierigkeiten zum Verständnis der Bibel nicht erst seit der sog. Neuzeit bestehen, wie so oft in Unkenntnis der Dinge angenommen wird, sondern von allem Anfang an[60]. Und da heißt es schließlich von der „reformatorischen Tat" Luthers, dem keine andere Möglichkeit blieb, als das „sola scriptura" zu behaupten, nachdem Eck ihn zur Leugnung der Unfehlbarkeit der Päpste und Konzilien gezwungen hatte (so anders als der triumphale Ton, der die Darstellungen sonst oft begleitet):

„Der Mann, der das tat, war gewiß nicht von der Kirche abgefallen, obgleich er nicht nur das Schiff Petri, sondern auch das Rettungsboot des Konziliarismus hinter sich gelassen hatte. Er hatte, menschlich geredet, allen festen Grund unter den Füßen verloren und wandelte über tiefe Wasser, wo niemand ohne Glauben gehen kann."[61]

Dieser Weg aber, das wird meine Untersuchung auch im Gegenüber zu Hermann Sasse zeigen, konnte Luther nicht dahin führen, daß er eine Lehre von der Schrift entfaltet hätte. Das hätte bedeutet, daß die Schrift von einem Begriff umfangen und von einem menschlichen Ver-

---

[59] S. 280.
[60] „Die Männer des 16. und 17. Jahrhunderts, die in Begriffen des Humanismus über Bücher und ihre Autoren dachten, waren außer Fassung über das miserable Griechisch mancher neutestamentlichen Schriften. Ein vollkommenes Buch sollte auch in vollendet fehlerfreier Sprache geschrieben sein. Die Apologeten aller Zeiten seit des Origenes ‚Contra Celsum' hatten die Bibel zu verteidigen gegen solche, die moralische Unzulänglichkeiten, Ungenauigkeiten, Widersprüche und Irrtümer darin fanden. Die Kirchenväter wie auch mittelalterliche und neuzeitliche Theologen waren mit der Tatsache konfrontiert, daß die Schöpfungsgeschichte nicht in Begriffen der Naturwissenschaft erfaßt werden kann" (S. 285).
[61] S. 329. Meine einzige Anfrage an das Verständnis Sasses betrifft seine vorbehaltlose Bejahung der Lehre von der Enhypostasie in der Fassung des Konzils von Chalcedon. Sie führt ihn zu den Sätzen: „Die menschliche Natur hat ihre Hypostase in der göttlichen. So und nicht anders ist die Heilige Schrift in erster Linie und wesentlich Gottes Wort. Das Menschenwort in der Bibel hat keine eigenständige Bedeutung" (S. 289). Diese Antithese ist m. E. weder nötig noch richtig. Man müßte dann auch fragen: Gibt es (angesichts der Inkarnation) ein Göttliches, das eine „eigenständige Bedeutung" hat? Eine solche Frage kann man aber weder bejahen noch verneinen, so oder so wird es falsch. In den zitierten Sätzen ist m. E. etwas wirksam vom Geist einer falschen Orthodoxie, die das Göttliche als ein Geistiges in einem philosophischen Sinn scheidet vom Menschlichen und so aus dem Wort etwas Durchsichtiges macht (einen Plan z. B., in den die menschlichen Taten und Worte eingeordnet werden und dadurch ihren „Sinn", ihre Bedeutung erhalten). Die Bibel, schreibt Hugo Odeberg, werde oft gerade in rechtgläubigen Kreisen so mißverstanden, als ob sie nur ein Wissen von der Erlösung vermitteln wolle. Im Grunde aber müsse beim Lesen der Bibel „auf allen Saiten gespielt werden: Gefühl, Humor, Freude". Ein Mensch, der die Weihnachtsgeschichte nach Lukas lese als eine fromme Phantasie und ein Märchen, aber es genieße, bekomme etwas von dem, was die Bibel geben will, was derjenige, der darin nur ein historisches Faktum sieht, nicht erfasse (Skriftens studium S. 13).

ständnis so oder so eingeengt worden wäre. Der Weg führte Luther dahin, daß er in immer wieder neuen Kämpfen stückweise beschrieben hat, wie der Mensch im Ringen um die Gewißheit gehalten wird von der Heiligen Schrift selber.

Luthers Theologie im Lichte ihres Ursprungs

Die vorliegende Arbeit will auch ein Beitrag sein zur Lutherforschung, und auch im Rahmen dieser so weitverzweigten und von so vielen verschiedenen Interessen bewegten Forschung ist es mein Anliegen, zurückzurufen zur Frage nach dem Grundlegenden. Es ist schwer verständlich und ist doch eine Tatsache, daß die bisherige Forschung es versäumt hat, Luthers Denken konsequent im Zusammenhang dessen zu verstehen, was Luther selber als den Ursprung und die alles gestaltende Kraft seines „reformatorischen Werkes" herausstellt[62]. „Seine *Auslegungsweise* können wir weithin nicht mitmachen", erklärt Rudolf Hermann gleich am Anfang seiner Darstellung der Theologie Luthers und verwirft so mit apodiktischer Sorglosigkeit das Grundprinzip des Lutherschen Denkens, ohne sich näher darum zu bemühen und sich klarzumachen, was das für die übrigen von Luther gelehrten Inhalte zur Folge haben muß[63].

Statt dessen, was Luther als sein Grundprinzip bezeichnet, hat man als verbindendes Zentrum der Theologie Luthers eine „reformatorische Erkenntnis" zu bestimmen versucht[64], die als unaufgebbar behauptet werden konnte und damit die Existenz der reformatorischen Kirchen rechtfertigte und die jeweils herrschenden Theologien mit dem „Erbe des Reformators" verband. So war es mit programmatischem Bewußtsein in der neuprotestantischen Theologie des letzten Jahrhunderts[65];

---

[62] Auf dem Internationalen Kongreß für Lutherforschung im Jubiläumsjahr 1983 z.B. wurde „die Sache Luthers" ausführlich verhandelt, ohne daß die Rede in irgendeiner Form auf das „Schriftprinzip" kam (LuJ 52, 1985, S. 46–93). Einzig Inge Lønning kommt in bezug auf Luthers Kirchenverständnis erhellend auf diese Sache zu sprechen (ebd. S. 109 f.).

[63] Theologie S. 23.

[64] Nur so ist die oft so verkrampfte Diskussion über den sog. reformatorischen Durchbruch und seine Datierung zu erklären: Das Bedürfnis nach der Rechtfertigung der je eigenen theologischen Position verstellt den Weg zu einer sachlichen Entscheidung. Vgl. den Forschungsbericht von O.H. Pesch (Zur Frage u. Catholica 37 u. 38).

[65] W. von Loewenich arbeitet dies sehr schön heraus in der Darstellung der Lutherdeutung durch A. Ritschl, W. Herrmann und A. v. Harnack (Neuprotestantismus S. 91 ff.). Luther wird der „Rückgang auf die katholische Betrachtungsweise" vorgeworfen, sein Christentum wird von seiner Theologie unterschieden, seine „katholischen Reste" werden als uneigentlich ausgesondert (ebd. S. 102, 113, 125). Von einem „protestantischen Prinzip" aus, das seine „klassische Formulierung" in Worms gefunden habe (Schrift *und* Vernunft), möchte aber nochmals auch v. Loewenich selber den Protestantismus und mit ihm die Moderne erneuern, wenn auch nun u.a. mit Hilfe der Parapsychologie ... (ebd. S. 410 f., 436 ff.).

gediegener, im Grunde aber unverändert in derselben Richtung der Fragestellung geschieht das in unserer Zeit in der sog. hermeneutischen Theologie: Eine „Lehre vom Verstehen" beschreibt (und legt fest), unter welchen Bedingungen Texte überhaupt verstanden werden und welche Aussagen also (durch das Medium des gegenwärtigen Verstehens) „heute noch" zugänglich seien. In der Regel geschieht das mit einer differenzierten Sachbezogenheit (so bei G. Ebeling), es kann aber auch zu einer grob „utilitaristischen" Betrachtungsweise verführen, in der nur noch das, was als unmittelbar hilfreich für die eigenen Fragen empfunden wird, überhaupt zu Wort kommen kann[66]. So oder so aber wird dadurch Luthers Grundprinzip verdrängt von einem Begriff des „Reformatorischen", oder anders gesagt: Die Claritas der Schrift weicht der Perspicuitas der so oder so verstandenen Rechtfertigungslehre.

Nur im Zuge solcher Verstehensversuche ist erklärbar, was bei nüchterner Betrachtung unbegreiflich ist, daß nämlich die Lutherforschung sich lange Zeit vor allem mit den Frühschriften Luthers beschäftigt hat[67]. Wie kann man sich selber (und jungen Doktoranden) so souverän die Aufgabe stellen, „stets bei dem Luther der Frühzeit einzusetzen", um die Umgestaltung der ursprünglichen Anschauungen „unter dem Eindruck seiner neuen Erkenntnis über die iustitia Dei" nachzuzeichnen[68]? Solche Versuche, die darauf abzielen, nicht nur nachdenkend positiv Luthers Denken in sich zu verstehen, sondern in der Reflexion der

---

[66] Z. B. bei Ch. Gestrich: Ein unmittelbarer Zugang zu Luther (wie auch zu Karl Barth) sei, schreibt er, nicht möglich. „Wir müssen uns im klaren darüber sein, daß wir aus den Theologien *beider* nur aufnehmen und lernen können, was zu dem unter uns heute wirksamen ‚Paradigma' (...) paßt. Der wichtigste natürlich-theologische Leitbegriff unserer Zeit, der nachgerade alle dogmatischen Aussagen zu sich hin versammelt, ist der Begriff des *Überlebensdienlichen*. An die biblischen Texte und an die christliche Überlieferung wird von der gegenwärtigen Theologie in allen Zusammenhängen und auch in allen Einzelaspekten der Lehre die Frage gerichtet, welche Kraft und Weisung in ihnen steckt, um der Menschheit nicht nur Hoffnung zu wecken, sondern angesichts drohender Selbst- und Erdzerstörung real ein Weiterleben auf der Erde zu ermöglichen" (ZThK, Beihefte 6, 1986, S. 152). Nur was Antwort gibt auf die Frage nach dem „Überlebensdienlichen" kann also in dieser „Theologie" aufgenommen und verstanden werden. Daß die Frage als solche (z. B. als eine gesetzliche) kritisiert und *radikal* umgeformt werden könnte, ist von daher zum voraus ausgeschlossen. Gegen eine solche Argumentation ist aber vor allem zu fragen: Leitet das „Paradigma" von den „Paradigmen" zu einem richtigen Verstehen an? Wer sagt das? Ist eben die Feststellung, daß ein unmittelbarer Zugang zu Luther nicht möglich sei, unmittelbar zugänglich? Oder wäre nicht konsequenterweise eine Hermeneutik zur Hermeneutik nötig, um dieses Verstehen des Verstehens zu verstehen ...? Befinden wir uns nicht in eben dem Zirkel, in den jede Skepsis hineinführt und aus dem dann diese oder jene willkürliche Begriffsmetaphysik herausführen soll (vgl. u. Kap. 1, Anm. 81).

[67] Vgl. z. B. die Kritik bei Wikerstål S. 13.

[68] So Lohse in seinem Frühwerk (Ratio, S. 20). Aber auch in seiner jüngsten „Einführung" fordert er, wenn auch viel zurückhaltender, dazu auf, Luthers Denken in seinem Werden „nachzuzeichnen" (S. 133, 153).

Reflexion auch noch die Hintergründe, Abhängigkeiten und unbewußten Triebkräfte aufzudecken, begegnen bis heute immer wieder[69]. So opfern – angeleitet von ihren Lehrern – junge Theologen immer wieder ihre besten Jahre dem Versuch, verstehend und ordnend in das Frühwerk Luthers einzudringen – und fördern dann auch nach langen und hingebungsvollen Studien oft genug nur äußerst anfechtbare und „dünne" Resultate zutage, wenn sie nicht sogar enttäuscht das Heft vorzeitig aus den Händen legen. Dies muß so sein; denn Luther selber bezeichnet seine Frühschriften als ein „rohes und ungeordnetes Chaos" und warnt vor der allzu erwartungs- und vertrauensvollen Lektüre[70]. Erst recht kann er kein besonders hohes Urteil haben von den Vorlesungen und Notizen, die er gar nie veröffentlicht hat und um die sich die moderne Forschung doch mit so großen Erwartungen bemüht hat. In diesen Schriften, sagt Luther selber, herrscht wenig Klarheit, in ihnen kann man keine ordentliche, gewisse und hilfreiche Theologie lernen. Hat es denn aber keine Not in der Theologie und Kirche, und haben wir unbegrenzt Zeit, daß wir uns mit zweit- und drittklassigen, unklaren Büchern abgeben können?

Wenn man sich trotz Luthers Warnung so intensiv mit diesen Frühschriften abgegeben hat, so muß man entweder voraussetzen, daß wir ungleich größere und verständigere Theologen sind als Luther selber, so daß wir die Erkenntnis, um die er zeitlebens gerungen und die er doch nie bleibend hat fassen können, zum Ausgangs- (oder vorgegebenen Ziel)punkt[71] unserer Verstehensbemühungen machen können, so daß unsere Aufgabe sich dann darauf beschränkt, das Denken Luthers in seine weiteren Zusammenhänge einzuordnen. Oder man setzt voraus, daß Luther nicht wirklich um einen Gegenstand und dessen Erkenntnis gerungen hat, sondern daß er nur Gedanken entfaltet und Bewußtseinsinhalte geklärt hat, so daß seine Verstehensschwierigkeiten nur subjektiv, durch Vorurteile des traditionellen Erbes etwa, bedingt sind, und nicht wirklich objektiv, so daß auch wir mit denselben Schwierigkeiten zu rechnen hätten. Oder aber – und vielleicht ist dies oft der uneingestandene Grund für diese souveräne Haltung der Forscher – man ist gar nicht interessiert daran, von Luther wirklich zu ler-

---

[69] S. z.B. das Referat jüngerer Lutherarbeiten bei Pesch, Catholica 37, 1983, S.261ff.
[70] S. u. S.241f.
[71] Das letztere ist der Versuch der sog. teleologischen Methode Links: Er wählt als Ausgangspunkt seiner Darstellung der „theologischen Mitte der reformatorischen Haltung" die Formel „simul justus et peccator" und will durch diese „teleologische Betrachtung" Luthers Denken zwar nicht von einem „abgeschlossenen Rechtfertigungserlebnis" herkommen, aber doch „auf ein solches hingehen sehen" (S.73 u. 75). Mit kritischer Distanz schließt sich einem solchen Vorgehen auch O.Bayer an (Promissio, S.12; Pesch, Catholica 38, 1984, S.79): er will aber statt einem vieldeutigen Begriff eine bestimmte Schrift des Reformators zum leitenden Kriterium erheben.

nen, man hält sich vielmehr mit Vorliebe an seine Frühschriften, weil diese noch offen und unbestimmt und zu allerlei beliebigen Deutungen zu gebrauchen sind ...

Es ist dies m. E. ganz grundsätzlich die Gefahr der historisierenden Hermeneutik: Sie verführt zu einer voreilig überlegenen und besserwisserischen Einstellung gegenüber den Alten. In der Begegnung mit diesen selber aber wird der „neuzeitliche" Hochmut dann immer wieder zuschanden – oder aber er führt zu den leichten, selbstgefällig problemlosen und so wirklichkeitsfremden Begriffen vom „lieben Vatergott" ...

Im Gegensatz zu solchen Unternehmungen möchte die vorliegende Arbeit ein Beitrag zur Lutherforschung sein, indem sie Luthers Theologie ganz im Lichte dessen darstellt, was Luther selber als den Ursprung und das „primum principium" dieser Theologie bezeichnet. Wo ich oftmals verhandelte Themen (Prädestination, Abendmahl, Gesetz und Evangelium) aufnehme, geht es mir nicht so sehr darum, inhaltlich Neues aufzuzeigen, sondern darzulegen, wie nach Luthers Verständnis die bekannten Lehraussagen begründet, begrenzt und mit anderen in Zusammenhang gebracht werden, wo also das Recht dieser Aussagen liegt und wie sie nach Luthers Verständnis auch begründet in Frage gestellt oder korrigiert werden könnten. Dadurch aber erscheinen auch inhaltlich vertraute Aussagen in einem frischen Licht!

Diese Frage nach dem Zentralen erlaubt es auch, Luther nicht als eine Autorität in einem falschen Sinne zu behandeln, sondern ihn mit sachlicher Ruhe zu lesen. Luther ist keine den neutestamentlichen Schriften ebenbürtige oder gar überlegene Offenbarungsquelle, wie er manchmal behandelt worden ist. So könnte er höchstens der Begründer sein einer neuen Konfession, die dann eine Sekte wäre. Luther ist ein Theologe, der um die Erkenntnis des ihm aufgegebenen Gegenstandes ringt genauso, wie wir das zu tun haben, der ihm ebenso fremd und rätselhaft gewesen sein muß wie uns: Der Gott und Schöpfer, der Herr und Erlöser unseres so verwirrten und zerrissenen kurzen Lebens. Im Ringen um die Erkenntnis dieses Gottes sehe ich Luther schreiben, lehren und wirken und rechne darum damit, daß er uns den langen Umgang mit diesem Gegenstand, aber auch seine hohe Begabung voraus hat, daß er sachlich gebunden gelehrt hat, aber gerade deshalb manchmal auch im Übermaß gefordert worden ist, so daß sich in seinem Werk scharfe, klare, glückliche und griffige, hilfreiche Formulierungen neben tastend unsicheren oder gar undeutlichen und verworrenen finden werden, und daß man sich, wenn man verstehen will, sinnvollerweise an die möglichst deutlich gestochenen Aussagen halten muß. Welche Schriften aber diese Eigenschaft besitzen, darf man natürlich nicht mit neuer Willkür selber bestimmen wollen. Vielmehr muß man gerade in dieser bedeutsamen methodischen Vorentscheidung sich von Luther selber führen lassen. Nur die Erfahrung und Anfechtung macht zum Theologen, sagt Luther⁷². Augustin ist erst durch die Pelagianer, die Kirchenväter im allgemeinen sind erst im Kampf stark geworden⁷³. In diesen Aussagen spiegelt sich natürlich auch das Selbstbewußtsein Luthers, daß er nämlich seiner Meinung nach durch die Herausforderung der römischen und der spiritualistischen Gegner gewachsen und erst durch sie wirklich klar geworden ist⁷⁴, so daß ihm sein Galaterbriefkommentar von 1519 später als schwach und untauglich für ein neues Jahrhundert erscheinen mußte⁷⁵.

Mit diesen Erklärungen über sein theologisches Werden verweist Luther denjenigen, der von ihm lernen will, in seine Spätschriften. Im großen Bekenntnis von 1528 legt Luther noch einmal dar, was er glaube, „damit nicht hinfort bei meinem Leben oder nach meinem Tod deren etliche zukünftig sich auf mich berufen und meine Schrift, ihren Irrtum zu stärken, fälschlich führen möchten"⁷⁶. In dieser Schrift, die ja auch eine Bitte ist, ihn so zu verstehen, wie er verstanden sein will, empfiehlt Luther ausdrücklich besonders diejenigen seiner Bücher zur Lektüre, „die zuletzt sind ausgegangen in vier oder fünf Jahren"⁷⁷. Luther gibt damit einen äußerst plausiblen Termin, von welchem an er sein Werk als geklärt und für das Verständnis der Sache hilfreich empfindet: Die Verdeutschung des Neuen Testamentes liegt seit 1522 hinter ihm. Besonders die Auslegung von Joh 14 + 15, den Großen Galaterbriefkommentar von 1531⁷⁸, die Schrift über den geknechteten Willen gegen Erasmus und den Katechismus⁷⁹ hat Luther später ausdrücklich als seines Erachtens gute Bücher herausgestellt. An diese Schriften halten sich meine Ausführungen darum im Wesentlichen.

Ich versuche in dieser Arbeit, anders gesagt, Luther so zu lesen, wie er selber verstanden sein wollte: Als einer, der die Schrift studiert und in ihr ein Urteil gewonnen hat⁸⁰, der das Amt hat, die Schrift auszulegen und der in diesem Bemühen die Kirchenväter und die scholastischen Theologen als wenig hilfreich zur Seite legen muß⁸¹, der über das Wort Gottes im Gegensatz zu menschlichen Meinungen zu disputieren wünscht⁸², dessen „reformatorische Tat" es ist, daß er in der Schrift ge-

---

⁷² TR 1,146,12 ff. (no. 352); 1532, ebenso 50,660,1 ff.; 1539, Vorrede.
⁷³ TR 1,140,17 ff. (no.347); 1532 und TR 5,154,8 ff. (no 5439b); 1542.
⁷⁴ Dazu paßt auch Luthers Aussage, daß erst Erasmus ihn zum entscheidenden Thema gebracht und in seiner Gewißheit gestärkt habe (18,786,26 ff. u. 602,28 ff.).
⁷⁵ TR 2,281,11 ff. (no. 1963); 1531.
⁷⁶ 26,499,16 ff.
⁷⁷ 26,509,21 f.
⁷⁸ TR 5,323,26 f. (no. 5694) undatiert.
⁷⁹ Br 8,99,7 f., 9.7.1537 an Capito.
⁸⁰ 18,606,8 ff.
⁸¹ 50,519,18 ff. u. 40 I, 228,18 ff.
⁸² 18,630,6–18.

sehen hat, was viele Jahrhunderte überlesen haben[83], und der seine Entdeckung immer wieder durch die Schrift laufend überprüft[84]. Nur dieser Luther darf den Anspruch erheben, „katholisch" zu sein und in allen Konfessionen gehört zu werden, da er nicht ein „lutherisches Bewußtsein" oder eine ebensolche Rechtfertigungslehre zum Glaubensgegenstand erhebt, sondern die „katholische" Schrift und *ihre* Rechtfertigungs-„Lehre". Der Zugang zu Luther, den ich hier suche, hat also das starke Argument für sich, daß er ganz Luthers Selbstverständnis und seiner Auffassung der theologischen Aufgabe entspricht. Nicht ein Prophet will Luther sein, sondern „ein Prediger"[85], ein ordentlich lehrender Professor der Heiligen Schrift an der Universität Wittenberg[86].

Textkritischen Problemen habe ich mich nicht gewidmet. Meine Ausführungen hangen nicht an einzelnen Worten, sondern führen mit reichem Material von der einen Belegstelle zur anderen oder stützen sich auf großflächige Analysen der wichtigen Lutherschriften. Ebenso hat die dogmatische Fragestellung kaum Anlaß geboten für genetische und zeitgeschichtliche Erörterungen. Das heißt natürlich nicht, daß ich Luthers Erkenntnisse „senkrecht von oben ohne historischen Anknüpfungspunkt in das total verwüstete Gelände des Spätmittelalters hineingestellt"[87] sehe. Die vielfältigen Abhängigkeiten Luthers, wie Oberman, Grane u. a. sie in gediegener Detailarbeit aufzeigen, sind gerade auch für meine Betrachtungsweise eine selbstverständliche Voraussetzung, und der Wert, sie so schön geordnet präsentiert zu bekommen, ist groß! Aber man soll und muß ja nicht zu tun versuchen, was andere besser getan haben. Aus diesem Grund habe ich auch keinen Überblick zu geben versucht über die Forschungsgeschichte. Man erhält das knapp und mit sachlicher Bescheidenheit bei Lohse[88] und – wie in einer Nußschale um eine zentrale Frage gesammelt – im Bericht, den O. H. Pesch über die verschiedenen Diskussionsbeiträge zur Frage nach der sog. reformatorischen Erkenntnis bietet[89].

Die Grundvoraussetzung

Was ich mit dieser Aufgabenstellung als unbeweisbar immer schon voraussetze, ist dies, daß der Gegenstand, um den sich das theologische Denken bemüht, erkannt werden kann, weil er sich zu erkennen gegeben hat. Durch Kants „Selbstaufklärung" der Vernunft und durch die

---

[83] 18,687,34 ff.
[84] Br 5,405,22 f.; 1530 ebenso im großen „Selbstzeugnis" von 1545, 54,186,10 f.
[85] TR 2,217,6–8 (no. 1796) 1532.
[86] Belege für dieses Selbstverständnis bei Thestrup-Pedersen S. 7 ff., ebenso bei L. W. Spitz (S. 38 f.), der auch Luthers Selbstverständnis als „Hirte" betont (S. 40 f.).
[87] Oberman, Werden S. 201.
[88] Einführung S. 226 ff.
[89] S. o. Anm. 64.

naturwissenschaftlichen Erkenntnisse der letzten Jahrhunderte erscheint zwar manches in verändertem Licht. Der Ausgangspunkt der theologischen Aufklärungsarbeit ist davon aber in keiner entscheidenden Weise berührt[90]. Noch immer gilt die negative Voraussetzung, daß uns „von Natur aus" weder apriorisch noch aposteriorisch klare und gewisse Aussagen über Gott möglich sind: „Niemand hat Gott je gesehen" (Joh 1,18). Und noch immer gilt deshalb positiv, daß eine wirklich selbstkritische, nüchterne Theologie nur möglich ist, weil man damit rechnen darf, daß Gott sich kundgetan und auch dem Denken etwas Gewisses vorgegeben hat: „Der eingeborene Gott, der im Schoß des Vaters ist, hat ihn verkündet" (ebd.).

Für den einzelnen Forscher heißt das: Er kann seine Arbeit nur tun im Vertrauen auf die Wahrheit dessen, was auch ihm durch Jesus Christus verkündigt worden ist. Was zum Erkennen nötig ist, steht bereit und ist uns geschenkt: Die „natürlichen" Mittel zur Erkenntnis (Vernunft und Sprache, Geld, Zeit, Ruhe zum Forschen ...) wie die geistlichen (die Heilige Schrift und der Beistand des Geistes, die Gemeinschaft der Kirche ...) darf und soll der Theologe gebrauchen im Vertrauen auf ihren Geber, ohne sie zuerst noch selber zu begründen und zu rechtfertigen. Keine methodische Vorüberlegung, keine „Hermeneutik" kann seine Arbeit rechtfertigen, und es darf für sie deshalb schlußendlich keine andere Begründung geben als das hilflose Wort: „Ich glaube, darum rede ich" (2. Kor 4,13).

Das heißt aber, daß die geistige Heimat, ohne die der theologische Forscher seine Arbeit nicht tun kann, die Kirche ist, in der die Verkündigung des unsichtbaren Gottes Raum hat und allem Denken vorausgeht[91]. „Mit einem, der die Voraussetzungen leugnet, soll man nicht disputieren", heißt die eherne Regel aller Wissenschaft[92]. Sie gilt auch in der Theologie[93]. Das heißt natürlich nicht, daß man mit einer ungläubigen oder zweifelnden Welt überhaupt nicht reden soll. Aber ein Disput, ein logisch beweisendes Gespräch, ist nur möglich auf der Grundlage allgemein anerkannter Voraussetzungen! Wie die Kirche ins Gespräch kommen kann mit den sog. säkularisierten Menschen, muß der Gegenstand apologetischer oder missionswissenschaftlicher Erörterungen sein; und für dieses Gespräch müssen mögliche Grundlagen immer wieder erst gesucht werden. Innerhalb der Kirche aber muß stets wieder eine neue Generation auch in die wissenschaftliche Erkenntnis hineinwachsen; und die Kirche ist hier auf Erden nie eine „Gesinnungs-

---

[90] Meine grundsätzlichen Anfragen an die Möglichkeit einer „Selbstaufklärung der Vernunft" s.u. S. 154-198, Teil 2, Kap. 2.3, Anm. 102-104.

[91] Vgl. u. S. 76 f. u. 134.

[92] „adversus negantem principia non esse disputandum" (Aristoteles, zitiert bei K. Scholder, S. 161).

[93] S.u. S. 59, Anm. 85.

gemeinschaft", für die man annehmen darf, daß in ihr alle immer schon das Richtige lehren. Deshalb muß es ein wissenschaftliches Denken geben, das innerhalb der Kirche aufgrund der in ihr geltenden Voraussetzungen „disputiert" und so zum Verständnis der Wahrheit beiträgt. Gerade der Verzicht auf ein Denken, das von den grundlegenden Voraussetzungen gebunden ist, beraubt die Kirche der Hilfe, welche ein methodisches Denken ihr leisten könnte, und gibt den Raum frei für die sehr diffusen Erwartungen eines „Beweises des Geistes und der Kraft", der in der Praxis dann oft verwechselt wird mit einer seelisch überzeugenden Wirkung oder einer ethischen Evidenz. Es ist so gesehen gerade eine Kirche, die darauf verzichtet, mit „Disputen" „intra muros ecclesiae" sich Klarheit zu verschaffen über die sie tragenden Inhalte, die dann auch nicht die Kraft findet, um mit intellektueller Offenheit und seelischer Frische in ein Gespräch einzutreten mit „der Welt" …

Es ist das Verdienst Karl Barths, dieses Verständnis der Theologie erneuert und ihm wieder wissenschaftliche Anerkennung erkämpft zu haben (allerdings um den teuren Preis eines grundsätzlichen Verzichtes auf *jede* Apologetik). Die hier vorliegende Arbeit ist möglich geworden nur in der Freiheit, die Karl Barth dem theologischen Denken mit unerschrockener Sachlichkeit wiedererobert hat. Die Dankbarkeit der Kirche dafür muß groß sein. Sie soll sich aber zeigen nicht dadurch, daß nun das Denken sich in einer schulmäßigen Anlehnung an ihn entfaltet, sondern dadurch, daß die erneuerte Freiheit gebraucht wird, um weiter zu dringen. Der zweite Teil meiner Arbeit ist deshalb ganz dem Werk Karl Barths gewidmet. Denn so sehr auf der einen Seite die Befreiung der Theologie aus Historismus und Religionsphilosophie das indiskutabel gute Werk Barths ist, so sehr sind es auf der andern Seite die leitenden Begriffe seiner Theologie, die heute den Blick verstellen auf das, was Luther als die Klarheit der Schrift erkannt und behauptet hat.

Freude an „festen Behauptungen" (Ton, Stil und Form der Arbeit)

Eine wissenschaftliche Arbeit muß Mittel zur Darstellung suchen, die ihrem Gegenstand möglichst angemessen sind. Deshalb habe ich mich auch im Formalen und Sprachlichen von Luther leiten lassen[94]: ich habe das Hauptgewicht meiner Darlegungen (trotz der vorangehenden Kritik nach links und rechts) nicht so sehr darauf gelegt, zu kritisieren und mich von meiner Ansicht nach falschen Darstellungen abzugrenzen, sondern habe v. a. positiv Luthers Aussagen herauszuarbeiten und diese in ein möglichst helles Licht zu stellen versucht: „Es gilt nicht etwas Lügen strafen und dagegen nicht wissen noch wollen die Lügensträferin, nämlich die Wahrheit, anzeigen. Wer die Lügen will gewaltiglich stür-

---

[94] S. u. S. 203 ff., „Die Lust am theologischen Denken".

zen, der muß an derselben Statt gar öffentliche und beständige Wahrheit stellen."⁹⁵ Dazu aber soll man nach Luthers Meinung möglichst einfältig und schlicht reden. Ich habe mich deshalb bemüht, auch allgemeine Überlegungen auszuformulieren, auch wenn man sie vielleicht als selbstverständlich voraussetzen möchte (was darf man aber heute in der Theologie noch als selbstverständlich und bekannt voraussetzen?) und möglichst selten Begriffe zu verwenden, die mit Inhalten überladen und von historischen Systemen in Beschlag genommen sind, so daß sie vieldeutig sind oder aber mehr sagen sollen, als in ihrem unmittelbarsten Wortsinn gegeben ist. Luther hat selber der philosophischen Schule seiner Herkunft und deren Begrifflichkeit eine Absage erteilt, um im Streit gegen Erasmus möglichst theologisch klar und verständlich zu reden: „Grob muß man es sagen, um des Lehrens und Erkennens willen", sagt Luther gegen die „Scharfsinnigkeiten" der nominalistischen „Modernen"⁹⁶.

Das aber führt zu einem direkten, manchmal behauptenden, betont „dogmatischen" Stil, der nach heutigem Empfinden einer wissenschaftlichen Arbeit nicht unbedingt angemessen ist⁹⁷. Auch dieser Konflikt ist aber keineswegs neu. Schon Erasmus hat den behauptenden und „predigenden" Stil Luthers beklagt und hat ihm seinen differenziert abwägenden und betont leidenschaftslosen Stil der Darstellung entgegengestellt⁹⁸. Luther hat aber trotzig darauf beharrt, daß zur theologischen Arbeit die Freude an assertorisch bekennenden Sätzen und die Distanz zur akademisch distanzierenden Betrachtungsweise gehört⁹⁹.

Die Frage nach der rechten Form ist also alles andere als eine Nebensache! Erasmus hat die methodischen Vorüberlegungen für wichtiger

---

⁹⁵ 26,266,39 ff.

⁹⁶ „Crasse enim dicendum est, gratia docendi et intelligendi" (18,663,11 f.). Ebenso 18,203,27 f.

⁹⁷ Leif Grane hat das Problem mit der ihm eigenen Leichtigkeit angesprochen: Eigentlich, meint er, könne „die Sache Luthers" nur direkt, als Predigt, aufgenommen werden. Predigt aber und wissenschaftliche Arbeit ließen sich nicht unmittelbar vereinen, und so folge ironischerweise, „daß eine Interpretation der Sache Luthers, die völlig in Übereinstimmung mit dem Gegenstand ist, sich verbiete durch unseren eigenen Standard von ‚Wissenschaft' ". Der Humor in dieser Sache sei unübersehbar, und Leif Grane schlägt zur Überwindung des Dilemmas neben einem Lachen über den verbissenen Ernst der Theologen Anleihen in den Methoden der Literaturwissenschaft vor (Luther's Case S. 62).

⁹⁸ „… höflich und ohne Schmähungen Material zusammenstellen …" („… civiliter et absque conviciis conferenti …" De libero S. 34; Ib 9) „… ohne (…) Leidenschaft …" („… ἄνευ (…) παθῶν …" Hyperaspites S. 200). „Ich habe Argumente zusammengestellt, anderen steht das Urteil zu." „CONTULI, penes alios esto iudicium" (De libero S. 194; IV 17).

⁹⁹ „Ich aber habe in diesem Buch nicht Argumente zusammengestellt, sondern habe feste Behauptungen aufgestellt …" („Ego vero hoc libri NON CONTULI, SED ASSERUI" (18,787,11 f.).

gehalten als die inhaltliche Entscheidung[100], und auch Luther hat sich diesen Fragen ausführlich gestellt[101]. Andernseits wäre es aber auch falsch, abstrakt zum voraus diese oder jene Form als die einzig angemessene zu fordern und etwa eine spürbare „existentielle Betroffenheit" zum Kriterium einer sachgemäßen Lutherdeutung zu erheben. Denn daß Luther eine von wissenschaftlicher Neutralität gefärbte Sprache ablehnt und nicht bereit ist, zur Darstellung der Dinge einen Standpunkt jenseits der Gegensätze zu suchen, entspringt ja nicht dem Willen, eine persönliche Nähe zum Gegenstand zu dokumentieren oder etwa gar das Zeugnis der eigenen Betroffenheit in die Waagschale der Urteilsfindung zu werfen. Auch dies wäre nur eine besonders peinliche Form einer eigenen Gerechtigkeit und wäre somit mit eben der Gefahr verbunden, der Luther mit der Ablehnung jeder formalen Distanzierung begegnen will: der Gefahr nämlich, daß sich zwischen den Gegenstand und seinen Erforscher, also zwischen das Wort und den Theologen, der menschliche Wille als Mittler schiebt, daß also ein menschlich guter Wille den Zugang zur Wahrheit von sich aus meint herstellen zu müssen. Ein solches Werk einer eigenen Gerechtigkeit wäre schutzlos der Neigung zum Wunschdenken und dem Begehren, die Dinge begreifend an sich zu reißen, ausgesetzt. Das ist „das hermeneutische Problem" nicht einer (zeitlichen und sonstigen) Distanz, sondern das der Sünde, das Luther in bezug auf das theologische Denken benennt mit dem Wort von „der Hure Vernunft"[102].

Wissenschaftlich ist eine theologische Arbeit so gesehen nicht dann, wenn sie auf Parteilichkeit verzichtet oder wenn sie umgekehrt engagiert Partei ergreift, sondern dann, wenn sie ihren Gegenstand derart scharf und klar herauszustellen vermag, daß alle bloßen Beteuerungen sich erübrigen. Damit dies aber gelingt, müssen wohl Sachlichkeit und Zurückhaltung wie auch Leidenschaft und Kampfeslust jeweils vom Gegenstand selber erzwungen und herausgefordert werden.

Es wäre noch manches zu erhellen, und ich möchte mir noch viele Einsichten in die weiteren Zusammenhänge wünschen. Aber „die Zeit drängt" (1. Kor 7, 29), und auch diese Arbeit muß sich schließlich tragen lassen vom Vertrauen, daß wir nach gründlichen und ernsthaften Studien einmal dann zur Stellungnahme berechtigt und verpflichtet sind. Denn unser Leben – dies ist eine wirklich unerschütterliche Voraussetzung aller theologischen Arbeit – währet siebzig, und wenn's hochkommt, achtzig Jahre ... (Ps 90, 10).

---

[100] De libero S. 20 (I a 11).
[101] Vgl. Das Schema zum Aufbau seiner Schrift u. S. 118 f.
[102] Vgl. u. Kap. 2.2.

1. Kapitel: Im Umgang mit der Sache Gottes Wort und die Heilige Schrift

Der gepredigte Gott

Wo von Gott die Rede ist, da droht zunächst Willkür, subjektivistische Überheblichkeit und menschlich selbstsichere Torheit. Der Mensch kann sich nichts anderes denken, als daß es sich mit Gott so verhalte, wie seine frommen Vorstellungen und Gefühle das sagen. Das ist aber nicht so. Im Gegenteil: Im Glauben und in der Frömmigkeit begegnen wir einem unentwirrbaren Gemisch von Lüge und Wahrheit. Wenn wir also zunächst vielleicht geneigt wären, den Gegenstand der Theologie vom Glauben der Menschen aus zu bestimmen, so mahnt uns Luther mit unzweideutigen Worten, daß der „Glaube" und der „Gottesdienst" der Menschen „üblicherweise" ein eigenmächtiges und gottloses Unternehmen ist, ja, daß er eine Eingebung des Teufels sein kann. „Allzumal führen sie ihre Gedanken von Gott, aber nicht aus Gott, sondern aus dem leidigen Teufel und ihrem eigenen Kopf".[1] Das Wort vom „Gottvertrauen" und „Gott dienen" muß sich von den Menschen so dehnen lassen, „daß es ein jeglicher zieht auf seine Gedanken, und einer so, der andere so deutet"[2]. Die Theologie kann also nicht im Glaubensbewußtsein der Menschen ihren Gegenstand finden. Sie kann nicht ohne ein äußeres Kriterium von unten (vom Glauben) hinauf zu Gott steigen. Denn wie sollte sie im Glauben menschliche Willkür und göttliches Recht, menschliche Wahrheit und teuflische Lüge zu unterscheiden vermögen? Es wäre denn, sie möchte selbst willkürlich einen Bewußtseinsinhalt den anderen als Kriterium vorordnen! Weil also im Glauben stets heillose, überaus gefährliche Willkür droht, deshalb hat Gott

„sich selbst gestellt und geheftet an einen gewissen Ort und gewisse Person, da er will gefunden und angetroffen werden, daß man ihn nicht verfehle. Das ist nun kein anderer denn die Person Christus selbst, in welcher wohnt leibhaftig (wie S. Paulus Kol 2,9 sagt) die ganze Fülle der Gottheit, also daß man ihn nirgends finden soll, denn in dieser Person.

---

[1] 45,481,4–6.
[2] Ebd. Z.15–17.

Darum will er hiermit sagen: Ihr habt gehört, daß ihr sollt auf Gott vertrauen, aber ich will euch auch zeigen, wie ihr ihn recht treffen sollt, daß ihr euch nicht unter seinem Namen einen anderen Abgott machet nach euren Gedanken. Das heißt nun also: Wollt ihr an Gott glauben, so glaubt an mich."[3]

„Darum wer da will recht fahren und nicht (ver)fehlen mit seinem Glauben, der fange da an, da es Gott hingelegt hat und sich will finden lassen, sonst ists gewißlich gefehlt und alles umsonst."[4]

Wenn Glaube, Theologie und Kirche nicht selbstsicher von einer Meinung oder Ahnung ausgehen wollen, sondern von der vorgegebenen Wahrheit und Wirklichkeit Gottes, so gilt es dorthin zu sehen und dorthin zu hören, wo Gott sich bezeugt und hat hören lassen[5]. Das ist die Person Jesu Christi. „Den sollt ihr hören" (Mt 17,5 par): Dieses Wort, das vom Himmel herab über Jesus hörbar wurde, zieht sich als die allesentscheidende Weisung wie ein Kehrvers durch das ganze Werk Luthers hindurch[6].

Es geht in der Theologie nämlich auch nicht einfach um einen Weg von oben nach unten, von Gott zum Menschen. Gott, den niemand je gesehen hat, läßt sich auf der Erde hören. Von Anfang der Welt an geschieht das durch das Wort, das Adam vertraut wurde[7]. Dann, als dieses Wort im Untergang begriffen und die Welt „in der Blindheit versunken war, daß man schier nicht mehr wußte, was Sünde war", geschieht es neu durch Mose und das Volk Israel, durch das Gesetz und den Gottesdienst, der dort inmitten der Völkerwelt aufgerichtet wurde, um „die Welt an ihnen wieder zu erleuchten"[8]. Schließlich dann läßt sich Gott auf endgültig wahre und befreiende Weise hören durch seinen Sohn, Jesus Christus (Hebr 1,1f.). Hier, wo Gott von sich gesagt und wo er öffentlich einen Gottesdienst aufgerichtet hat, muß die Theologie suchen und fragen, hier soll sie finden und Antwort bekommen: hier, wo Gott sich und wo er den Menschen festgelegt hat[9].

„Die christliche wahre Theologie – und wie oft mahne ich das – fängt nicht an mit Gott in der Majestät, wie Mose und andere lehren, sondern mit Christus, der geboren ist aus der Jungfrau, mit ihm als unserem Mittler und Hohenpriester. Denn nichts ist gefährlicher, wenn wir gegen das Gesetz, die Sünde und den Tod mit Gott im Kampfe stehen, als daß wir dann mit unseren Spekulationen im Himmel umherschweifen und Gott selbst in seiner unerfaßbaren Macht, Weisheit und Majestät betrachten, wie er die Welt geschaffen hat und regiert. Wenn du Gott so begreifst und ihn unter Ausschluß des Versöhners Christus

---

[3] Ebd. Z.17–26.
[4] 45,482,5–7.
[5] Vgl. 45,481,6f.
[6] Z.B. 43,459,28; 39 II,287,5f.
[7] DB 8,13,26–29 Vorrede auf das AT.
[8] DB 8,13,34ff.
[9] Vgl. die zusammenfassende Deutung der diesbezüglichen Aussagen Luthers durch E.Jüngel: „Deus verbo suo definivit sese". (Quae supra nos S.221).

versöhnen willst, (...) kann nichts anderes herauskommen, als daß du den Fall Luzifers machst und in schrecklicher Verzweiflung Gott und alles verlierst."[10]

Gottes *Wort,* das vom Zion ausgegangen ist (Jes 2,3), muß der Anfang und das Ende aller wahren theologischen Gedanken sein. Der Gott, der „gepredigt, offenbart, angeboten, verehrt" wird, ist der einzige Gegenstand der Theologie[11]. Von einem „Gott selbst" über, jenseits oder hinter dem gepredigten Gott aber ist nichts gesagt und darf die Theologie darum nichts sagen und nachdenken wollen. Nichts wäre gefährlicher als dies! Es müßte zum Fall Luzifers und zum Verlust von *allem,* also auch von dem gesuchten „Gott selber" führen. Von unten, von dem Kind der Maria, das uns vor Augen gemalt wird, muß die Theologie ihren Weg aufwärts suchen.

Der nicht gepredigte Gott

Man muß, sagt Luther im Streit um die Prädestination, unterscheiden „zwischen dem gepredigten Gott und dem verborgenen, das ist, zwischen dem Wort Gottes und Gott selber"[12]. Diese Formulierung bezeichnet eine äußerste Grenze für die Gotteserkenntnis – ja, sie geht über die Grenze hinaus, um über die Maßen erschrocken zurückzufliehen in das Licht diesseits dieser Grenze. Von Gottes unerforschlichem Willen weiß der Mensch – *nichts,* außer, daß dieser unerforschliche Wille tatsächlich „irgendwie" vorhanden ist in Gott. Das genügt[13]! Mehr kann der Mensch nicht wissen (sonst wäre es nicht mehr unerforschlich), mehr soll er um keinen Preis zu verstehen und zu sagen versuchen! Denn sobald wir von diesem nicht gepredigten Gott zu reden und zu denken beginnen, ist es nicht mehr der nicht gepredigte Gott, sondern ein selbstherrlich gepredigter und eigenmächtig erdachter Gott, den unsere Gedanken und Worte ausspielen und erheben über

---

[10] „Christiana autem et vera Theologia, ut saepe moneo, non ingerit Deum in Maiestate, ut Moses et aliae doctrinae, Sed Christum natum ex virgine, Mediatorem et Pontificem nostrum etc. Nihil enim est periculosius, cum agendum est in agone contra legem, peccatum et mortem cum Deo, quam nos vagari nostris speculationibus in coelo et considerare Deum ipsum in sua incompraehensibili potentia, sapientia et maiestate, Quomodo creaverit et gubernet mundum. Si sic Deum apprehenderis et eum volueris secluso Mediatore Christi placare (...) aliter fieri nequit, quin casum Luciferi facias et in horribili desperatione Deum et omnia amittas." (40 I,77,11-20). Mose erscheint hier als Majestätstheologe. Andererseits ist auch bei ihm schon der Hinweis auf die letztgültige Quelle der Erkenntnis zu lesen (Dtn 18,14-19).

[11] „Aliter de Deo vel voluntate Dei nobis praedicata, revelata, oblata, culta, Et aliter de Deo non praedicato, non revelato, non oblato, non culto disputandum est." (18,685,3-5).

[12] Es gilt zu unterscheiden „inter Deum praedicatum et absconditum, hoc est, inter verbum Dei et Deum ipsum". (18,685,25-27).

[13] „Satis est, nosse tantum, quod sit quaedam in Deo voluntas imperscrutabilis." (18,686,1f.) Vgl. zu diesen einleitenden Bemerkungen die detaillierten Ausführungen S.125-134.

den gepredigten Gott. Sobald wir den nicht gepredigten Gott seinem unergründlichen Sein zu entreißen und ihn mit Gedanken, Gefühlen oder Worten zu fassen versuchen, ist es nicht mehr Gott, mit dem wir es zu tun haben, sondern der Feind Gottes, der sich erhebt über alles, was Gott *heißt,* was als der gepredigte Gott verehrt wird – der Teufel (2. Thess 2,4)[14]. Vom gepredigten Gott ist gesagt, daß er das Heil aller Menschen will (1. Tim 2,4)[15]. An diesen gepredigten Willen muß sich der Mensch halten, wenn er etwas Gewisses hören will von der Barmherzigkeit Gottes und von seinem Wirken zur Überwindung der Sünde. Vom gepredigten Willen muß der Mensch ohne Wenn und Aber sich führen und prägen lassen – oder aber er muß vor der Verzweiflung in die Skepsis ausweichen. Denn neben dem gepredigten Gott „gibt es" nur den nicht gepredigten Gott, der den Sünder nicht liebt und sucht (er hat ja nichts dazu getan), sondern der in ganz unerträglicher Weise unterschiedslos Tod und Leben und alles in allem wirkt[16], einen Gott, an den man unmöglich glauben, an dem man nur verzweifeln oder zum prometheïschen Lästerer werden kann.

Der nicht gepredigte Gott geht den Menschen nichts an[17]. Wenn der Mensch dennoch versucht, „Gott selber" in seiner Majestät zu erfassen, dann begegnet er unweigerlich dem Teufel. Dieser aber verführt den Menschen entweder zu betrüglicher Selbstsicherheit, indem er die Dinge verharmlost, oder aber er stößt in die Verzweiflung. Das zeigt sich besonders deutlich dort, wo die Frage der Prädestination laut wird, aber es gilt allerorts: Die Gedanken über Gott, die nicht von seinem Wort gehalten und gebunden sind, müssen zum einen oder zum anderen führen: zur vergleichgültigenden Meinung, daß Gott ja doch nicht „so furchtbar" sein könne, zu glatt daherfliessenden, durch und durch vermessenen Überlegungen, daß letztlich Gott die Schuld tragen müsse am Verderben der Menschen, oder zur wirklich jähen und bodenlosen Angst vor Gott.

Gegen diese Gefahr, die das Nachdenken über einen nicht gepredigten Gott mit sich bringt, stellt Luther das Schriftwort: „Wer bist du, daß du mit Gott rechten willst?" (Röm 9,20)[18] Aus seinen Gedanken über Gott muß der Mensch aufgeschreckt und zurückgejagt werden zum Wort, zum „Wort *allein*"!

---

[14] 18,685,8 ff.
[15] 18,686,5 f.
[16] 18,685,21 ff.
[17] So deutet auch Jüngel: „Der Glaube hat also zwischen offenbarem und verborgenem Gott zu unterscheiden, weil der verborgene Gott den Glauben nichts angeht. Cogitationes über den verborgenen Gott werden diabolisch genannt." Jüngel gibt aus der Genesisvorlesung einen ausdrücklichen Beleg dafür, daß der verborgene Gott nicht nur das Erkennen, sondern wirklich auch den Glauben nichts angeht. Außerhalb des Wortes Gottes zu suchen, ist die Sünde Adams. (aaO. S. 223).
[18] 18,686,12.

Das mündliche und das geschriebene Wort

Der Gegenstand der Theologie, das Wort Gottes, begegnet als ein mündliches oder geschriebenes Wort. In diesem Wort wird gesagt von Jesus Christus, und mit diesem Wort wird der Mensch an Jesus Christus gebunden. „Für uns", „für euch" oder direkter „für dich", heißt es, hat Christus sein Werk getan (Jes 53,5; Röm 4,25). Das Wort Gottes ist also grundsätzlich eines und ist an alle Menschen in gleicher Weise gerichtet. Aber im Verlaufe der Zeit und in den wechselnden Situationen hat dieses eine Wort doch verschiedene Formen und unterschiedliche Adressen, ohne daß die letzte Einheit stets sichtbar werden muß. Denn – so führt Luther in einer Tischrede aus – substantiell und wesentlich ist zwar nur Jesus Christus selber das Wort Gottes. Er aber hat seine Jünger und durch sie die Kirche damit betraut, sein Wort weiterzusagen: „Wer euch hört, hört mich" (Lk 10,16). Auch die menschliche Rede, die im Namen Christi geschieht, heißt darum zu Recht und im vollen Sinn der Rede „Wort Gottes". Denn diese menschliche Rede ist ihrem Ursprung und ihrer Wirkung nach göttlich[19].

Dieses Wort Gottes im Mund der Menschen begegnet auf mancherlei Weise: In der Predigt und in der Kinderlehre, im Absolutionswort des Priesters[20] und im Gespräch unter Freunden, in der Feier der Sakra-

---

[19] „Da fragte einer: Herr Doktor, also ist das Wort Christi, das er selber auf Erden gesprochen hat, und das des Predigers der Sache und der Wirkung nach dasselbe? Erwiderte der Doktor: Ja, denn er hat gesagt: Wer euch hört, hört mich. Und Paulus nennt das Evangelium von Christus eine Kraft und Macht Gottes. – Darauf jener: Herr Doktor, aber es ist doch ein Unterschied zwischen jenem Worte, das Fleisch geworden ist, und dem Worte, das von Christus oder vom Prediger verkündigt wird? – Durchaus! erwiderte er. Jenes ist das fleischgewordene Wort, das von Anfang an wahrer Gott war, dies ist das vorgetragene Wort; jenes Wort ist wesenhaft Gott, dieses Wort der Wirkung nach, es ist eine Kraft und Macht Gottes, aber nicht wesenhaft Gott, denn es ist das Verhalten eines Menschen, sei es nun Christi oder des Predigers. Aber es bewirkt trotzdem alles, was es sagt. Denn durch dieses Werkzeug handelt Gott mit uns und tut alle Dinge und bietet uns alle seine Schätze dar." „Ibi quidam interrogavit: Domine Doctor, ergo verbum Christi, quod ipse locutus est in terris, et verbum ministri idem verbum est re et effectu? – Respondit Doctor: Ja, quia dicit: Qui vos audit, me audit. Et Paulus vocat potentiam et virtutem Dei. – Tum ille: Domine Doctor, sed interestne inter verbum illud, quod caro factum est, et verbum a Christo prolatum vel a ministro? – Maxime! inquit. Illud est verbum incarnatum, quod fuit a principio verus Deus, hoc verbum prolatum; illud verbum est substantialiter Deus, hoc verbum effective, est potentia Dei et virtus, non substantialiter Deus, nam est habitus hominis sive Christi sive ministri. Sed efficit tamen omnia, quae dicit. Nam per hoc instrumentum Deus nobiscum agit et fecit omnia et offert nobis omnes suos thesauros." (TR 4,695,12–696,2; no.5177, 1540).

[20] Bayer hat auf sehr überzeugende Weise gezeigt, daß Luther gerade am Absolutionswort seine reformatorische Auffassung vom Wort Gottes gewonnen hat. (Promissio S. 164ff. und 344ff.). Das heißt aber natürlich nicht, daß das neue Verständnis *inhaltlich* vom Ort der Entdeckung abhängig bleiben und daß also dem biographisch bedingten Forschungs*weg* Luthers eine dogmatische Bedeutung zukommen würde. Vgl. u. Kap. 3, insbes. Anm. 15 u. 16.

mente und im Gesang in den Kirchen und Schulen. Es begegnet aber zuerst und zuletzt und alles andere immer neu legitimierend *in der Heiligen Schrift*. Sie ist bei weitem nicht nur ein „Erkenntnisprinzip" und eine „Norm" der theologischen Wissenschaft. Sie ist die Schulstube, in der die Diener der Kirche auferzogen und gebildet werden, sie ist der Garten, in dem stets wieder die schönsten und besten Früchte für den Glauben zu holen sind, sie ist die Quelle, aus der die andern Wörter noch und noch erfrischt und geläutert werden[21], sie ist das Gesetz, „das Maß und die Richtschnur", womit im Streitfall über Recht und Unrecht einer Lehre entschieden wird[22].

Zwar betont Luther mit schönen und bewegenden Worten, wie das Evangelium vor allem als ein mündliches Wort in die Welt ausgegangen sei, als eine

> „gute Botschaft, gute Mär, gute Neueezeitung, gut Geschrei, davon man singet, saget und fröhlich ist; gleichwie als David den großen Goliath überwand, kam ein gut Geschrei und tröstliche Neueezeitung unter das Jüdische Volk, daß ihr greulicher Feind erschlagen und sie erlöst zu Freude und Friede gestellt wären, davon sie sangen und sprangen und fröhlich waren."[23]

In diesem Sinn kann Luther den Vorrang des mündlichen vor dem schriftlichen Wort herausstellen und kann sagen, daß es eigentlich nicht nötig gewesen wäre, das Wort aufzuschreiben[24]. Das ist aber eine ganz und gar hypothetische und realitätsfremde Aussage, die nur dazu dient, über das ursprüngliche Wesen des Wortes etwas auszusagen, nicht aber dazu, den Wert und die Bedeutung des geschriebenen Wortes herabzusetzen. Denn dadurch, daß das Wort „in die Schrift verfaßt" und auf dem Papier festgelegt wurde, hat es formell etwas für die Kirche außerordentlich Wichtiges gewonnen: nämlich dies, daß es im Verlaufe der Zeit unvergleichlich viel weniger der Veränderung, dem Verfall und der Verfälschung ausgesetzt ist:

> „Darum habens die Apostel auch selbst für nötig angesehen, daß sie das Neue Testament in die griechische Sprache fasseten und anbünden, ohne Zweifel, daß sie es uns daselbst sicher und gewiß verwahrten wie in einer heiligen Lade. Denn sie haben gesehen all dasjenige, das zukünftig war und nun also ergangen ist: wo es allein in die Köpf gefasset würde, wie manche wilde, wüste Unordnung und Gemenge, so mancherlei Sinnen, Dünkel und Lehren sich erheben würden in der Christenheit, welchen auf keine Weise zu wehren noch die

---

[21] 50,520,3–10, u. unten Anm. 140–142.
[22] Soweit die Schrift sich vergleichen läßt mit einem Gesetz, das Streitfragen entscheidet, kann man sie vergleichen mit einem „metrum et mensura". (18,654,12).
[23] DB 6,3,23–5,3, Vorrede auf das NT 1522, bzw. 1546.
[24] Vgl. 10 I/2,48,5 ff., 1522 und 12,259,10 ff., 1523. Polemisch betont wird die Mündlichkeit des Wortes nicht gegen die Schriftlichkeit, sondern gegen das „geistliche und himmlische" Wort. (TR 5,436,6–10, no. 6010, undatiert).

Einfältigen zu schützen wären, wo nicht das Neue Testament gewiß in Schrift und Sprache gefasset wäre."[25]

Da, wo es ursprünglich laut geworden ist, bei den Aposteln und Propheten, da, wo es von den bevollmächtigten Boten und Lehrern in seine erste schriftliche, „klassische" Form gebracht wurde, da, wo es sowohl durch die unmittelbare göttliche Berufung wie auch durch den langen Gebrauch in den Kirchen beglaubigt und bewährt ist – da, in den Heiligen Schriften kann und muß das Wort Gottes stets wieder neu gesucht werden, da wird es wieder geläutert und geklärt, gestärkt, geschliffen und von neuem legitimiert und autorisiert.

„sola scriptura"

In polemischer Gegenüberstellung *„allein* die Schrift" muß es heißen, wenn andere Mächte die hervorgehobene Stellung der Schrift überdecken und in Frage stellen. Dies kann geschehen in der wissenschaftlich oder kirchenrechtlich zugespitzten Situation, wo zwischen sich widerstreitenden Aussagen entschieden werden muß. Dies gilt aber weit gewichtiger und folgenschwerer vor allem für den praktischen Alltag in Theologie und Kirche: Allein die Schrift ist die höchste Aufmerksamkeit und den größten Teil der Kraft und Lebenszeit der Theologen wert.

Auffällig und sensationell bemerkbar wird das Prinzip „sola scriptura" zwar nur im öffentlichen Streitfall: wenn im Streit der Meinungen die Schrift als die alleinige Richterin angerufen wird, wenn gegen das Übergewicht der Tradition, gegen die Meinung der Mehrzahl der zeitgenössischen Fachleute und gegen das ausdrückliche Wort der kirchlichen Oberbehörde das Schriftwort „allein" gestellt wird. So sehen wir Luther – von der Geschichtsschreibung heldenhaft verbrämt, in Wirklichkeit aber sehr im Geruch subjektivistischer Willkür – in Worms vor dem Kaiser stehen. Allezeit, hält man Luther entgegen, haben sich aus dem eigensinnigen Gebrauch der Schrift nur Ketzereien ergeben[26]. So wurde aber in der Reformationszeit tatsächlich an allen Orten über den Fortgang der Reformation entschieden dadurch, daß Fürsten, Bischöfe und Räte für oder gegen diese formale Bestimmung eintraten.

Inhaltlich weit gewichtiger ist aber die praktische Entscheidung für die „Schrift allein", die jeder Theologe in seinem Lernen und Lehren zu vollziehen hat. Hier liegt m.E. die Wurzel für die Reformation, soweit sie wirklich konstitutiv in die Biographie Luthers hineinreicht. Luther hat nicht nur in der entscheidenden Stunde aus einer Diskussionsnot heraus die „Schrift allein" ins Feld geführt zur Rechtfertigung seiner

---

[25] 15,38,22–30.
[26] Vgl. z.B. den Bericht über die Nachverhandlungen in Worms, 7,850,12–18.

Theologie (wie tatsächlich sonst in der Kirchengeschichte oft geschehen). Sondern er hat, lange bevor er sich in die Rolle des Reformators gedrängt sah, die Schrift ins Herz geschlossen und hat sich ihr als der einzig vorbehaltlos bindenden Lehrerin anvertraut. Bevor er sich gegen seine Gegner auf sie berufen hat, ist er wirklich während langen und ernsthaften Studien in der wissenschaftlichen Lehre und in der persönlichen Frömmigkeit mit der Schrift umgegangen als mit der einzigen nicht hinterfragbaren Autorität. „Allein die Schrift" hielt das Versprechen, daß man in ihr Wichtiges und Gültiges lernen könne, alle anderen Lehrer wurden ihm daneben zweifelhaft und mußten schließlich vor seinen kritischen Anfragen ihr Gewicht verlieren: sie hatten, so empfand er, im Vergleich zur Bibel „keinen Bestand in sich"[27]. „Allein die Schrift" hielt stand und konnte herausfordernd und weiterführend die Gedanken und Gefühle des kritischen Professors so leiten und prägen, daß er sich ihr ganz anvertraute und sich ihren Aussagen kritiklos unterwarf. (Die Kritik an den von ihm nachgestellten Schriften des Neuen Testaments sind die Probe aufs Exempel für diese kritiklos vertrauensvolle Haltung Luthers der Schrift gegenüber[28]. Diese Kritik zeigt, daß grundsätzlich distanzierende Äußerungen auch der Schrift gegenüber durchaus möglich und denkbar gewesen wären. Sie blieben aber aus, weil Luther tatsächlich der Schrift gegenüber keine kritische Haltung einnahm, sondern sich ihr willig und „gutgläubig" anvertraute. Dies aber mit gutem Grund: weil sie seinen tiefsten Fragen und Zweifeln mächtig standhielt!) Bevor Luther also in Worms sich auf die Schrift berief, hat er sich ihr mit allen seinen Kräften zugewendet im Vertrauen darauf, daß sie unmittelbar zu lehren und zu klären vermöge. Bevor er daran ging, das Werk der Reformation zu festigen und die Kirche neu zu ordnen, hat er das Neue Testament übersetzt!

„Ich habe mich in meiner Jugend an die Schrift gewöhnt, und dadurch, daß ich sie immer wieder las, wurde ich ein guter Stellenkenner. Dann erst habe ich mich an die Literatur über die Bibel gemacht. Aber ich mußte sie zuletzt alle aus den Augen stellen und mich in der Biblia würgen. Denn es ist besser, mit eigenen Augen zu sehen, als mit fremden."[29]

„Daher ists ein offenkundiger Irrtum, daß mit solchem Worte ‚Es ist nicht erlaubt, durch den eignen Geist die Schrift zu verstehen', uns befohlen werde, wir sollten die heilige Schrift beiseite setzen und auf die Kommentare der Menschen uns richten und denen glauben. Diesen Verstand, sag ich, hat ohne Zweifel Satanas selbst aufgebracht, daß er uns damit von unsrer, d.h. der heiligen

---

[27] TR 5,76,4f., no. 5346, 1540.
[28] S.u. S.45ff.
[29] „Ego iuvenis me assuefeci ad bibliam; saepius legendo fiebam localis. Deinde me ad scribentes contuli. Aber ich muste sie zu letzt alle aus den augen stellen vnd mich in der biblia wurgen. Nam potius est videre propriis quam alienis oculis." (TR 4,432,18-21, no. 4691, 1539). Den ungewöhnlichen Eifer Luthers für das Schriftstudium hebt auch der frühe Biograph Ratzeberger 1555 hervor. (Zitiert bei Oberman, Luther, S.145).

Schrift gar weit abbrächte und eine verzweifelte Kenntnis der Schrift uns machte. Wo doch jenes Wort weit eher also zu verstehen ist, die Schrift solle alleine durch den Geist verstanden werden, durch den sie geschrieben ist, welchen Geist du nirgends gegenwärtiger und lebendiger finden kannst denn eben in seiner heiligen Schrift, die er geschrieben hat. So sollen wir denn danach trachten, nicht daß wir die Schrift beiseite setzen und uns auf die menschlichen Schriften der Väter richten, nein vielmehr zuerst sollen wir die Schriften aller Menschen beiseite setzen und allein an die heilige Schrift desto mehr und desto beharrlicher unsern Schweiß setzen, je gegenwärtiger die Gefahr ist, daß einer sie durch seinen eignen Geist verstehe, auf daß der Brauch dieser beständigen Mühe solche Gefahr überwände und uns endlich des Geists der Schrift gewiß machte, der außer in der Schrift überhaupt nicht gefunden wird. Denn ‚hier hat er sein Gezelt aufgeschlagen und in den Himmeln (d. i. Aposteln) seine Wohnung' (Ps 18,12)."[30]

Es ist das die einfache und praktische Bedeutung der polemischen Aussage, daß die Schrift allein genug sei: Die Schrift soll als einzige Anfang, Ende und Mitte der theologischen Studien bestimmen. Das Prinzip „sola scriptura" meint nicht nur die außergewöhnliche Situation, daß eine theologische Streitfrage mit Hilfe von biblischen Sätzen entschieden wird. Die Berufung auf die „Schrift allein" in einer solchen Situation kann zwar das Leben der Kirche nachhaltig beeinflussen, indem gewisse Lehren und Praktiken gebilligt und in Schwang gebracht, andere zurückgedrängt und verworfen werden. Es kann aber in dieser Situation nur zwischen Möglichkeiten entschieden werden, die vorher erarbeitet und auf einem oft langen Weg der klärenden Forschung und der allmählich reifenden Einsichten gewonnen wurden. Hier, auf diesem Weg der Theologie in der alltäglichen Treue zu ihrer Aufgabe, gilt vor allem und am folgenschwersten das „sola scriptura"! Hier, im vertrauten, beständigen Umgang mit der faktisch vorfindlichen Schrift entscheidet es sich, ob das Schriftprinzip eine leere, häretische Rechthaberei oder ein wirklich ernsthafter Gehorsam gegen das Wort ist. Wenn die Schrift nur am Rande die Gedanken bestimmt und wenn sie erst am Ende der Überlegungen dann zur Bestätigung oder Entscheidung be-

---

[30] „Error itaque manifestus est, hoc verbo ‚non licet scripturas proprio spiritu intelligere' nobis mandari, ut sepositis sacris literis intendamus et credamus hominum commentariis. Hanc, inquam, intelligentiam absque dubio Satanas ipse invexit, quo nos a nostris, id est sacris, literis longissime avocaret et desperatam scientiam scripturae nobis faceret, cum sic potius sit intelligendum, scripturas non nisi eo spiritu intelligendas esse, quo scriptae sunt, qui spiritus nusquam praesentius et vivacius quam in ipsis sacris suis, quas scripsit, literis inveniri potest. Danda ergo fuit opera, non ut, sepositis sacris literis, solum humanis patrum scriptis intenderemus, immo contra, Primum, sepositis omnium hominum scriptis, tanto magis et pertinacius insudandum erat solis sacris, quo praesentius periculum est, ne quis proprio spiritu eas intelligat, ut usus assidui studii victo periculo eiusmodi tandem certum nobis faceret spiritum scripturae, qui nisi in scriptura prorsus non invenitur. Hic enim posuit latibulum suum, et in coelis (id est Apostolis) tabernaculum suum." (7,96,35–97,10, Assertio omnium articulorum, 1520).

müht wird, dann muß sie in der Tat subjektivistisch mißbraucht und willkürlich zur Legitimation eigener Vorstellungen mißdeutet werden. „Nein, vielmehr zuerst sollen wir (...) allein an die heilige Schrift desto mehr und desto beharrlicher unsern Schweiß setzen, je gegenwärtiger die Gefahr ist, daß einer sie durch seinen eigenen Geist versteht ...!" Ganz einfach im alltäglichen Studium der verantwortlichen Lehrer und Führer gilt es, daß die Schrift *allein* ein beharrliches und stets wiederkehrendes Bemühen wert ist. „Allein die Schrift" heißt ganz praktisch, daß man vermehrt und mit einer einzigartigen Hingabe und mit unvergleichlichem Vertrauen die Bibel liest, die Bibel – und nicht eine Menge von anderen Büchern, die viel zweifelhafter, unklarer, inhaltsarmer, unpädagogischer, geistloser – ganz einfach schlechter sind als die Bibel.

„Ich möchte alle meine Bücher ausgetilgt, damit über die heiligen Dinge nur noch in der Bibel gelesen würde. Denn von den Büchern fällt man auf andere, wie es in der anfänglichen Kirche geschehn ist, wo man sich von der Lesung der Bibel erst zur Lesung des Eusebius, dann des Hieronymus, dann des Gregor und zuletzt der Scholastiker und Philosophen gewandt hat. Also wirds uns auch gehen."[31]

„Und wiewohl es nützlich und nötig ist, das etlicher Väter und Konzilien Schrift geblieben sind als Zeugen und Historien, so denke ich doch: Est modus in rebus, und sei nicht schade, daß vieler Väter und Konzilien Bücher durch Gottes Gnade sind untergegangen. Denn wo sie alle hätten sollen bleiben, sollte wohl niemand weder ein noch ausgehen können vor Büchern, und würdens doch nicht besser gemacht haben, denn mans in der heiligen Schrift findet.

Auch ist das unsere Meinung gewesen, da wir die Biblia selbst zu verdeutschen anfingen, daß wir hofften, es sollte des Schreibens weniger und des Studierens und Lesens in der Schrift mehr werden."[32]

Bevor noch die Frage relevant wird, was denn die Heilige Schrift sei, wie man sich ihr „Wesen" zu denken und wie man sie also sachgerecht zu lesen habe, gilt es zunächst einmal zu beherzigen, daß es in der Kirche die Heilige Schrift tatsächlich gibt und daß man sie da wirklich lesen kann – mit dem nötigen Aufwand an Zeit und „Schweiß". In einer Zeit, da wieder Wörter und Bilder in einer unübersehbaren Vielzahl uns überfluten, so daß die Stimme der Bibel auch in der Kirche oft kaum mehr zu hören ist, da darf diese praktische Bedeutung des reformatorischen Schriftprinzips klar herausgestellt werden! Das reformatorische Sola scriptura bezeichnet nicht *nur* die *Autorität* der Schrift „im Stim-

---

[31] „Ego vellem omnes meos libros extinctos, ut tantum sacrae literae in biblia diligenter legerentur. Den von den büchern fellet man auff annder, sicut in primitiva ecclesia factum est, ubi a bibliae lectione ad Eusebii, deinde Ieronymi, deinde Gregorii, postremo scholasticorum et philosophorum lectionem se verterunt. Also wirdts vns auch gehen." (TR 3,623,2 ff.; no. 3797, 1538) Ebenso TR 4,380,25 f.; no. 4567, 1539: Wer sich von der Bibel zu den Vätern wendet, dessen Studium wird unendlich werden ... („Qui autem se a biblia ad commentaria patrum applicaverit, illius studium erit infinitum.")
[32] 50,657,12 ff.; Vorrede zu den deutschen Schriften 1539.

mengewirr, dem die Theologie ausgesetzt ist". Das wäre ein gesetzlich trockenes Verständnis der Schrift, wie es wohl in der Orthodoxie, aber offenbar ebenso in der modernen „hermeneutischen Theologie" bestimmend ist[33]. Luthers Entscheidung für die Schrift allein hat aber eine unmittelbar evangelische Dimension, sie macht fröhlich und frei: Sie führt den Theologen heraus aus der schwärmerisch gutwilligen, aber unerfüllbaren Forderung, daß ein zeitgenössischer Kirchenmann eine übergroße Menge von Büchern und Sachverhalten zur Kenntnis nehmen und ernsthaft bedenken sollte. Sie befreit zum geschöpflich Möglichen: zum intensiven Studium der Schrift *allein*.

Es geht daher an Luthers Verständnis vorbei, wenn im heutigen Zeitpunkt gerade diese praktische Bedeutung des reformatorischen Schriftprinzipes relativiert und gesagt wird, das Schriftprinzip sei „in entscheidender Hinsicht nicht ein Textabgrenzungsprinzip, sondern ein hermeneutisches Prinzip" (so Ebeling in seiner Dogmatik[34]). Das Verstehen beginnt doch damit, daß man sich Zeit nimmt für das, was man verstehen will. Zeit aber hat der Mensch nicht beliebig viel. Also muß er aus- und abgrenzen. Das Verstehen der Schrift beginnt also gerade damit, daß man sie von anderen Texten abgrenzt und sie aus der Menge der übrigen Bücher heraushebt, im Vertrauen darauf, daß der besonders hingebungsvolle Umgang mit ihr sich lohnt, daß sie die inhaltlichen und die formalen Qualitäten besitzt, um ihre Schüler richtig und heilsam zu leiten, auch wenn sie nicht die Menge der Sekundärliteratur zu bewältigen vermögen. Haben wir dieses Vertrauen zur Schrift noch – oder stehen wir nicht mehr auf dem Boden der Reformation, sondern auf dem einer neuen „historisch-kritischen" Scholastik?

„Die Bibel" – der Kanon

Was ist die Heilige Schrift? Die Antwort auf diese Frage ist einfach, die Schwierigkeit besteht darin, sie so einfach, wie sie ist, durchzuhalten. Die Heilige Schrift ist ein Buch, das man in die Hand nehmen und lesen kann, und auf das sich eine außergewöhnlich große Aufmerksamkeit, oft aber auch ein außergewöhnlich großes Mißtrauen konzentriert: „die Bibel". Dieses Buch liegt Luther vor (wie uns Heutigen) verbunden mit einer großen Anzahl von offenen Fragen und schwierigen Problemen: Das Buch ist übersetzt, überliefert, redigiert und abge-

---

[33] Vgl. Ebeling, Dogmatik I, S. 33 f.
[34] AaO. S. 34. Ebeling wehrt bezeichnenderweise nur der Gefahr, daß ein „banausisches Mißverständnis" des reformatorischen Schriftprinzips dazu führt, daß neben der Bibel „andere Bücher und Sachverhalte" nicht berücksichtigt würden (aaO. S. 33). Die heute doch offenkundig viel größere Gefahr aber, daß vor lauter „anderen Büchern und Sachverhalten" die Schrift kaum noch erwartungsvoll und mit wirklicher Leidenschaft erforscht wird, erwähnt Ebeling nicht.

schrieben worden, viele textkritische, redaktionelle, verlegerische, aber auch umfassender kulturelle, geographische und historische Fragen sind mit diesem Buch verbunden, praktische und theoretische Möglichkeiten müssen bedacht und entschieden werden im Umgang mit diesem Buch, und eine unüberblickbare Menge von Meinungen, Gewohnheiten, Vorurteilen, Studien und Kommentaren hat sich um dieses Buch herum gesammelt. Luther hat die Bibel mit seinen Freunden zusammen übersetzt (aus dem Lateinischen und aus den Urtexten), und er hat sie nach bestimmten theologischen und pädagogischen Gesichtspunkten setzen und drucken lassen[35]; er hat sich darum bemüht, den Lesern überblicksartig ein historisches, geographisches und theologisches Verständnis zum Jesajabuch mitzugeben[36] und hat daneben seinen Freund Georg Rörer sich mit dem Korrekturenlesen abmühen sehen[37]. Luther hat von der Heiligen Schrift geredet nicht nur als von einem theologischen Begriff, sondern er hat gewußt und hat täglich erfahren, welche großen und kleinen Schwierigkeiten mit diesem Buch verbunden sind. Es ist darum alles andere als naiv und „vorkritisch", wenn gerade Luther dieses Buch mit großer Liebe die „*Heilige* Schrift" nennt.

Die Bibel ist eine Sammlung verschiedener Schriften, und es bleibt für Luther ein bißchen in der Schwebe, wo die genaue Grenze zwischen dazugehörigen und auszuscheidenden Schriften verläuft. Wie es bereits im Alten Testament gegeben war, so versetzt Luther auch im Neuen Testament vier Schriften in den Rang von umstrittenen oder gar eindeutig als „apokryph" qualifizierten Schriften. Diese vier Schriften will Luther nicht unter „die rechten gewissen Hauptbücher"[38] des Neuen Testaments gezählt haben. „Will aber damit niemand wehren, daß er ihn setze und hebe, wie es ihn gelüstet", sagt er vom Jakobusbrief[39]. In allen Bibelausgaben stellt Luther so den Hebräer-, Jakobus- und Judasbrief und die Johannesapokalypse den übrigen Schriften unnumeriert nach. Erst in der Orthodoxie erhalten dann allmählich auch diese Schriften in der lutherischen Kirche ein unumstrittenes kanonisches Ansehen[40].

Über diese Kanonkritik ist viel diskutiert und sie ist auch zur theologischen Rechtfertigung der „historisch-kritischen" Methode herangezogen worden – so vorbildlich und mit der ihm üblichen pauschalen Gewißheit in solchen Fragen von Harnack, der mit Luthers Vorreden zum Neuen Testament das Ende der Dogmengeschichte gekommen

---

[35] Rörer betont (noch zu Lebzeiten Luthers), daß die Hervorhebung einzelner Sprüche Luthers Werk sei. (Vgl. DB 8, XLIIf. und LXXVII, 16–LXXVIII, 23).
[36] Vgl. die Vorrede auf den Propheten Jesaja DB 11 I, 17 ff., 1528.
[37] Vgl. die Postfatio Rörers DB 8, LXXVIII, 41–49.
[38] DB 7, 345, 2.
[39] DB 7, 387, 16 f.
[40] Hägglund, Geschichte der Theologie S. 169.

sah⁴¹: das freie Christentum des subjektiven Erlebens (über das allerdings die Schwärmer „an nicht wenigen Punkten richtigere Einsichten besaßen"⁴²) habe sich hier seine Bahn gebrochen! Nüchterner und historisch richtiger formuliert Kümmel, daß Luther „mit einer bis dahin unbekannten Schärfe des Urteilsvermögens" die Erwägungen zur Verfasserfrage gewisser Schriften „zu einer theologischen Sachkritik vertieft" habe⁴³. Wie verwirrt und von theologischen Legitimationsbedürfnissen belastet die Diskussion aber ist, zeigt die weitere Argumentation desselben Verfassers. Nachdem er klar herausgestellt hat, daß Luther die vier Schriften nicht zu den rechten Büchern des Neuen Testaments gezählt, sondern sie aus ihrer Zahl *ausgeschieden* hat, fährt er fort: „damit war der Tatbestand zum erstenmal sicher beobachtet, daß es *innerhalb*[!] des Neuen Testamentes sachliche Differenzen unter den lehrhaften Aussagen gibt, die sich nicht ausgleichen lassen" und die zur Beschäftigung mit der Vielzahl der Vorstellungsformen und ihrem Werden anregen mußten⁴⁴. So groß ist der Wunsch, für die kritische Schriftauffassung wenigstens ansatzweise an den Reformator anknüpfen zu können, daß die Schriften, die dieser aus dem Neuen Testament *ausgeschieden* hat, flugs wieder in es hinein versetzt werden!

Kümmel selber betont in diesem Zusammenhang, daß die hier scheinbar zu beobachtende kritische Distanz zum Neuen Testament in deutlicher Spannung stehe zum reformatorischen Schriftprinzip. Luther scheint hier das, was er von der Schrift als der alleinigen Lehrerin sagt, zurückzunehmen und scheint vielmehr sich selber zum Richter und Lehrer der Schrift zu machen. Man muß also fragen: Hat wirklich Luther sich so offenkundig und gedankenlos widersprochen? Ist er schließlich doch nur seinem Gefühl und seinem Willen gefolgt, ohne seinen Gedanken irgendwo energisch eine Schranke zu setzen? Wird seine Behauptung der Klarheit der Schrift nicht hier durch sein eigenes Tun widerlegt? Was bedeutet seine „Kritik am Kanon"?

Im Hinblick auf die oft sehr verwirrte Diskussion dieser Frage muß zunächst ein Grundsätzliches klargestellt werden: Kanonkritik ist nicht Schriftkritik – ja, streng genommen schließt eines das andere aus. Nur wenn es – wie es in der Geschichte der historischen Kritik oft der Fall war – ganz allgemein um eine alle Unterschiede vergleichgültigende Relativierung und Infragestellung der Schrift geht, können diese beiden Dinge miteinander verwechselt werden. Kritik am Kanon und Kritik an der Schrift sind aber die Mittel zweier je verschiedener Auffassungen des theologischen Gegenstandes, die sehr tiefgreifend voneinander ge-

---

[41] Harnack, Lehrbuch S. 898 f.
[42] Dogmengeschichte S. 468.
[43] Das Neue Testament S. 17.
[44] AaO. S. 20 f.

schieden sind. Die Kanonkritik setzt voraus, daß es heilige Schriften gebe und daß diese als solche kenntlich gemacht, zusammengehalten und von anderen Schriften abgegrenzt werden müssen. Die Kanonkritik zieht darum eine Grenze zwischen „rechten und gewissen Hauptschriften" und solchen, die das nicht sind, streng genommen zwischen geheiligten und profanen Schriften also. Die *Anzahl* der heiligen Schriften steht zur Diskussion. Die Schriftkritik aber rechnet gar nicht damit, daß es irgendeine Anzahl von heiligen Schriften gebe, Schriften also, die von Gott geheiligt und dadurch ganz grundsätzlich der menschlichen Kritik entzogen sein könnten. Die Kanonkritik bestätigt und bekennt mit ihrem Tun die Existenz einer Heiligen Schrift, die Schriftkritik hingegen löst die Abgrenzungen auf und gliedert die heiligen Schriften unterschiedslos ein in den Strom der übrigen Literaturgeschichte.

Im weitern muß gerade in dieser Frage der Lutherdeutung sorgfältig beachtet werden, daß es in Luthers Urteil im Verlauf der Zeit Veränderungen gegeben hat. Das harte Wort über die Johannesoffenbarung („mein Geist kann sich in das Buch nicht schicken")[45] und seine unmittelbar subjektivistische Begründung („Ich sage was ich fühle")[46] weicht nach 1530 einem differenzierteren Versuch, diese Schrift mit einer „gewissen Deutung" dem Zweifel an ihrer Würde zu entreißen[47]. Den Schluß seiner Vorrede auf das Neue Testament („Welches die rechten und edelsten Bücher des Neuen Testaments sind")[48], der ja wirklich einen „Kanon im Kanon" aufrichtet, ließ Luther nach 1534 nicht mehr drucken. Es zeigt sich darin, daß ihm seine Aufforderung zum Prüfen und Werten innerhalb der neutestamentlichen Schriften selbst nicht mehr problemlos war, und daß er die Gefahr von willkürlichen Liebhabereien gesehen hat[49]. Eine ausdrückliche Aufforderung zu einer permanenten Kanonkritik, eine Bestärkung subjektivistischer Neigungen und eine Bindung der Kirche an seine eigenen Erfahrungen mit der Bibel gibt es also spätestens von da an bei Luther nicht mehr.

---

[45] DB 7,404,25f.
[46] Ebd. Z.4.
[47] DB 7,406ff.
[48] DB 6,10,8f.
[49] Dagegen einfach zu sagen, diese Auslassung sei „kein Anhalt, daß Luther sich von den darin ausgedrückten Aussagen distanziert" habe (Lønning, Kanon, S.82) scheint mir merkwürdig. Nach 1534 hatte Luther durch das schweigende Abstandnehmen von diesem früheren Urteil nichts zu gewinnen. Der Abschnitt ist theologisch bedeutsam, wie sein reger Gebrauch in der neueren Diskussion zeigt. Anzunehmen, Luther habe ihn „einfach so" aus dem Druck genommen, hieße sein praktisch-theologisches Denken gehörig unterschätzen. (Man vergleiche sein sorgfältiges und sehr bewußtes Vorgehen bei der Erneuerung des Gottesdienstes, z.B. die unterschiedliche Handhabung der Elevation je nach Umständen.) So haben wir im Streichen dieses Abschnittes ein bewußtes theologisches Urteil zu sehen, dessen Motiv und Tragweite aber genau zu bestimmen schwer ist.

Ich halte mich aus diesen Gründen für die Beurteilung der Lutherschen Kanonkritik an die Vorrede für den Hebräer- und den Jakobusbrief, die (das Urteil über Jakobus leicht gemildert[50]) unverändert in der Lutherbibel stehen blieben.

Luther begründet seine kritischen Bemerkungen zu diesen Büchern mit einem demonstrativ ruhigen und selbstverständlichen Verweis darauf, daß die apostolische Verfasserschaft entweder im Brief selber verneint (Hebr 2,3) oder von den Vätern bestritten worden sei. Gegen das negative Urteil der Väter, das er mit einem Einschub als eine unbestrittene Gegebenheit hinstellt, gibt sich Luther selber zunächst als ein Verteidiger des Jakobusbriefes: „Diese Epistel S. Jacobi, wiewohl sie von den Alten verworfen ist, lobe ich und halte sie doch für gut, darum daß sie gar keine Menschenlehre setzt und Gottes Gesetz hart treibt."[51] Ebenso lobt Luther, diesmal nach den kritischen Äußerungen, den Hebräerbrief: „Wie dem allem, so ists je eine ausbündig feine Epistel, die vom Priestertum Christi meisterlich und gründlich aus der Schrift redet."[52] Dieses Lob ist zweifellos so gemeint, wie es lautet: Als Gesetzespredigt und als gute Schrifttheologie (in die leider neben dem Edelmetall auch etwas Holz und Stroh eingemengt worden ist[53]), kann Luther die beiden Schriften ehren und schätzen. Es sind „viel guter Sprüch sonst" im Jakobusbrief[54]. Dennoch überspielt dieses Lob auch ein schweres Problem und einen stillen Vorwurf, den Luther und seine Freunde deutlich gespürt haben müssen.

Luther übt ja trotz allem Lob mit dürren und schweren Worten eine tiefgreifende Kritik an den Briefen:

Die Epistel an die Hebräer hat „einen harten Knoten, daß sie im 6. und 10. Kapitel stracks verneinet und versaget die Buße den Sündern, nach der Taufe, und im 12. spricht, Esau habe Buße gesucht, und doch nicht gefunden. Welches, wie es lautet, scheint wider alle Evangelien und Epistel S. Pauli zu sein. Und wiewohl man mag eine Glosse darauf machen, so lauten doch die Wort so klar, daß ich nicht weiß, obs genug sei."[55]

Für die Schrift des Jakobus aber gilt,

daß sie „stracks wider S. Paulum und alle andere Schrift, den Werken die Gerechtigkeit gibt und spricht, Abraham sei aus seinen Werken gerecht geworden, da er seinen Sohn opferte, so doch S. Paulus Rom. 4 dagegen lehrt, daß Abraham ohne Werk sei gerecht geworden allein durch seinen Glauben."[56]

---

[50] Vgl. DB 7,386 und 387.
[51] DB 7,385,3–5.
[52] DB 7,345,20f.
[53] Ebd. Z. 22–29.
[54] DB 7,387,18f.
[55] DB 7,345,13–18.
[56] DB 7,385,9–14.

(Im Zusammenhang dieser Kritik an Jakobus findet sich dann auch das vielzitierte Wort Luthers, wonach dies das Kriterium sei, nach dem sich die Bücher am Rande des Kanons beurteilen ließen, „was Christum treibe": „Auch ist dies der rechte Prüfstein alle Bücher zu tadeln, wenn man sieht, ob sie Christum treiben, oder nicht."[57] Luther denkt mit dieser Aussage zwar nicht an die innere Wirkung der fraglichen Bücher, sondern an ihren äußeren Wortlaut. Aber auch das ist ja problematisch: Wer soll entscheiden, ob ein äußerer Wortlaut „Christus treibe" oder nicht? Luther meint mit seinem Wort im Zusammenhang gegen Jakobus ausdrücklich nur dieses Einfache, daß Christi Person und Werk in einer Schrift verbal vorkommen und in ihrem Wortlaut etwas davon entfaltet und gelehrt werden müsse[58]. Ist aber dies nun nicht ein etwas allzu einfacher Gedanke und ist also das vielzitierte Kriterium, so wie Luther es im Zusammenhang mit Jakobus gemeint hat, nicht allzu banal und also letztlich unbrauchbar?)

Die etwas berechnenden und auf rhetorische Wirkung abzielenden Worte besonders in der Vorrede zu Jakobus signalisieren m.E., daß die Kritik an diesen Büchern auch für Luther keine Selbstverständlichkeit war. Sie brachte ihn ja äußerlich gesehen wieder in den Geruch subjektivistischer Willkür! Denn obgleich zweifellos die humanistische Geschichtsforschung manches in Bewegung gebracht und in der Gelehrtenwelt vielleicht tatsächlich schon vorgängig so etwas wie eine „Krise des Kanons" verursacht haben mag (durch eine solche Entwicklung sieht Lønning die Möglichkeit und Notwendigkeit für Luthers eigenständige Entscheidung gegeben[59]), so mußte doch Luther diese selber verantworten und mußte sich damit wieder mit seinem eigenen Urteil exponieren – diesmal aber nicht nur gegen ein Stück Tradition, sondern gegen Schriften, die (wenn auch nicht unumstritten) gewöhnlicherweise zur Heiligen Schrift gezählt wurden. Es war gewiß für alle offenkundig, daß er damit eben das in Frage stellte, worauf er zu stehen vorgab: die unveräußerliche und zwingend vorgegebene Autorität der Schrift. Auch die Zeitgenossen Luthers mögen gedacht haben, daß er damit seine eigenen Voraussetzungen aufhebe. Lieber, so denke ich, wenn es irgend möglich gewesen wäre, hätte Luther die fraglichen Schriften als kanonische gelten lassen. Aber es war ihm nicht möglich – denn A ist nicht Nicht-A, und es können und dürfen in der Bibel nicht sich diametral widersprechende Aussagen stehen, sofern sie sich auf das Leben des Menschen und also auf die Sphäre des Geschöpflichen beziehen (anders ist es mit Sätzen über das Göttliche, z.B. über die Trinität). Der Hebräerbrief aber behauptet die Unmöglichkeit der zweiten Buße, was

---

[57] DB 7,385,26f.
[58] DB 7,385,19–24.
[59] Kanon, S.55ff.

gegen die anderen Schriften steht: Also *muß* er, trotz aller seiner Vorzüge, außerkanonisch sein.

Luther muß die Gefahr, die hier aufbrach, klar gespürt und bedacht haben, und er muß darum um einen akzeptablen Ausweg gerungen haben. Daß wirklich auf den Menschen und seinen Weg bezogen widersprüchliche und unvereinbare Aussagen in der Bibel stehen, kann er nicht akzeptieren. Sonst würden ja tatsächlich nur zwei Möglichkeiten offen bleiben: entweder, daß eine unmittelbar inspirierte kirchliche Instanz über Recht und Unrecht der Bibelwörter als solche entscheidet. Dann stünde der Papst tatsächlich nicht nur über unterschiedlichen *Deutungen* der Schrift, sondern gar – wie Prierias sagte – über ihr selbst[60]. Oder aber man müßte ins gänzlich Dunkle hinein eine letzte Einheit der widersprüchlichen Worte supponieren. Es wäre aber dann in der Konsequenz davon nie mehr möglich, eine Rede als Lüge abzuweisen, weil sie dem Bibelwort widerspreche. Vielmehr müßte man dann alles offenlassen: Von jedem beliebigen Wort wäre es denkbar, daß es in irgendeiner unergründlichen Tiefe dasselbe sagt wie sein Gegenteil. Statt der Verkündigung und Lehre müßte es dann wirklich nur noch ein wortloses Versinken in einen eventuell vorhandenen Urgrund geben.

Das ist die Gefahr, vor der sich Luther durch die fraglichen Schriften gestellt sieht. Und so wählt er, wie mir scheint, einen bestechend einfachen Weg und findet eine sehr elegante – vielleicht eine allzu elegante – Lösung: er druckt die fraglichen Schriften in seiner Bibel und lobt ihre Vorzüge. *Praktisch* gesehen bleiben sie also im Kanon drin. Man kann und soll sie weiterhin mit großer Achtung lesen. (Sie „stehen in der Bibel".) Aber mit den kritischen Worten in der Vorrede und mit äußerlichen Vorkehrungen im Druck (keine Numerierung) stellt Luther klar, daß diese Schriften nicht zu den „rechten Hauptbüchern" zählen. *Dogmatisch* gesehen sind sie aus dem Kanon ausgeschieden. Es soll nicht möglich sein, auf Grund von nur diesen Schriften bestimmte Lehren in Frage zu stellen oder zu behaupten. Sie können nicht von sich aus „des Glaubens Grund legen"[61].

Man muß unbedingt beachten, wie milde und zurückhaltend Luther sein Urteil in dieser Frage formuliert, wie er betont die letzte Entscheidung dem Leser selber überläßt und relativierend das Gewicht seiner – gewiß sehr schneidenden! – Aussagen auch wieder zurücknimmt. „Doch ohne jedermanns Nachteil" will er seine Meinung geäußert haben[62]. Der Unterschied zur Festigkeit und zur fordernden Strenge in

---

[60] „Das kann doch nicht wahr sein!" denkt über eine solche wirklich ganz absolute päpstliche Autorität auch der heutige katholische Theologe. (Pesch, in Luther 83, S. 49, Anm. 26).
[61] DB 7,387,30.
[62] DB 7,385,6f. vgl. auch oben Anm. 39.

Luthers Äußerungen zu anderen Lehrfragen ist unübersehbar. „Ich habe verbindliche theologische Aussagen gemacht und mache verbindliche theologische Aussagen. Das Urteil darüber möchte ich in niemandes Hand gelegt wissen, vielmehr gebe ich allen den Rat, Gehorsam zu üben", sagt er am Ende seiner Auseinandersetzung mit Erasmus[63]. Und auch im Abendmahlsstreit ist seine Haltung nicht besonders konziliant. In der Frage nach den Grenzen des Kanons aber hat Luther keine zwingenden Behauptungen aufstellen wollen, sondern rekurriert ausdrücklich auf die persönliche Meinung der Leser. Das ist für Luther ein außergewöhnlich zurückhaltendes Urteil! Die Ausgrenzung des Jakobusbriefes ist *kein Glaubensartikel,* den man unzweideutig bekennen muß, sondern er ist eine – wenn auch wohl begründete – diskutable theologische Ansicht. Sie könnte nur dann zu einem Glaubensartikel werden, wenn jemand gestützt auf den Jakobusbrief eine Rechtfertigungslehre behaupten und beglaubigen möchte, die den Aussagen der übrigen neutestamentlichen Literatur zuwiderliefe.

Soweit Luthers Lösung. Es ist hier nicht der Ort, zu beurteilen, ob sie notwendig und richtig war, ob wirklich die fraglichen Aussagen im Jakobus- und Hebräerbrief den Aussagen anderer neutestamentlicher Schriften entgegenstehen. „Es scheint so", sagt Luther[64]. Es ist aber vielleicht doch nicht so, es ließe sich vielleicht „mit viel Schweiß" auch eine „Glosse" auf diese Worte machen, die stark genug ist. Ein Hinweis, daß dies vielleicht tatsächlich möglich ist, gibt uns die Tatsache, daß Luther, wenn er den Widerspruch zwischen Jakobus und Paulus benennt, keinen Unterschied macht zwischen der paulinischen Aussage (fide iustificamur) und seiner eigenen (fides iustificat):

„Viele schwitzen sehr, wie sie Jakobus mit Paulus in Einklang bringen, wie auch Philippus in der Apologie, jedoch nicht im Ernst. Es widersprechen sich: ‚der Glaube rechtfertigt‘, ‚der Glaube rechtfertigt nicht‘. Wer die zusammenreimen kann, dem will ich mein Pirreth aufsetzen und will mich von ihm einen Narren lassen schelten."[65]

Was mit dem Hinweis auf diese wohl etwas voreilige Identifikation Luthers nur angedeutet werden kann, weist aber natürlich auch auf tiefere und schwerwiegendere Probleme in der Theologie Luthers hin, und zwar gerade dort, wo man allgemein ihr unaufgebbares Zentrum und ihren Quellgrund gesehen hat: in der Lehre von der Rechtfertigung „allein" aus Glauben.

---

[63] „Ego vero hoc libro NON CONTULI, SED ASSERUI ET ASSERO, ac penes nullum volo esse iudicium, sed omnibus suadeo, ut praestent obsequium." (18,787,11 ff.).
[64] S. o. Anm. 55.
[65] „Multi valde sudant, ut concordent Iacobum cum Paulo, velut etiam Philippus in Apologia, sed non serio. Pugnantia sunt: Fides iustificat, fides non iustificat. Wer die zusamen reymen kan, (…)." (TR 3,253,25 ff.; no. 3292a, 1533).

Die Grenzen des Kanons, wo in der Reihe der überlieferten Schriften die Trennungslinie verläuft zwischen heiligen und apostolischen auf der einen und bloß menschlich wertvollen Schriften auf der anderen Seite, das bleibt *praktisch* gesehen in der Lutherbibel etwas unklar. *Dogmatisch* ist es zugunsten einer engeren Grenzziehung entschieden. Ohne jeden Zweifel aber meint Luther mit „Schrift" eben das, was „Natur und Art der Sprache gibt"[66], nämlich etwas Geschriebenes, Texte, Wörter und Sätze, die in eine feste Form gebracht und auf dem Papier niedergelegt sind, „die Schrift als ein äußerlicher Buchstabe von Tinten gemacht"[67], wie er in bewußter Polemik gegen jede spiritualisierende Auffassung sagt. Diese Schrift als eine Sammlung von Texten *ist* die Heilige Schrift, sie *wird* es nicht erst durch den (gottesdienstlichen und gläubigen) Gebrauch, den man von ihr macht. Nicht erst dort, wo der Heilige Geist einen Leser erleuchtet und ihn im Glauben an das Wort bindet, ist die Schrift heilig. Sie ist es auch, wenn sie unbenutzt im Büchergestell steht oder wenn ein Leser vergeblich ihren Inhalt zu fassen versucht oder gar sich an ihr ärgert. Eine *Wirkung* „extra usum", wie sie z. T. in der Orthodoxie behauptet wurde[68], ist damit aber nicht ausgesagt. Es ist vielmehr nur unterschieden zwischen der Substanz (die Schrift) und ihrem Gebrauch, bzw. Mißbrauch. Die Schrift muß gelesen, und sie muß gehorsam und unter der Leitung des Heiligen Geistes gelesen werden, damit sie heilsam wirken kann. Sie kann daneben auch mißbraucht werden, indem man sie nach den eigenen Gedanken und Wünschen zu verstehen und zu fassen versucht. Dann muß sie sich zur Wehr setzen – nicht etwa als „toter", sondern vielmehr als höchst lebendiger, eben „*tötender* Buchstabe"! (vgl. 2. Kor 3,6). Es ist ja ihre Pflicht, „alle Weisen und Klugen zu Narren" zu machen[69].

Die Bibel ist die Heilige Schrift ihrem Sein nach, wie immer sie benutzt wird, wie immer sie wirksam wird. Es ist eine Unterscheidung, die

---

[66] 18,174,7.
[67] 50,646,29f.
[68] Vgl. dazu Hägglund, Geschichte der Theologie S. 237f. und Die Heilige Schrift S. 253ff., betr. die Auseinandersetzungen um den rahtmannschen Streit. „Die Bibel ist nicht Gnadenmittel auch ‚extra usum', wie die alten Lutheraner meinten", schreibt Karl Barth in seiner Dogmatik (Chr. Dogm. S. 89). Es ist aber zu fragen, wie man das Wort „Gnadenmittel" benützen will. Soll das Wort eine Sache bezeichnen, die der Substanz nach von Gott zum Gnadenmittel bestimmt ist und stets wieder so wirksam wird, oder soll es nur zur Bezeichnung einer Sache verwendet werden, die effektiv die göttliche Gnade an einen empfangenden Menschen weitervermittelt. Nach der zweiten Definition wäre die Schrift extra usum tatsächlich kein Gnadenmittel, was aber eine recht banale Aussage ist, nach der ersteren aber ist mit Luther zu sagen, daß die Schrift auch extra usum ein Gnadenmittel ist – was aber auch wieder eine etwas merkwürdige Bezeichnung ist, da ja das Wort Gnadenmittel den Gebrauch irgendwie impliziert. „Man kommt damit zu einer in gewisser Hinsicht unhaltbaren Fragestellung ..." (Hägglund, Geschichte der Theologie S. 237, aus dem schwedischen Original übersetzt).
[69] DB 8,10,27f.

Luther seinen Schülern immer wieder einschärft, und die er von den Schwärmern immer wieder mißachtet und übergangen sieht: Substanz und Gebrauch sind zweierlei! Sowenig der Mißbrauch die Substanz aufhebt[70], sowenig kann ein Gebrauch sie schaffen, sondern ein Gebrauch ohne die vorgegebene Sache wäre bloße Erdichtung[71].

Gegen diese einfache Feststellung steht die Behauptung Friedrich Beissers, der in seiner großen Monographie zum Thema das Schriftverständnis Luthers dahingehend zusammenfaßt, daß er sagt: „Wenn Luther von ‚scriptura' oder von ‚verbum' redet, so denkt er nicht primär an einen *Text.*" Luther denke vielmehr zunächst an das mündliche Wort, an dessen „lebendige Beziehung" zum Hörer. Seine Vorstellung vom Wort sei „ausschließlich" am gesprochenen Wort orientiert[72]. Es scheint mir, daß mit einer solchen Beschreibung die Dinge durcheinandergeworfen und die Konturen im Denken Luthers unzulässig verwischt werden. Ich habe mich bemüht, differenzierter darzustellen. Es ist gewiß richtig, daß Luther, wenn er vom „verbum" redet, vor allem an das mündliche Wort denkt (vgl. oben S. 39). Aber das Wort ist nicht einfach identisch mit der Schrift, und die Schrift geht nicht einfach auf in einer schwebenden, unkritischen und unreflektierten allgemeinen „Vorstellung" vom Wort. Sondern die Schrift erscheint sehr präzise als *eine bestimmte Form* des Wortes, die anderen Formen gegenüber Nachteile, aber auch große Vorteile hat. Es kommt ihr im Rahmen des Werkes, das Gottes Wort auf vielfältige und unterschiedliche Weise betreibt, eine ganz bestimmte Aufgabe zu: sie bewahrt die ursprüngliche, reine Form, sie ermöglicht stets wieder kritische Korrekturen, sie ist die verdichtete Zusammenfassung des Reichtums, der im Wort gegeben ist ..."[73]. Es wäre also gewiß falsch und irreführend, „allein" das mündliche Wort zu sagen in Antithetik zum schriftlichen Wort. Genau das entspricht aber einer gewissen Mode in der Theologie – damals wie heute. Schon Luther wurde der Vorwurf gemacht, er stehle den Glauben aus den Buchstaben[74]. „Meister Klügel", so polemisiert Luther, sieht „aus großem Reichtum seines Geistes" die Schrift bald einmal als ein „eitel, faul, tot Gewesche" an[75]. Vom – horribile dictu! – *Buchstaben*

---

[70] „Abusus non tollit, sed confirmat substantiam" (30 I, 219, 36, BSLK 703, 26 ff.; 26, 159, 36 ff.; 1528). Ein häufig zitiertes Wort bei Luther, oft gleichzeitig auf die Gültigkeit der Sakramente und des verkündigten Wortes bezogen. Vgl. u. Kap. 2.3, Anm. 78.
[71] TR 3, 272, 45 (no. 3330a); 1533.
[72] S. 83.
[73] Hier hat die Orthodoxie zweifellos ein Anliegen Luthers bewahrt, wenn sie sagt: „Scriptura s. est verbum Dei in scripturis sacris propositum." (Gerhard, zitiert bei H. Schmid S. 40 f.).
[74] 18, 137, 2.
[75] DB 11 I, 3, 4–6.

der Schrift mit seinem starren „Festliegen als Text"[76] möchte man zur Bewegung des Geistes, zur „lebendigen Beziehung".

Nun scheint mir die Vorstellung, daß eine mündliche Rede notwendigerweise „lebendiger" sein sollte als eine schriftliche, so oder so ein merkwürdiges Vorurteil zu sein. Als ob nicht z.B. ein Brief ganz und viel mehr als eine Rede von Herz zu Herz gehen, umgekehrt aber auch ein mündliches Wort langweilig und leer sein könnte!

Richtig am Primat des mündlichen Wortes ist, daß der Mensch auf seinem Lebensweg wohl immer zuerst von einem mündlichen Wort erreicht wird, und daß dann das Wort ihn stets wieder zur Gemeinde führt. Gottes Wort kann nicht ohne ein Volk sein[77], und auch die Schrift und ihre Lektüre drängt also dazu, öffentlich und gemeinsam gebraucht und besprochen zu werden.

Auf keinen Fall aber denkt Luther beim Reden von der Schrift an etwas anderes als an die geschriebene Schrift. Warum auch? Die Schrift als solche war ihm selbstverständlich gegeben, als Last und Problem, aber auch als eine neue Möglichkeit. (Man bedenke Luthers Gewohnheit, Vorlesungen dadurch vorzubereiten, daß er für sich und für seine Studenten den Bibeltext mit großem Zeilenabstand und breitem Rand drucken ließ.)

Beisser begründet seine Behauptung denn auch nicht wirklich. Seine Argumentation besteht im wesentlichen in einer falschen Schlußfolgerung und einer fragwürdigen geistesgeschichtlichen Konstruktion und hält deshalb einer kritischen Rückfrage nicht stand. Zwar ist, wie Beisser sagt, die Klarheit der Schrift für Luther tatsächlich „in verbi ministerio posita"[78]. Aber die *Klarheit* der Schrift ist nicht die Schrift selbst, sondern ihre Eigenschaft, Wirkung und Kraft. Eine Eigenschaft der Schrift „steht" in der mündlichen (und schriftlichen) Verkündigung der Kirche, die Schrift bewährt ihre Klarheit im Gebrauch. Aber es ist die Schrift als solche, die das tut! Bei Beisser scheint, um es mit Luther zu sagen, wieder einmal Substanz und Usus in falscher Weise voneinander abhängig gemacht. – Auch der Hinweis, die deutsche Sprache des Mittelalters sei eine Sprache des gesprochenen Wortes gewesen, mag richtig sein[79]. Doch was sagt das für Luthers Auffassung von „Schrift", die er vor allem in *lateinischer* Sprache vor sich liegen hatte, aber auch griechisch und hebräisch?

---

[76] Beisser aaO.
[77] 50,629,34f.
[78] S.82 vgl. unten S.138.
[79] S.83.

Gottes Werk und Eigentum (Der Beweis)

Wenn man nun näher bestimmen will, was es heißt, daß die Schrift „heilig" ist, was sie vor andern Büchern auszeichnet und aus dem Strom der Tradition heraushebt und abgrenzt, dann gibt uns Luther keine „Wesensbestimmung" der Schrift, er beschreibt nicht ihr „Werden" und analysiert nicht ihre Struktur und Zusammensetzung. Ihre nähere und weiterreichende Bestimmung erhält die Schrift bei Luther nicht durch philosophische, historische oder theologische Kategorien, sondern durch die Bezeichnung ihres Urhebers, Gebers und Eigentümers: Gott. Von daher können dann die Eigenschaften der Schrift *beschrieben* werden.

Die Bibel ist Gottes Wort, nicht Menschenwort, sie ist Gottes, nicht eines Menschen Buch[80]. Was die Schrift tut, setzt und verursacht, das tut Gott selbst[80a]. Gott hat die Schrift der Kirche gegeben, er allein soll

---

[80] Vgl. TR 1,380,43 ff. (no.799); 1530-35: „Daß die Bibel die Schrift Gottes und nicht der Menschen, daß sie das Buch Gottes und nicht der Menschen ist, bewies Luther einmal folgendermaßen: alles, was es gibt und wie es das in der Welt gibt, d.h. wie es in der Welt geht und steht, das alles ist im ersten Buch Mose beschrieben. Es geht und steht nicht anders, als wie es Gott geschaffen hat. Weiter: Julius Caesar, Augustus, Alexander, das Reich der Ägypter, Babylonier, Perser, Griechen und Römer sind hinweg, die alle gerade dieses Buch vertilgen und ausrotten wollten. Einzig und allein darauf richtete sich ihr Eifer, dieses Buch zu vernichten. Aber sie konnten es nicht. Unversehrt hat es sich gegen ihrer aller Absicht erhalten. Wer erhält es aber, oder wer hätte es gegen eine so große Macht erhalten können? Mag sein – Homer und Vergil sind altehrwürdige Bücher, aber nichts im Vergleich zur Bibel. Ebenso sind auch die Taufe, das Sakrament und das Predigtamt, d.h. der ganze Gottesdienst nach dem ersten Gebot, gegen so viele Tyrannen und Ketzer erhalten geblieben. Unser Herrgott hat es mit besonders wunderbarer Kraft erhalten; denn man muß predigen, taufen und das Abendmahl austeilen. Deshalb kann dem niemand widerstehen oder es hindern usw." („Biblia esse Dei scripturam et non hominis, Dei librum et non hominis probatur hoc argumento, quia omnia, quae sunt et ut sunt in mundo, id est, wie es gehet vnd stehet in mundo, ea omnia scripta sunt in Genesi per Mosen, das nicht anders geht noch steht, denn wies Gott geschaffen hat. Ad haec Iulius Caesar, Augustus, Alexander, regnum Aegyptiorum, Babyloniorum, Persarum, Graecorum, Romanorum sind hinweg, qui tamen omnes voluerunt hunc librum delere et perdere atque hoc unice studuerunt, ut hic liber deleretur, sed non potuerunt; mansit incolumis contra omnium ipsorum voluntatem. Wer helts oder wer hets contra tantam potentiam vnd gewalt erhalten kunnen? Homerus, Virgilius esto sint vetusti libri, sed nihil ad biblia. Item baptismus, sacramentum et praedicatio, id est, totus cultus primi praecepti est blieben contra tot tyrannos et haereticos. Unser Herr Gott hats mit sonderlicher wunderlicher krafft erhalten, quia praedicandum, baptisandum et communicandum est, ideo nemo potest resistere et impedire etc.")

[80a] In diesem präzisen Sinn heißt es: „Die heilige Schrift, das ist Gott selbst". Dieses Wort wird oft in dieser Kurzform zitiert als Beleg für die außerordentlich hohe Wertschätzung, die Luther der Bibel entgegengebracht habe. Gleichzeitig werden dann auch andere Lutherwörter zitiert, die einen deutlichen und unaufhebbaren Unterschied zwischen Gott und der Schrift bezeichnen („Zweierlei Dinge sind Gott und die Schrift Gottes!" 18,606,11f., s. unten, Ausblick, Anm.3 und Teil 2, Kap.1, Anm.12). So entsteht dann der Eindruck, daß Luther in dieser Frage recht unpräzise, schwankend und oft wohl

darum auch über sie verfügen. Die Schrift ist Gottes Werk, Gabe und verbleibendes Eigentum. Diese selbstverständliche Annahme – die nicht bewiesen wird – bildet die Voraussetzung für alles, was Luther gegen Erasmus über die Möglichkeit von gewissen und verbindlichen Aussagen ausführt. Ohne diese Grundvoraussetzung aber fällt sein Beweis für die Schrift als das „allergewisseste und einleuchtendste Licht"[80b] in sich zusammen.

Dieser Beweis zieht sich in der Weimarer Ausgabe über die acht Seiten 654–661. Er läßt sich wie folgt schematisieren und zusammenfassen:

I. *Behauptung*: Die Schrift ist klar

    Begründung: WA 18 S.

    a) Das Alte Testament verweist seinen Leser auf das ge-   654, 1–37
schriebene Wort als ein helles Licht. (Dtn 17, 8 ff.; Ps 19, 9; Ps 119, insbes. V. 9, 105 u. 130; Jes 8, 20; Mal 2, 7; Ps 143, 10)

    b) Das Neue Testament verweist auf die Schriften des   654, 37–656, 11
Alten Testamentes und verspricht, daß dort Klarheit zu finden sei. (Röm 1, 2 u. 3, 21; 2. Kor 3 u. 4; 2. Petr 1, 9; Joh 5, 39; Apg 17, 11; 2. Tim 3, 16; Tit 1, 9; Luk 21, 15)

II. Dagegen erhebt sich der *Einwand*: Diese Selbstbezeu- 656, 12 f.
gung der Schrift bezieht sich nicht auf die verhandelte Frage der Willensfreiheit.

    Luther antwortet:

    a) Dann wäre die Sache kein Dogma. Was als solches   656, 13–34
behauptet werden soll, muß mit unzweideutig klaren Schriftworten beglaubigt werden. Gerade der Widerspruch aber, den es hervorruft, ist ein Kennzeichen seiner Wahrheit.

---

auch im Überschwang der Gefühle geurteilt habe. Kraus z. B. schreibt nach drei verschiedenen Lutherworten, zu denen auch das obengenannte in seiner Kürze gehört: „Diese drei so verschiedenen Äußerungen zeigen an, daß Luther das Verhältnis zwischen ‚Wort Gottes‘ und ‚Heiliger Schrift‘ keineswegs auf einen Nenner gebracht hat." (S. 7) Lohse zitiert genau dieselben Stellen und spricht von der „Spannweite von Luthers Verständnis der Schriftautorität" (Einführung S. 163). Es ist symptomatisch, daß mit Lutherworten so willkürlich verfahren wird. Man *möchte*, daß der Reformator das Verhältnis von Wort Gottes und Schrift offen gelassen habe. Luther aber hat nie in so unqualifizierter Weise von der Schrift geredet, daß er sie mit „Gott selbst" identifiziert hätte. Wie auch? Vielmehr identifiziert das genannte kurze Wort das *Werk* der Schrift mit dem Werk Gottes. Das herausgerissene Wort heißt in seinem Zusammenhang: „Denn so gut werdens weder Konzilia, Väter, noch wir machen, wenns auch aufs höchste und beste geraten kann, als die heilige Schrift, das ist Gott selbst, gemacht hat; ob wir wohl auch den heiligen Geist, Glauben, göttliche Rede und Werk haben müssen, so wir sollen selig werden, als die wir müssen die Propheten und Apostel lassen auf dem Pult sitzen und wir hienieden zu ihren Füßen hören, was sie sagen, und nicht sagen, was sie hören müssen." (50, 657, 25-30).

[80b] „lucem certissimam et evidentissimam" (18, 654, 32 f.).

b) Die Klarheit der Schrift in einem von ihr gesetzten   656,35–40
Dogma erweist sich nicht durch eine widerspruchslose
Zustimmung aller, sondern durch die Möglichkeit, diese
Sache so zu vertreten, daß aller Widerspruch als
schwach und unbegründet erscheint. Die Zustimmung
aller ist nicht möglich, weil das Wort nicht mit körperlicher Gewalt zwingt.

Begründung:

a) Christus und Stephanus entkräften mit Hilfe der   656,40–657,20
Schrift die Argumente der Gegner, was aber nicht dazu
führt, daß diese ihnen beipflichten. (Mt 22,23; Apg 7)

b) Johannes Hus geht es im Streit mit Rom ebenso.   657,21–31

c) Die Versicherung, man sei lernbereit und doch von   657,34–658,7
den Argumenten nicht überzeugt, kann auch nach der
Erfahrung profaner Rhetorik Heuchelei sein.

d) Auch Aristoteles kennt den Widerstand gegen die   658,8f.
offenkundig erwiesene Wahrheit.

e) Erst recht muß eine solche Möglichkeit bedacht wer-   658,10–16
den in der Kirche, die etwas weiß von der Welt als dem
Reich des Satans.

III. Dagegen noch einmal der *Einwand*: Nicht gegen irgend   658,17f.
jemanden, sondern gegen die hervorragendsten Männer
soll die Klarheit der Schrift in der betreffenden Sache
stehen.

Luther antwortet: Die Schrift kennt das Phänomen der   658,18–659,33
Verstockung, der Verblendung und des Ärgernisses,
ohne das der Mißerfolg Christi nicht zu erklären wäre.
Theologische Erkenntnis ist von einer noch anderen
Qualität als die philosophische. (Jes 6,10; Joh 1,5;
1.Kor 2,8)

IV. *Beschluß*: Die Berufung auf eine der Schrift widerspre-   659,34–661,8
chende Tradition ist ein Widerspruch in sich selber. Die
Tradition des Bekennens (und insbesondere das Martyrium der Besten) setzt voraus, daß die Schrift klar ist
und eine zweifelsfreie Hingabe an ihre Wahrheit ermöglicht. Gerade im Vergleich zur Tradition zeigen
sich die fragwürdigen Motive einer skeptischen Unentschiedenheit.

Luther beweist die Klarheit der Schrift also durch die im Alten und Neuen Testament vielfach bezeugte Praxis, daß man sich auf die Worte der Schrift als klare und eindeutige Aussagen beruft. (Gerade das Alte Testament ist so gesehen die Heilige Schrift im primären Sinn.) „Wenn aber die Schrift dunkel ist, die sie erklären, wer macht uns gewiß, daß ihre Erklärung selbst gewiß ist? Eine andere Erklärung? Wer wird auch jene erklären? So wird es fortgehen bis ins Unendliche."[81] Jede grundsätzliche Skepsis gegenüber der Klarheit des Wortes muß sich selber ad absurdum führen. Den Einwand aus der Erfahrung aber, daß Uneinigkeit und zahllose Widersprüche in der Schriftauslegung herrschen, entkräftet Luther mit dem Hinweis darauf, daß schon in der philosophischen Erkenntnis Ehrsucht und Rechthaberei eine einhellige Übereinstimmung aller Gelehrten verhindern, und daß deshalb erst recht in der Theologie mit einer Uneinigkeit immer zu rechnen ist, da in der Gotteserkenntnis „die List der Schlange" (Gen 3,1) und die Einfalt des Wortes dazu führen *muß*, daß die Wahrheit in Frage gestellt und ihre Erkenntnis verweigert wird.

Am Anfang und auf der ersten Höhe seines Beweises für die Klarheit der Schrift aber steht das Argument, das alle anderen trägt, die unumstrittene Voraussetzung, die Luther – was das äußere Bekenntnis angeht – mit seinen Gegnern wie mit der ganzen Tradition teilt: Die Annahme, daß die Schrift der Kirche von Gott gegeben ist. Das, sagt Luther, kann nicht umsonst geschehen sein, es muß einen guten Grund haben – die Schrift muß klar und zum lernen, lehren und entscheiden geeignet sein.

Das Gesetz, führt Luther aus, sei der von Gott zur Entscheidung von Rechtshändeln erwählte Ort, dorthin verweise uns Gott. Dieses Gesetz aber sei für die Christen die Schrift. Wenn es nun, fragt Luther weiter, schon in weltlichen Angelegenheiten notwendig ist, daß die Gesetze klar und gewiß sind, und Gott auch für die Erhaltung des natürlichen Rechtes sorgt, sollte da „Gott seinen Christen, nämlich den Auserwählten, nicht Gesetze und Normen von größerem Licht und größerer Gewißheit geben"[82]? „Summa, wenn die Schrift dunkel oder zweideutig ist, wozu war es dann gut, daß sie uns von Gott übergeben wurde", heißt die abschließende, polemisch gewisse Frage[83]. Das Argument in diesem Gedankengang kann aber natürlich nur zum Tragen kommen, wenn es wirklich als gegeben anerkannt wird, daß die Heilige Schrift Gottes Gabe an die Kirche ist: Gott in seiner Allgüte (die ja doch auch Erasmus annimmt) kann doch „seinen Christen" nichts Ungewisses und Unbrauchbares gegeben haben, lautet das Argument. Fragt man hier zurück: Hat denn wirklich Gott die Schrift der Kirche gegeben? Ist sie

---

[81] „At si obscura est scriptura, quam declarant, Quis nos certos facit, ipsam eorum declarationem esse certam? Alia nova declaratio? Quis et illam declarabit? Ita fiet progressus in infinitum" (18,655,22 ff.).

[82] „Quod si ea lux et certitudo legum in prophanis politiis, ubi de temporalibus agitur, et necessaria est et divino munere conceditur toti mundo gratis, Quomodo Christianis suis, scilicet electis, non multo maioris lucis et certidudinis donaret leges et regulas, secundum quas sese et omnes causas dirigerent atque componerent?" (18,654,13–17).

[83] „Summa, si scriptura obscura vel ambigua est, quid illam opus fuit nobis divinitus tradi?" (18,655,25 f.).

nicht ein Werk der Kirche, das sie selber zu verantworten hat? dann läuft Luthers Polemik ins Leere. *Der göttliche Ursprung der Schrift ist das Argument für ihre Klarheit, nicht umgekehrt die Klarheit der Beweis für die Göttlichkeit!* (Auf diesem umgekehrten Weg sucht sich heute die evangelische Theologie z.T. ihre Bahn.) Man kann beweisen, daß die Schrift klar ist: weil Gott sie gegeben hat. Man kann aber nicht umgekehrt beweisen, daß die Schrift von Gott gegeben sei, weil sie klar ist. Dieser Beweis, jeder Versuch dazu, müßte zur Majestätsspekulation entarten: zum Versuch, die Wege Gottes als solche zu verstehen, nachzuzeichnen und vor der menschlichen Vernunft als sinnvoll und gut auszuweisen. Der Mensch würde Gott rechtfertigen!

(Gleichzeitig zeigen uns die Ausführungen Luthers, daß er sich die Entstehung und Übergabe der Schrift nicht irgendwie mirakulös denkt, sondern daß er sie vergleichen kann mit der Gabe und Erhaltung des natürlichen Rechtes in der politischen Sphäre.)

Ohne die vorausgesetzte und beidseitig anerkannte Geltung des Satzes, daß Gott der Geber und Schöpfer der Schrift ist, kann und will also Luther die Klarheit der Schrift nicht behaupten, ohne sie müßte auch die Schrift tatsächlich in den Bereich der menschlichen Meinungen zurückfallen, wo schlechterdings alles diskutabel, ungewiß und unverbindlich ist, keines Streites, keiner leidenschaftlichen Mühe und keines Bekenntnisses wert[84].

„Wer zugesteht, daß die Evangelisten das Wort Gottes schreiben, dem wollen wir wohl begegnen. Wer das aber leugnet, mit dem will ich kein einziges Wort wechseln. Denn auch im Christentum hat der Satz Geltung: Mit jemandem, der die Voraussetzungen leugnet, soll man nicht disputieren. Indessen bekennen alle, Juden, Heiden, Türken, daß die Bibel die heilige Schrift sei."[85]

Daß Gott der Kirche die Schrift gegeben hat, ist aber auch der stärkste und letztlich einzig stichhaltige Beweis dafür, daß der Tradition keine absolute Autorität zukommt. Daß uns von Gott die Schrift gegeben ist, bedeutet, daß er eine kritische Distanz zur Tradition gerechtfertigt und auch rein praktisch ermöglicht hat: die Schrift ist der Freiraum und vermittelt zugleich das Kriterium der Tradition gegenüber. So wird sie von Luther polemisch ins Feld geführt gegen die Überhöhung eines Menschlichen:

---

[84] So der Vorwurf an Erasmus. Sein Kokettieren mit dem Skeptizismus sei im Begriff, aus allem nutzlose und unentschiedene Lehren zu machen (18,603 ff., insbes. 604,22 ff.).

[85] „Quicunque concedit euangelistas scribere verbum Dei, dem wollen wir wol begegnen; qui autem hoc negat, cum hoc ne unum quidem verbum agam. Tunc enim etiam in christianismo locum habet id: Contra negantem principia non est disputandum. Omnes tamen Iudei, gentes, Turcae dicunt bibliam esse sacram scripturam" (TR 3,22,35–39, no. 2844a; 1532/33). Mit dem aristotelischen Satz beansprucht Luther (was die menschliche Seite anbelangt) ausdrücklich dieselbe Grundlage für die Theologie wie für jede andere Wissenschaft: die Zustimmung zu ihren Prinzipien (vgl. o. Einl. Anm. 92).

„Lieber Herr Gott, wenn der Christliche Glaube sollt hangen an den Menschen und auf Menschenwort gegründet sein, wozu bedürfte man denn der Heiligen Schrift? oder wozu hat sie Gott gegeben?"[86]

So sieht Luther später auch seine Haltung in Worms darin begründet, daß die Schrift die Schrift Gottes ist. Auf den Vorschlag, die Sache zum Entscheid dem Kaiser anheimzustellen, habe er sich bereit erklärt, alles zu leiden, „allein von der heiligen Schrift konnte ich nicht weichen, da konnte ich nichts davon hergeben, denn sie wäre nicht mein, sondern unsers Herrgotts", habe er gesagt[87]. Die Schrift ist die Schrift Gottes. Er hat sie geschaffen[88], zusammengestellt[89], gesprochen[90], „geschrieben und gebuchstabet"[91], er hat befohlen, sie zu schreiben[92] und hat sie auch durch alle Zeiten hindurch wunderbar erhalten[93].

„Die heilige Schrift ist nicht der Juden, nicht der Heiden, auch nicht der Engel, viel weniger der Teufel, sondern allein Gottes, der hat sie allein gesprochen und geschrieben, der soll sie auch allein deuten und auslegen, wo es not ist."[94]

Es ließe sich eine große Fülle von Belegen anführen dafür, daß Luther in der Bibel das Werk und die Schrift des Heiligen Geistes sieht, und Steck sagt zu Recht, daß die Eindeutigkeit und Härte, mit der Luther das herausstellt, in den modernen Darstellungen weithin abgeschwächt werde[95].

Die Schrift ist klar. Diesen Satz hat Luther als das erste Prinzip seiner Theologie beweisen wollen. Voraussetzung dieses Beweises aber ist der Satz: „Die heilige Schrift ist das Buch, von Gott, dem heiligen Geist, seiner Kirche gegeben…"[96] *Diesen* Satz zu beweisen, hat Luther sich nicht anheischig gemacht, er ist vielmehr die unbeweisbare Voraussetzung seines Beweises für die Klarheit der Schrift, er ist somit die Voraussetzung der Voraussetzung seiner Theologie. Ohne diesen Satz ist Luthers Lehre und Werk nicht zu verstehen und nicht zu halten.

Gott hat seiner Kirche die Heilige Schrift gegeben. Diesen Satz begründet Luther nicht mit dem Hinweis auf das innere Zeugnis des Heiligen Geistes! Er findet seine Geltung vielmehr unbestritten vor. Luther arbeitet als ein Theologe seiner Kirche, und er ist nicht v.a. mit der Apologie gegen Anders- und Ungläubige beschäftigt, sondern mit der

---

[86] 50,544,2f.
[87] TR 5,71,26ff. (no. 5342b; 1540).
[88] Vgl. 18,606,10f.
[89] DB 10 I, 99, 27ff.
[90] S.u. Anm. 94.
[91] 48,31,4f.
[92] 50,659,33f., Vorrede 1539.
[93] Vgl. oben Anm. 80.
[94] 53,644,25ff.; 1543.
[95] Lehre S. 37f.
[96] 53,252,32f.

Erkenntnis dessen, was der Kirche anvertraut und zur Aufgabe gemacht ist. Seine Frage ist nicht diejenige so vieler anderer: Ob es alles auch wahr sei und einer Wirklichkeit entspreche, was da gesagt wird. Sondern seine Frage ist, was da überhaupt gesagt wird, oder vielmehr, was richtig und gültig ist von dem vielen, was gesagt wird. Der Anspruch der Kirche und ihres Wortes und seine grundsätzliche Gültigkeit wird von Luther nicht in Frage gestellt! Luther rechnet für sein öffentliches Wirken sehr selbstverständlich damit, daß die Kirche und ihre Tradition in diesem Punkt das Richtige sage: Die Bibel ist die Heilige Schrift Gottes.

Nicht die Lehre vom testimonium spiritus sancti, wie D. F. Strauß gemeint hat[97], ist die „Achillesverse" der evangelischen Kirchen (sofern sie sich Luthers Einsatz verdanken), sondern diese Aussage, daß die Schrift die Gabe Gottes an seine Kirche ist: Gilt es, daß die Schrift heilig und eine Gabe Gottes ist?

Zu seiner Zeit durfte Luther damit rechnen, daß diese Voraussetzung von seiner Umgebung geteilt wurde. (Denn wenn auch die *Klarheit* der Schrift umstritten war, so doch verbal nicht die Tatsache, daß überhaupt eine Heilige Schrift von Gott der Kirche gegeben sei.) Von hier aus konnte Luther so überaus frei und selbstgewiß reden und handeln, von hier aus konnte er ja auch das primum principium *seiner* Gedanken, die nun im Begriffe waren, in der Kirche etwas Neues zu provozieren, *beweisen.* (Es wurde zwar schon zur Zeit Luthers das Argument vorgebracht, der Kanon sei von der Kirche approbiert und also ihr Werk, die Heilige Schrift sei also nicht eine Gabe Gottes, sondern eine Schöpfung der Kirche, sozusagen eine Verfassung, die sie souverän aufstellen und deshalb auch souverän deuten, gelten lassen oder einschränken könne. Dieser Gedankengang war aber leicht als ein grobes Mißverständnis abzuweisen: „Das reimt sich wie die Faust aufs Auge." Wenn die Kirche die Schriften anerkennt und aussondert, dann erkennt sie eben damit in diesen Schriften eine Vorgabe für ihr Leben und stellt sich unter sie. Die Kanonisierung der Schriften erzeugt nicht die Schrift, sondern ist ein Akt der Erkenntnis ihres Vorranges und ein Bekenntnis zu ihren besonderen, apostolischen Qualitäten. Nicht „Meister, Richter oder Herren, sondern schlicht Zeugen, Schüler und Bekenner" der Schrift müssen alle sein, der Papst so gut wie Luther, Augustin, Paulus oder ein Engel vom Himmel.[98])

---

[97] Die Christliche Glaubenslehre Bd. I, Tübingen/Stuttgart 1840, S. 136, zitiert bei Barth, Chr. Dogm. S. 472, Anm. 87.
[98] Zu Gal 1,9 sagt Luther: „Exemplum tamen hic nobis proponitur, quod certe statuere debemus mendacium et Anathema esse sentire, quod Papa sit Arbiter scripturae; Item quod Ecclesia habeat potestatem supra scripturam, ut impie statuerunt Canonistae et Sententionarii usi hoc fundamento: Ecclesia tantum approbavit quatuor Evangelia, ergo tantum quatuor sunt; Si plura approbasset, plura essent. Cum autem Ecclesia pro arbitrio suo

Luther hat die Voraussetzung seiner Voraussetzung, daß die Schrift Gottes Werk und Gabe sei, nicht begründet und hat auch kaum kritisch darüber reflektiert. Er hat die herrschaftliche Stellung der Schrift nicht begründet mit dem Hinweis auf das innere Zeugnis des Geistes, sondern hat sie als vorgegeben anerkannt. Er hätte, wenn es innerkirchlich nötig geworden wäre, die Schrift als solche zu verteidigen, auf die Tatsache hinweisen können, daß in der Bibel selber durchgehend mit der Existenz von „heiliger Schrift" gerechnet wird. Ein Beweis wäre das aber natürlich nicht gewesen. Nur am Rand wird Luther mit dem Problem der grundsätzlichen Infragestellung der Heiligen Schrift als solcher konfrontiert: in der Begegnung mit Skeptikern, denen er den moralischen Vorwurf des Epikuräismus entgegenhält, und mit „Juden, Heiden und Türken", von denen er aber gesprächsweise (und offenkundig wenig präzise durchdacht) einmal äußert, daß auch sie von der Göttlichkeit der Bibel zu überzeugen seien[99]. Die nicht sehr zahlreichen, aber sehr häßlichen Auswürfe Luthers gegen die Juden, die sonst gänzlich unbegreiflich wären (sie widerstreiten ja z. T. Luthers Lehre von weltlicher und geistlicher Macht), dürften hier ihre innere, biographische und kirchenpolitische Ursache haben: Hier wurde durch die alltäglich erlebbare Existenz einer anderen Religionsgemeinschaft aktiv und passiv die Voraussetzung seiner Voraussetzung in Frage gestellt: die Geltung und Würde des Kanons in seiner Einheit von Altem und Neuem Testament, die communio sanctorum, zu der als Lehrer Mose und Paulus, Jesaja und Johannes gehören[100].

Wenn heute eine große Distanz uns vom Reformator scheidet, wenn Luthers Gewißheit uns fremd und sein primum principium uns als „na-

---

potuit suscipere et approbare Evangelia quae et quot voluit, Ergo Ecclesia est supra Evangelia. Tenet consequentia a baculo ad angulum. Ego approbo scripturam, ergo sum supra eam. Iohannes Baptista approbat et confitetur Christum et commonstrat eum digito, ergo est supra Christum. Ecclesia approbat Christianam doctrinam et fidem, ergo est supra eam.

Pro confutanda hac ipsorum impia ac blasphema doctrina habes hic clarissimum textum et coeleste fulmen, quod Paulus simpliciter Seipsum, Angelum e coelo, doctores in terra et quicquid est Magistrorum, hoc totum rapit et subiicit sacrae scripturae. Haec Regina debet dominari, huic omnes obedire et subiacere debent. Non eius Magistri, Iudices seu Arbitri, sed simplices testes, discipuli et confessores esse debent, sive sit Papa, sive Lutherus, sive Augustinus, sive Paulus, sive Angelus e coelo, Neque alia doctrina in Ecclesia tradi et audiri debet quam purum verbum Dei, vel doctores et auditores cum sua doctrina Anathema sunto" (40 I, 119, 23–120, 25).

[99] S. o. Anm. 85

[100] Eine Zusammenstellung und historische Einordnung der wechselnden Äußerungen Luthers über die Juden gibt W. Bienert. Besonders die, wenn man so will, „rassische" *Hochachtung* der Juden als eines Volkes, das in weltlicher wie in geistlicher Hinsicht die begabtesten und bedeutendsten Lehrer und Schriftsteller hervorgebracht habe, kommt im Relief der übrigen Aussagen gut zum Ausdruck. (Z. B. S. 123 mit dem Zitat von TR 4, 307, 6–10, no. 4425; 1539.)

hezu unrealisierbar" erscheint[101], so hat dies seinen Grund darin, daß in der Kirche unter der Hand und oft unausgesprochen und ungreifbar die Voraussetzung seiner Voraussetzung ganz radikal in Frage gestellt worden ist: die Voraussetzung, daß es eine Heilige Schrift (im strengen biblischen Sinn des Wortes „heilig") überhaupt gibt. Zwar gilt diese Voraussetzung (jedenfalls formal) noch weitgehend in der kirchlichen Praxis der Verkündigung, und sie gilt äußerlich gesehen auch noch in den Studien, wenn man bedenkt, mit welchem unvergleichlich großen Aufwand man die biblischen Texte zu verstehen, zu erklären und relevant – oder aber unschädlich zu machen versucht. (Über welche anderen Texte ist je sonst soviel zusammengetragen und geschrieben worden, welche anderen Schriftstücke sind dermaßen durchleuchtet, ins Kleinste zergliedert und so abenteuerlich verschieden ausgelegt worden wie die neutestamentlichen Texte?) Aber unter der Hand ist spätestens nach der Aufklärung (latent wohl durch die ganze Kirchengeschichte hindurch) und in der Folge dann mit dem Gewicht großer Evidenz durch die methodische Kritik grundsätzlich in Frage gestellt worden, ob es eine Heilige Schrift überhaupt gebe: menschliche Worte, die als solche Gottes Worte und einem deutenden, einordnenden und relativierenden Zugriff der menschlichen Vernunft entzogen seien.

Es ist von daher gut zu verstehen (und mag als ein stützendes kirchengeschichtliches Argument für die hier vorgetragene dogmatische Deutung gelten), daß die Kirchen der Reformation sich so selbstbewußt etablieren und behaupten konnten, solange die Göttlichkeit der Schrift keiner grundsätzlichen Kritik ausgesetzt wurde. Sobald sich das aber änderte, war es die römische Kirche, die durch ihr Lehramt und die (von Luther her gesehen „schwärmerische") Berufung auf die unmittelbare Leitung durch den Heiligen Geist den wechselnden Moden weit mehr Beständigkeit entgegenzusetzen vermochte.

Die Kirche Luthers aber mußte, sobald es grundsätzlich ungewiß wurde, ob es so etwas wie göttliche Worte und Schriften überhaupt gebe, unerhört schwankend, unsicher und verletzbar werden. „Denn auf den Worten stehet all unser Grund, Schutz und Wehr wider alle Irrtümer und Verführung, so je gekommen sind oder noch kommen mögen."[102] Ohne diese Worte aber war der Grund verloren.

Die Überzeugung, daß Gott der Autor und Geber der Heiligen Schrift sei, hindert Luther in keiner Weise, die biblischen Verfasser mit ihren je verschiedenen Persönlichkeiten und menschlichen Eigenarten zu sehen, wie sie die biblischen Schriften prägen. Im Gegenteil: Luther äußert viele Vermutungen über die menschlichen Bedingtheiten der biblischen Schriften. Jesaja und Micha haben vielleicht miteinander berat-

---

[101] Vgl. oben S. 15 Anm. 26.
[102] 30 I, 224, 29-31 (BSLK 711, 16-19).

schlagt[103], die Apostel zanken viel und scharf auf dem Apostelkonzil[104], Petrus ist „zornig und unlustig über die harten Worte der Pharisäer"[105], Johannes redet einfältig, mit schläfrigen Worten, gerade darum aber gilt es bei ihm auf's Kleinste zu achten[106], Paulus disputiert, indem er eine Quästion entfaltet und die Notwendigkeit definiert[107], er führt einen Beweis mit Hilfe der Heiligen Schrift[108], er ist der einzige, der vollkommen von den Gesetzen zu schreiben vermochte[109], die Propheten müssen predigen, arbeiten und Anfechtung leiden wie wir[110], wir müssen die Schrift studieren wie sie[111] ...

Luther lebt und denkt im vertrauten Umgang mit den biblischen Schriftstellern. Er sieht sie leben, kämpfen, um Einsicht ringen und an die Grenzen gelangen, er sieht sie leiden und überwinden wie alle Späteren. Es haftet ihnen nichts Übermenschlich-Verklärtes und Fernes an, und es gibt in ihrem Denken nichts Übernatürliches und Mirakulöses. Sie lehren und schreiben unter der Leitung des Heiligen Geistes nicht in einer Art Trance, als bloße Instrumente, auf denen Gott spielt, als Sekretäre, die wie Schreibmaschinen bloß funktionieren, als Röhren, durch die das göttliche Wort unberührt hindurchfließt. Luther sieht vielmehr ganz praktisch und alltäglich die Propheten und Apostel mit den Problemen aus Theologie, Politik und Frömmigkeit beschäftigt, mit ihren je besonderen Charakteren und Gaben, mit ihren Fähigkeiten und Schwächen. Luther kann sich mit Jesaja und Melanchthon mit Jeremia vergleichen ...[112] Von der *Menschlichkeit* der biblischen Verfasser erhält man bei Luther einen weit stärkeren Eindruck als in den heutigen exegetischen Seminarien, wo die Verfasser ja oft zu merkwürdig fleisch- und blutlosen Schemata verblassen und sich auflösen in „Textschichten", „Überlieferungsstränge" und „Redaktionsprozesse"!

Wie soll man sich das vorstellen, daß Gott zu den Propheten redet, wird Luther einmal über Tisch gefragt. Seine Antwort ist zurückhaltend, sie macht den Kern der Sache nicht einsichtig und faßt ihn weder mit einer Vorstellung noch mit einem Begriff, sondern läßt es als ein „außerordentliches Wunder"[113] stehen: „Die Propheten waren sehr heilige, sehr geistliche Männer, die immer über göttliche Dinge nachdach-

---

[103] DB 11 II, 271, 5.
[104] 50, 560, 19.
[105] 50, 560, 29 ff.
[106] TR 1, 339, 1–8 (no. 699; 1530–35).
[107] 18, 719, 36 f. und 720, 5 f.
[108] 40 I, 396, 26.
[109] Br 5, 548, 20 f.
[110] DB 11 II, 271, 12–17 und 299, 7–21.
[111] 50, 659, 1 ff.; 1539 Vorrede. Vgl. zum Problem H. Sasse, zitiert o. Einl. Anm. 59 u. 60.
[112] TR 2, 410, 13–16 (no. 2296 a) 1531.
[113] S. u. Anm. 143.

ten und sie betrachteten. Daher hat Gott in ihrem Gewissen geredet, und es waren ihre Voraussagen ganz gewiß, weil göttliche Offenbarung."[114] Die Apostel „sind uns durch einen gewissen Ratschluß Gottes als unfehlbare Lehrer gesandt worden"[115], heißt es in der etwa gleichzeitigen Disputation ebenso zurückhaltend.

Luthers Überzeugung von der Göttlichkeit der Schrift verhindert auch nicht ein klares Urteil über ihre historische Verwurzelung und eine nüchterne Einsicht in ihre Unklarheiten, Fehler, Unzulänglichkeiten und historischen Probleme. Die Schrift ist sogar auch in ihren theologischen Aussagen nicht in einem platt rationalen Sinn perfekt und unfehlbar – es gibt z. B. in ihr auch „dunkle wankel Sprüche" ...[116] Luther beweist sehr oft, daß ihm das geschichtliche Wachsen der biblischen Schriften durchaus bewußt ist. So äußert er in manchen Vorreden zu biblischen Büchern redaktionsgeschichtliche Beobachtungen und Vermutungen[117]. Die Vorrede auf Jesaja beginnt mit der Aufforderung, sich mit Hilfe der alttestamentlichen Geschichtsbücher eine Vorstellung von der historischen Situation des Propheten zu machen[118]. Den Zweifel an der Verfasserschaft Mose für den Pentateuch ließ er ruhig stehen[119]. Das Buch der Chronik ist nach seinem Urteil eine schönfärberische Geschichtsschreibung, weit weniger zuverlässig als das der Könige[120]. Das Buch Hiob ist nicht eine historische, sondern eine dichterische Darstellung des Leidens eines Angefochtenen, die nur aus einer eigenen, ähnlichen Erfahrung heraus geschrieben werden konnte[121]. Das Buch des Prediger Salomo ist nicht vom alttestamentlichen König, sondern es ist zur Zeit der Makkabäer von Jesus Sirach geschrieben[122]. Es ist wie ein Talmud aus vielen Büchern zusammengezogen, vielleicht aus der Bibliothek des Königs Ptolemäus Energentes[123]. Luther kann durchaus im modernen Sinn historisierend denken – er beweist es mit

---

[114] TR 1,356,24–28, (no.745) 1530–35.
[115] Disp. De fide, 1535: Wir können zwar neue Gesetze formulieren, die noch klarer sind als der Dekalog. Aber um der Einheit der Kirche willen und im Hinblick auf die Ungleichheit des Geistesvermögens müssen wir doch bei bestimmten Geboten und ihren Formulierungen bleiben. „Non enim sumus omnes Apostoli, qui certo Dei decreto nobis sunt infallibiles Doctores missi." (39 I,47,25–48,2; Thesen 52–59) Es ist das einzige Mal, daß mir in Luthers Schriften der Begriff der „Unfehlbarkeit" aufgefallen ist.
[116] 23,225,2.
[117] So zu Jakobus, DB 7,386,4f., zu Jesaja, DB 11 I,21,35–23,5, zu Jeremia DB 11 I, 193,14–17 u.a.
[118] DB 11 I,17,16ff.
[119] TR 3,23,1f. (no.2844a) 1532/33.
[120] TR 1,364,24–365,2 (no.765) 1530–35.
[121] TR 1,206,37–207,9 (no.475) 1533.
[122] TR 2,653,2f. (no.2776b, 1532, vgl. Aurifabers Ausführung TR 1,207,12–25).
[123] TR 2,653,4–7.

großer Lust an den Texten der alten Kirche in seiner Schrift „Von den Konziliis und Kirchen"[124]!

Luther weiß auch, daß es Versehen und Irrtümer gibt in den Schriften der Bibel. Bei der Auslegung von Mt 27,19 nimmt er die Frage auf, wie es zu erklären sei, daß Matthäus ein Zitat aus Sacharja irrtümlicherweise Jeremia zuschreibe. Die Vorstellung, daß die Bibel „unfehlbar" sein müsse, um Gottes Buch sein zu können, hat offenbar schon damals die Menschen bewegt, und die Unruhe, die dann bei offenkundigen Fehlern ausbrach, sollte die Antwort Luthers stillen. Diese Antwort beschränkt sich aber darauf, daß er die Frager zurechtweist: so wichtig sei das doch nicht mit den Worten – wenn nicht mit ihnen eine Sache auf dem Spiel steht.

„Aus diesem Kapitel kommt die Frage, warum Matthäus den Text von den dreißig Silberlingen dem Propheten Jeremias zuschreibe, so er doch hier in Sacharia steht? Zwar solche und dergleichen Fragen bekümmern mich nicht hoch, weil sie wenig zur Sachen dienen, und Matthäus gleich genug tut, daß er gewisse Schrift führt, ob er gleich nicht so eben den Namen trifft. Sintemal er auch an andern Orten Sprüche führt und doch nicht so eben die Wort setzt, wie sie in der Schrift stehen. Kann man nun dasselbe leiden, und geschieht ohne alle Gefahr des Sinnes, daß er nicht so eben die Wort führt, was sollts denn hindern, ob er den Namen nicht so eben setzt? Sintemal mehr an den Worten denn am Namen liegt. Und ist auch aller Apostel Weise, daß sie also tun und der Schrift Meinung einführen ohne solchen zänkischen genauen Fleiß und Fülle des Texts, worüber sie viel härter zu fragen wären denn Matthäus hier um den Namen Jeremia. Wer aber müßig Gezänke liebt, der frage immer hin, er wird mehr finden, das er fragt, denn das er antwortet."[125]

(Wieder sehen wir, daß die Schrift als Ganzes außerhalb von jedem Zweifel steht. Was in ihr allgemein ist, dient zur Erklärung und Relativierung des vorliegenden Spezialfalles, ohne die Gültigkeit des Allgemeinen aber wäre natürlich auch das Spezielle so nicht zu verteidigen.) Luther sieht auch deutlich die Schwierigkeiten, aus den Evangelien ein klares Bild von den historischen Ereignissen zu gewinnen und mit ihrer Hilfe so etwas wie eine Geschichte der Taten Jesu zu schreiben. Die Frage bricht exemplarisch auf, wenn es darum geht, die Tempelreinigung im Ablauf der berichteten Ereignisse zu situieren.

„Aber hier fragt sichs erstlich, wie sich die zwei Evangelisten Matthäus und Johannes zusammenreimen, denn Matthäus schreibt, es sei geschehen am Pal-

---

[124] 50,509 ff. z. B. S. 533,15 ff. u. 537,25 ff.; 541,16 ff. Luthers Wissen um „leichte Irrtümer" in der Schrift und sein Umgang mit den dadurch aufbrechenden Fragen beschreibt mit reichem Quellenmaterial H. Sasse in der Auseinandersetzung mit den amerikanischen „fundamentalistischen" Lutheranern der Missourisynode (S. 305–320).
[125] 23,642,23–36, 1527.

mentage, da der Herr zu Jerusalem ist eingeritten, hie lautets im Johannes also, als sei es bald um die Ostern nach der Taufe Christi geschehen."[126]

Luther kann die Schwierigkeit nicht beheben und hat keine ganz überzeugende Lösung für diese historische Frage. Er weist auch hier wieder darauf hin, daß diese Frage im Licht der biblischen Hauptsache verblasse, und er erwähnt dann nur sehr unbestimmt und unverbindlich eine Möglichkeit, die immerhin bestehe:

„Aber es sind Fragen und bleiben Fragen, die ich nicht will auflösen, es lieget auch nicht viel daran, ohne daß viel Leute sind, die so spitzig und scharfsinnig sind und allerlei Fragen aufbringen und davon genau Rede und Antwort haben wollen; aber wenn wir den rechten Verstand der Schrift und die rechten Artikel unsers Glaubens haben, das Jesus Christus, Gottes Sohn, für uns gestorben und gelitten habe, so hats nicht großen Mangel, ob wir gleich auf alles, so sonst gefragt wird, nicht antworten können. Die Evangelisten halten nicht einerlei Ordnung, was einer vorne setzt, das setzt der andere bisweilen hinten, wie auch Markus von dieser Geschichte schreibt, sie sei am andern Tage nach dem Palmtage geschehen. Es kann auch wohl sein, daß der Herr solches mehr denn einmal getan hat, und daß Johannes das erste Mal, Matthäus das andermal beschreibt, ihm sei nun wie ihm wolle, es sei zuvor oder hernach, ein oder zwei Mal geschehen, so brichts uns an unserem Glauben nichts ab."[127]

Man spürt: Luthers Herz schlägt wirklich nicht bei dieser Frage, er ist auch nicht irgendwie in der Defensive, eine Lösung ist ihm in keiner Weise ein Bedürfnis des Glaubens. Über die historische Zuverlässigkeit der biblischen Schriften urteilt er einmal ganz allgemein:

„Es sind aber die Geschichten in den heiligen Schriften oft auseinandergerissen und durcheinander, so daß sie nicht leicht zusammengereimt werden können; man denke an die Verleugnungen des Petrus und an die Geschichten der Passion Christi etc. So bringt Paulus hier [Gal 1,11 ff.] keine zusammenhängende Geschichte. Darum bemühe ich mich nicht und mache mir keinen Kummer daraus, sie ins reine zu bringen; sondern ich achte nur darauf, was des Paulus Absicht sei und worauf er hinaus wolle."[128]

Aber selbst dort, wo für die Kirche alles auf dem Spiel zu stehen scheint, beim Schriftwort über das Ostergeschehen, sieht Luther klar und nüchtern, daß die Evangelien keinen ungebrochenen, geschlossenen und in sich stimmigen Bericht von den Ereignissen geben, und daß es also nicht möglich ist, sich ein widerspruchsfreies Bild vom historischen Geschehen zu machen. Es ist, sagt Luther, wie immer, wenn et-

---

[126] 46,726,11-14, 1537/38.
[127] 46,726,20-727,2.
[128] „Sunt autem historiae in scripturis saepe concisae et confusae, ut conciliari facile non possint, Ut sunt negationes Petri et historia passionis Christi etc. Sic hic Paulus integram historiam non recitat. Ideo non laboro neque multum sollicitus sum de ea concordanda, Sed tantum hic considero, quod Pauli sit consilium et quo spectet" (40 I, 126,20-24).

67

was Großes geschieht: Der eine berichtet dann so, der andere anders darüber[129].

Luther konnte historisch denken, und er kannte die Schriften der Schrift in ihrem Spannungsreichtum zweifellos besser als irgendein Theologe unserer Zeit. Nur die methodische Zuspitzung der kritischen Fragen gegenüber der Schrift, wie sie die evangelische Theologie seit zweihundert Jahren begleitet, war ihm unbekannt. Luther spricht aber auch heute zu uns nicht als ein Prophet, sondern als ein außergewöhnlich hellsichtiger und sprachbegabter, auch als ein besonders kritischer „Doktor der Heiligen Schrift". Er hatte fast alle Konventionen, die in der Praxis von Theologie und Frömmigkeit relevant waren, in Frage gestellt. Es wäre für ihn durchaus möglich gewesen, daß er auch den Weg zur Schriftkritik weitergegangen wäre. Viele Theologen des linken Flügels der Reformation, aber auch viele der humanistischen Gelehrten wären ihm darin gewiß gerne gefolgt.

Luther ist aber diesen Weg nicht gegangen, er wollte – im klaren Bewußtsein, was er tat – die Reformation nicht dogmen- und bibelkritisch „weitergeführt" haben!

Der Grund dafür liegt nicht in einem mangelnden historischen Bewußtsein. Der Grund liegt vielmehr viel früher schon darin, daß der Grund des Glaubens und die Kraft der Wahrheit für Luther ein anderes ist als für den neuzeitlichen Menschen: Nicht eine geschichtliche oder naturhafte Wirklichkeit und auch nicht eine allgemeine „Vernunftwahrheit" ist der Grund des Glaubens, sondern das Wort[130]. Das Wort, das dem Menschen zugänglich ist in der Gestalt menschlicher Wörter und Taten und zu dessen Formenvielfalt in ausgezeichneter Weise auch die Schrift gehört.

Das historische Bewußtsein, das Luther aber tatsächlich nicht hat, ist jenes neuzeitlich überhöhte, das im geschichtlichen Geschehen als solchem nicht nur das Wirkliche, sondern das Wahre zu finden hofft. Das „kritische Bewußtsein", das Luther mangelt, ist jenes ahnungslos selbstsichere, das in sich die Kriterien zur Beurteilung der Wahrheit zu haben

---

[129] „Omnes 4 Euangelistae non curarunt, ut ordine edicerent, omnia immixta, alter aliquid prius, alter posterius dicit, videntes, ut solum res ipsa describatur non videntes ordinem. Sicut quando aliquid magni fit, dicitur ab omnibus, alius aliter. Et haec historia magna, quod homo e mortuis surgat. Describunt omnes rem, sed non eodem ordine et verbis. Videbimus, an ordinem verum dicamus" (17 I, 178,7–179,5; 1525, Predigt).

[130] Hier liegt das relative Recht dafür, daß die (lutherische) Kerygmatheologie in ihrer Front gegen die (reformierte) heilsgeschichtliche Theologie (deren bedeutendster Vertreter Karl Barth ist) sich auf Luther beruft. Wenn aber in der Schule Bultmanns die Frage nach dem historischen Grund für das Kerygma mit geradezu dogmatischem Eifer relativiert wird, erscheint der Glaube als ein abstraktes Geschehen, dem der Bezug zu Bethlehem und Jerusalem letztlich fehlt, so daß der Glaubende Christus aus sich selber zu gebären bzw. Jesus aus sich selber zum Christus zu erheben hat (vgl. o. Einl. Anm. 19).

glaubt. Dieses sich selber gegenüber so unkritische „historisch-kritische Bewußtsein" scheidet Luther tatsächlich sehr tief von jeder Moderne.

Daß Luther nicht den Weg zur Schriftkritik geht, verdankt sich also nicht einer vorkritisch-naiven Auffassung der Wahrheit, sondern im Gegenteil seiner dem neuzeitlichen Denken gegenüber unvergleichlich viel schärferen Kritik der Vernunft - der Vernunft, die sich (in der falschen Voraussetzung der notwendigen Selbstrechtfertigung verfangen) nicht nur irren kann, sondern die - weit unheimlicher! - listig betrogen und getäuscht wird! (Vgl. u. Kap. 2.2.) Die Bibel ist ein Buch, das „alle Weisen und Klugen zu Narren" macht[131]. Diese ihre Eigenschaft bewährt sie auch der historischen Vernunft gegenüber, indem sie jedem, der sie historisch zu verstehen und zu erklären versucht, schließlich immer wieder mehr Fragen aufgibt, als er Antworten findet ... Es entspricht dem Wort von der Rechtfertigung des Gottlosen allein aus Gnade, daß er auch den historischen Grund dieses Wortes nicht selber verifizieren kann und muß, sondern ihn mit der Klarheit des Wortes „allein" glauben darf.

Keine Lehre von der Heiligen Schrift

Will man Luthers Einstellung zur Schrift verstehen, so muß man vor allem darauf achten, was er nicht getan hat: Er hat keine Lehre von der Heiligen Schrift entfaltet. Er definiert keinen Begriff des Wortes Gottes, in welchem die Schrift ihren notwendigen Platz erhalten würde.

So sehr sich Luther darum bemüht hat, in Disputationen das christologische und das trinitarische Dogma begrifflich zu klären und die Rechtfertigungslehre systematisch präzise zu fassen, so wenig war er damit beschäftigt, ein Dogma von der Schrift zu fixieren. Sie war ihm offenbar durch ihre Präsenz, von der es Gebrauch zu machen gilt, und durch die Bezeichnung ihres Urhebers und Besitzers gesichert genug.

Luther hat aufreizend wenig Zeit und Kraft darauf verwandt, eine Lehre vom Wort zu entfalten und darin die Bedingungen, Eigenschaften und Wirkweisen der Schrift zu definieren. Genau dort, wo sowohl in der Orthodoxie wie auch nachfolgend in der liberalen Tradition ein Hauptgewicht des theologischen Interesses liegt, in den Prolegomena zum „Wesen der Offenbarung", genau dort herrscht bei Luther das leichtherzige Schweigen über das Selbstverständliche, oder besser: die alltägliche vertrauensvolle Hingabe an das Gegebene. Die Schrift ist die Heilige Schrift Gottes, seine Gabe an die Kirche, und sie ist klar. Das genügt, mehr sagt Luther eigentlich nicht zu dieser Frage. Weder im Katechismus noch in den Schmalkaldischen Artikeln oder im Bekenntnis von 1528, aber auch nicht im Augsburger Bekenntnis oder in den

---

[131] Vgl. o. Anm. 69.

Loci Melanchthons findet sich ein Artikel „De sacra scriptura". Es blieb der Orthodoxie und der liberalen Theologie vorbehalten, in die Falle einer solchen Lehre hineinzulaufen.

Luther hat die Schrift weder dogmatisch noch historisch-kritisch begrifflich zu fassen versucht, und jeder Versuch in dieser Richtung muß an seinem Anliegen vorbeigehen. Er hat nicht – wie später die Orthodoxie – mit dogmatischen und philosophischen Begriffen das Wesen und die Eigenschaften der Schrift umfassend zu beschreiben versucht. Er spricht nicht definierend vom Wie ihrer Inspiration, von ihrer „Unfehlbarkeit", ihrer „Vollkommenheit", ihrer „Suffizienz". Er versucht nirgends das Rätsel des Miteinanders von Göttlichem und Menschlichem durchsichtig und begreifbar zu machen, sondern er behauptet und bewährt nur in offener Auseinandersetzung die Klarheit der Schrift.

Deshalb können aber auch die modernen Lutherdarstellungen, in denen sein Schriftverständnis im Rahmen einer historisch-kritischen Betrachtungsweise beschrieben wird, seinem Anliegen nicht gerecht werden. Nach Althaus ist die Schrift für Luther als „Niederschlag des apostolischen Zeugnisses von Christus die entscheidende Autorität in der Kirche"[132]. Damit erscheint die Bedeutung der Schrift aber recht eingeengt auf ihre auctoritas in Lehrfragen, und ihre Form ist bestimmt teils mit der philosophiegeschichtlich belasteten Rede vom „Zeugnis", teils mit dem ganz untheologisch anmutenden Wort „Niederschlag". Auch nach Bornkamm soll Luther in der Schrift einen „Niederschlag" sehen, nur daß es nach ihm der einer Geschichte ist, nämlich einer „wirklichen Geschichte", einer „Gottes- und Glaubensgeschichte", die Luther im Alten Testament suche[133]. Aber auch für von Loewenichs bewußt neuprotestantisch gedeuteten Luther ist die Schrift „Niederschlag", nur jetzt „der von Gott erleuchteten Vernunft"[134].

Die Schrift als „Niederschlag" der apostolischen Verkündigung und Lehre, der Geschichte oder der „erleuchteten Vernunft" – in diesen verschiedenen Auffassungen, die sich als Interpretationen der Lehre Lu-

---

[132] Althaus, Theologie, S. 18.

[133] „Sie (diese Geschichte) muß ihren spürbaren Niederschlag in Zeugnissen des Alten Testaments selbst haben" (Bornkamm, Altes Testament, S. 212 f.).

[134] von Loewenich, Neuprotestantismus, S. 396. In der daraus abgeleiteten Polemik muß sich auch Luther belehren lassen (vgl. seine Äußerungen über die Göttlichkeit des Buchstabens z. B. 48,31,4 ff.; 102,4 ff. u. ö.): „Der Glaube an die Göttlichkeit des Buchstabens verkennt das Wesen der Offenbarung. Er ist nicht nur wissenschaftlich unmöglich, sondern auch religiös fragwürdig. (...) Der Glaube wird aus einem Sich-angesprochen-wissen zu einem Fürwahrhalten" (aaO.). So ist Luther tatsächlich an religiöser Würdigkeit überholt. Irgend ein begriffenes „Wesen der Offenbarung" ermöglicht es, ihr die zulässigen Formen vorzuschreiben. Der Glaube, der das vermag, ist denn auch nicht ein ständig wackelnder Glaube, der auf Gottes Wort allein bauen muß (26, 172, 21; 1528), sondern ein Sich-(angesprochen)-*Wissen,* was jedenfalls gegen Luthers Aussage steht, daß der Glaube nicht von *sich* wisse (26, 155, 25 ff.; TR 1, 538, 29 ff., no. 1063; 1530–35).

thers geben, spiegeln sich die theologischen Schulen unseres Jahrhunderts in ihrer Unterschiedenheit und letztlichen Einheit. Die jeweiligen Verschiedenheiten ergeben sich aus der Frage, ob der Grund des Glaubens in der apostolischen Lehre, in der Offenbarungsgeschichte oder in der inneren Erleuchtung gesehen wird. Die letztliche Einheit aber, die durchgehend eine große Distanz und eine tiefe Fremdheit Luther gegenüber bedeutet, liegt in der Beschreibung der Schrift als eines „Niederschlages".

Ein Niederschlag ist höchstens die Spur oder Folge eines schöpferischen Willens, nicht aber das Werk und Erzeugnis, die Schöpfung, Gabe und Einsetzung eines liebenden, formenden und gestaltenden Willens. Durch die Rede von der Schrift als eines „Niederschlages" entsteht der Eindruck, daß die Verschriftung von „Zeugnis", „Geschichte" oder „erleuchteter Vernunft" ein mechanisches und unpersönliches Geschehen ist, ein Prozeß, der jenseits von allem menschlichen und göttlichen Wollen und Schaffen steht, ein Geschehen, das im wesentlichen bestimmt ist von Gesetzen und Bedingungen, die einem persönlichen gestaltenden Willen entzogen sind. („Niederschlag" läßt an das „Naturgesetz" des Fallens und an das Entstehen einer zufälligen Form beim Aufschlag einer Sache denken.) Die *Form* der Schrift erscheint somit als das Werk eines Zufalls und eines unpersönlichen Schicksals, eine „Unform", mit deren Hilfe es die ursprünglich richtige Form erst zu erschließen und zu rekonstruieren gilt. Ihre in der Tat bruchstückhafte Gestalt hat nichts Sinnvolles und Notwendiges (vgl. 1. Kor 13,9 ff.), sondern erscheint viel eher als die unglückliche Folge zufälliger Gegebenheiten, die es zu überwinden gilt, indem man die letztliche Einheit der Schrift bereits in der Zeit zu finden, darzustellen, einsichtig und erlebbar zu machen versucht.

Die Schrift erscheint so als ein historisches Dokument, vergleichbar nicht einmal mit einer von Dichterhand gestalteten Literatur, geschweige denn vorstellbar als Gottes umstrittene, wirksame Schrift, die sich von den Schriften Ciceros grundlegend unterscheidet durch ihr gegenwärtiges, zukünftiges und ewiges Leben[135]. Sie erscheint als ein in sich passives Resultat eines „Falles" und muß ihre Bedeutung und Wirkkraft notwendig von außen erhalten, sei es nun durch das Leben und die persönliche Glaubwürdigkeit der Apostel hinter oder über dem „Niederschlag"[136], sei es durch die in natürlicher oder übernatürlicher Art weiterwirkende Geschichte, von der sie zeugt, oder sei es durch die Entsprechung zu einer unmittelbar gewirkten inneren Erleuchtung in

---

[135] TR 2,170,32 ff. (no. 1666); 1532.
[136] Luthers Unterscheidung zwischen der persönlichen Autorität der Apostel und dem Wort Gottes, das aus dem Mund der Apostel ausgeht, ist dann nicht mehr möglich (40 I, 173,21 ff. und 176,22 ff.).

den Gläubigen. Die Art ihrer Autorität und Wirkung ist dann nicht zu unterscheiden von der eines „Depositum fidei", das zu vertreten und zu aktualisieren zur Aufgabe (und zum letztlich durchaus verdienstlichen Werk) der Kirche oder der einzelnen Gläubigen wird – wenn man nicht unterstellen will, daß die Geschichte „hinter" dem Niederschlag unmittelbar in sich die Kraft zum Beleben der Schrift habe. (Dies ist, wie ich im zweiten Teil der Arbeit zeigen werde, die Lösung Karl Barths, und insofern scheint er bewußt oder unbewußt die Interpretation Bornkamms geleitet zu haben.)

Aber auch der entgegengesetzte Versuch, der in Reaktion auf die historisch-kritische Bibelbetrachtung die Schrift dogmatisch zu verstehen und zu sichern versucht, muß Luthers Anliegen verfehlen. So möchte H. Frey in Parallele zur Inkarnation des Sohnes von einer „Inverbation" des Geistes reden[137]. Zwar könnte man hier ziemlich direkt an Luther selber anknüpfen[138], doch hieße das zweifellos, ihn überinterpretieren. Gottes Wort wird Fleisch in Jesus Christus. Der Heilige Geist *wird* nicht Wort, sondern er erinnert an das Wort und erhält bei ihm (Joh 14, 26). Das Wort Gottes ist erschienen in Jesus Christus, und in seinem Auftrage geben die Apostel nun sprechend und schreibend das Wort weiter in der Gestalt eines menschlichen Wortes, das göttlichen Ursprung, göttliche Vollmacht und göttliche Wirkung hat, indem es Gemeinschaft und Anteil gibt am Leben der Gottheit selber (1. Joh 1, 1–4). Das ewige Wort Gottes wurde in Jesus Christus von den Menschen ergriffen, verworfen, mißhandelt, gekreuzigt, und dementsprechend wird auch das gepredigte und geschriebene Wort über die Maßen verachtet. Der Heilige Geist aber läßt sich nicht greifen und haschen, sondern er bleibt frei und wirkt mit Hilfe des zu ergreifenden Wortes auf unbegreifliche Weise den Glauben der Menschen (Joh 3, 8).

Wer von einer „Wortwerdung" des Geistes redet, vermischt die Personen der Trinität und ihre spezifischen Werke, und er kommt in die dogmatisch unhaltbare Position, daß er das eine Wort als in zweierlei Substanzen gekommen, und damit wirklich auch als zweigeteilt und zerrissen ansehen muß (teils die Substanz des Menschen Jesus, teils die Substanz des biblischen Papieres und seiner Buchstaben hätte dann das

---

[137] Zitiert bei Sierszyn, S. 51 Anm. 81, wo ein Lutherzitat den Anspruch deutlich macht, mit dieser Theologie in der Tradition der Reformation zu stehen.

[138] Bibeleintragung zu Ps 22,7: „Die heilige Schrift ist Gottes Wort, geschrieben und (daß ich so rede) gebuchstabet und in Buchstaben gebildet, gleichwie Christus ist das ewige Gotteswort, in die Menschheit verhüllet. Und gleichwie Christus in der Welt gehalten und gehandelt ist, so gehts dem schriftlichen Gotteswort auch. Es ist ein Wurm und kein Buch, gegen andere Bücher gerechnet. Denn solche Ehre mit Studieren, Lesen, Betrachten, Behalten und Brauchen geschieht ihm nicht, wie anderer Menschen Schriften; wird ihm gut, so liegts unter der Bank, die andern zerreißens, kreuzigens, geißelns und legen ihm alle Marter an (...)" (48, 31, 4–12; 1541).

Wort angenommen). Dagegen unterscheidet Luther, wie oben erwähnt (Anm. 19), zwischen der Substanz einerseits und dem Ursprung und der Wirkung des Wortes andererseits.

Luthers letztes Wort

Die Heilige Schrift gibt sich als ein armseliges, einfältiges, schlechtes und geistloses Buch. Was die Vernunft als hoch und göttlich erachtet, findet sich nicht in diesem Buch.

„Darum laß deinen Dünkel und Fühlen fahren, und halte von dieser Schrift als von dem allerhöchsten, edelsten Heiligtum, als von der allerreichsten Fundgrube, die nimmermehr genug ausgegründet werden mag. Auf daß du die göttliche Weisheit finden mögest, welche Gott hier so albern und schlecht vorlegt, daß er allen Hochmut dämpfe. Hier wirst du die Windeln und die Krippe finden, da Christus innen liegt, dahin auch der Engel die Hirten weiset. Schlecht und geringe Windeln sind es, aber teuer ist der Schatz Christus, der drinnen liegt."[139]

Luther hat nicht die Bibel mit einem theologischen Begriff zu fassen versucht, er hat sie nicht durch eine einheitliche Vorstellung oder eine zusammenfassende Lehre zu einem verfügbaren Bewußtseinsinhalt gemacht. Im Gegenteil: das Bibelbuch als solches soll die theologischen Begriffe umfassen, und das menschliche Bewußtsein soll sich als einen Inhalt der Bibel verstehen lernen. Die Bibel ist ja nicht gegenwärtig nur als Gehalt und Aussage von Verkündigung und Lehre, wie das z.B. für Christi Person und Werk der Fall ist (das man darum definierend zu fassen und zu präzisieren versuchen muß). Sie ist im Gegenteil gegenwärtig als *ein faktisch vorhandenes Buch, das in seiner nicht begrifflichen, sondern „leibhaftigen" Präsenz zugänglich ist* und das in dieser vielschichtigen Gestalt das Denken und Fühlen seiner Leser zu leiten, zu umgreifen und zu formen vermag. Die Bibel ist größer als das Bewußtsein ihrer Leser! Es ist ganz einfach keinem Menschen möglich, alle ihre Aussagen, Lehren, Reden und Gebete in sich zu fassen und in sich in einer begrifflichen Einheit zu verbinden. *Ein Name, eine Person ist die Einheit der Schrift, nicht ein Begriff.* Dieser Name aber ruft nur immer wieder tiefer hinein in die Schrift. Jeder rechte Bibelleser bleibt deshalb in ihr nur immer unterwegs vom einen zum andern, indem er sich dieses oder jenes „Stück" zum Bewußtseinsinhalt macht, der dann von anderen „Stücken" an den rechten Platz gestellt werden muß. Nicht der Bibelleser hat die Bibel, sondern sie hat ihn. Gerade hier gilt es, daß alle Mühe nur darauf abzielt, daß der Schüler Gott lieben, nicht ihn zu erkennen lernt. Denn diese Antithese ist ja wirklich biblisch: Wenn jemand meint, daß er etwas verstanden habe, so hat er noch nicht verstanden, wie man

[139] DB 8,13,1 ff., Vorrede auf das AT (1523/45).

verstehen muß. Wenn aber jemand Gott liebt, der ist von ihm verstanden (1. Kor 8,2 f.).

Aber auch den rechten Gebrauch der Schrift und ihre Aufgabe in Theologie und Kirche hat Luther nicht mit einem einzigen Begriff umschrieben. Er gibt auch keine funktionale Definition der Schrift! Es ist vielmehr bezeichnend, wie Luther in immer neuen Bildern von der Schrift und ihrer Wirkung redet, und wie er so jede funktionalistische Verengung zu verhindern sucht. Luther spricht von der Schrift als von einem „Heiligtum" und läßt damit an einen Tempel denken, der mancherlei Zwecken dient und vielerlei möglich macht: das Gebet und das Lob vor Gott, den ästhetischen Genuß und das aufmerksame Lernen, den priesterlichen Schiedsspruch und den geheimnisvollen Trost, der im raumausfüllenden Wort liegt, die unmittelbare Gottesbeziehung wie auch die schlicht mitmenschlich bedingte Gemeinschaft derer, die den Tempel besuchen. Luther spricht von der Schrift als einer „Fundgrube" der göttlichen Weisheit und vergleicht sie allegorisierend mit den Windeln und der Krippe Christi. (Die Windeln und die Krippe sind aber nicht eine beliebig vertauschbare bloße Hülle, sondern sie sind das besondere Zeichen, das die Engel den Hirten geben, das unverwechselbare Erkennungsmerkmal also, ohne das Christus nicht zu finden ist und aus dem er auch nicht irgendwie „herausgeschält" werden muß – nicht ein nacktes, „abstraktes", raum- und zeitloses Kind sollen die Hirten finden und anbeten, sondern eben das Kind „in Windeln gewickelt und in einer Krippe liegen" ... So soll auch der Gläubige nicht einen „Christus selber" jenseits und hinter der Schrift suchen und anbeten, sondern Christus in und mit der Schrift.) Luther vergleicht die Schrift aber auch mit einer Landschaft, durch die eine Wallfahrt geht[140], mit einem Garten, der für den Müßigen mancherlei Früchte bereit hält[141], mit einer Schulstube, in der die Apostel lehren[142]. Die Schrift und ihre Bedeutung und Wirkweise ist also nicht zu fassen mit einer begrenzten Anzahl von Funktionen, und es gibt keine einzelne Aufgabe der Schrift, die als ihre „eigentliche" herausgehoben werden könnte. Sie ist nicht etwa genugsam beschrieben mit Begriffen wie „letzte Autorität", „Schiedsrichterin", „hermeneutisches Prinzip" etc.

In seinem letzten Wort, das er zwei Tage vor seinem Tod niedergeschrieben hat, weist Luther noch einmal mit staunendem Ernst auf die unvergleichliche Bedeutung und auf das unergründliche Wunder der Schrift hin. Es ist ein unerhört schönes und undurchdringlich dichtes Wort, das Luther uns als Letztes mitgibt! Seine ganze „Lehre von der Schrift", seine jahrelange Erfahrung mit ihr in vielerlei inneren und äu-

---

[140] TR 3,434,30 ff. (no. 3588); 1537.
[141] TR 1,320,9 f. (no. 674); 1530–35.
[142] 50,657,28–30, Vorrede 1539.

ßeren Anfechtungen, sein selbstverständliches Vertrauen auf ihre wunderbare Zweckmäßigkeit liegt in diesem letzten, noch einmal fragenden und lobsingenden Wort, das zugleich ein kindlich verwunderter und dankbarer Rückblick ist auf das Leben und Werk, das nun hinter ihm liegt:

„Vergil in seinen Bucolica und Georgica kann niemand verstehen, wenn er nicht fünf Jahre Hirte oder Bauer gewesen ist.

Cicero in seinen Briefen, denke ich, versteht niemand, wenn er nicht zwanzig Jahre lang sich in einem hervorragenden Staatswesen betätigt hat.

Die Heiligen Schriften meine niemand genügend geschmeckt zu haben, wenn er nicht hundert Jahre lang mit den Propheten die Kirche regiert hat.

Deshalb ist es ein ungeheures Wunder um erstens Johannes den Täufer, zweitens Christus, drittens die Apostel. Du versuche diese göttliche Aeneis nicht, sondern verehre gebeugt ihre Spuren. Wir sind Bettler. Das ist wahr."[143]

Die Bibel steht zunächst als ein Buch in der Reihe anderer kunstvoll und hellsichtig geschriebener Bücher. Sie hat mit diesen anderen Büchern vieles gemeinsam. Wie diese ist auch sie aus einer bestimmten Erfahrung heraus geschrieben und kann nur mit einer dem entsprechenden Erfahrung recht gewürdigt werden. Und doch ist sie im Vergleich zu diesen anderen Büchern unvergleichlich viel rätselhafter – und gerade deshalb für den Leser auch wieder viel leichter und unmittelbarer zugänglich! Die Bibel ist eine göttliche Aeneis, *ein göttliches Dichtwerk*! Vergil in seinen Bucolica kann man nicht verstehen, wenn die Erfahrung des Hirtenlebens fehlt. Ebenso versteht man Cicero nicht, wenn man nicht selber Verantwortung getragen hat für ein Staatswesen. Die Heiligen Schriften aber gilt es nicht nur zu verstehen, sondern es gilt sie zu „schmecken". Auch das braucht eine entsprechende Erfahrung, nämlich die der jahrelangen Verantwortung im Hirtenamt der Kirche.

An der Schrift findet man keinen rechten Geschmack, solange man sie liest nur als ein theoretisches Lehrbuch oder als ein geistesgeschichtlich interessantes Dokument, das sich vor einem besserwisserischen Urteil zu rechtfertigen hat. Den rechten Geschmack an der Schrift findet nur derjenige, der mitträgt am Hirtenamt der Kirche und der aus Liebe zu den einfachen Menschen sich dieses Amt zu Herzen nimmt. Über Konzilien, Väter und Schrift kann man wohl rechthaberisch streiten, und man kann sogar seine Freude haben daran, wie sich gegen eine jede

---

[143] „Vergilium in Bucolicis et Georgicis nemo potest intelligere, nisi quinque annis primum fuerit pastor aut agricola.
Ciceronem in epistolis nemo secundo intelligit, nisi viginti annis sit versatus in republica aliqua insigni.
Scripturas sacras sciat se nemo gustasse satis, nisi centum annis cum prophetis ecclesias gubernaverit. Quare ingens est miraculum primum Iohannis Baptistae, secundum Christi, tertium apostolorum. Hanc tu ne divinam Aeneida tenta, sed vestiga pronus adora. Wir sein pettler. Hoc est verum" (TR 5,317,12 ff., no.5677; 1546).

Aussage auch eine andere, entgegengesetzte stellen läßt, so daß eines das andere relativiert und nichts Bestimmtes zu bestehen scheint. Man kann seine Freude haben daran, wenn man aus menschlichen Überlegungen heraus die Notwendigkeit einer höchsten Entscheidungsgewalt des Papstes beweisen will, oder aber wenn man in skeptischer Manier die Freiheit zu finden hofft durch den Beweis, daß jedes Dogma auch in Frage gestellt werden kann. Diese Freude aber kann nur derjenige haben, dem das Schicksal der Kirche und ihrer Glieder gleichgültig ist, dem der Auftrag Christi und das Heil der Menschen nicht das vordringlichste Anliegen ist:

„Ja, es ist gut gaukeln mit Konzilien und Vätern, wenn man mit den Buchstaben alfenzet oder ein Konzilium immer verzieht, wie nun zwanzig Jahre geschehen, und nicht denkt, wo indessen die Seelen bleiben, die man mit gewisser Lehre soll weiden, wie Christus spricht, ‚Weide meine Schafe‘."[144]

Wer wirklich um das Wohl der Kirche und ihrer Glieder besorgt ist, kann sich um der Menschen willen mit keinen Relativismen und Ungewißheiten zufrieden geben, und er wird sich auch nicht im selbstgefälligen Problematisieren gefallen. Denn es stellt sich ja sogleich die Frage: „Wer predigt dieweil und tauft, bis wir der Sachen eins werden?"[145] Es ist dies letztlich die Frage nach der Wahrhaftigkeit Christi selber, der die Kirche mit ihrer Aufgabe betraut hat, und erst in der Flucht dieser Frage lernt man die Schrift richtig schätzen und „schmecken".

„Ah, wie übel hätte Christus seine Kirche versehen, wenns so sollt zugehen. Nein, es muß anders zugehen, weder wir aus Konzilien und Vätern vorbringen, oder muß keine Kirche gewesen sein seit der Apostel Zeit, welches nicht möglich ist, denn da stehts: Ich glaube eine heilige christliche Kirche, und: ‚Ich bin bei euch bis zur Welt Ende‘. Diese Wort müssen nicht fehlen, und sollten auch alle Konzilien und Väter fehlen, der Mann muß heißen ‚Ego veritas‘, Väter und Konzilien sollen ihm gegenüber heißen ‚Omnis homo mendax‘, wo sie widereinander wären."[146]

Die Schrift richtig lesen, gebrauchen und schätzen kann man nur im Rahmen der Kirche, dort, wo eine ernsthafte und leidenschaftliche Liebe zur Herde Christi und zu ihren geringsten Gliedern die Gedanken leitet, dort, wo das Vertrauen zum guten Hirten das erste und das letzte Wort hat, dort, wo der Mensch in der überschweren Aufgabe des Kirchenregimentes an seinen Kräften verzweifelt, so daß alle bloße Rechthaberei verstummt und der Mensch für sich und für die anderen zum Bettler wird.

Die Schrift ist Gottes Gabe an die Kirche. Sie ist das entscheidende Mittel, durch das Christus seine Verheißung erfüllt, daß er mit der Kir-

---

[144] 50, 541, 21–24.
[145] 50, 542, 8 f.
[146] AaO. Z. 24–32.

che sein und sie erhalten will, so daß die Lüge sie nicht überwindet (Mt 16,18 und 28,20). Wer an die Kirche und an ihre göttliche Einsetzung glaubt, der glaubt deshalb auch an die Schrift und ihren göttlichen Ursprung. Denn durch die Schrift sorgt Christus dafür, daß seine Herde mit gewissen Worten und Weisungen geweidet werden kann. Den rechten Geschmack an der Schrift findet daher keiner, der sie liest als ein in sich abgeschlossenes Stück Literatur, losgelöst vom aktuellen Leben der Menschen, abgesehen vom Willen und Werk Christi. Die Schrift umfaßt das Leben der Menschen, umfaßt alle seine unergründlichen Rätsel! Sie kann deshalb nicht verstanden werden in dem Sinn, daß man sie objektiviert und sie mit einem Begriff zu erfassen oder in einem Erleben in sich aufzunehmen versucht. Es braucht vielmehr ein ganzes langes Menschenleben, ein langes, treues Wirken in der Gemeinschaft der Kirche dazu, daß man den rechten Geschmack an der Schrift bekommt. Ein langes Leben aber hat noch keiner gehabt, der vor der Aufgabe steht, die Bibel zu lesen und sie recht zu gebrauchen. Deshalb soll man die Bibel dort lesen, wo andere diese Erfahrung auf wunderbare Art gehabt haben und wo sie dann ein dieser Erfahrung entsprechendes menschliches Tun und Zusammenleben geprägt haben. Dort, wo die Schrift auf gänzlich unbegreifliche Weise einmal von Menschen verstanden wurde und wo nun eine dem entsprechende menschliche Gemeinschaft besteht, die den Lebenslauf des Einzelnen zu umfassen und zu leiten vermag, dort soll man die Bibel lesen und soll den rechten Geschmack an ihr bekommen: in der Gemeinschaft der Kirche! Die Kirche verdankt sich, so formuliert Luther in seinem letzten Wort, drei neutestamentlichen Ämtern und ihren Inhabern: Johannes dem Täufer, Christus und den Aposteln. Diese drei herausgehobenen Amtsträger haben die Schrift verstanden! Durch die Art und Weise, wie sie ihre Ämter ausgeübt und erfüllt haben, besteht nun die Kirche als ein unverwechselbarer, in ganz spezieller Weise geprägter, ausgesonderter Raum auf Erden. Dieser Raum kann und soll menschlich dazu anleiten, wie die Schrift zu lesen ist, ja: *dieser Raum der Kirche ist der Begriff der Heiligen Schrift*, wie ihn aus einem ganz wunderbaren Wissen heraus Johannes der Täufer, Christus und die Apostel geprägt, entfaltet und irdisch zugänglich gemacht haben. Die Schrift ist durch ihr Werk untrennbar verbunden und verwachsen mit der Kirche, sofern diese das Werk der rechten Schrifterkenntnis ist, wie der Täufer, Christus und die Apostel sie gehabt haben. Es ist von daher gesehen klar: solange man die Bibel außerhalb von diesem Raum der Kirche lesen will, ohne die Liebe, die ihr Amt prägt, muß man die Schrift „versuchen". D.h. man wird die Schrift in der einen oder anderen Weise aus ihrer Bestimmung herausreißen und wird sich darum bemühen, daß sie etwas anderes bewirke und sage, als ihr zu sagen aufgegeben ist. Man wird wünschen und fordern, daß die Schrift sich den eigenen Vorstellungen entsprechend bewährt und durchsetzt – also den Vorstellungen einer im biblischen Sinn „weltlichen" Einstellung entsprechend, einer Einstellung, in der sich die betrogene Machtgier und der gottlose Wunsch nach einer distanzierten Erkenntnis *über* dem Guten und Bösen mit dem geschöpflichen Wahrheitsbemühen vermischt hat (vgl. Gen 3,5). Man wird an die Schrift die eigenen Fragen stellen und wird die entsprechenden Antworten aus ihr herauszupressen versuchen, man wird durch seine eigenen Wünsche ihre Aussagen mitbestimmen, man wird „partnerschaftlich" die Geisteskraft der Schrift an den eigenen Geisteskräften zu messen beginnen. So „versucht" man die Bibel, fordert sie vermessen heraus, statt sie ihrem Wesen gemäß zu „verehren". Luthers letztes Wort aber mündet aus in diese Verehrung der Schrift: in ein wachsendes, dankbares, aber auch zutiefst erschrockenes Erstaunen über die Schrift und über das Wunder ihres „Verständnisses" im Werk der neutestamentlichen Gesandten.

Wie weit die heutige Lutherdeutung von Luther entfernt ist, zeigt sich schlagend bei der Übersetzung dieses letzten Lutherwortes durch den bedeutendsten Lutherinterpreten unserer Tage, Gerhard Ebeling. Er übersetzt nach der Überlieferung WA 48,241,2ff.: „Scriptores Sanctos sciat se nemo gustasse satis ...": *„Die Verfasser der* Heiligen Schrift soll niemand meinen auch nur andeutungsweise *verstanden* zu haben ..."[147] Damit ist Luthers Aussage gänzlich zerstört. Die Pointe, daß er vom „Verstehen" Vergils und Ciceros, aber vom „Schmecken" der Schrift spricht, ist unbeachtet untergegangen, und die Verfasser der Heiligen Schrift schieben sich als profane Mittler zwischen den heutigen Menschen und das Heilige selbst. Was für Luther das Wunder der Gnade ist, daß wir in der Schrift unmittelbar etwas Heiliges zu schmecken bekommen, ist platt reduziert auf das Problem des theologischen Lernens und Verstehens.

---

[147] Luther S. 278, Hervorhebung von mir.

2. Kapitel: Die Sache für uns: Die Klarheit der Schrift

2.1. Das erste Prinzip und seine Bewährung

Schrift und Tradition („Die Schrift allein" in der communio sanctorum)

Luther hat keine neue Kirche begründen wollen, und er hat sich deshalb auch nicht anheischig gemacht, die Kirche in einem unmittelbaren Rückgriff auf die Schrift in einem umfassenden Sinn neu zu legitimieren. Luther versucht nicht, sich mit seinen Gefolgsleuten gänzlich herauszuheben aus der Abhängigkeit vom zeitlich-irdischen Leben der „Gemeinschaft der Heiligen" und ihren geschichtlich gewachsenen Formen des Lebens und der Lehre. Er meint nicht, daß er – sozusagen – allein, nur mit der Bibel in der Hand, ohne alle ordnenden Vorkenntnisse auf eine einsame Insel versetzt inmitten eines Volkes von Heiden dasteht, so daß ihm nun die Aufgabe zukommen würde, alle Ordnungen, Sitten, Lehren und Gebräuche der Kirche selber direkt aus der Schrift zu schöpfen, einzusetzen und als richtig aufzuweisen. Luther hat nicht in einer solchen individualistischen Manier das Leben der Kirche neu zu durchformen oder die bestehenden Ordnungen umfassend zu rechtfertigen versucht. Seine Reformation will wirklich nicht die Kirche nach irgend einem vermeintlichen biblischen Urbild neu bauen, und sie müht sich nicht, in allem die Verbindungslinien einsichtig zu machen und die Rechte darzulegen, die von den apostolischen Worten zu den Bekenntnissen und Lebensformen der Späteren führen. Gegen den schwärmerischen Biblizismus auch seiner Zeit hat Luther 1538 „zum Überfluß"[1] die drei Bekenntnisse der alten Kirche in deutscher Sprache erscheinen lassen. Diese, führt er aus, sind in der ganzen Kirche bisher gehalten, gelesen und gesungen worden, und indem er sie erscheinen läßt, will er bezeugen, „daß ichs mit der rechten christlichen Kirche halte, die solche Symbola oder Bekenntnis bis daher hat behalten..."[2] Luther zitiert das Apostolicum, das Athanasium und das Te Deum, nachgestellt dann das Nicänum, und er bemüht sich nicht, diese Texte noch einmal Schritt um Schritt aus der Schrift zu begründen und also

---
[1] 50,262,5.
[2] 50,262,7-10.

die theologische Arbeit der Alten zu wiederholen und das Recht ihrer Resultate neu einsichtig zu machen. Luther beschäftigt sich vielmehr mit den aktuellen, für seine Zeit bedrängenden Fragen. Er versucht, das Wesen der Häresie zu erfassen[3] und darzustellen, warum Lehrstreitigkeiten und Uneinigkeiten in den Glaubensfragen unvermeidlich sind[4], und schließlich unternimmt er es, positiv den Trinitätsglauben zu verteidigen in der Auseinandersetzung mit der zeitgenössischen jüdischen Auslegung des Alten Testamentes[5].

Luthers Reformation will nicht unmittelbar die rechte Kirche bauen. Sie will vielmehr wirklich nur ein Posaunenstoß sein, welcher die Schutzmauern der „römischen Lüge" zum Einsturz bringt, so daß die alte Wahrheit wieder frei zugänglich wird[6]. Diese alte Wahrheit aber steht nicht nur auf dem Papier der Bibel, sondern auch in der Gemeinschaft der Kirche, in der auch Luther großgezogen, gelehrt und mit seinem Amt betraut worden ist.

Nochmals: Luther hat sich nicht in einer individualistischen Selbstüberschätzung über die Gemeinschaft der Kirche erhoben, er hat nicht in der völligen Einsamkeit mit der Bibel, als ein die Zeiten überfliegender Geist unmittelbar aus der Schrift allein die Kirche neu zu entwerfen und zu bauen versucht. Luther läßt sich nicht leiten von einem grundsätzlichen kritizistischen Mißtrauen gegen alles, was gegeben, was Tradition ist. Er hat viele Formen und Ordnungen, und er hat vor allem „den Glauben", das Credo als die Zusammenfassung der Schrift sehr selbstverständlich übernommen und mit großer Vehemenz verteidigt. Nur in einzelnen Punkten, in bestimmten, abgegrenzten Gebieten der Lehre stellt er „die Schrift allein" gegen die (jüngste) Tradition der Kirche. Ein allgemeiner, umfassender Kritizismus der Kirche gegenüber wäre aber auch nach Luthers Verständnis eine heillose Sache, ein Herausfordern und Versuchen Gottes, der die Gemeinschaft der Kirche und nicht einen selbstsicheren Einzelnen „in aller Wahrheit leiten" will (vgl. Joh 16,13).

Luther ist kein Biblizist. Er glaubt vielmehr mit dem dritten Artikel an den Heiligen Geist und an dessen Werk, die Kirche. Das ist die Grundlage von allem anderen. Im Glauben an diesen dritten Artikel ist dann der Glaube an die Heilige Schrift als „das Buch von Gott, dem heiligen Geist", mit enthalten: Die Schrift ist eines der ganz ausgezeichneten Mittel, durch die Gott die Kirche erhält, lenkt, schützt und für ihre Aufgabe stark und tüchtig macht.

Im Rahmen dieses allgemein anerkannten Glaubensartikels erhält

---

[3] 50,266,32–270,10.
[4] 50,270,11–273,21.
[5] 50,273,22–282,29.
[6] Vgl. 6,406,21–407,8 (die Reformationsschrift „An den Christlichen Adel" von 1520).

nun das Denken Luthers seine besondere und die Kirche erneuernde Ausrichtung durch eine einfache, aber sehr folgenschwere Annahme – durch das erste Prinzip seines persönlichen theologischen Schaffens, das in der Konsequenz, in der es Luther aufgezwungen ist, eine Neuentdeckung ist: die Annahme der *claritas* scripturae. Dieses „primum principium" sagt gegen alle ausgesprochenen und unausgesprochenen Vorurteile gegenüber der Bibel, daß sie klar sei. Das Prinzip richtet sich negativ gegen das „gottlose", „sophistische" Reden von der Unzugänglichkeit, Verworrenheit und Rätselhaftigkeit der Schrift[7]. Und es besagt positiv, daß die Schrift wie nichts sonst die Kirche zu belehren, zu leiten und in die Wahrheit hineinzuführen vermag, und daß man darum vor allen anderen Büchern und mehr als sie die Bibel vorurteilsfrei und vertrauensvoll lesen soll – kritisch eingestellt nicht gegen die Bibel, sondern gegen die eigene Vernunft und gegen die vielen bibelkritischen Theologen von gestern und heute. Nicht die Tradition gibt die kritische Norm, an der die Schriftworte zu messen und zu bewähren sind, sondern im zugespitzten Streitfall steht es der Schrift zu, die Tradition kritisch zu beurteilen. Nicht die Tradition und ihre gegenwärtigen Auswirkungen sind die Aktualität, durch die ein Schriftwort Leben erhält, sondern die Schrift enthält die Worte, die in jeder Tradition und jeder Gegenwart die Substanz und Kraft der Lehre ausmachen.

Der Theologe, der unter der Voraussetzung von diesem (dogmatisch beweisbaren) ersten Prinzip arbeitet, darf darum wissen, daß die Schrift ihn nirgends anleitet zu einem Denken, das über die klaren Schriftworte hinausgeht. Das schriftgemäße theologische Denken erfordert nicht ein Urteil, das jenseits der Schriftworte begründet ist und diese von dorther irgendwie zu bewähren oder kritisch zu berichtigen hat. Es ist vielmehr eben prinzipiell davon auszugehen, daß die Schrift nirgends, in keinem Teil ihrer Glaubenslehre sich widerspricht. (Falls sie sich im Bereich des Sichtbaren, „Historischen" widerspricht, so verführt und zwingt dies doch nicht zu Spekulationen über die unsichtbaren, der Vernunft gänzlich unzugänglichen Dinge der Ewigkeit!)

„Dieses Wort ‚Schrift ist nicht widereinander', verführt nicht[8]! Wenn der Eindruck entsteht, daß die Schrift sich widerspreche, muß der Theologe selbstkritisch reagieren und muß über die eigenen Bücher gehen: Es wird sich dann zeigen, daß die Widersprüche von seinen Deutungen der Schriftworte, nicht von ihren „nackten" Aussagen selber herrühren[9].

Deshalb hat es der Theologie sehr geschadet, daß man die Schrift mit Hilfe einer umfangreichen Sekundärliteratur hat auslegen und erklären

---

[7] Vgl. 18,606,16–21.
[8] 23,123,20f.
[9] AaO. Z. 11–25.

wollen[10]. Man hätte sich stattdessen viel mehr auf das Studium der Schrift selber in den Ursprachen verlegen sollen. Weil aber auch große Theologen wie Bernhard mit den Schriftworten gespielt und mancherlei Aussagen in sie hineingelesen haben, die dort gar nicht stehen,

> „deshalb haben auch die Sophisten gesagt, die Schrift sei finster, haben gemeint, Gottes Wort sei von Art so finster und rede so seltsam. Aber sie sehen nicht, daß aller Mangel liegt an den Sprachen, sonst wäre nichts Lichteres je geredet denn Gottes Wort, wo wir die Sprachen verstünden. Ein Türke muß mir wohl finster reden, welchen doch ein türkisches Kind von sieben Jahren wohl vernimmt, dieweil ich die Sprache nicht kenne"[11].

Die Schrift ist klar. Diese seine grundsätzliche Annahme, die Luthers Denken und Lehren in allen Teilen leitet und prägt, ist tatsächlich etwas Neues und Persönliches. Darum ist es auch notwendig, und unter Voraussetzung der allgemeinen Annahmen auch möglich, diesen neuen Grundsatz zu beweisen und für die „Gemeinschaft der Heiligen" diese neue Denkart als sinnvoll darzulegen. Dieser Beweis geschieht, wie oben dargelegt (S. 56 ff.) explizit in der Schrift gegen Erasmus. Was aber meint nun dieses „erste Prinzip?" Denn, um es nochmals klar herauszustellen: *Die Klarheit der Schrift ist primär und grundsätzlich nicht eine Aussage der Empirie, sie ist nicht die Zusammenfassung der Erfahrungen, welche Theologie und Kirche mit der Schrift machen, sondern sie ist zunächst ein Prinzip, eine Annahme und Voraussetzung!* Man kann sie beweisen – *nicht* empirisch *demonstrieren, sondern* aus dogmatischen Überlegungen zum dritten Artikel heraus *beweisen!* Die Klarheit der Schrift ist also zunächst eine Annahme des Glaubens. Sie kann *dann* auch zu einer Erfahrungswahrheit werden, wie es in Glaubenssachen ganz allgemein der Fall ist: Zuerst kommt das blinde Vertrauen, dann das bestätigende Erleben. Zuerst der Glaube, dann die Erfahrung und das Fühlen, „soll es wahr sein"[12]. D. h. die Klarheit der Schrift ist der

---

[10] 15, 41, 8–10.
[11] AaO. Z. 2–7.
[12] 36, 495, 33 ff.; 1532. Ähnlich, wenn auch mit einer mir nicht ganz verständlichen Zielrichtung, schreibt Inge Lønning: „Eine Theorie von besonderen Offenbarungsqualitäten formaler Art, z. B. von der Durchsichtigkeit oder Irrtumslosigkeit der Schrift ist die polemische These von der Klarheit der Heiligen Schrift eben nicht. Es geht vielmehr um ein im strikten Sinne theologisches Prinzip, das mit der eigenartigen Gottesbotschaft der Heiligen Schrift gesetzt wird und außerhalb dieser Botschaft, das heißt durch allgemeine philosophische Überlegungen, nicht zu begründen, in der stetigen Einübung dieser Botschaft jedoch sehr wohl darzulegen ist: [folgt Zitat WA 18, 653, 27–35, s. u. Anm. 24]. Nicht weil die Heilige Schrift ein Buch mit feststellbaren, besonderen Eigenschaften sei, sondern weil sie ein Buch ist, das durch seine Botschaft die Weisheit der Welt (...) zunichte macht, ist christliche Theologie nur als Schriftauslegung möglich" (LuJ, 52, S. 110). Was das näher bestimmt bedeutet, versuche ich im Vorangehenden und Folgenden zu zeigen. – Es scheint mir das Problem K. G. Stecks zu sein, daß er diese einfache, aber elementare Unterscheidung nicht macht und unreflektiert Empirisches und Prinzipielles ver-

Ausgangspunkt, von dem her Luther *im Glauben* lernt und denkt. Von der gläubigen, vertrauensvollen Annahme der Klarheit der Schrift wird sein Forschen und Suchen geprägt – um dann auch eine dem Glauben entsprechende Erfahrung zu machen, in welcher die Klarheit der Schrift in dieser oder jener Sachfrage zu einer empirisch faßbaren Größe wird, so daß der Glaube dort – „stückweise"! – sich erfahrbar bewährt und zur Erkenntnis wird: Das Bitten, Suchen und Anklopfen, das im Glauben geschieht, soll dann wirklich hier oder dort auch spürbar erhalten, finden und die Türen aufgetan bekommen... Zunächst aber ist die Klarheit der Schrift *Prinzip*, eine vorgängige Aussage und eine vorausgesetzte Annahme, die Luther an den Anfang seiner theologischen Arbeit stellt.

(Dies darf man natürlich nicht in einem linear biographischen Sinn verstehen! Aufzuzeigen, wie und wann der Grundsatz, die Klarheit der Schrift als gegeben anzunehmen, durchbricht und Luthers Werk wirklich zu prägen beginnt, wäre eine Sache für sich. Man müßte dann gewiß annehmen, daß dieser Grundsatz von Luther durch alle seine Lebensjahre hindurch immer wieder verschieden stark beherzigt wird. Es ist ja ein Grundsatz des Glaubens, der sich gegen die Schwächen des Fleisches immer wieder neu durchsetzen muß – auch bei Luther selber!)

Deshalb muß die Klarheit der Schrift auch für alle späteren Theologen, die von Luther lernen wollen, das angenommene Ausgangsprinzip ihres Denkens sein, das sich dann erst im Verlaufe der Arbeit erfahrbar bewährt, von dem man aber auf keinen Fall erwarten kann, daß es sich aus einem ersten, flüchtigen Umgang mit der Schrift heraus als eine Erfahrungstatsache aufdrängt, geschweige denn, daß es aus einer kritizistischen, besserwisserischen Einstellung der Schrift gegenüber sich irgendwie mirakulös ergibt.

Die zweifache Klarheit der Schrift

Im Vergleich zur ersten Formulierung seines „Grundprinzipes" von 1520 (vgl. o. S. 8 f.) hat sich Luther also in der fünf Jahre später erschienenen Schrift gegen Erasmus stillschweigend präzisiert. Nicht die Schrift, sondern die Klarheit der Schrift nennt er nun (angeleitet von

---

mischt, wenn er fragend feststellt, daß Luthers „primum principium" für uns Heutige „nahezu unrealisierbar" sei (Lehre S. 225, vgl. oben S. 15). Was heißt ein Prinzip „realisieren"? Steck scheint trotz der Rede vom „Prinzip" eine Erfahrungstatsache im Auge zu haben, wenn er davon spricht, daß Luthers Lehrbemühungen getragen seien von der Zuversicht „auf die Kraft der hl. Schrift, ihre Wahrheit und ihre Einheit als Wahrheit und Einheit Christi selbst *einleuchtend zu machen*" (aaO. S. 226). Diese Blickrichtung entspricht nicht dem ruhig ordnenden Denken Luthers, sondern weit eher dem Bemühen Barths um einen intellectus fidei, in dem irgendwie die „erweckende, belebende und erleuchtende Macht" der Geschichte Jesu Christi aufstrahlen sollte (vgl. u. Teil 2, Kap. 2.3.).

den Ausführungen des Apostels in 2. Kor 3 u. 4) sein „primum principium". Das ermöglicht, inspiriert von den Ausführungen Oswald Bayers[13], einen aufschlußreichen Vergleich zwischen Luthers Grundvoraussetzung und möglichen Grundvoraussetzungen des philosophischen Denkens.

Die Klarheit der Schrift als Grundprinzip der Theologie ist ein geistiger Gehalt, apriori zugänglich (dies ist vergleichbar mit einem philosophischen Prinzip). Dieser geistige Gehalt ist aber notwendig auf einen sinnlichen, „kontingenten" Gegenstand bezogen, die Schrift, und ist deshalb doch nur durch verschiedene Erfahrungen, aposteriorisch, vermittelt (ein solches „Grundprinzip" ist eine philosophische Unmöglichkeit). Apriorisches und Aposteriorisches läßt sich in der Grundlegung der Theologie also nicht trennen. Luther steht also schon mit seiner Grundvoraussetzung jenseits des Gegensatzes von „Idealismus" und „Materialismus". Die Klarheit der Schrift als Grundprinzip der Theologie kann deshalb als solches von keiner Erfahrung in Frage gestellt werden. Umgekehrt aber muß es als ein Prinzip, das notwendig mit einem „zufälligen" Gegenstand der äußeren Wirklichkeit verbunden ist, immer der Anfechtung ausgesetzt sein. Wo es als ein rein apriorisches Prinzip verstanden wird, wie das tendenziell in der Orthodoxie der Fall ist, die aus der Schrift eine in sich stimmige, im philosophischen Sinn evidente Lehre zu erheben versucht (vor allem in der Lehre von der Schrift, die diese als ein evidentermaßen göttliches Buch beschreibt, geschieht das), da ist dieses „Grundprinzip" immer schon in Frage gestellt, weil es sich selber aufgegeben hat und somit das Denken gar nie durchgehend prägen kann. Ebenso ist es aber, wo das „Schriftprinzip" als eine aposteriorische Notwendigkeit verstanden wird, wie dies in der historisch-kritischen Theologie geschehen kann, wenn man eine in sich stimmige, im historischen Sinn evidente Geschichte aus der Bibel zu erheben versucht[14].

Ein solcher Vergleich drängt sich auf, und die von ihm herausgeforderten Differenzierungen mögen einiges erhellen. Er ist aber im besten Fall eine erfrischende Spielerei. Möchte man daraus systematisierend eine begriffliche Lehre von der Klarheit der Schrift entfalten, so ergäbe sich unweigerlich die Gefahr, daß diese Lehre von der notwendigen Einheit des „Zufälligen" und „Notwendigen" als ein neues, höheres, durchsichtiges Grundprinzip wirken und die Theologie damit doch wieder aus eigener Kraft der Anfechtung entgehen würde.

Luther selber präzisiert in seinen knappen Ausführungen in einer an-

---

[13] S. o. Einl. Anm. 28 u. 29.

[14] Von Luthers Denken gilt deshalb: „In seiner spezifischen Weite sperrt es sich gegen eine universalgeschichtliche Konstruktion ebenso wie in seiner spezifischen Tiefe gegen eine existentiale Interpretation" (O. Bayer, LuJ 55, S. 58). Vgl. u. Kap. 2.3, S. 204 ff.

deren Weise, die ungleich größeres Gewicht beanspruchen darf, weil sie unmittelbar vom Gegenstand gegeben ist. Es gibt, sagt Luther, eine innere und eine äußere Klarheit der Schrift:

> „Und, um es kurz zu sagen: Es gibt eine zwiefache Klarheit der Schrift, so wie auch eine zwiefache Dunkelheit, eine äußerliche im Dienst des Wortes gesetzte und eine andere, in der Erkenntnis des Herzens gelegene. Wenn du von der inneren Klarheit sprichst, nimmt kein Mensch auch nur ein Jota in der Schrift wahr, wenn er nicht den Geist Gottes hat. Alle haben ein verfinstertes Herz, so daß sie, mögen sie auch alles, was in der Schrift steht, sagen und vorzubringen wissen, trotzdem nichts davon wahrnähmen oder wahrhaft erkennten. Weder glauben sie an Gott, noch daß sie Gottes Geschöpfe sind, noch irgendetwas anderes, wie es heißt Ps 14,1: ‚Es spricht der Tor in seinem Herzen: es ist kein Gott.‘ Der Geist nämlich ist zum Verstehen der ganzen Schrift und auch nur irgendeines Teiles derselben erforderlich. Wenn du aber von der äußeren Klarheit sprichst, so bleibt ganz und gar nichts Dunkles und Zweideutiges übrig, sondern alles, was auch immer in der Schrift steht, ist durch das Wort ins gewisseste Licht gerückt und aller Welt öffentlich verkündigt."[15]

Die innere Klarheit der Schrift besteht also in einer Erleuchtung des menschlichen Denkens und Sinnens, sie ist eine bestimmte Art der Herzensbeschaffenheit. Sie besteht aus einer inneren Wahrnehmung, einem Fühlen (sentire) und einem rechten und wahrhaften Erkennen (vere cognoscere). Aus der Antithetik zur inneren Dunkelheit (obscuritas) könnte man die innere Klarheit zusammenfassend definieren als die Erleuchtung des Herzens durch den Glauben: Während der Mensch ohne den Heiligen Geist nicht wirklich glauben kann, daß ein Gott und daß er selber dessen Geschöpf ist, so erfaßt das erleuchtete Herz diese Wahrheit und beginnt deshalb auch alles andere recht zu beurteilen.

Es ist aber bezeichnend, daß Luther das Werden und Wachsen der inneren Klarheit nicht näher bestimmt. Luther gibt keine Methodik der Heilsaneignung! Er definiert nicht, ob am Anfang eine unkritische fides implicita steht oder ein selbstbewußtes Erleuchtungserlebnis; er sagt nicht, ob zuerst das Gefühl, oder der Wille oder die Vernunft angesprochen und gefordert werde. Er sagt nur, daß die innere Klarheit, wenn sie zustande kommt, im Erfassen sowohl einer objektiven Gegebenheit („es ist ein Gott"), wie auch einer subjektiven Konsequenz („ich bin

---

[15] „Et ut breviter dicam, Duplex est claritas scripturae, sicut et duplex obscuritas, Una externa in verbi ministerio posita, altera in cordis cognitione sita, Si de interna claritate dixeris, nullus homo unum iota in scripturis videt, nisi qui spiritum Dei habet, omnes habent obscuratum cor, ita, ut si etiam dicant et norint proferre omnia scripturae, nihil tamen horum sentiant aut vere cognoscant, neque credunt Deum, nec sese esse creaturas Dei, nec quicquam aliud, iuxta illud Psal. 13. Dixit insipiens in corde suo, Deus nihil est. Spiritus enim requiritur ad totam scripturam et ad quamlibet eius partem intelligendam. Si de externa dixeris, Nihil prorsus relictum est obscurum aut ambiguum, sed omnia sunt per verbum in lucem producta certissimam et declarata toto orbi quaecunque sunt in scripturis" (18,609,4–14).

sein Geschöpf") besteht. Die innere Klarheit beinhaltet also ein „est" und ein „pro me".

Die innere Klarheit ist, könnte man sagen, Bewußtseinsinhalt – aber sie ist nicht unbedingt bewußtgemachter Bewußtseinsinhalt. Denn der Glaubende ist nicht der, der *weiß,* daß *er* glaubt, sondern „wers hat, der hats"[16]. Der Glaubende erfaßt das Wort, die Botschaft des Evangeliums, nicht sein Erfassen, und er beschäftigt sich mit dieser Botschaft, nicht mit seinem Empfinden und Erleben der Botschaft gegenüber. Denn in den Erfahrungen und Gefühlen der Botschaft gegenüber durchmischen sich ja weiterhin „Fleisch" und „Geist" in unentwirrbarer Weise, so daß das Urteil über Recht und Unrecht im subjektiven Empfinden zu jeder Zeit immer neu dem Gläubigen von außen zukommen muß. Wenn jemand das vergißt, wenn jemand sich mit seiner inneren Erleuchtung und ihren Auswirkungen zu beschäftigen und sich in ihnen abzuschließen beginnt in der Meinung, er sei nun „eitel Geist", so muß ihm bald einmal jeder Einfall und Gedanke als die Stimme des Heiligen Geistes erscheinen. Dann aber „geht es auch zuletzt so fein hinaus, daß Roß und Mann den Hals bricht"...[17].

Die äußere Klarheit der Schrift besteht in der öffentlichen Verkündigung ihrer Aussagen an alle Welt. Sie ist „in den Dienst am Wort hineingestellt" und besteht also aus einem bestimmten Inhalt, der das Reden, Schreiben, Singen und kultische Handeln einer menschlichen Gemeinschaft prägt und formt. Hier, sagt Luther triumphierend, gibt es überhaupt keine Unklarheiten und Zweideutigkeiten: Alles, was in der Schrift steht, ist öffentlich ausgesprochen und jedermann ganz deutlich bekanntgemacht! Die äußere Klarheit der Schrift ist also nach Luthers Verständnis viel selbstverständlicher gegeben, sie muß nicht wie die innere Klarheit bei einem jeden Menschen gegen die Dunkelheiten seines Herzens erst noch und immer wieder neu geschaffen werden. Denn das Hauptstück, das „summum mysterium" der Schrift ist ja tatsächlich mit großer Klarheit und Unzweideutigkeit ausgesprochen, ja, es wird von den kleinsten Kindern schon besungen: die grundlegende und alles andere überlagernde und relativierende Aussage nämlich, daß Christus, Gottes Sohn, Mensch geworden, daß Gott dreifältig und einer, daß Christus für uns gelitten hat und ewig herrschen wird[18]. Dies steht ja wirklich öffentlich mit aller Deutlichkeit ausgesprochen da, auch wenn es innerlich den Menschen zu „verstehen" viel Mühe macht. Neben dieser Hauptsache müssen aber alle anderen Aussagen ihr eigenständiges Gewicht verlieren; die scheinbaren Widersprüche müssen sich auflösen, wenn alles nach dieser Hauptsache ausgerichtet und von ihr her und auf sie zu gelesen wird.

---

[16] 26,155,25 f.; 1528.
[17] So Luthers Vorwurf an die Antinomer (50,477,31–36; 1539).
[18] 18,606,26–29, s.u. Anm.195.

Wenn Luther aber so triumphierend sagt, daß bezüglich der äußeren Klarheit nichts Dunkles und Zweideutiges übrigbleibe, so meint er damit natürlich nicht, daß hier seliger Friede herrsche und es auf diesem Feld keine feindlich wirksame Gegenmacht gebe. Luther spricht ja ausdrücklich von einer auch zweifachen obscuritas, also auch von einer äußeren! Es gibt durchaus, wie im Inneren den Kampf zwischen Geist und Fleisch, so auch im Äußeren den Kampf zwischen den einfältigen, wahren Worten der Schriftverkündigung und den sie verwirrenden und verdunkelnden Worten der irreführenden, betrüglich betrogenen Schrift-„deutung".

Die äußere Dunkelheit hat verschiedene Gesichter. Sie äußert sich einmal in der allgemeinen Verachtung des Predigtamtes, über die sich Luther häufig beklagt[19]. Dann aber gibt es auch eine aktiv gegen die äußere Klarheit gerichtete Kraft: Verfolgungen und Sekten, welche äußerlich der Kirchengemeinschaft und ihrer Verkündigung zusetzen, aber auch falsche Lehren und irreführende Versprechungen, welche im verbalen Bereich die Klarheit der Schrift verdunkeln und ihre Einfalt zu zerreißen versuchen. Von außen, aber auch in der Kirche selber wird diese Macht wirksam. Das Wesen dieser Dunkelheit versucht Luther im oben erwähnten Bekenntnis mit der folgenden Beschreibung zu fassen:

„Also hat der Teufel zu tun und greift Christum an mit drei Heerspitzen. Eine will ihn nicht lassen Gott sein, die andere will ihn nicht lassen Mensch sein, die dritte will ihn nicht lassen tun, was er getan hat. Eine jede der drei will Christum zunichte machen."[20]

Daß diese äußere Dunkelheit aber überhaupt einbrechen und die Verkündigung der Kirche gefährden und verwirren kann, hat ihre Ursache wiederum in der inneren Unklarheit derjenigen, denen das Wächter- und Lehramt der Kirche anvertraut ist. Die allgemeine Unwissenheit, insbesondere die Unkenntnis der Sprachen und die Geringschätzung dieses Mittels, aber auch die mangelnde Sorgfalt und Konzentration, die falsche Sicherheit und Unachtsamkeit der Kirchenlehrer schwächt die Kirche, so daß ihre Verkündigung dann unklar wird. Wir alle, und insbesondere Erasmus mit seiner Lehre vom freien Willen haben die Schrift zu schläfrig gelesen und denken und folgern zu träge und zu wenig präzise und kritisch[21].

Damit stehen wir vor der gewichtigen und öfters diskutierten Frage, wie die innere und die äußere Klarheit miteinander verbunden und voneinander abhängig sind. Es ist über diese Frage viel gerätselt und gestritten worden.

---

[19] Z.B. 48,60,5; 40 II,156,19-26.
[20] 50,269,1ff.; 1538.
[21] 18,773,25; 678,13-15 und 29-31.

Dabei scheint man es für gegeben zu halten, daß eine Klarheit von der anderen abhängig sein muß. Beisser zieht aus der Tatsache, daß es „die Klarheit des Wortes ist, die den Glauben begründet", den Schluß, daß „eine unumkehrbare Abhängigkeit der inneren Klarheit von der äußeren besteht"[22]. Das zieht E. Wolf (m. E. ohne triftige Gründe) in Zweifel, um vielleicht durch die Rede vom „testimonium spiritus sancti internum" das Verhältnis beider claritates differenzierter zu sehen[23].

Zunächst ist aber doch das Einfache und Grundlegende festzuhalten, daß beide, die innere und die äußere Klarheit, eben die Klarheit *der Schrift* und daß sie von *ihr* abhängig sind. Die Abhängkeit der inneren von der äußeren und der äußeren von der inneren Klarheit ist nur eine relative, und sie ist durchaus *gegenseitig*: Wenn die Verkündigung klar, eindeutig und stark ist, so fällt es auch dem Herzen des Einzelnen leichter, einfältig zu glauben. Wenn aber die Herzen der in der Kirche Verantwortlichen rein und beständig am Wort hangen und darin auch von der Gemeinde unterstützt werden, dann wird wiederum die Verkündigung und Lehre der Kirche klarer und selbstbewußter. Der rechte öffentliche und der rechte private Gebrauch der Schrift stärken und stützen sich gegenseitig, und Luther vermeidet es auch hier, eine Methodik der Heilsvermittlung und -sicherung festzulegen. Denn damit würde er doch wieder eine Lehre von der Schrift über die Schrift selber stellen.

Es gilt aber klar zu differenzieren, welchem Zweck die beiden Klarheiten dienen, was sie je für sich zu leisten vermögen und was nicht. Denn der Nutzen und Zweck der inneren und der äußeren Klarheit ist je ein verschiedener. Das zeigt sich im theologischen Streitfall:

„Wir sagen so: Mit einem zwiefachen Urteil müssen die Geister erforscht und geprüft werden; durch ein inneres, womit durch den Heiligen Geist oder durch eine außerordentliche Gabe Gottes jeder beliebige für sich und sein Heil allein erleuchtet aufs gewisseste die Dogmata und Ansichten aller beurteilt und unterscheidet, wie gesagt ist 1. Kor 2,15: ‚Der geistliche [Mensch] richtet alles und wird von niemandem gerichtet.' Dieses bezieht sich auf den Glauben und ist für jeden beliebigen Christen auch als Privatperson notwendig. Das haben wir oben die innere Klarheit der Heiligen Schrift genannt; dies haben vielleicht die gewollt, welche dir geantwortet haben, es müsse alles durch das Urteil des Geistes entschieden werden. Aber dieses Urteil nützt keinem andern; auch wird in dieser Sache danach nicht gefragt, und keiner, glaube ich, ist darüber im Zweifel, daß es sich so verhält. Deswegen ist das andere Urteil ein äußeres, mit dem wir nicht nur für uns selber, sondern auch für andere und um des Heiles anderer willen auf das gewisseste die Geister und die Dogmen aller beurteilen. Dieses Urteil gehört zu dem öffentlichen Dienst am Wort und zum äußerlichen Amt und geht am meisten die Führer und Verkündiger des Wortes an. Und wir

---

[22] S. 82.
[23] ThLZ 1967, 730, Anm. 12.

bedienen uns seiner, wenn wir die Schwachen im Glauben stärken und die Gegner widerlegen. Dies haben wir oben die äußere Klarheit der Heiligen Schrift genannt. So sagen wir: Alle Geister sind nach dem Urteilsspruch der Schrift vor den Augen der Kirche zu prüfen; denn bei den Christen muß es vor allem feststehend und völlig sicher sein, daß die Heiligen Schriften das geistliche Licht sind, weit heller als die Sonne selbst, besonders in dem, was das Heil oder auch die Notwendigkeit betrifft."[24].

Die innere Klarheit der Schrift ist also ein Nutzen und eine Hilfe nur für den Glaubenden selber. Sie nützt keinem andern, heißt es (vielleicht etwas allzu apodiktisch – denn wie oben ausgeführt ist die innere Klarheit ja eine Hilfe im Kampf um die äußere und trägt insofern indirekt durchaus auch zum Wohl der Glaubensgemeinschaft bei). Deshalb sind hier Urteile des Gefühls und der Intuition durchaus erlaubt – sofern sie mich nicht in den Widerspruch zur öffentlichen Lehre der Kirche führen. Die innere Klarheit ist ein Geheimnis zwischen Gott und dem einzelnen Menschen und ist letztlich nicht kommunikabel und keinem anderen zugänglich: Keiner kann prüfen, was ich glaube, und keinem ist zuzumuten, daß er sich blind vertrauend meinem subjektiven Urteil beugt und sich meinem persönlichen Glauben anschließt. Denn kein Mensch kann und soll für den anderen zum Glaubensgrund werden[25]: wir glauben an Gottes Wort, nicht an die Glaubenserfahrungen anderer Menschen, und die Gemeinschaft des Glaubens besteht nicht in einer unmittelbar mitreißenden Begeisterung im Psychischen, sondern viel unbegreiflicher und wunderbarer in äußeren gemeinsamen Worten und Praktiken (vgl. dazu den mächtigen Beginn von Luthers Invocavitpre-

---

[24] „Nos sic dicimus: duplici iudicio spiritus esse explorandos seu probandos. Uno interiori, quod per spiritum sanctum vel donum Dei singulare, quilibet pro se suaque solius salute illustratus certissime iudicat et discernit omnium dogmata et sensus, de quo dicitur 1. Corinth. 2: Spiritualis omnia iudicat et a nemine iudicatur. Haec ad fidem pertinet et necessaria est cuilibet etiam privato Christiano. Hanc superius appellavimus interiorem claritatem scripturae sanctae. Hoc forte voluerunt, qui tibi responderunt, Omnia esse iudicio spiritus decernenda. Sed hoc iudicium nulli alteri prodest, nec de hoc quaeritur in hac causa. Nec ullus, credo, de illo dubitat, quin sic se habeat. Ideo alterum est iudicium externum, quo non modo pro nobis ipsis, sed et pro aliis et propter aliorum salutem, certissime iudicamus spiritus et dogmata omnium. Hoc iudicium est publici ministerii in verbo et officii externi et maxime pertinet ad duces et praecones verbi; Quo utimur, dum infirmos in fide roboramus et adversarios confutamus. Hoc supra vocavimus externam scripturae sanctae claritatem. Sic dicimus: Scriptura iudice omnes spiritus in facie Ecclesiae esse probandos. Nam id oportet apud Christianos esse imprimis ratum atque firmissimum, Scripturas sanctas esse lucem spiritualem, ipso sole longe clariorem, praesertim in iis quae pertinent ad salutem vel necessitatem" (18, 653, 13–31).
[25] Luther an Schwenckfeld über dessen Abendmahlslehre: „Ihr sagt wohl, es sei so, beweiset es aber nicht. Nun mögen wir Euch nicht glauben und unsere Seele auf euer Wort bauen" (Br 4, 61, 1 ff., 22. Apr. 1526; zitiert bei Bornkamm, Martin Luther, S. 456). Das Problem erscheint hier zugespitzt, weil Schwenckfeld sich auch auf eine unmittelbare Offenbarung an seinen Freund Krautwald berief (aaO. S. 454 ff.).

digten: Gegen die Massenbewegung in Wittenberg stellt Luther die einfache Tatsache: „Wir sind allesamt zu dem Tod gefordert und wird keiner für den andern sterben ... ich werde dann nicht bei dir sein noch du bei mir...")[26]. Die Geistbegabung, die innere Erleuchtung und Gewißheit ist ausschließlich eine Hilfe und ein Gewinn für den Betroffenen selber – die Liebe aber wird denjenigen, der wirklich *geist*begabt ist, notwendigerweise von der inneren Klarheit auch zum Einsatz für die äußere Klarheit führen: Im Bemühen um eine wissenschaftlich haltbare, grammatikalisch korrekte und verständliche Schriftauslegung bewährt sich die subjektive Glaubensgewißheit des Theologen im Dienst am Nächsten. So verteidigt Luther in kritischer Auseinandersetzung mit den Waldensern die Notwendigkeit universitärer Arbeit mit dem Hinweis auf ihren Nutzen für andere:

„... Geist hin, Geist her, ich bin auch im Geist gewesen und habe auch Geist gesehen (...) Das weiß ich aber wohl, wie sehr (auch) der Geist alles allein tut, wäre ich doch dem Ziel fern geblieben, wo mir nicht die Sprachen geholfen und mich der Schrift sicher und gewiß gemacht hätten. Ich hätte auch wohl können fromm sein und in der Stille recht predigen. Aber den Papst und die Sophisten mit dem ganzen endchristlichen Regiment würde ich wohl haben lassen sein, was sie sind. Der Teufel achtet meinen Geist nicht so sehr als meine Sprache und Feder in der Schrift. Denn mein Geist nimmt ihm nichts denn mich allein. Aber die heiligen Schriften und Sprachen machen ihm die Welt zu enge, und tut ihm Schaden in seinem Reich.

So kann ich auch die Brüder Waldenses darinnen gar nichts loben, daß sie die Sprachen verachten. Denn ob sie gleich recht lehrten, so müssen sie doch gar oft den rechten Text verfehlen und auch ungerüstet und ungeschickt bleiben, für den Glauben wider den Irrtum zu fechten. Dazu ist ihr Ding so finster und auf eine eigene Weise gezogen, außer der Schrift Weise zu reden, daß ich besorge, es sei oder werde nicht lauter bleiben. Denn es ist gar gefährlich von Gottes Sachen anders zu reden oder mit andern Worten, denn Gott selbst braucht.

Kurz, sie mögen bei ihnen selbst heilig leben und lehren; aber weil sie ohne Sprache bleiben, wird ihnen mangeln müssen, was allen andern mangelt, nämlich daß sie die Schrift gewiß und gründlich nicht handeln noch andern Völkern nützlich sein mögen. Weil sie aber das wohl könnten tun und nicht tun wollen, mögen sie zusehen, wie es vor Gott zu verantworten sei."[27]

Die innere Klarheit ist ein Gewinn und schadet dem Reich des Teufels nur im Hinblick auf die eine Person des Gläubigen. Die äußere Klarheit aber vollzieht sich im öffentlichen Dienst am Wort, sie kommt vielen – besonders aber den Schwachen – zugute und macht dem Teufel seine Herrschaft im Großen streitig, indem sie eine andere Art des Redens und des Denkens und Handelns allgemein macht. Die äußere

---

[26] 10/III, 1, 7 ff.
[27] 15, 42, 17–43, 18.

Klarheit muß darum kommunikabel und überprüfbar sein, denn sie soll ja viele verbinden und bewirken, daß der Einzelne sich mit einem guten Gewissen dem allgemeinen Urteil beugen kann. Deshalb darf ihr Kriterium nicht eine subjektive Erfahrung und ein unmittelbares Geisterleben sein, sondern es muß äußerlich vorgegeben und allen in gleicher Weise zugänglich sein. Dies ist gegeben mit den Worten der Heiligen Schrift. Wenn also die innere Klarheit – ein vorurteilsfreies Studium der Schrift – einen einzelnen Lehrer in Widerspruch bringt zur öffentlichen Lehre der Kirche, so muß dieses Urteil dann sorgfältig überprüft und mit Hilfe der Schrift als zwingend notwendig erwiesen werden. Nur so kann das Urteil eines Einzelnen verbindliche Gültigkeit erlangen – so aber kann wirklich die innere Klarheit der äußeren nutzbringend vorausgehen, wie umgekehrt auf dem Lebensweg des Einzelnen die äußere Klarheit (in der kirchlichen Lehre) der inneren eher helfend vorausgehen wird.

Beide aber, innere und äußere Klarheit, sind von der Schrift abhängig, beide bestehen darin, daß die Worte der Schrift zusammenklingen und daß sie in ihrer großen Fülle alle gemeinsam das Licht der einen Wahrheit leuchten lassen. Dies geschieht, wenn die Schriftworte *allein* die Wahrheit des Glaubens setzen und begründen dürfen – subjektiv in der Überzeugung des Einzelnen, objektiv in der kirchlichen Verkündigung. Nur dieses ist dazu nötig: daß keine fremden Stimmen und keine falschen Anschauungen sich in die Worte der Schrift hineinmischen. Dann redet und lehrt die Schrift klar, dann ist ihr Zeugnis eindeutig, unzweideutig bestimmt, schön und sauber geordnet, einfach und gewiß.

Nun scheint dies zunächst eine sehr naive Auffassung zu sein, die ihre Problematik und letztliche Unhaltbarkeit aber sehr rasch enthüllen muß, wenn man sie konfrontiert mit der theologischen und kirchlichen Praxis. Wie Widersprüchliches wird da doch gelehrt! Und doch berufen sich alle auf dieselbe Schrift. Und alle geben vor, einzig von der Schrift belehrt zu ihrer Überzeugung gekommen zu sein. Alle führen Schriftzitate in großer Fülle und wollen ihre widersprüchlichen Auffassungen einzig und allein mit Schriftworten begründen können. Findet nicht doch jeder in der Schrift einfach das, was er dort finden will – so daß die „sophistische" Annahme, daß die Schrift in sich selber widersprüchlich oder zumindest dunkel und irreführend ist, sich leider doch wieder bestätigt?

Nochmals: Was ist das, praktisch, auf dem so verwirrend und so wüst zerpflügten Schlachtfeld der theologischen Streitereien, was ist da die Klarheit der Schrift? Darauf nochmals die Antwort: Es ist keine „praktische", empirische Wahrheit, sondern es ist streng eine Wahrheit des Glaubens. Die Klarheit der Schrift kann auch unter den Theologen nicht demonstriert und sichtbar gemacht werden, sie muß gegen den Augenschein geglaubt werden. „Wenn du deine Vernunft und deine

Augen befragst, wirst du das Gegenteil wahrnehmen"[28]. Das gilt auch von der Wahrheit, daß der Inhalt der Schrift überall offenkundig gegeben ist. Die sichtbare Wirklichkeit der theologischen Streitigkeiten spricht gegen diese Wahrheit. Der Glaube aber sagt auch dem wüsten Bild der widersprüchlichen Schriftauslegungen gegenüber: „Du Vernunft bist töricht, verstehst nicht, was Gottes Sachen sind, daher widerstrebe nicht, sondern schweige, maße dir kein Urteil an, sondern höre Gottes Wort und glaube!"[29]

Was dies praktisch heißt, werden die hier folgenden Abschnitte zeigen, welche an zentralen Beispielen der Argumentationsweise Luthers folgen und so sein „erstes Prinzip" darstellen an Hand der theologischen Arbeitsform, die es begründet. Schließlich soll (Kap. 2.3) allgemein beschrieben werden, welchen Weg (μέθοδος) die Klarheit der Schrift der theologischen und kulturellen Arbeit erschließt. Dazwischen aber (Kap. 2.2) muß dargelegt werden, aus welchen tieferen Gründen die Schrift stets wieder als scheinbar unklar erscheint, wo also die verwirrend widersprüchlichen, das Gesicht der Kirche so entstellenden Schriftauslegungen ihre Erklärung finden. Denn dies geschieht (es ist von Luther für alles moderne Empfinden ärgerlich einfach gedacht) nicht durch den Hinweis auf Verstehensschwierigkeiten, die mit dem Gegenstand der Schrift oder ihrer äußeren Beschaffenheit notwendiger- und damit legitimerweise gegeben wären, sondern es wird erklärt *einzig* durch die überall wirksame Macht der gottfeindlichen Dunkelheit dieser Welt, die durch nichts zu entschuldigen ist, aus der der Mensch vielmehr durch die Vergebung erlöst werden soll. Was das heißt, soll hier sehr kurz ein erstes Mal dargelegt werden, weil nur so einigermaßen deutlich werden kann, was Luther versteht unter der Klarheit der Schrift im Gegenüber zur tatsächlich stets wieder unklaren Schriftauslegung.

Die Klarheit der Schrift läßt sich nicht demonstrieren. Es läßt sich aber aufzeigen, warum das so sein muß, weshalb der Glaube auch an die Klarheit der Schrift notwendigerweise ins Dunkle hinein, auf das bloße Wort hin, geschehen muß. Auch diese Notwendigkeit wird dann verständlich, wenn man bedenkt, daß die Bibel selbst nicht nur eine positive Wahrheitsmacht, sondern antithetisch dazu auch eine tatkräftige Dunkelheit benennt.

Die Klarheit der Schrift ist keine selbstverständliche Erfahrungswahrheit. Die Schriftausleger stehen nicht in schöner Harmonie beieinander – im Gegenteil, es herrscht da erbitterter Streit. Die Ursache dafür ist dogmatisch zu benennen: sie liegt im ursprünglichsten Gegensatz

---

[28] „Si autem rationem et oculos tuos consulueris, diversum iudicabis" (40, I, 445, 12 f.).

[29] „Tu ratio stulta es, non sapis quae Dei sunt, itaque ne obstrepas mihi, sed tace, non iudica, sed audi verbum Dei et crede" (40 I, 362, 24–26).

selber, im Kampf des unerschaffenen Lichtes mit der „Finsternis dieses Äons". Christus und der Teufel liegen im Streit miteinander, und solange man nicht diese beiden Gegner zu versöhnen können meint, soll man auch nicht mit lauter Einigkeit und Freundschaft unter den Menschen rechnen – auch nicht unter den Menschen der Theologie und Kirche (vgl. 2. Kor 6,14 ff.). Das wäre, ja, das *ist* die urtümlichste Form der Schwärmerei: der Glaube, der über den Gegensatz von Christus und Belial, von Geist und Fleisch hinwegzufliegen wünscht:

„Ja, Lieber, wenn der Teufel Christus nicht in die Ferse beißen wollte oder müßte es lassen, so wäre leichtlich eine solche stille, friedliche Kirche zu haben..."[30]

„Die Welt und ihr Gott kann nicht und will nicht das Wort des wahren Gottes ertragen. Der wahre Gott will nicht und kann nicht schweigen. Was kann, wenn diese beiden Götter miteinander im Streit liegen, denn anders geschehen, als Getümmel in der ganzen Welt?"[31]

Aus Gründen, die kein Mensch ändern kann, muß man also mit Streit und Uneinigkeit in Lehrfragen rechnen. Solange die Kirche noch das Kreuz trägt und noch nicht im Triumph dasteht, muß sie immer wieder auch ein entstelltes, zerrissenes und scheinbar ungerechtes Aussehen haben. Diese Zerrissenheit ist aber in sich nichts Gutes, sondern ein Übel, und wie bei jedem anderen Übel ist auch an diesem eine Schwachheit und böse Neigung des Menschen mitschuldig, nämlich sein Hochmut und sein falsches Selbstvertrauen, wodurch er weggeführt wird vom Einfachen und unzweideutig Vorgegebenen, hin zu Schlußfolgerungen, Meinungen und Empfindungen der natürlichen Vernunft (vgl. dazu die Ausführungen über die „Hure Vernunft" im folgenden Abschnitt 2.2).

Die obscuritas der Schrift legt sich also auf den, der bei der Schriftauslegung seinen Intuitionen und spekulativen Einfällen freien Lauf läßt, ohne die nötige strenge Selbstkritik zu üben. „O wie manch feine Einfälle habe ich in der Schrift gehabt, die ich habe müssen lassen fahren", sagt Luther von seinem theologischen Denken[32]. Die Kunst der rechten theologischen Arbeit besteht im wesentlichen eben darin, von den Schriftworten aus- und ihnen entlangzugehen und sich so immer wieder auch zurückrufen zu lassen, aus der Schwärmerei der theologischen „Einfälle" zurück zur einen, wahrhaften theologischen Substanz. Die Klarheit der Schrift erschließt sich dann wie von selbst und behauptet sich zum Wohl der schwachen Schriftausleger sogar auch gegen deren zufällige Irrtümer und Sünden:

---

[30] 50,270,17f.
[31] „Mundus et Deus eius verbum Dei veri ferre non potest nec vult, Deus verus tacere nec vult nec potest; quid iam illis duobus Diis bellantibus nisi tumultus fieret in toto mundo?" (18,626,22 ff.).
[32] 23,113,29f.

"Ich habe erfahren und gemerkt in allen Geschichten der ganzen Christenheit, daß alle diejenigen, so den Hauptartikel von Jesus Christus recht gehabt und gehalten haben, sind fein und sicher in rechtem christlichen Glauben geblieben; und ob sie sonst daneben geirrt oder gesündigt haben, sind sie doch zuletzt erhalten. Denn wer hierin recht und fest steht, daß Jesus Christus rechter Gott und Mensch ist, für uns gestorben und auferstanden, dem fallen alle anderen Artikel zu und stehen ihm fest bei."[33]

Von der so offenkundig und unübersehbar gegebenen Hauptsache der Schrift erhalten alle Worte ihre rechte Bedeutung, wer die Hauptsache festhält, dem fällt alles andere zu – manchmal auch ohne oder gar gegen sein bewußtes Wollen. Dies geschieht aber gerade dadurch, daß der Theologe stets wieder von den einzelnen Schriftworten und ihren spezifischen Aussagen sich zurückbinden und belehren läßt, daß er nicht von einem „Begriff der Sache" aus über die Schrift hinwegschwärmt, sondern den unmittelbarsten und schlichtesten Wortsinn der biblischen Aussagen gelten und sein Denken formen und halten läßt. Eine Ausnahme zu dieser Regel bildet nur die Situation, wenn ein Schriftwort ausdrücklich der Hauptaussage der Schrift zu widersprechen scheint. Dann ist es dem Theologen nicht nur erlaubt, sondern er ist dann vielmehr *gezwungen,* eine harmonisierende Deutung und „Glosse" für das fragliche Schriftwort zu suchen (vgl. oben S. 48 diese Notwendigkeit, was den Jakobus- und den Hebräerbrief betrifft). Im allgemeinen aber kann die Schrift nicht einfältig genug gelesen werden. Denn ihre Worte selber sind zwar einfach, aber nirgends banal, und sie führen ihren Leser deshalb zu keinen Selbstverständlichkeiten, über die es hinauszugelangen gelten würde, sondern sie führen gerade in ihrer Einfalt den Leser in die unergründlichen Tiefen des göttlichen Rates hinein.

„Ich habe dieses beobachtet, daß alle Häresien und Irrtümer in der Schrift nicht aus der Einfachheit der Worte gekommen sind, wie man fast auf dem ganzen Erdkreis verbreitet, sondern aus der Nichtbeachtung der Einfachheit der Worte und aus den Bildreden oder Folgerungen, die man aus dem eignen Gehirn zu gewinnen sucht."[34]

„So sind wir eher der Meinung, daß weder eine Folgerung noch ein bildlicher Ausdruck an irgendeiner Stelle der Schrift zuzulassen sei, wenn nicht der augenscheinliche Zusammenhang der Worte und der Widersinn der am Tage liegenden Sache, die sich gegen irgendeinen Glaubensartikel vergeht, das erzwingt, sondern überall muß man an der einfachen reinen und natürlichen Be-

---

[33] 50,266,32–38.

[34] „Ego id observavi, omnes haereses et errores in scripturis non venisse ex simplicitate verborum, ut iactatur pene toto orbe, sed ex neglecta simplicitate verborum et ex affectatis proprio cerebro tropis aut sequelis" (18,701,10–13).

zeichnung der Worte haften, wie es die Grammatik und der Sprachgebrauch hält, den Gott unter den Menschen geschaffen hat."[35]

Es ist denn auch nicht die intellektuelle Schwäche des Geistes, die ein Hindernis bildet, die Schrift zu verstehen, sondern es ist, um es so zu sagen, die *moralische* Schwachheit des Menschen, die das rechte Verständnis der Schrift immer wieder verhindert. Die mangelnde geistige und seelische Kraft eines Menschen aber ist für das Verstehen der Schrift sogar förderlich:

„(...) nichts ist geeigneter für das Verstehen der Worte Gottes als die Schwäche des Geistes; denn um der Schwachen willen und zu den Schwachen ist Christus gekommen und sendet sein Wort. Sondern es ist die Schalkheit Satans, der in unserer Schwachheit sitzt, herrscht und dem Worte Gottes widersteht."[36]

Man darf solche Aussagen Luthers nicht als schöne Übertreibungen und fromme Redensarten nehmen. Was Luther über die Klarheit der Schrift und ihre Zugänglichkeit sagt, ist für ihn wirklich eine sachliche Beschreibung der Realität, nach deren Gesetzen er arbeitet. Man kann seine diesbezüglichen Aussagen nicht wörtlich genug nehmen! Es ist tatsächlich seine grundlegende Überzeugung, daß die Schriftworte in sich genug und daß alle scheinbaren Widersprüche nicht aus der Schrift selber, sondern aus Hinzufügungen und Folgerungen entstehen – aus Zusätzen, welche der gebildete und der ungebildete Mensch aus seinem natürlichen Denken und Empfinden heraus macht.

Die Klarheit der Schrift aber besteht darin, daß ihre einzelnen Aussagen, die bloßen, „nackten" Schriftworte, je an ihrem Ort und mit ihrer rechten Adresse gelesen, sich nicht widersprechen, sondern sich machtvoll stützen, ergänzen und gegenseitig erhellen. Dieses Vertrauen und diese grundlegende Annahme prägt, wie wir jetzt darlegen werden, Luthers theologische Arbeitsweise, weist ihr Anfang, Weg und Ziel und gibt ihr die so unvergleichlich scharfen Konturen und klaren Farben.

Die Bewährung im Streit

Der Theologe kommt, wie jeder Mensch, aus der Finsternis der Welt, und er hat den schmalen Weg des Glaubens zu gehen (vgl. Mt 7,13f.). Er muß darum aufs äußerste vorsichtig sein, daß er nicht Dunkelheit

---

[35] „Sic potius sentiamus, neque sequelam neque tropum in ullo loco scripturae esse admittendum, nisi id cogat circumstantia verborum evidens et absurditas rei manifestae in aliquem fidei articulum peccans; sed ubique inhaerendum est simplici puraeque et naturali significationi verborum, quam grammatica et usus loquendi habet, quem Deus creavit in hominibus" (18,700,31–35). Ebenso 18,147,23–26.

[36] „Non enim imbecillitatis ingenii est (ut tu caussaris), ne verba Dei capiantur, imo nihil aptius capiendis verbis Dei imbecillitate ingenii, propter imbecilles enim et ad imbecilles Christus et venit et mittit verbum suum, sed nequitia Satanae est in nostra imbecillitate sedentis, regnantis ac verbo Dei resistentis" (18,659,27–31).

hineinträgt ins helle Wort Gottes, und daß er von der rechten Lehre nicht abgleitet ins Zwielicht der selbstsicheren bloßen Gedanken. Sein Lernen und Lehren darf darum nicht frei schwebend geschehen – spekulativ –, sondern es muß gedrängt und gezwungen, geleitet und gehalten, berufen und gezogen geschehen. Äußerlich gesehen (dies ist zu Recht immer betont worden[37]) ist es wichtig, daß sich ein Mensch nicht selber zum Lehrer der Kirche aufwirft. Er muß vielmehr durch Vermittlung eines Menschen von Gott selber berufen und mit dem Lehramt betraut worden sein[38]. Ohne rechte Berufung kann auch ein Prediger, der rein und lauter lehrt, nur als ein „Winkelprediger" verderblich wirken. „Denn Gott gibt niemals Glück zur Arbeit derer, die nicht berufen sind. Und auch wenn sie irgendetwas Heilvolles bringen, so bauen sie doch nichts auf."[39]

Aber auch im Inneren, im rechtmäßigen Vollzug seines Lehrauftrages darf sich ein Theologe nichts nehmen, es sei denn, es werde ihm gegeben (Joh 3,27). Gegeben ist dem Theologen aber nur das, was durch die prophetischen und apostolischen Worte unwidersprechlich klar gesetzt und unbezweifelbar deutlich herausgestellt ist. Das theologische Denken muß darum schon seinen Ausgang und Anstoß immer durch Worte der Schrift erhalten, und es muß sich dann entfalten ganz im Rahmen und in den Grenzen, wie sie von den Worten der Schrift abgesteckt werden. Es ist das sichere Zeichen des Irrtums, wenn ein Theologe zuerst seine Gedanken und Ansichten hat und dann erst nach der Bibel greift, um dort die nötigen Belegstellen zu suchen! Und es ist dann ebenso die sichere Folge seines Irrtums, daß sich in der Bibel dann keine Worte finden werden, die unmißverständlich direkt diese vorgefaßte Ansicht bestätigen. Immer werden es nur hochgespannte, verkrampfte oder platt rationale Folgerungen und „Interpretationen" sein, welche die irrtümliche Meinung scheinbar stützen.

Die Wahrheit aber sieht sich umgeben und geschützt von ganzen Heerscharen von Schriftworten, ja, ein jeder „Spruch" der Bibel eilt endlich zur Verteidigung der Wahrheit hinzu, und der recht lehrende Theologe wird es dann nach und nach erfahren, wie jede Anspannung und jeder mühselige Versuch, die Schrift durch fremde Hilfestellungen zu verteidigen, sich auflöst in der befreienden Gegenwart dessen, der der Schöpfer, der Herr und der König der Schrift ist. Nicht der Theologe muß die Schrift verteidigen, sondern sie tut sich auf und schickt „im Namen Christi" ihre „Sprüche" aus, um ihren Verteidiger in ihrer Klarheit zu bergen (vgl. 2. Kor 3).

---

[37] Vgl. z. B. Steck, Lehre S. 39 und die Hinweise daselbst (Anm. 40).
[38] Vgl. 40 I, 58, 29 ff.
[39] „Nunquam enim fortunat Deus laborem eorum qui non sunt vocati. Et quanquam quaedam salutaria afferant, tamen nihil aedificant" (40, I, 62, 23 ff.).

Zwei Dinge sind notwendig dazu: Die einzelnen Schriftworte müssen in ihrem rechten Zusammenhang gelesen werden, nämlich als Zeugen und Diener ihres Urhebers und Schöpfers, Christus. Und sie dürfen „gedeutet", in weitere Konsequenzen entfaltet oder in ihrer Reichweite eingeschränkt werden nur durch andere Schriftworte. Die „Hierarchie" der Schriftworte aber, die Entscheidung, welches Wort über das andere entscheiden darf, ist wiederum gegeben durch die eine, wichtigste Aussage der Schrift.

Diesem seinem Grundprinzip entsprechend arbeitet Luther, und es bewährt sich für ihn in den großen Auseinandersetzungen, die er auszutragen hat, im Streit um die Rechtfertigungslehre (gegen die scholastische Theologie), um das Abendmahl (gegen Karlstadt, Oekolampad und Zwingli) und um die menschliche Willensfreiheit (gegen den Humanismus des Erasmus). Im Abendmahlsstreit steht das Pochen auf das einzelne, „nackte" Schriftwort mit seinem unmittelbaren Wortsinn im Vordergrund. Im Streit um die Rechtfertigung hingegen stellt Luther vor allem die eine Hauptsache der Schrift heraus und betont, daß durch diese die Schriftbeweise der Gegner ganz offenkundig unhaltbar werden. Im Streit gegen Erasmus aber übt Luther mit unerhört langem Atem und gesammelter Kraft beides: Er pocht Schritt für Schritt darauf, daß die Grenzen der positiven Aussagen der einzelnen Schriftworte beachtet werden müssen. Und er kann dann am Schluß mit strahlender Einfalt darauf hinweisen, daß nur so die Hauptaussage der Schrift zu ihrem vollen Recht kommt.

Wie das geschieht, wollen die folgenden Ausführungen also zeigen. Es geht dabei also nicht etwa darum, die je verschiedenen Positionen darzustellen und ihnen je historische und dogmatische Gerechtigkeit widerfahren zu lassen. Es geht vielmehr darum, aufzuzeigen, wie Luther seine Aufgabe verstanden und praktisch durchgeführt hat, wie also die Klarheit der Schrift sich in der theologischen Arbeit bewährt und was Luther unter theologischem Verständnis überhaupt versteht. Es geht also, wie wir sagen würden, um die Frage nach der von der Klarheit der Schrift ermöglichten und geforderten rechten theologischen „Methode", und um das Recht, die Reichweite und Grenze der durch sie gewonnenen Resultate. Luther auf dem Weg seiner theologischen Arbeit zu folgen, ist die einzige Möglichkeit, die Klarheit der Schrift näher zu begreifen und zu fassen. Denn sie ist nicht eine Wahrheit, die sich mit einer theoretischen Beschreibung erfassen oder gar sichern läßt, sondern sie ist eine Wahrheit, die sichtbar werden kann nur in der Art, wie sie die praktische kirchliche und wissenschaftlich-theologische Arbeit prägt und da eingeübt wird.

„Helle, dürre Sprüche", die „mit klarem Verstand uns zwingen" (Der Abendmahlsstreit)

Luther selber hat seine Schriften zur Abendmahlsfrage nicht zu seinen besten Büchern gezählt. In der Tat sind sie oft etwas langfädig, mahlend, eintönig und unkonzentriert geschrieben, die Polemik wiederholt sich und kommt doch nicht zur Ruhe, etwas Trockenes und zutiefst Unerfreuliches haftet ihnen an. Hie und da bricht zwar gerade in der groben Polemik der frische Humor und die kindliche Einfalt des Lutherschen Denkens hindurch, und selten sammeln sich die Ausführungen auch zu funkelnder Schärfe und stiller Tiefe. Luther bleibt aber auch in diesem Streit durchgehend seinem grundsätzlichen Anliegen treu, ja, es ist gerade die Treue zu seiner Arbeitsweise, die diese Schriften teilweise so mühsam zu lesen macht. Denn Luther war – entgegen dem, was von ihm gesagt wird[40] – empfänglich für die Anliegen seiner Gegner und hat sich wesentlich von ihren Darlegungen leiten lassen. Die unreife, erst nach und nach sich entfaltende Abendmahlslehre seiner Gegner, die ja tatsächlich nicht immer durch Tiefe und Konsequenz zu überzeugen vermag, hat auch Luthers Gedanken zerstreut und hat ihm seine Polemik zu leicht gemacht; die brennende praktische Bedeutung der Frage für die Volksfrömmigkeit aber hat auch Luther zu leeren, bloß rhetorisch wirksamen Passsagen verführt[41].

Aber gerade weil sich Luthers Gedanken in diesen Schriften breit, schwer und z.T. etwas unkonzentriert entfalten, kann man in ihnen seine Arbeitsweise offen vor sich liegen sehen.

Luther hat lange um eine eigene, klare Abendmahlsauffassung gerungen und stand selber einer symbolischen Auffassung nahe. Aber die unzulänglichen Argumente der Vertreter einer solchen Lehre und das wiederholte Bedenken der einschlägigen Bibelstellen haben ihm die realistische Auffassung mit zwingender Gewalt aufgedrängt:

„Das bekenne ich, wo D. Karlstadt oder jemand anders vor fünf Jahren mich hätte überzeugen können, daß im Sakrament nichts denn Brot und Wein wäre, der hätte mir einen großen Dienst getan. Ich habe wohl so harte Anfechtungen da erlitten und mich gerungen und gewunden, daß ich gerne heraus gewesen wäre, weil ich wohl sah, daß ich damit dem Papsttum hätte den größten Puff geben können. Ich habe auch zwei gehabt, die geschickter davon zu mir geschrieben haben denn D. Karlstadt und nicht also die Wort gemartert nach eigenem Dünkel. Aber ich bin gefangen, kann nicht heraus, der Text ist zu gewaltig da und will sich mit Worten nicht lassen aus dem Sinn reißen.

Ja wenns noch heutigen Tages geschehen möchte, daß jemand mit beständigem Grund bewiese, daß schlecht Brot und Wein da wäre, man dürfte mich

---

[40] „Das Hinhören auf seine Lehrgegner war nicht seine Sache" (Steck, Lehre S. 207).
[41] Schon der Anfang seiner Schrift von 1528 wirkt recht schal (26, 261, 3 ff.). Einen guten Überblick über den sich reichlich diffus entwickelnden Gegensatz gibt Bornkamm (Martin Luther S. 443 ff.).

nicht so antasten mit Grimm, ich bin leider allzu geneigt dazu, soviel ich meinen Adam spüre. Aber wie D. Karlstadt davon schwärmt, ficht mich so wenig an, daß meine Meinung nur desto stärker dadurch wird. Und wenn ichs vorher nicht geglaubt hätte, würde ich durch solche lose, lahme Possen, ohne alle Schrift allein aus Vernunft und Dünkel gesetzt, allererst glauben, daß seine Meinung müßte nichts sein."[42]

Luther hätte also selber gerne die Lehre seiner späteren Gegner vertreten (dies schreibt er 1524, vor dem öffentlichen Zwist mit Zwingli). Kirchenpolitische, aber auch rationale Gründe drängten ihn dazu, und bessere als Karlstadts Argumente waren ihm bereits mitgeteilt worden[43]. Besonders die Anstößigkeit und „Unvorstellbarkeit" einer realistischen Auffassung machten auch ihn geneigt für eine symbolische Deutung. Auch den Schweizern gegenüber sagt er später:

„Doch einen Grund haben sie, den halte ich für den allerstärksten, und den sie auch mit Ernst meinen, und ich glaube, daß er wahr sei. Das ist der: Es beschweret, sagen sie, die Leute solcher Artikel, denn es ist schwer zu glauben, daß ein Leib sei zugleich im Himmel und im Abendmahl."[44]

Luther kann hierin durchaus „mitfühlen", „denn ich armer Sünder kenne auch ein wenig vom Geist und ein groß Stück vom alten Schalk, der in uns tobet, ich meine das Fleisch"[45]. „Es ist der Groll und Ekel natürlicher Vernunft."[46]

Auch Luther hat also rationale, psychologische und kirchenpolitische Argumente für eine andere Abendmahlslehre gesehen und bedacht. Aber alle diese Argumente mußten zurücktreten hinter dem einen und einzigen, das überdeutlich ein anderes setzt: der Bibeltext. Dieser „ist zu gewaltig da und will sich mit Worten nicht lassen aus dem Sinn reißen", er „zwingt mit aller Gewalt" zu einer realistischen Auffassung[47]. Es ist also nicht ein theologischer Begriff, es sind nicht grundsätzliche Überlegungen zur Soteriologie und Christologie (es ist nicht die Lehre von der Ubiquität!), was Luther zu seiner Abendmahlslehre bewegt, sondern es sind die einschlägigen Bibelwörter und ihre „Exegese im wörtlichsten Sinn"[48], welche Luther bestimmen. Sein grundsätzlichster Vorwurf an Zwingli ist denn auch der, daß dieser in seinen Schriften nur allzu deutlich zu erkennen gebe, daß er seine Auffassung nicht direkt aus den Abendmahlstexten gewonnen habe. Vielmehr, meint Lu-

---

[42] 15,394,12-28; Brief an die Christen zu Straßburg 1524.
[43] Die Herausgeber der WA nennen Honius und Kolb. Durch diese scheint Luther schon 1521 mit der Abendmahlslehre der Zürcher bekannt geworden zu sein.
[44] 23,161,18-21.
[45] 23,123,30ff.
[46] 23,127,5f.
[47] 18,207,17; 174,10f. u.ö.
[48] Bornkamm, Martin Luther S.472.

ther, müsse Zwingli die spezifischen Texte nun verkrampft „auslegen" und in der Bibel stützende Worte erst noch suchen, um so einen Gedanken zu beweisen, den er jenseits der einschlägigen Bibelworte ausgeformt habe. (Daß die Einsetzungsworte zur Sache sprechen, ist offenkundig, der unmittelbare Bezug von Zwinglis Hauptbeleg, Joh 6,63, zum Abendmahl ist ja aber tatsächlich mehr als fraglich.)

„Wer so arbeiten muß, daß er die Sprüche zu sich lenke und zwinge, der bekennt ja, daß ers aus solchen Sprüchen nicht habe, sondern (...) seine Gedanken hinein trägt und treibt."[49] „Lange zuvor ehe denn er solche [stützende] Schrift fand, hat er so geglaubt und läuft nun allererst, sucht Schrift und zwingt sie auf solchen Dünkel."[50]

Das theologische Denken muß aber, wenn es recht sein soll, seinen Ausgang nehmen beim Bibelwort – und zwar nicht bei irgendeinem, sondern bei den Sprüchen, die offenkundig die zur Diskussion stehende Frage behandeln. Diese erzwingen dann auch vom widerstrebenden, anders geneigten Theologen die Bejahung und wachsende Anerkennung der Wahrheit.

Der Theologe ist stets in großer Gefahr:

„Ah wehe und aber wehe allen unsern Lehrern und Buchschreibern, die sicher daherfahren und speien heraus alles, was ihnen ins Maul fällt, und sehen nicht zuvor einen Gedanken zehn Mal an, ob er auch recht sei vor Gott, die da meinen, der Teufel sei dieweil zu Babylon oder schlafe neben ihnen wie ein Hund auf einem Polster, und denken nicht, daß er um sie her ist mit eitel giftigen feurigen Pfeilen, die er eingibt, welches sind die allerschönsten Gedanken mit der Schrift geschmückt, daß sie es nicht merken können."[51]

Es ist nicht die Aufgabe eines kirchlichen Lehrers, den Glauben, den er hat, zu entfalten, seine Anschauungen darzulegen und sie mit Bibelzitaten als recht zu belegen. Wenn am Anfang des Denkens ein bloßer Glaube, ohne ein konkretes Wort zur Sache steht, und wenn nachher erst ein Wort zur Unterstützung dieses „Glaubens" gesucht wird, dann hat der Teufel alle Freiheit zum Wirken. Der Theologe muß darum von Anfang an und für jedes Stück seines Weges die Schrift bei sich haben als treibende und als alles formende Kraft – denn der Teufel ist listiger

---

[49] 23,127,33-129,3.
[50] 23,125,21ff. Ebenso 26,434,20ff.: „Grund und Ursach solchs ihres Dünkels ist: Erstlich, daß man diese Wort ‚das ist mein Leib' müsse aus den Augen tun und zuvor durch den Geist die Sachen bedenken, denn wer diese Worte ansieht ‚das ist mein Leib', der kann nicht zu solchem Dünkel (ich sollt sagen) zu solchem hohen Verstand kommen, daß Brot Brot sei und Wein Wein sei. Wer aber diese Wort aus den Augen tut, der kann alsdann wohl zu solchem Verstand kommen. Da hast du eine gewisse Regel, die dich besser leitet in alle Wahrheit, denn der heilige Geist selber tun kann, nämlich: Wo die heilige Schrift deinen Dünkel irret oder hindert, da tu sie aus den Augen und folge zuerst deinem Dünkel, so triffst du den rechten Weg gewiß allerdinge fein, wie Mose lehrt, Dtn.12: ‚Du sollst nicht tun, was dich recht dünkt', das ist, du sollst tun, was dich recht dünkt."
[51] 23,71,17ff.

als der klügste Mensch und weiß gut aus der Schrift zu zitieren (vgl. Lk 4,10f.)!

Der zwingende, unaufgebbare Grund für Luthers Abendmahlslehre ist darum wirklich nichts anderes als der Bibeltext. Zwar führt er zur Verteidigung seiner Auffassung dann auch andere Argumente ein. Diese sind aber durchaus sekundär und zum Teil auch nur gänzlich diskutable „Eselsbrücken", und sie werden von Luther auch deutlich als solche bezeichnet. Gegen Karlstadt weist Luther auf die verheerenden Wirkungen hin, die sich aus dessen Auffassung für die Rechtfertigung ergeben[52]. In der Schrift von 1527 äußert sich Luther mit strahlenden Worten und Gleichnissen über das allgegenwärtige Wirken Gottes, an dem auch Christus teilhat[53], und im Bekenntnis von 1528 entfaltet er die christologischen Konsequenzen, die sich daraus ergeben[54]. Diese dogmatischen Überlegungen und die starken, einfachen Bilder und Gleichnisse, mit denen sie Luther darlegt, sind aber nicht die Grundlage und kein Beweis für seine Abendmahlslehre, sondern sie sind deren *Konsequenz*. Nicht eine vorgefaßte, als soteriologisch notwendig erachtete Christologie hat Luther zu seiner Stellungnahme im Abendmahlsstreit gedrängt. Wohl aber hat die Treue zum Schriftwort ihn dazu geführt, daß er mit zunehmender Deutlichkeit die Gefahren sah, die sich aus einer dem Schriftwort gegenüber verkrampften Abendmahlsauffassung ergaben. „Summa, es ist unsäglich, was der Teufel mit der Alleosi sucht", sagt er 1528: „Nämlich, das Christus hinfort nicht mehr sei noch tue mit seinem Leiden und Leben, denn ein anderer schlechter Heiliger (...)"[55].

Schon drei Jahre vorher hat Luther gegen die Abendmahlslehre Karlstadts eingewendet, daß diese „aus den Worten Christi ein lauter Gebot und Gesetz macht, welches nicht mehr tue, denn uns heiße und gebiete sein zu gedenken und erkennen"[56].

Diese grundsätzlichen und für die Praxis von Frömmigkeit und Lehre so schwerwiegenden Bedenken führt Luther aber nicht am Anfang seiner Darlegungen ein. Er benutzt sie nicht als Beweise, und sie scheinen auch wirklich für ihn persönlich (sozusagen erkenntnisbiographisch) nicht am Anfang seiner eigenen Abendmahlslehre gestanden zu haben. Luther denkt nicht im Rahmen eines theologischen Utilitarismus! Vielmehr scheint es wirklich die Klarheit der Schrift zu sein, die

---

[52] Z.B. 18,203,3-7.
[53] 23,133,19-137,19.
[54] 26,318,1-341,12.
[55] 26,319,34-40. „Alleosi": Alloiosis oder permutatio, ein rhetorisches Schema, das Zwingli Plutarch entnommen hatte und das jede Übertragung göttlicher Eigenschaften auf die menschliche Natur Christi (und umgekehrt) als uneigentliche Rede ausweisen sollte (s. Bornkamm, Martin Luther, S. 467 u. 477).
[56] 18,196,5ff.

sich in dieser Frage für Luther bewährt: die Treue im Kleinen, am einzelnen Schriftwort, führt ihn zum befreienden Urteil auch im Großen, zum Gewinn und Nutzen auch für die Frömmigkeit. Denn es wäre nicht richtig, dem Wort Gottes gegenüber nach Nutzen zu fragen und aus unerwünschten, gefährlichen Konsequenzen, die man zu sehen meint, das Neue Testament in Frage zu stellen. Im Gegenteil:

„Ein fromm gottesfürchtig Herz tut also: Es fragt am ersten, ob es Gottes Wort sei. Wenn es das hört, so dämpft es mit Händen und Füßen diese Frage, wozu es nütze oder not sei. Denn es spricht mit Furcht und Demut also: Mein lieber Gott, ich bin blind, weiß wahrlich nicht, was mir nütze oder not sei, wills auch nicht wissen, sondern glaube und traue dir, daß du es am allerbesten weißt und meinst nach deiner göttlichen Güte und Weisheit; ich laß mir genügen und bin dazu froh, daß ich dein bloßes Wort höre und deinen Willen vernehme. Aber die mit teuflischer Hoffart besessen sind, kehren solches um und wollen mit der Frage, wozu es nütze und not sei, Gottes Wort dämpfen, setzen sich frei auf den Richterstuhl, fordern Gott vor Gericht um seines Wortes und fragen den armen Schuldiger, warum er solche Wort setze und rede, was für Nutzen und Not sei, solches zu tun und zu reden?"[57]

Erst *nach* dieser Feststellung (dann aber doch!) bemüht sich Luther, den Gläubigen etwas vom Nutzen der leiblichen Gegenwart Christi im Abendmahl darzulegen[58].

Luther will nicht von allgemeinen, umfassenden Überlegungen und Begriffen ausgehen, und er führt nicht praktische Einwände als entscheidende Kriterien ein. Daß er die Lehre von der Allgegenwart Gottes darlegt, geschieht „zum Überfluß", nachdem die eigentliche Argumentation mit Hilfe des Schriftwortes abgeschlossen ist, um zu „beweisen, daß nicht wider die Schrift noch Artikel des Glaubens sei, daß Christi Leib zugleich im Himmel und im Abendmahl sei"[59]. Man könnte sagen: Nachträglich versucht Luther aufzuzeigen, wie die Aussagen der Schrift doch auch „denkbar" sind, so daß sie auch für die Vernunft nicht etwas gänzlich Unfaßbares bleiben müssen. „Gelöst" soll die Frage damit aber nicht sein. Seine Anschauung von der Ubiquität Christi hat er in diesem Sinn entfaltet, „daß ich doch eine einzige Weise anzeigte, damit Gott vermöcht, daß Christus zugleich im Himmel und sein Leib im Abendmahl sei, und vorbehielt seiner göttlichen Weisheit und Macht wohl mehr Weisen, dadurch er dasselbige vermöcht (...)"[60]. Luthers Ubiquitätslehre, insbesondere seine Beschreibung des Wie der Allgegenwart, ist also keineswegs bindend und erhebt nicht den Anspruch, ein wahres Wort zu sein, dem man gehorchen und das man bekennen muß. Sie ist nur ein Versuch, der fragenden Ver-

---

[57] 23, 247, 32–248, 8.
[58] 23, 253, 31 ff.
[59] 23, 129, 31 f.
[60] 26, 318, 3 ff.

nunft ein wenig zu helfen, und es haftet den Beschreibungen auch etwas Inadäquates an. Ebenso steht es mit den Differenzierungen, die Luther bezüglich der Gegenwart Christi einführt. Ob sie erschöpfend sind, bleibt offen, und ein leise relativierender Ton liegt über diesen Erörterungen[61]. Erst recht aber sind die Bilder, die Luther benützt, um die Möglichkeit dieses Sachverhaltes zu veranschaulichen, eine bloße Spielerei, mit der er vor allem zeigen will, „wie gar es keine Kunst sei, ohne Schrift etwas denken..."[62].

Solche allgemeinen Ausführungen sind also sekundär. Primär sind im Abendmahlsstreit die Auseinandersetzungen um einzelne Schriftworte und um die positiven Lehraussagen zum Abendmahl selber. Das zeigt sich im Aufbau der Schriften deutlich: Über 25 Seiten der WA zieht sich die Darstellung und Widerlegung der Lehre Karlstadts[63], ähnlich umfangreich sind die Ausführungen gegen Zwingli und Oekolampad von 1527[64], und 1528 führt dann Luther über etwa 100 Seiten[65] eine Auseinandersetzung „gegen vier verschiedene Gegner (...), die dasselbe oder ähnliches lehrten (Zwingli, Oekolampad, Schwenckfeld und Wyclif), so daß er auch dadurch zu Wiederholungen gezwungen war"[66]. Vor allem Erörterungen über grammatikalische, rhetorische und logische Fragen enthalten diese Seiten: Immer wieder kreisen Luthers Ausführungen um rein Sprachliches, immer wieder führt er seine Einwände zurück auf die eine Frage, was denn eigentlich ein fernerliegendes, „gesuchtes" Verständnis der Abendmahlsworte *notwendig* mache.

„Weil hier die Macht daran liegt, ob das Wort ‚Ist' so viel in der Schrift gelten müsse, als das Wort ‚bedeutet', so ist der Zwingel schuldig, solches aus der Schrift zu beweisen. Wo er das nicht tut, ist sein Ding ein Dreck."[67] „Es gilt hier nicht Mögens [eine Möglichkeit], sondern Müssens [Notwendigkeit]. Es ist nicht große Kunst, daß man sage, dies oder das möge so zu verstehen sein, sondern das ist Kunst, das fordert man auch von uns, daß wir beweisen, es müsse so und könne nicht anders zu verstehen sein."[68]

Für Luther konzentriert sich der Streit ganz auf diese fast banale Frage, was für ein Verständnis die Abendmahlsworte ergeben, „wenn mans redet, liest oder hört, daß es aneinander hange nach natürlicher

---

[61] 26,327,20–337,8, insbes. 336,28 ff.
[62] 26,337,32 f.
[63] 18,139,28–164,15.
[64] 23,75,21–129,17 (Die WA bringt nebeneinander Druck und Manuskript).
[65] 26,262–445 (Über längere Abschnitte steht auch hier der Text in der Manuskript- und Druckfassung).
[66] Bornkamm, Martin Luther S. 480.
[67] 23,97,16 ff.
[68] 23,213,28 ff., ebenso 169,1 ff.; 215,18 ff.

Rede Art"⁶⁹. Es müßte einen wirklich *zwingenden* Grund geben, von diesem unmittelbarsten Verständnis der Worte abzurücken, und diesen aufzuzeigen wäre nach Luthers Meinung die Pflicht seiner Gegner. Dies kann aber nicht durch weitschweifige Erörterungen und grundsätzliche dogmatische Überlegungen geschehen, sondern „es sollen dürre, helle Sprüche und Text da sein, die mit klarem Verstand uns zwingen"⁷⁰. Für die Deutung dieser Schriftworte aber gilt: „Lieber, die natürliche Sprache ist Frau Kaiserin, die geht über alle subtilen, spitzigen, sophistischen Dichtungen, von der muß man nicht weichen, es zwinge denn ein offenbarlicher Artikel des Glaubens (...)"⁷¹. Nicht begriffliche oder mystische Erkenntnisse, aber auch nicht abstrakte, universitäre grammatikalische Regeln und gesuchte sprachliche Konstruktionen, sondern nur „dürre", „helle", „einfältige", „schlechte" „Sprüche", „gewisse" und „unzweideutige"⁷² Wörter der Bibel können den Grund des Glaubens legen: „Es muß alles etwas Höheres sein, denn regule grammatice sind, was den Glauben soll gründen."⁷³ Dieses „Höhere" aber ist nicht eine herausragende „hohe Einsicht" oder „himmlische Erleuchtung", sondern es ist das klare Wort der Schrift. „Der Glaube aber soll und muß gewiß sein und nicht Punkt oder Buchstaben, sondern helle dürre Sprüche und ganz deutliche Wörter aus der Schrift zu seinem Grunde haben."⁷⁴ Ein einziger solcher Spruch ist für Luther „die lebendige Arznei meines Herzens gewesen in meiner Anfechtung über diesem Sakrament"⁷⁵. Die Gegner „martern", „kreuzigen" und „begraben" zwar solche hilfreichen Bibelstellen⁷⁶, aber wenn man sie recht betrachtet, dann werden sie zum unüberwindlichen Argument⁷⁷. Man sollte sie darum auf den Knien von Rom und Jerusalem holen, dann wüßte man sie richtig zu schätzen⁷⁸!

Luther bewährt also in diesem Streit, was er zu Beginn seines reformatorischen Aufbruchs zur Grundlage seines Lernens und Lehrens gemacht hatte: Allein der „buchstäbliche Schriftsinn" kann und darf positiv festlegen, was zu glauben ist und was nicht. Ein Purist eines trockenen Literalsinnes ist zwar auch Luther nicht – gegen Allegorien hat er nichts einzuwenden, sind sie doch in der Regel „alle wahr und gar hübsch und fein"⁷⁹. Sie dürfen aber nicht dazu dienen, den einfachen

---

⁶⁹ 18,151,8f.
⁷⁰ 18,148,21f.
⁷¹ 18,180,17ff.
⁷² Solche Formulierungen finden sich fortlaufend, z.B. 23,71,33; 73,28; 167,15.
⁷³ 18,157,23f.
⁷⁴ 18,150,7ff.
⁷⁵ 18,166,35f.
⁷⁶ 33,260,26; 1530/32; 23,123,8, vgl. 113,23f.
⁷⁷ 40 I,385,34f.
⁷⁸ Br 5,412,39f.; 1530.
⁷⁹ 18,179,20.

Aussagegehalt der biblischen Texte aufzulösen, und sie können auch nicht normativ Inhalte des Glaubens setzen, wenn diese nicht an anderen Stellen mit einfachen und direkten Worten ausgesagt sind. Luther, so zeigt Pesch, hat mit dieser seiner Grundlage zur Schriftdeutung nichts anderes gesetzt als das, was den allgemeinen Konsens der kirchlichen Tradition in dieser Frage ausmacht. Er hätte sich, führt Pesch aus, schon Cajetan und Eck gegenüber auf Thomas von Aquin berufen können, dessen diesbezügliche Aussagen jene „aus ihrem Gedächtnis regelrecht verdrängt haben" müssen:

„Und so ergibt sich auch keinerlei Verwirrung in der Heiligen Schrift, da alle (ihre) Sinne auf dem einen gründen, nämlich dem buchstäblichen (Sinn), aus dem allein ein Beweisgrund gewonnen werden kann, nicht aber aus dem, was gemäß der Allegorie gesagt wird, wie Augustinus im Brief gegen den Donatisten Vincentius sagt. Dennoch erwächst daraus der Heiligen Schrift kein Mangel, weil nichts, was zum Glauben notwendig ist, unter dem geistlichen Sinn einbehalten ist, was die Schrift nicht irgendwo offenkundig (auch) im buchstäblichen Sinn überliefert."[80]

Seite für Seite, „Spruch" für „Spruch" wehrt sich Luther in seinen Abendmahlsschriften darum dagegen, daß mit redaktionellen Eingriffen und abstrakten grammatikalischen Gesetzen (so Karlstadt) oder mit allegorischen und tropischen Auslegungen (so die Schweizer) der unmittelbar sich aufdrängende Wortsinn der Abendmahlstexte aufgelöst und verwischt wird. Immer wieder erhebt Luther denselben Vorwurf: Die Gegner versuchen, mit verzwängten „Deutungen" und gesuchten „Erklärungen" den nächstliegenden Sinn der Abendmahlsworte zu verdunkeln und aus dem Bewußtsein zu verdrängen, und sie machen sich dabei der gröbsten grammatikalischen und logischen Fehler schuldig[81]. So schreibt Luther gegen seine Gegner: Ihren Argumenten folgend, um jedes Bibelwort ringend, weitschweifig auf die weitschweifigen Interpretationen der Gegner reagierend, und von da her hie und da an Grundsätzliches rührend. Aber auch seine eigene Auffassung entfaltet und verteidigt Luther dann von einzelnen Bibelwörtern aus, indem er noch und noch auf ihrem Wortlaut und ihren unmittelbarsten Konsequenzen beharrt. Vier solche „Sprüche" behandelt er (auf 18 Seiten) gegen Karlstadt[82], vier „große" und fünf „kleine" zieht er (auf knapp 50 Seiten) heran im großen Bekenntnis[83], mit einem einzigen Spruch will er – zu deren Ärger – Zwingli und Oekolampad getrotzt haben (dies nimmt 25 Seiten in Anspruch)[84].

---

[80] STh 1,10 ad 1. Zitiert bei Pesch, Hinführung S. 65 f., wo auch das Urteil über Cajetan und Eck zu finden ist.
[81] 26, 271, 25 ff.; 443, 8 f.; 266, 12 ff.; vgl. ebenso 23, 93, 2 f. und 99, 30–32.
[82] 18, 164, 31–182, 10.
[83] 26, 448, 26–498, 31 (s. o. Anm. 65).
[84] 23, 75, 36–129, 17 (s. o. Anm. 64).

Luthers Denken geht vom Bibelwort aus und diesem entlang. Dennoch ist es kein trockenes, biblizistisches, gar „konkordanzmäßiges" positivistisches Denken. Es ist vielmehr gehalten und strahlt die Kraft aus von einer letzten großen Einheit. Dies zeigt sich daran, daß Luther vom Streit um die Worte dann aber doch weitergeht und den Versuch macht, grundsätzlicher zu verstehen und den Streitpunkt tiefer zu fassen. Zwar erst (wie er ausdrücklich betont) *nachdem* er „Grund aus der Schrift gelegt und unsern Glauben bewiesen (...) Daneben D. Karlstadts Grund widerlegt" hat[85], dann aber wohl, geht Luther zur grundsätzlichen Kritik an Karlstadts Spiritualismus über, verspottet den platten Rationalismus und arbeitet die Gnadenlosigkeit der mystischen Erlösungslehre heraus[86]. In den zwei folgenden Abendmahlsschriften finden sich solche prinzipiellen Verstehensversuche zwar dann überhaupt nicht mehr als selbständige Einheiten, sondern nur noch hie und da, lose in die Erörterungen zu den einzelnen „Sprüchen" eingestreut. Es wird aber auch hier z. B. der grundsätzliche Vorwurf laut, daß den Gegnern die Abendmahlstexte anstößig seien, weil eine unordentliche, tumultarisch undifferenzierte Heilslehre ihnen das Verständnis für den Sinn des Abendmahls verstelle: Sie unterscheiden nicht zwischen dem Erwerb des Heils durch Christus selber und dessen Austeilung im Sakrament[87]. Ein Verständnis der Sache, um die es geht, ist nötig, will man die Bibeltexte verstehen! Doch der Streit selber steht, Luther sagt das überdeutlich, und das sei hier nun noch einmal herausgestellt, *nicht um das Verständnis* des Abendmahles, sondern um den *Text* und *seinen* Wortsinn, der immer geheimnisvoll und „unverständlich" bleibt. Das Problem ist nicht, daß man verschiedene Auffassungen vom Wesen und Nutzen des Abendmahles hat, sondern daß die Gegner mit ihrer Lehre in den Text eingreifen und diesen zu verändern gezwungen sind. Luther aber geht es darum, daß „wir im Abendmahl den Text an ihm selbst und an seinem Ort lassen bleiben", dann kann man über das weitere Verständnis, „wie man sich das vorstellen soll" und was alles für geistliche Bedeutungen es hat, frei reden[88]. Luther verficht nicht eine durchgeführte Abendmahlslehre, sondern er wehrt sich gegen eine Auffassung, die er als offenkundig den Bibelworten zuwiderlaufend beurteilt. Er fordert nicht eine in allen Punkten übereinstimmende Abendmahlsauffassung als Grundlage der Kirchengemeinschaft, sondern er will das Geheimnis der leiblichen Kommunion gewahrt haben, indem er den Einsetzungstext in seinem unmittelbaren Wortsinn verteidigt. Der

---

[85] 18,182,14f.
[86] Der zweite Teil der Schrift trägt den Titel „Von Frau Hulda der klugen Vernunft..." (18,182,11ff.). Zur mystischen Erkenntnis 18,194,1ff.
[87] 26,294,23ff.
[88] 26,265,12-30.

Respekt vor diesem Text und seinem Geheimnis ist die Grundlage der Kirchengemeinschaft, der gesuchte „gemeinsame Geist", den er nach dem vielzitierten Wort in Marburg Zwingli abspricht. Seine eigenen positiven Absagen formuliert Luther zurückhaltend: Von einer Transsubstantiation nimmt er Abstand[89], sonst aber gilt: „Wie aber das zugehe oder wie er im Brot sei, wissen wir nicht, sollens auch nicht wissen. Gottes Wort sollen wir glauben und ihm nicht Weise noch Maß setzen. Brot sehen wir mit den Augen, aber hören mit den Ohren, daß der Leib da sei."[90]

Es ist oft mühsam, die ausführlichen Widerlegungen der Gegner zu lesen, auch wenn sie manchmal durchaus bildreich und witzig gehalten sind. Es ist aber für das Denken Luthers bezeichnend, daß er so umständlich vorgeht. Es ist ihm ein wesentliches Anliegen, daß kein einziges stichhaltiges Argument, vor allem aber kein einziges Schriftwort mit dem Schein des Rechts in den Händen der Gegner bleibt. Eine innere, erlebnismäßig oder begrifflich gesammelte Evidenz genügt ihm nicht! Die Wahrheit ist unteilbar, und als solche greift sie als die äußere Klarheit der Schrift auch in die Welt der Wörter hinein. Sie läßt sich da positiv fassen in der Gestalt vieler „Sprüche", die alle „zusammenstehen" und sich nur verdreht und „gedeutet" für eine symbolische Auffassung des Abendmahles verwenden lassen. Es ist eine einfache, aber doch augenfällige Tatsache, und es ist dies für den Einfältigen das greifbare Werk der äußeren Klarheit der Schrift, daß in den Büchern der Kirchenväter, so viele ihrer sind, daß aber erst recht auf den Seiten der Bibel sich nirgends ein einfaches und klares Wort für die so nahe zur Hand liegende symbolische Deutung des Abendmahles findet.

„Das ist aber wunder", sagt Luther von den Kirchenvätern, daß „noch nie keiner hat so vom Sakrament geredet, wie diese Schwärmer. Denn ihrer keiner braucht solche Worte ‚Es ist schlecht Brot und Wein', oder ‚Christi Leib und Blut ist nicht da'. Und ist doch unmöglich, weil die Sache sehr bei ihnen gehandelt ist, daß ihnen nicht sollte einmal entfallen sein ein solches Wörtlein: Es ist schlecht Brot, oder: Nicht daß der Leib Christi leiblich da sei oder desgleichen (...).“[91]

---

[89] 26,287,26–30 und 23,145,16–19, ausdrücklicher noch TR 1,37,5 ff. (no 96; 1531).

[90] 23,87,32 ff., ähnlich 145,19 ff. Nach dem Bericht von Osiander gibt sich Luther im Marburger Gespräch sehr offen in dieser Frage. Wenn die Gegner „bekennen wollten, daß der Leib Christi im Abendmahl wäre [und] nicht allein im Gedächtnis der Menschen, wollten sie alle anderen Fragen erlassen und auf nichts dringen, ob er leiblich oder geistlich, natürlich oder übernatürlich, in einer Stätte oder ohne Stätte präsent wäre, und so als Brüder wieder annehmen ..." (zitiert bei Oberman, Arbeitsbuch S. 165). Es ist hier überdeutlich: Luther geht es nicht um seine Christologie, sondern um den Wortsinn der Abendmahlstexte. Weiter als hier Osiander beschreibt, konnte er seinen Gegnern nicht entgegenkommen, ohne die Grundlagen seines theologischen Schaffens aufzugeben.

[91] 23,129,4 ff. Vgl. Bornkamm, Martin Luther S. 473.

Die Klarheit der Schrift steht auch hier überdeutlich da, sobald man die Dinge aus allen schwebenden Redensarten befreit und sie einfach, grundsätzlich und pointiert genug ins Auge faßt.

Diener ihres Herrn und Königs (Gegen die scholastische Theologie)

Luthers Theologie hat sich gebildet und hat ihre charakteristische Farbe erhalten in der Auseinandersetzung mit der scholastischen Theologie. Besonders umstritten war dabei die Frage der Rechtfertigung. Hier hat der frische Wind der reformatorischen Schriftauslegung zu wehen begonnen, hier ist inhaltlich Neues aufgebrochen, und hier werden nun nicht grammatikalische und rhetorische Differenzen verhandelt, sondern hier geht es Schritt um Schritt um schwerste theologische Substanz. Hier ist es denn auch, daß ein theologisches Motiv die Schriftauslegung erneuert und ihren Ergebnissen frische Konturen gibt, hier bricht eine neue Freiheit zur Bibellektüre auf aus einer Neuorientierung im Rahmen der Schrift selber. Hier, in der Auseinandersetzung mit der lange bewährten und fein geschliffenen Theologie der Scholastik gelingt Luther deshalb auch eines seiner besten Bücher, der Große Galaterbriefkommentar[92].

Es verbindet zunächst manches Grundlegende Luther und seine scholastischen Gegner. Wie er wissen auch sie, daß in der Theologie dem Schriftwort und nicht der Vernunft das kritische Urteil zukommt[93]. Und wie er haben auch sie sich „allzumal befleißigt, Sprüche aus der Schrift zu führen"[94]. Was sie von Luther trennt, ist nicht ein allzu kritikloses Vertrauen auf das menschliche Urteilsvermögen, aber auch das Bemühen um möglichst präzise dogmatische Formulierungen ist Luther nicht von vornherein anstößig. Luthers zentraler Vorwurf an die scholastische Theologie ist vielmehr der, daß sie in allen ihren feinen Differenzierungen die Hauptsache der Schrift aus den Augen verloren hat, und daß darum ihre Schriftauslegung unordentlich ist: Die „Papisten" gehen falsch um mit den Schriftworten, die sie zitieren[95], d.h. sie stellen sie in einen falschen Zusammenhang (den eines Gesetzes), und dies, weil sie die gewichtigsten und grundlegendsten Schriftworte unbeachtet liegen lassen[96].

Man könnte Luthers Stellung in dieser Frage für den heutigen Leser so einführen: Es dürfte jedem, der die Schrift Alten und Neuen Testamentes liest, klar sein, daß ihr verbindendes Zentrum und ihr gewichtigster Inhalt die Botschaft vom Erscheinen, Leben, Wirken, Sterben und

---

[92] Vgl. o. Einl. Anm. 78.
[93] Vgl. 18,182,22f.
[94] 18,182,19.
[95] 18,182,19f.
[96] Vgl. 40 I,459,14f.

Auferstehen Jesu Christi ist. Im Licht dieser einen Sache treten alle anderen Anschauungen und Lehren und ihre Differenzierungen zunächst zurück, ohne diese Sache aber ist die Zusammengehörigkeit des Kanons schlicht undenkbar. Das Entscheidende und Unvergleichliche an dem aber, was über Christus gesagt wird, ist das Wort von seinem stellvertretenden Leiden und seiner „für uns" geschehenen Auferstehung. Diese zunächst gänzlich unbegreifliche Aussage findet sich in allen neutestamentlichen Hauptschriften (in allen Evangelien zumindest in den Einsetzungsworten des Abendmahles; in der knappesten Fassung Röm 4,25), sie greift aber auch tief ins Alte Testament zurück (Jes 53 und die ganze darin wirksame Tradition vom leidenden Israel und seinem Dasein für die Völker). Es ist daher nicht aus der Luft gegriffen, wenn man davon ausgeht, daß dieses stellvertretende Handeln Christi (in dem auch das stellvertretende Dasein Israels seine Erfüllung findet) der geheimnisvolle Kern der biblischen Schriften ist, und daß also alle anderen Aussagen der Schrift richtigerweise nicht gegen und auch nicht ganz ohne Bezug zu dieser Aussage gelesen werden dürfen, wenn sie nicht ihren ursprünglichen Sinn und Nutzen verlieren und zu Wörtern werden sollen, die *nichts* Heiliges an sich haben. (D.h., sofern die Bibelworte richtig, d.h. als Worte des *Kanons* in *dessen* Zusammenhang gelesen werden sollen, können sie nicht von dem losgelöst werden, was diesen Kanon – mit all seinen gewiß auch vorhandenen zentrifugalen Kräften – zusammenhält.)

In der Linie solcher Gedanken verteidigt Luther das Herz seiner Theologie, die unzweideutige Klarheit seiner Rechtfertigungslehre und deren pointiert zugespitzte Formulierung *„allein* aus Glauben". 1537 schreibt Luther als Bekenntnis und Zusammenfassung des evangelischen Standpunktes zuhanden eines möglichen Konzils in Mantua die Schmalkaldischen Artikel. Darin führt er zuerst „den hohen Artikel" von der Dreieinigkeit Gottes und der Person Christi an, also die beiden zentralen Dogmen der alten Kirche. „Diese Artikel sind in keinem Zank noch Streit, weil wir zu beiden Teilen dieselben bekennen."[97] Dann aber kommt er sogleich zu „den Artikeln, so das Amt und Werk Jesu Christi und unsere Erlösung betreffen"[98]. Hier verweist er nun sogleich auf einige der Bibelstellen, welche das „für uns" geschehene Leiden und Auferstehen Christi betreffen (Röm 4,25; Joh 1,29; Jes 53,6; Röm 3,23–25). Darauf folgt dann der einfache, aber so unerhört zwingende Schluß, daß, da diese Wirklichkeit keinem natürlichen Vermögen des Menschen zugänglich und weder durch ein körperliches noch ein geistiges Tun einzuholen sei, tatsächlich „allein der Glaube" es fassen und die im Werk Christi verschlossene Gerechtigkeit dem Menschen

---

[97] 50,198,13ff. (BSLK S.415,1f.).
[98] 50,198,18ff. (BSLK S.415,4f.).

zueignen könne: „Dieweil nun solches muß geglaubt werden und sonst mit keinem Werk, Gesetz noch Verdienst mag erlangt oder gefaßt werden, so ist es klar und gewiß, daß allein solcher Glaube uns gerecht mache (...)'."[99]

Luthers Argumentation ist bestechend einfach und befreiend klar. Aber gerade in ihr verbirgt sich natürlich die Frage und der Streit um die „rechte Behandlung" der Schriftworte. Luther führt die Schrift an – aber seine Gegner natürlich auch. Luther wählt einige Worte aus – „es gibt aber doch auch viele andere Stellen" ... Die Gegner „deuten" die Schrift, indem sie ihre Aussagen einander zu- und unterordnen. Luther tut dies natürlich auch. Die Gegner haben durch Differenzierungen und Einschränkungen von Schriftaussagen Widersprüchliches harmonisiert. Luther muß aber zumindest ähnlich die Gültigkeit von Schriftworten präzise auf ihren Wortsinn zurückbinden und muß die Adresse und Reichweite einzelner Worte näher bestimmen, um ihr harmonisches Zusammenstehen sichtbar zu machen. Tut er das recht? Wie und nach welchen Kriterien muß die Schrift „ausgelegt" werden? Die Frage bricht beispielhaft auf im Nebeneinander von Worten des Gesetzes und Worten der Verheißung. Evangelischer Gnadenzuspruch und gesetzliche Forderungen – wie verhalten sie sich zueinander? Es gibt die klaren Aussagen der Schrift, daß Christus die Sünden vergibt ohne ein vorheriges Verdienst auf seiten des Menschen, „bedingungslos". Aber es gibt ebenso die unbezweifelbar klaren Forderungen des Gesetzes, Verheißungen des Lebens, die an die Bedingung eines bestimmten vorgängigen Tuns gebunden werden, und das letzte Gericht wird unzweideutig dargestellt als ein Gericht nach Werken. Ist das alles schlicht widersprüchlich, „ungereimt", so daß es lehramtlich geklärt werden muß? Oder gibt es eine umfassende Einheit und Ordnung in der Schrift selber? Wer definiert sie?

Luthers Weg in dieser Frage ist eindeutig und klar: Die Schriftworte, die sich auf Christus und sein Gnadenwerk beziehen, sind die „Hauptsache". In ihnen ist die „oberste" Sache der Schrift ausgesagt, nach ihnen müssen sich deshalb alle anderen Wörter richten, ihnen müssen sich alle anderen „Sprüche" unterordnen. Denn Christus ist „das Haupt und der Herzog der Gerechtigkeit", die Sprüche der Schrift aber sind die Knechte und Glieder[100]. Wenn man die Schrift so liest, so ist man nicht gezwungen, Schriftworte zu differenzieren und ihre Gültigkeit einzugrenzen, ohne daß man Anhalt hat im Text selber. Es genügt dann vielmehr, daß man den Worten der Verheißung und des Gesetzes je ihre spezifischen Aufgaben zuordnet, nach der Ordnung, welche die Schrift selber, Paulus vor allem, lehrt: so nämlich, daß die Gnade vom

---

[99] 50,199,8 ff. (BSLK S. 415,14–17).
[100] 39 I, 47, 17 u. 21 f., s. u. Anm. 116.

Gesetz bedient und das Gesetz durch die Gnade in sein eigentliches Amt und seine wirkliche Würde eingesetzt wird, wie es Röm 3,19-31 beschrieben wird.

Insbesondere in der Lehre vom Gesetz und seinem Vermögen sind nun aber die Scholastiker „weit abgeirrt von der Meinung der Schrift"[101]. Zwar vollziehen auch sie klar die Unterscheidung von Gesetz und Evangelium! Indem sie aber dann lehren, daß erst die dem Glauben folgende Liebe rechtfertigt und den Glauben, der nicht durch die Liebe „geformt" ist, tot nennen, vermischen sie in der Praxis Gesetz und Gnade doch wieder[102]. Diese vermittelnde Lehre von der „fides charitate formata" ist möglich, weil die Scholastiker in einem entscheidenden Punkt die paulinischen Aussagen über das Gesetz abschwächen und einschränken: willkürlich behaupten sie, Paulus schließe nicht die Gesetzeswerke als solche, sondern nur die des Zeremonialgesetzes aus dem eigentlichen Rechtfertigungsgeschehen aus:

> „Wenn Thomas und die anderen Scholastiker von der Abschaffung des Gesetzes reden, dann sprechen sie von den zum Gerichtswesen gehörigen Gesetzen sowie von den Zeremonialgesetzen, sie seien nach Christus todbringend und daher schon abgetan; das gelte aber nicht für die Moralgesetze. Diese wissen nicht, was sie sagen."[103]

Luther aber beharrt darauf: wenn Paulus vom Gesetz, von der Grenze seines Vermögens und vom Ende seiner Gültigkeit redet, so meint er damit das ganze Gesetz[104]! Wer die paulinischen Worte über das Gesetz einschränkt und sie nur vom Zeremonialgesetz gesagt sein läßt, wie das seit Origenes und Hieronymus üblich geworden ist, der verdirbt Paulus mit einer dummen Glosse und beweist, daß er in dieser Sache nichts versteht und keine Erfahrung hat[105]. Er beraubt sich aber damit eines entscheidenden Schlüssels zum Verständnis der Schrift insgesamt! Mit dieser einschränkenden Interpretation entziehen sich die Scholastiker der antithetischen Schroffheit, wie sie für die Rechtfertigungslehre bei Paulus aufgerichtet ist, und verlieren dann das Verständnis auch aller anderen Worte. So wird dann die zwischen Gesetz und Gnade vermittelnde scholastische Lehre vom Verdienst aus Billigkeitsgründen (meritum de congruo) möglich[106]. Gerade diese gediegene Lehre aber erweist sich bei näherem Zusehen als „blasphemisch" und

---

[101] 40 I,228,18f.
[102] 40 I,251,19-23.
[103] „Thomas et alii Scholastici de abrogatione legis loquentes dicunt Iudicialia et Caeremonialia post Christum mortifera ideoque iam abrogata esse, non item moralia. Hi ignoraut, quid loquantur" (40 I,671,28ff.).
[104] 40 I,218,12f.
[105] 40 I,302,18-26.
[106] 40 I,220,4ff.; 223,14.

„unfromm"[107]. Im besten Fall ist sie ein Gedankenspiel und ein eitler Traum, wie Menschen so etwas pflegen können, die sicher sind und „niemals durch Versuchungen und wirkliche Schrecken über die Sünde und den Tod geübt worden sind"[108]. In ihrer Konsequenz aber ist diese Lehre nicht nur eitel, sondern anmaßend und lästerlich, da sie Christi Gnade relativiert und letztlich gar überflüssig macht[109] und dem Menschen die Kraft und Würde zuteilt, wie ein Gott sich selber und andere zu erlösen: „Mit dem Munde sagen sie natürlich nicht: Ich bin Gott, ich bin Christus, aber in Wirklichkeit maßen sie sich die Gottheit und das Amt Christi an."[110]

Die kleine, einschränkende „Glosse", welche die scharfe Antithetik bei Paulus verwischt, hat unerhört Schweres zur Folge! Und umgekehrt: Dieses Unerhörte ist nur möglich, weil ein Pauluswort durch eine willkürliche Erklärung in seiner Bedeutung eingeschränkt worden ist. Der Gedanke, der sich der leitenden Hilfe des Apostelwortes beraubt hat, findet den Weg nicht mehr, sondern verirrt sich in Konsequenzen, die er selber nicht ziehen will ...

Es geht in der Schriftauslegung darum, nicht die Worte abzuschwächen und ihre Reichweite willkürlich zu begrenzen, sondern sie richtig zu ordnen und sie an ihrem Platz und zu ihrer Zeit alles sagen zu lassen, was sie zu sagen haben. Das Gesetz hat, wie auch die drohenden Worte Christi, seine Adresse: Es richtet sich an die Selbstsicheren. Ebenso haben die Worte der Gnade und des vorbehaltlosen Zuspruchs ihre Adresse: sie richten sich an die Elenden und Kleinmütigen, „die da gern wollten fromm sein"[111]. Vor der Rechtfertigung und nach der Rechtfertigung sind Werke des Gesetzes möglich und soll man sie sinnvoll fordern[112]. „Das Gesetz ist gut, gerecht und heilig. Schön. Aber wenn es um die Rechtfertigung geht, ist keine Gelegenheit, über das Gesetz zu sprechen. Da geht es darum, wer Christus ist und was für eine Wohltat er uns gebracht hat."[113] Dies hat er ja aber offensichtlich

---

[107] 40 I, 221, 9 u. 21.
[108] „Ea enim inanissima somnia homines securi qui nullis unquam tentationibus et veris pavoribus peccati et mortis exercitati sunt" (40 I, 225, 17 ff.).
[109] 40 I, 220, 27; 303, 13 u. ö.
[110] „Ore quidem non dicunt: Ego sum Deus, Ego sum Christus, revera tamen divinitatem et officium Christi sibi arrogant" (40 I, 406, 18 ff.; ähnlich 442, 24).
[111] „Darum habe ich gesagt, daß wir hier sollen gute Künstler werden und wohl unterscheiden lernen, wenn Christus schillt oder droht, daß mans richte auf seinen Ort, dahin es gehört. Denn es sind zweierlei Leute auf Erden, etliche ruchlos und wilde und ohne alle Scheu und Furcht (...)." Diesen ruchlosen Menschen gelten die harten, drohenden Worte Christi! „Das andere Häuflein aber (somit Christus redet) ist das derjenigen, die da gern wollten fromm sein und leben als Christen (...)." Ihnen gelten die tröstlichen und aufrichtenden Worte der Abschiedsrede Christi (45, 473, 14–474, 23).
[112] 40 I, 219, 22 f.
[113] „At Lex bona, iusta et sancta est. Bene. Sed cum versemur in disputatione de iustifi-

nicht getan aufgrund unserer Liebe und vorbereitenden Werke, sondern „dieweil wir Feinde waren" (Röm 5,10). Um es mit einem Bild zu sagen: Mit einem Menschen, der krank im Bett liegt, spricht man nicht über das, was er alles leisten sollte und nicht leisten kann, sondern darüber, wie ihm geholfen werden und wie er genesen kann. Dann, wenn er wieder gesund ist, kann man auch wieder fordern und verlangen ...

Das rechte Unterscheiden und Ordnen der Schrift ist eine schwierige und anspruchsvolle Sache, die theologische Bildung wie praktische Erfahrung in Haus und Kirche erfordert[114]. Es kann sein, daß für den Einzelnen die Hauptsache der Schrift entschwindet hinter den Nebensachen, und in der zugespitzten Situation des Lehrstreites muß dies dann zur gefährlichen Anfechtung werden: dies nämlich, daß die Worte von Christus und der geschenkten Glaubensgerechtigkeit untergehen in einer Fülle von Schriftzitaten, welche das geforderte Tun und die zu leistenden Werke behandeln. Für diese Situation gibt Luther den Rat, daß der theologisch Ungeschickte „schlicht" und „einfach" an die Hauptsache der Schrift erinnern und durch ein überdeutliches Oben und Unten eine Hierarchie aufrichten soll, welche die Schriftworte anschaulich und damit auch seelisch leicht faßbar in ihre rechte Ordnung bringt:

„Mag sein, daß die Sophisten klüger sind als ich und mich so mit ihren Argumenten für die Werke gegen den Glauben überschütten und mit Schlingen umgeben, daß ich mich nicht ganz freimachen kann (obwohl das jenen ja unmöglich ist), so möchte ich viel lieber die Ehre haben und dem einigen Christus glauben, als mich durch alle Stellen bewegen lassen, die sie gegen die Lehre von dem Glauben für die Gerechtigkeit aus den Werken als Beweis anführen könnten.

Man muß ihnen ganz einfach antworten: Hier ist Christus, dort die Zeugnisse der Schrift von dem Gesetz und den Werken. Christus aber ist der Herr der Schrift und aller Werke, er ist Herr des Himmels und der Erde, des Sabbats, des Tempels, der Gerechtigkeit, des Lebens, des Zorns, der Sünde, des Todes und einfach Herr über alles. (...)

Darum, wenn Christus selbst der Preis meiner Erlösung ist, wenn er selbst zur Sünde, zum Fluch gemacht worden ist, damit er mich rechtfertige und segne, so halte ich mich nicht bei den einzelnen Schriftstellen auf, und wenn du davon sechshundert für die Werkgerechtigkeit gegen die Glaubensgerechtigkeit anführtest und ein Geschrei machtest, die Schrift kämpfe gegen die Glaubensgerechtigkeit. Ich habe den Urheber und Herrn der Schrift und will lieber auf seiner Seite stehen als dir glauben, wiewohl es ja unmöglich ist, daß die Schrift gegen die Glaubensgerechtigkeit kämpfe, das tut sie nur bei den unsinnigen und verhärteten Heuchlern. Bei den frommen und einsichtigen Menschen aber gibt die Schrift Zeugnis für ihren Herrn. Darum siehe wohl zu, wie du die

---

catione, non est locus iam dicendi de lege. Iam enim quaestio est, quid Christus sit, quid beneficii nobis attulerit" (40 I, 240, 27 ff.).

[114] Vgl. die Einleitung zum Großen Galaterbriefkommentar 40 I, 40–51.

Schrift in Einklang bringen willst, von der du sagst, daß sie gegen die Glaubensgerechtigkeit kämpfe; ich will mit dem Urheber der Schrift bleiben.

Darum, wenn einer nicht genügend unterrichtet ist, um solche Schriftstellen von den Werken in Einklang bringen oder den angeblichen Widerspruch auflösen zu können, und er dennoch gezwungen ist, die ständigen Reden der Gegner zu hören, die heftig auf Stellen solcher Art bestehen, so antworte er in Schlichtheit: Du besteht auf dem Knecht, d.h. auf der Schrift und zwar nicht auf der ganzen Schrift, und vor allem nicht auf ihrem vorzüglichen Teil, sondern nur auf einigen Stellen, die von den Werken Zeugnis geben. Diesen Sklaven lasse ich dir, ich halte zum Herrn, der der König der Schrift ist, der mir zum Lohn und Geschenk der Gerechtigkeit und des Heils gemacht ist. Den halte ich und bleibe an ihm hängen und lasse dir die Werke, die du doch niemals getan hast. Diesen Schluß kann weder der Teufel noch irgendein Rechtsgelehrter dir wegreißen oder verkehren."[115]

Und das heißt dann, in der knappen, überpointierten Sprache von zwei Disputationsthesen:

„Deshalb, wenn Gegner die Schrift gegen Christus kehren, so treiben wir Christus gegen die Schrift.

Wir haben den Herrn, jene den Knecht; wir das Haupt, jene die Füße und Glieder, welche doch das Haupt beherrschen und ihnen vorgeordnet sein muß."[116]

---

[115] „Deinde esto etiam, quod Sophistae sint argutiores me et ita obruant et illaqueent me argumentis pro operibus contra fidem, ut prorsus me explicare non possim, quamvis hoc nullo modo possint, tamen potius honorem habere et credere velim uni Christo quam permoveri omnibus locis, quos contra me pro iustitia operum statuenda producerent.

Quare simpliciter eis ita respondendum est: Hic Christus est, illic Scripturae testimonia de operibus. Christus autem Dominus est Scripturae et omnium operum. Idem est Dominus coeli, terrae, sabbati, templi, iustitiae, vitae, irae, peccati, mortis et simpliciter omnium (...).

Quare si ipse est pretium redemptionis meae, si Ipse factus est Peccatum et Maledictum, ut me iustificaret et benediceret, nihil moror Scripturae locos, si etiam sexcentos producas pro iustitia operum contra fidei iustitiam et clamites Scripturam pugnare; Ego Autorem et Dominum Scripturae habeo, a cuius parte volo potius stare quam tibi credere, – Quanquam impossibile sit Scripturam pugnare nisi apud insensatos et induratos Hypocritas; Apud pios autem et intelligentes dat testimonium pro Domino suo. Vide igitur, quomodo tu Scripturam concilies quam pugnare dicis, Ego cum Autore Scripturae maneo.

Ideo si quis non satis instructus est, ut tales locos Scripturae de operibus conciliare aut solvere possit, et cogitur tamen audire instantiam adversariorum qui vehementer huiusmodi locos urgent, ille respondeat sic simpliciter: Tu urges servum, hoc est Scripturam, et eam non totam neque potiorem eius partem, sed tantum aliquot locos de operibus; hunc servum relinquo tibi; Ego urgeo Dominum qui Rex est Scripturae, qui factus est mihi meritum et pretium Iustitiae et salutis. Illum teneo et in eo haereo et relinquo tibi opera quae tamen nunquam fecisti. Hanc solutionem neque Diabolus neque ullus iustitiarius tibi eripere aut evertere potest" (40 I, 458, 13–459, 19).

[116] „49. Quod si adversarii scripturam urserint contra Christum, urgemus Christum contra scripturam.

50. Nos dominum habemus, illi servos, Nos caput, illi pedes seu membra, quibus caput

Es ist dann der von der Schrift in ihren klaren Aussagen verkündigte Christus, der gegen eine von Christus losgelöste, in einen falschen Zusammenhang gestellte Schrift getrieben wird. Denn nochmals: „Außer diesem Buch findet man Christum nicht, es sei so gut es immer wolle."[117] Es ist nicht eine Vorstellung und ein Begriff von Christus, was gegen die Schriftworte vom Gesetz getrieben wird, sondern es sind die Schriftworte von Christi Werk, die gegen diejenigen von den Werken des Gesetzes gestellt werden. Alles andere wäre natürlich wieder Schwärmerei und subjektivistische Willkür. Der Streit Christus gegen die Schrift ist somit im Grunde nichts anderes als der Streit Christi für sein Eigentum. Die wahre, „gehorsame" Schrift kämpft gegen verkehrte, mißbrauchte, in der Fremde „gefangene" Schriftworte. Praktisch erscheint dieser Streit als das Gegeneinander verschiedener Schriftdeutungen. Die Frage lautet pointiert: Ob man die Schrift für Christus liest oder gegen ihn. Nur wenn man die Schrift für Christus liest, ist es wirklich die Schrift, der Kanon, den man liest[118]! Noch unbestimmter gefaßt unterscheiden sich diese unterschiedlichen Schriftdeutungen durch den Rahmen, in dem sie geschehen: Die eine geschieht im Rahmen des Credos und des Katechismus und hebt die Aussagen über das Werk Christi als das unvergleichlich Zentrale der Schrift hervor. Die andere Schriftdeutung aber geschieht im Rahmen einer philosophisch bestimmten Lehre und ordnet die Worte über Christus ein in eine allesumfassende Vorstellung vom Heilsweg der Menschen. Jene ordnet die Gesetzesworte ein in die Verheißungen der Gnade, diese ordnet die Gnadenverheißungen ein in die umfassenden Forderungen eines ewigen Gesetzes, durch das Gott und Menschen in gleicher Weise gebunden sind. Jene kann für ihre Aussagen letztlich keinen Grund und keine Ursache angeben, die Kausalität ihrer Darlegungen entzieht sich der Einsicht der Vernunft, denn sie gründet zutiefst einzig im unerforschlichen Ratschluß der Barmherzigkeit Gottes. Diese kann weit eher Gründe und Ursachen aufweisen und durch eine Rationalität überzeugen, da ihr Denken einer Gesetzmäßigkeit entlanggeht, die dem Auge des Geistes immer wieder „einleuchtet".

„Den Schwätzern den Mund gestopft" (Der Streit mit Erasmus)

In der Schrift „Vom freien Willen", die Erasmus gegen Luther verfaßt, kehrt sich die mächtigste und zukunftsträchtigste geistesgeschichtliche Strömung seiner Zeit gegen Luthers Reformation. Mit Erasmus

---
oportet dominari et praeferri" (39 I, 47, 19 ff., Thesen 49 und 50 der Disp. De fide von 1535).
[117] 48, 44, 1 f., undatiert.
[118] „Scriptura est, non contra, sed pro Christo intelligenda, ideo vel ad eum referanda, vel pro vera Scriptura non habenda" (39 I, 47, 3 f., These 41).

erwächst dem Reformator der größte und respektabelste Gegner, und wenn auch dessen Argumente Luther gelangweilt und ihm seinen literarischen Sieg von ihm aus gesehen sehr leicht gemacht haben[119], so liegt doch gerade darin die Differenz zweier Welten, die sich nicht finden können, bis heute nicht. Wie Luther selber sagen wird: Wer recht hat und dies auch argumentierend beweist, muß damit doch nicht unbedingt den praktischen Erfolg davontragen. Immer mehr hat sich ja in der Folgezeit der Reformation dann ein Lebensgefühl breit gemacht, das in sich selber ruht und sich selber genügt, jenseits und ohne jedes Verständnis für die biblisch begründeten Sorgen und Sehnsüchte, von den Fragen der Offenbarung nicht abhängig und darum von ihnen auch nicht zu erschüttern – Erasmus versteht nichts von der Sache, und sie ist ihm völlig gleichgültig, wird Luther sagen. Gerade diese Gleichgültigkeit aber, die ihn völlig souverän und für Argumente unerreichbar macht, läßt Erasmus auch (dies zwar nur über Tisch, da aber besonders feierlich geäußert) als den „größten Feind Christi, wie es seit tausend Jahren keinen gegeben hat", erscheinen[120]: Erasmus versucht nicht, sich der Wahrheit Christi zu entziehen – er ist von ihr gar nicht berührt, sondern hat sich eine eigene Welt erbaut nach eigenen, leichten und heiteren Gesetzen, die durch eine sogenannte Lehre Christi nur nachträglich und gänzlich äußerlich gerechtfertigt werden. Wer will ihn in dieser Welt erschüttern, und wer will verhindern, daß deren Problemlosigkeit viele bindet und selbstgenügsam macht[121]?

Erasmus ist Luthers gediegenster Gegner, und die beiden so ungleichen Denker markieren in ihrer Auseinandersetzung Positionen, die bis heute unüberboten nebeneinanderstehen und auch unser zeitgenössisches Empfinden durchziehen. Erasmus war gewiß kein besonders starker und tiefer Theologe[122]. Aber gerade darin hat er bis heute das Le-

---

[119] „Reiner Ekel, Unwille und Geringschätzung" haben Luther lange an der Antwort an Erasmus gehindert (18,601,31). Dies ist nicht bloße Rhetorik! Auch sechs Jahre später sagt er bei Tisch, die Lektüre des erasmischen Büchleins habe ihn gelangweilt. Es sei aber immerhin die einzige Schrift eines Gegners gewesen, die er ganz gelesen habe (TR 2,318,16ff.; no 2086, 1531).

[120] TR 1,407,21ff. (no 837; 1530/35).

[121] Zur Gegenwartsbedeutung der erasmischen Position schreibt Iwand: Wenn man sich von der mächtigen Schrift Luthers beeindrucken läßt und Abstand nimmt von den recht harmlosen Ausführungen des Erasmus, so „ist eben damit noch nicht gesagt, daß die Argumente, auf die sich Erasmus stützt, nicht auch unsere Argumente sein könnten, daß seine Einwände nicht doch – wenn auch nicht unter seinem Namen – unsere Einwände geworden sein könnten. Haben sie sich im dogmatischen und populären Denken viel weiter durchgesetzt, als es den Gedanken Luthers gegeben war" (Einführung S.253)? Die Gedanken des Erasmus liegen so nahe zur Hand, daß sie sich ohne bestimmte Lehrer von selber breit machen, sobald nicht mehr die Schrift das Denken herausfordert und bindet.

[122] Zum folgenden Urteil über Erasmus vgl. z.B. C.J.Burckhardt, Gestalten und Mächte, insbes. S.22f. und 50.

bensgefühl vieler Generationen und ihrer „Gebildeten" vorweggenommen. Der Humanismus, den Erasmus vertritt, ist bei weitem nicht das Größte und Gewichtigste, was ein Humanismus zu leisten vemag. Aber auch darin, scheint mir, liegt etwas, das für den „Christlichen Humanismus" vieler Späterer charakteristisch geblieben ist.

Luther begegnet in Erasmus der Moderne, wie sie bis heute die Kirchen umgibt. Eine demütige Rationalität wirkt da, die sich gerade in ihrer zurückhaltenden Skepsis absolut setzt, ein unsäglich verflachter Gottesgedanke, der aber gerade darum sich mühelos durchzusetzen vermag, eine allgemeine Menschenfreundlichkeit, die sich vor den wirklichen Menschen zurückzieht in die Welt der schönen Gedanken, ein zögerndes Problembewußtsein, das die Stunden der häßlich gedrängten Entscheidungen verstreichen und die Entwicklungen ihren Lauf nehmen läßt, eine vernünftige Frömmigkeit, die aus dem Gott Jakobs eine schöngeistige Kraft macht, die fern der materiellen Wirklichkeit nichts anderes tut als die Gesetze des sittlichen Lebens zu garantieren ... ein Idol und Gott des Schicksals, sagt Luther. Dieses so „schöne" und so wirklichkeitsfremde Weltverständnis hat Luther herausgefordert zu seiner Schrift „Vom geknechteten Willen". Sie ist mit strahlender und gesammelter Kraft geschrieben. Beharrlich hält Luther die beidseitigen Argumente fest und arbeitet ihre Konturen heraus, dann wieder läßt er die Gedanken wie spielerisch schweifen, mit ruhiger Konsequenz aber verfolgt er durch Kleines und Großes hindurch über die zerstreuten Fragen hinweg das eine Ziel: Zu beweisen, daß es nichts Menschliches gibt, das ohne die Hilfe Gottes das Gute zu wollen vermag, daß darum jede Lehre, die den Grund der Gerechtigkeit in den Menschen verlagert, verderblich ist, daß vielmehr im strengsten Sinn nur der Glaube die Gerechtigkeit Gottes zu fassen vermag.

Nirgends wie hier können wir lernen, welche Gewißheit des Urteils Luthers Grundprinzip möglich macht, nirgends wie hier gilt es aber auch, sehr sorgfältig auf die Argumentationsformen zu achten und den Grund, die Reichweite und den Zweck der gemachten Aussagen möglichst präzise zu fassen. Luther verteidigt die Klarheit der Schrift und das eine Dogma, daß der Mensch ohne die Gnade nichts Gutes vermag, er stopft den Gegnern den Mund und macht es unwidersprechlich, daß nach den Worten der Schrift die Gnade allein alles Gute bewirkt – mehr tut er nicht! Er stellt nicht eine allgemeine Lehre vom Wesen und von den Eigenschaften Gottes auf, und er bietet keine Lösung für das Problem von Freiheit und Notwendigkeit im menschlichen Wirken. „Vom geknechteten Willen" ist alles andere als eine zerstreute Sammlung der Lutherschen Gedanken. So hat man das Buch zwar oft gelesen und hat dann diese oder jene Anschauung herausgenommen – man kann das tun, aber der Intention Luthers wird man damit nicht gerecht. Luther bedient sich zwar der verschiedensten Lehrsätze aus Theologie und Philosophie – aber diese werden nicht wirklich kritisch ausgeführt und durchgeformt (deshalb eignen sie sich auch als Fundgrube für allerlei Spekulationen), sondern sie dienen wie alle anderen Argumente dazu, daß die Nebel, die das Geschwätz der Vernunft verbreitet[123], entschwinden und das Geheimnis der Schrift umso strahlender leuchtet, so rein und einfach, wie es auch den Kindern offenbar ist.

Und auch hier zeigt es sich, daß Luther unter einer von der Klarheit der Schrift bewegten theologischen Arbeit etwas viel Einfacheres und Praktischeres versteht, als man gemeinhin annimmt. Aufbau und Gang der Argumentation sind betont (und wohl in bewußter Polemik gegen Erasmus verstärkt) einfältig. Dies wird in der deutschen Ausgabe von B. Jordahn und H. J. Iwand verdeckt, in welcher der Text nach dogmatischen Gesichtspunkten gegliedert wird, so daß er scheinbar von verschiedenen „Problemen" des theologischen Denkens handelt und diesbezügliche Erklärungen und Hilfen zum Verständnis gibt. Das tut er aber nicht: der Text behandelt das eine Dogma vom unfreien Willen mit verschiedenen (und unterschiedlich gewichtigen) Argumenten aus der Schrift, Tradition und Philosophie.

Auch die Argumentation Luthers gegen Erasmus umfaßt grundsätzlich diese beiden Seiten: die sorgfältig klärende Arbeit am einzelnen Bibelwort, Spruch für Spruch, und immer wieder dann den Rückgriff auf die eine Hauptsache der Schrift und deren unwidersprechliche Konsequenz.

Den Aufbau auch für diese Schrift hat sich Luther im wesentlichen von seinem Gegner vorgeben lassen. Nach der ausführlichen Einleitung, in welcher Luther die Grundsätze seiner theologischen Arbeit darlegt und ihr „primum principium" als sinnvoll erweist, folgt der Hauptteil: Schritt für Schritt geht Luther den Argumenten des Erasmus entlang, bevor er im letzten, kürzesten Teil noch einmal die Beweise für seine eigene Meinung gesammelt darlegt.

Der Aufbau der Schrift läßt sich wie folgt schematisieren:

	WA 18 S.
1. Einleitung: Aufgabe und Methode der Theologie (Die Gewißheit der Glaubensaussagen und ihr Grund, die Klarheit der Schrift)	600–661
2. a) Die Argumente des Erasmus	661–699
(Seine Definition des freien Willens kritisch befragt;	(661–671
seine Schriftbelege aus dem AT: Sir 15,14–18; Gen 4,7; Dtn 30,15; Jes 1,19; Aufrufe zur Bekehrung wie Jes 45,22; Ez 18,23; Dtn 30,11	671–688
seine Schriftbelege aus dem NT: Mt 23,37; 19,17; 5,12; verschiedenste Imperative; Lk 23,34; Joh 1,12; Röm 2,4)	688–699)

---

[123] Vgl. 18,752,31 ff.

b) Schriftstellen, die nach Erasmus scheinbar für den unfreien Willen sprechen (Ex 9,12 und Mal 1,2 f. mit Röm 9,17; Jes 45,9 und Jer 18,6 mit Röm 9,20)	699–733
c) Argumente, die Erasmus gegen die von Luther verwendeten Schriftstellen stellt (Gen 6,7 und 8,21; Jes 40,2; Jer 10,23; Spr 10,1 und 21,1; Joh 15,5; 1. Kor 13,2)	733–756
3. Luther von sich aus (Schriftbelege, die er selber wählt: Röm 1,18; 3,9; 3,20; 3,28; 4,2; 4,15; 8,5; Joh 1,5; 1,12; 3,1–7; 3,18; 3,26; 3,27; 6,44; 16,9. Seine stärksten Argumente, Röm 7 und Gal 5 läßt Luther „großzügigerweise" unerwähnt).	756–787

In diesem schematischen Überblick erweist sich die Schrift als sehr ausgewogen. In der Weimarer Ausgabe sind es rund 60 Seiten, die der grundsätzlichen Einleitung gewidmet sind, rund 100 Seiten dienen zur Widerlegung von Erasmus, und auf den letzten 30 Seiten stellt Luther noch einmal von sich aus die Gründe für seine Lehre heraus. Es ist unerhört wichtig, sich diesen Aufbau und dieses Vorgehen Luthers vor Augen zu halten, wenn man seinen Ausführungen folgt. Die Drehpunkte und Angeln seiner Aussagen sind Bibelwörter: „Die Hauptschlacht" zerfällt „in zahllose Einzelgefechte um Bibelstellen"[124]. Dennoch gleitet Luther nirgends ab in ein bloßes rechthaberisches Auftürmen und Summieren von Schriftstellen. Je ein Schriftwort für jeden neuen Gedankengang ist ihm genug. So fließt die Schrift lebendig bewegt von Wort zu Wort in immer neue Problemfelder hinein, über dunkle Abgründe wie auch über weite Untiefen hinweg; stets wieder berührt sie Fragen von allergrundsätzlichster Natur: der Mensch zwischen Gott und Teufel, der offenbare und der verborgene Gott, göttliche Allmacht und kreatürliche Freiheit, das Wesen des Menschen, als Sünder, als Mitarbeiter Gottes ... Ohne sich unnötig zu wiederholen und ohne sich zu verlieren, durchschreitet Luther die durch die Schriftworte aufgerichteten Fragen, und stets wieder sammelt er sich dann zu der einen, entscheidenden Frage: Wie soll es möglich sein, da, in den Konturen der Wirklichkeit, wie sie durch die Schriftworte (und letztlich sogar auch durch die Vernunft!) gezeichnet werden, eine natürliche Freiheit des Menschen anzunehmen[125]? Es gibt also auch hier zunächst

---

[124] Bornkamm, Martin Luther S. 390.
[125] Das literarische Urteil Bornkamms (aaO.), der in Luthers Schrift Wiederholungen und eine „oft ausufernde Sprachfülle" bemängelt, ist mir unbegreiflich, ebenso Obermans Meinung, daß die Schrift zwar „miserabel komponiert", aber dennoch nicht mißglückt sei (Luther, S. 226). Man muß sich die unerhörte Aufgabe in Erinnerung rufen, vor der Luther steht, dann kann man seine gesammelte Kraft, die den Überblick wahrt und doch das Detail nicht aus den Augen verliert, nur bewundern! Es galt ja, eine lange, zitatenreiche Schrift zu widerlegen (zweihundert Schriftworte führt Erasmus an) und gleichzeitig positiv eine Frage zu erörtern, die zu den grundlegendsten des menschlichen Denkens gehört.

immer wieder einen Streit um einzelne Bibelworte und ihre Bedeutung. Grammatik und allgemeine Logik ruft Luther auch hier als Zeugen an. Wieder und wieder erhebt er im ersten Teil (nach Schema 2a) den Vorwurf, daß Erasmus durch „Folgerungen und Gleichnisse" aus der natürlichen Vernunft Dinge in die Bibel hineinlese, die durch die „nackten" Aussagen des Bibelwortes allein nicht gegeben sind[126]. Im zweiten Teil (nach Schema 2b und c) ist es dann der Vorwurf, daß Erasmus sich mit willkürlichen „Deutungen" dem unmittelbarsten Wortsinn entscheidender Sprüche zu entziehen versuche. Hier wird „nicht über den Text selbst, auch nicht über die Folgerungen und Gleichnisse, sondern über die bildlichen Ausdrücke und Interpretationen gestritten"[127].

(Auch die Vorwürfe, so polemisch sie z.T. vorgetragen werden, haben also ihren präzisen Ort und werden nicht einfach beliebig wiederholt. Der Aufbau der Schrift ist äußerst präzise ...!) Luthers Kritik an Erasmus ist schwerwiegend und scharf, gerade weil sie Elementares betrifft, aber sie wird im Vergleich zur Polemik anderer Schriften in einem recht milden Ton vorgetragen. Und gerade im Überblick zeigt sich, wie sich diese Polemik über weite Strecken auf einer herausfordernd niedrigen Ebene bewegt und letztlich darauf verzichtet, begrifflich zu „erklären".

Die Argumentation des Erasmus, sagt Luther, ist in sich selber uneinig[128] und verwickelt sich in grobe Widersprüche[129], sie ist gänzlich unsinnig[130]. In der Konsequenz der erasmischen Grammatik könnte man alles umkehren, so daß es letztlich darauf hinausliefe, daß Gott sich bemühen muß, um Gnade zu erlangen ...[131] Luther wiederholt und präzisiert sich: Erasmus ist gezwungen, neue grammatikalische Regeln zu erdichten und die elementarsten sprachlichen Kenntnisse zu verdrängen[132], an entscheidenden Punkten schweift er ab von der gestellten

---

[126] Die Vernunft „interpretiert die Schriften Gottes mit ihren eigenen Folgerungen und Syllogismen und treibt sie, wohin sie will". („(...) scripturas Dei suis sequelis et syllogismis interpretatur et trahit quorsum velit") 18,673,9f.

[127] „... non de textu ipso, nec iam de sequelis et similitudinibus, sed de tropis et interpretationibus pugnari" (18,700,24f.).

[128] 18,664,31 ff.; 681,9 u.ö.

[129] „Wenn das nicht Paradoxa oder besser ungereimte Vorstellungen sind, was sind dann ungereimte Vorstellungen?" (... „paradoxa vel potius monstra" ...) 18,669,18f.

[130] Dies wird mit beißendem Spott festgestellt: „Nun aber weiß ich aus diesem deinem Reden und Tun selbst, was der freie Wille sei und vermöge, nämlich toll zu sein." („Nunc vere scio ex hoc dicto et facto tuo, quid sit et valeat liberum arbitrium, scilicet insanire.") 18,754,39 ff.

[131] 18,681,38–682,3.

[132] 18,681,38; 682,36; 677,24f.; 703,29f. u.ö. Erasmus, Argumentation ist ein „Mißbrauch der Sprache", sie „widerstreitet dem gemeinen Verstand und hebt den Gebrauch der Sprache ganz auf" („abusus loquendi" – „pugnat haec communi sensui et tollunt prorsus usum loquendi") 18,671,4f. und 7.

Aufgabe[133], und gedankliche Schwierigkeiten überspielt er unredlicherweise mit bloßen rhetorischen Mitteln[134], die grundlegendsten Unterscheidungen der Schrift übergeht er[135] und erfindet dafür eigene Differenzierungen[136], ja, er muß sich dazu versteigen, zu sagen, die Schrift widerspreche sich selber[137]. Mit dem allem beweist Erasmus, daß er nichts versteht von der Heiligen Schrift[138]. Erasmus hat sich überfordert mit der Aufgabe, die er sich gestellt hat – wer aber nicht zu spielen versteht, sollte sich fernhalten vom Kampffeld[139]. Luther hat es nach seinem Verständnis tatsächlich leicht: Das Hauptgewicht der erasmischen Argumente liegt auf der allzu rationalen Annahme, daß Imperative nur dann sinnvoll sind, wenn auch ein entsprechender Indikativ ausgesagt werden kann, und daß Konjunktivsätze notwendig auch eine reale Möglichkeit meinen[140]. Wenn aber Gottes Wort, sagt Luther dagegen, das Gute befiehlt, und wenn es in vielen Formulierungen seine Gabe an ein Wollen oder Tun des Menschen bindet, dann ist damit noch nicht gesagt, daß der Mensch aus seinen natürlichen Kräften heraus diesem Wort nachzuleben vermag. Es lassen sich auch andere Ursachen denken, warum Gottes Wort solche Imperative und Konjunktive enthält[141], ja, solche „illusorischen" Forderungen sind auch im alltäglichen menschlichen Reden üblich[142].

Mit der allzu vernünftigen Annahme aber, daß ein formuliertes „Sollen" auch ein „Können" aussagt, fällt der ganze positive Beweis des Erasmus für die Willensfreiheit in sich zusammen.

Ebenso willkürlich aber sind die „Deutungen", mit denen Erasmus die Schriftworte, die vom unfreien Willen sprechen, zu entkräften sucht. Eine bildhafte Rede anzunehmen und eine Interpretation zu geben, die vom direkten Wortsinn wegführt, sagt Luther auch hier, wäre nur erlaubt, wenn sie sich aus dem Zusammenhang als notwendig aufdrängt[143], und es müßte dann bewiesen werden, daß sie richtig ist und

---

[133] 18,745,19; 691,9.
[134] 18,721,19-22.
[135] 18,680,23-31 (Es geht natürlich um die Unterscheidung von Gesetz und Evangelium).
[136] Die biblischen Bußrufe und Gebote werden abgeschwächt, so daß sie statt vom Tun nur noch von einem „Sich-Bemühen" handeln, die ganzheitlichen biblischen Forderungen werden also eingegliedert in eine idealistische Stufenethik (18,681,38-682,3). Vgl. u. Kap. 2.2, Anm. 92.
[137] 18,723,4-8; 731,21f.
[138] 18,693,10.
[139] 18,721,15f.
[140] 18,677,24ff.; 732,31f. u.ö.
[141] 18,673,39ff.; 676,15ff. u.ö.
[142] 18,673,18-31; 691,13-19.
[143] 18,700,31-35.

dem Aussagewillen des biblischen Verfassers entspricht[144]. Diesen Beweis aber bleibt Erasmus schuldig, und so ist er in der Gefahr, eine Interpretationspraxis zu üben, die aus dem Text ein bloßes Sprachmaterial macht, in dem „jedes Beliebige aus jedem Beliebigen hervorgeht"[145].

Aus allen diesen sich wiederholenden Ausführungen über einzelne Bibelsprüche und ihre grammatikalische und rhetorische Behandlung erhebt sich Luthers Schrift aber hier und dort und gewinnt neue Luft durch die Frage nach der biblischen Hauptsache. Die Gedanken lösen sich vom kleinen Detail und umfassen für einen Augenblick wieder das eine, Große, was die Schrift in ihrem Innersten sagt: „Was braucht man noch Geist? Was Christus? Was Gott? wenn der freie Wille die Regungen des Herzens zum Bösen überwinden kann?" fragt Luther[146] und versucht so, vom Peripheren wieder nach dem Kern der Sache zu greifen. Was ist der freie Wille und was vermag er, fragt Luther, wenn man an die einfache Tatsache denkt, daß niemals nirgendwo einem Menschen die grundlegendsten Notwendigkeiten der Erlösung auch nur in den Sinn gekommen sind, nämlich der Glaube an einen Gottmenschen, sein stellvertretendes Leiden und seine Auferstehung[147]? Und gegen alle Differenzierungen und Abstufungen der verschiedenen Gnadenlehren und Anthropologien heißt es dann am Schluß der Schrift, triumphierend einfach: „Aber zur Hauptsache: Wenn wir glauben, daß Christus die Menschen durch sein Blut erlöst hat, so werden wir zu dem Eingeständnis gezwungen, daß der ganze Mensch verloren gewesen ist; andernfalls wir Christus entweder unnötig oder zum Erlöser des minderwertigsten Teils machen, was gotteslästerlich und gottlos wäre."[148]

So bewährt Luther seine Lehre im direkten Rückgriff auf die elementarsten Sätze des Glaubens, aber ebenso in der Behandlung des Details, durch die grammatikalischen und logischen Erörterungen zu den einzelnen Bibelworten. Und nirgends, so scheint ihm, kann die geringste Unklarheit herrschen – solange nicht die Vernunft mitzureden und ihre Fragen und Einwände auszubreiten beginnt. Wir haben nicht die Schrift interpretiert, präzisiert Luther sein Tun, „sondern das haben wir gesagt: daß kein Widerspruch ist in den Aussagen der Schrift und daß eine Interpretation, welche den Knoten entwirrt, nicht nötig ist"[149]!

---

[144] 18,702,7–9 u. 14–17.
[145] „quodlibet ex quolibet fiat" (18,703,4).
[146] „Quid opus spiritu? Quid Christo? Quid Deo? si liberum arbitrium vincere potest animi motus ad turpia?" (18,676,11f.; ähnlich 686,36ff. u. 779,31ff.).
[147] 18,758,37–759,6.
[148] „Sed summa, Si credimus Christum redemisse homines per sanguinem suum, totum hominem fateri cogimur fuisse perditum, alioqui Christum faciemus vel superfluum vel partis vilissimae redemptorem, quod est blasphemum et sacrilegum" (18,786,17–20, ähnlich 744,6–16).
[149] „Sed sic dicimus, non esse pugnantiam in dictis scripturae nec opus esse interpretatione, quae nodum explicet ..." (18,732,13ff.).

„Was könnte klarer gesagt werden", als Paulus zur Sache redet[150]? Nur gilt es, die Schrift nicht voreilig „helfend" mit Folgerungen und Bildreden abzuschwächen, sondern vielmehr mit ihren Worten „bis zum Äußersten zu gehen"[151] – dann vertreiben sie wie Blitze und Donnerschläge die Nebel der menschlichen Unterstellungen[152]. Es ist dann, „wie wenn man einen Fliegenkönig umgeben von Lanzen aus Strohhalmen und Schilden aus Heu gegen eine wirkliche Schlachtordnung von Menschen" stehen sehen würde: „So streiten die menschlichen Träume der Diatribe gegen die Heereszüge der göttlichen Worte."[153]

Kein einziges Wort läßt sich auf den vielen Seiten der Bibel finden, das unwidersprechlich klar mit einer natürlichen menschlichen Freiheit rechnet. „Wir warten immer noch auf irgendeine Stelle aus der Schrift, die jene Interpretation lehrt ..."[154] Dagegen lassen sich mühelos zahlreiche Wörter finden, die das vollständige Unvermögen des Menschen zum Guten benennen[155]. Folgt man diesen Wörtern, ohne sich von den moralisch-vernünftigen Problemen irritieren zu lassen, so ordnen und erklären sich auch die übrigen Schriftworte mühelos leicht – Wort für Wort wird zu einem Zeugen für das fragliche Dogma (am besten würde die Sache belegt mit einem fortlaufenden Kommentar zu Paulus[156]). So erweist sich die Rede vom unfreien Willen als ein Dogma, ein in der Schrift gesetzter „Artikel des Glaubens", den man bekennen muß und bekennen darf[157]. (Wäre die Sache in der Schrift unklar, so wäre sie eine Fabel, worüber zu streiten Paulus verbietet.[158]) Man muß für diesen „Artikel" nicht mühsam Belegstellen suchen, und man muß nicht zerbrechliche Brücken und windige Stege bauen, um ihn zu begründen, sondern er drängt sich auf durch einzelne klare Schriftworte und bewährt sich mühelos beim Durchgang durch die Schrift. Probleme macht dieser Sache nicht die Schrift, sondern die Vernunft mit ihren moralischen Bedenken!

Die Schrift ist klar. Das hat Luther *zunächst dogmatisch* bewiesen. *Nun aber* hat er es, auf die eine Frage der Willensfreiheit bezogen, auch *praktisch* bewiesen!

(Dieser Befund aber ist ja tatsächlich um so erstaunlicher, wenn man ihn vergleicht mit der philosophischen und theologischen Tradition, die

---

[150] 18,768,28.
[151] „... ad extrema eundum est ..." (18,755,35).
[152] 18,699,22 f.
[153] „Sic pugnant humana Diatribes somnia adversus divinorum verborum agmina" (18,688,29–32).
[154] 18,731,32 ff.
[155] Luther nennt u. a. Röm 3,9 u. Joh 3,1 ff. (18,760,17 ff. u. 778,17 ff.).
[156] 18,773,20 ff.
[157] 18,603,10 ff.
[158] 18,656,21 ff.

in dieser Frage im besten Fall unklar, in der Regel aber der Bibel diametral entgegengesetzt gelehrt hat[159]. Es muß jedem nüchternen Betrachter der Geistesgeschichte bemerkenswert erscheinen, daß die unmittelbarsten Annahmen, Fragen und Sorgen des moralischen Denkens die Bibeltexte nicht zumindest berührt und hier oder dort deutlich faßbar auf sie abgefärbt haben.)

Aus der Gewißheit heraus, daß die Schrift in der umstrittenen Frage völlig klar lehrt, erhebt nun Luther – in einem verhältnismäßig milden Ton zwar, in der Konsequenz aber unerhört schwerwiegend – einen tiefergehenden Vorwurf gegen Erasmus. Neben die Kritik auf der gedanklichen Ebene stellt sich eine andere, die eher, könnte man sagen, nach der moralischen Redlichkeit und Wahrhaftigkeit fragt.

Die umstrittene Sache wäre in der Schrift völlig klar. Dennoch sieht Erasmus sie nicht. Weshalb? Er will sie nicht sehen, weil sie ihm anstößig und unbequem ist, antwortet Luther zwischen den Zeilen. Weil er nicht sehen will, kann er nicht sehen, und deshalb verwirrt er die Dinge und verbreitet Zwielicht, Zweifel und Skepsis. Er will sich dem Zugriff der Schriftworte entziehen.

Erasmus, sagt Luther, behandelt die Sache wie einer, dem sie völlig gleichgültig ist: schläfrig, stumpfsinnig, müde[160], unkritisch[161], ohne ein sachlich gebundenes Verständnis und ohne Ergriffenheit[162]. In entscheidenden Fragen weicht er aus, verweist auf die spitzfindigen Differenzierungen der Scholastiker oder verwischt die Konturen mit rhetorischen Floskeln[163]. Wer aber kann so schreiben, wenn es ihm wirklich um die Wahrheit und um die bedrängten Gewissen geht[164]? Wer weicht den Schriftworten aus und schweift ab auf Fremdes, wenn er wirklich von der Schrift belehrt sein will? „Es ist schwer, dich an dieser Stelle nicht für hinterlistig und verschlagen zu halten", sagt Luther, m. E. sein schwerster moralischer Vorwurf in dieser Schrift[165]. Setzt sich nicht Erasmus indirekt dafür ein, daß die Bibel durch abschwächende Interpretationen vieldeutig wird?

---

[159] Luther spielt darauf an 18,687,34ff.; vgl. 50,542,13ff.
[160] 18,681,12; 698,18; 723,10.
[161] 18,723,11.
[162] 18,678,29ff.; 745,11ff.
[163] 18,721,9ff. u. 24f.; 720,23f.
[164] „Aber nicht also, mein Bruder: Keine Rhetorik ist so gewaltig, daß sie ein aufrichtiges Gewissen zum besten halten kann; stärker ist der Stachel des Gewissens, als alle Kräfte und Figuren der Beredsamkeit." („Verum non sic, frater. Nulla est Rhetorica tanta, quae ludat veram conscientiam; fortior est aculeus conscientia omnibus viribus et figuris eloquentiae.") 18,721,22ff.
[165] „Difficile est te hoc loco non subdolum et versipellem credere" (18,741,14 u. 31ff.). Es geht im fraglichen Abschnitt um das Wort Joh 3,6.

„Dir, dem die Gewißheit der Heiligen Schrift gleichgültig ist, glaube ich, wäre diese Willkür der Interpretation genehm, aber uns, die wir uns darum bemühen, die Gewissen zu befestigen, kann nichts Lästigeres, Schädlicheres, nichts Verderblicheres als diese Annehmlichkeit zuteil werden."[166]

Luther wird den Eindruck nicht los, daß da Material aufgetürmt und Worte gemacht werden, nicht um die Wahrheit zu fassen und klärend herauszuarbeiten, sondern um sie untergehen zu lassen in der unübersehbaren Fülle der Wörter und im Überdruß, den diese Textmassen erzeugen. Hat Erasmus durch den Umfang seines Büchleins den Sieg davontragen wollen, daß er so oftmals und so langweilig dasselbe anfügt[167]? Und leiser, aber durch alles hindurch wird auch hier der gleiche Vorwurf laut wie im Abendmahlsstreit, nämlich der, daß hier nicht Auffassungen vorgetragen werden, die wirklich an der Schrift gewonnen und geformt wurden, sondern freie Gedanken eines allgemeinen Gottesbildes, und daß nun die Schrift herhalten muß als ein bloßer Steinbruch, in dem man herumirrt und nachträglich Material sucht, mit dem man notdürftig eine Schutzmauer aufbauen möchte für jene Sache, die jenseits der Schrift ihren Ursprung und ihre Heimat hat.

Gottes Wort und der natürliche Gottesgedanke

Es geschieht im Rahmen dieser seiner Ausführungen über die Klarheit der Schrift in der Frage der menschlichen Willensfreiheit, daß Luther nun – veranlaßt von den aufgegriffenen Bibelworten – hier oder dort sich knapp auch zu anderen dogmatischen Fragen äußert, zu Fragen von oft höchster Bedeutung und schwerstem Gewicht. Diese seine nebenbei gemachten Ausführungen haben immer wieder die Aufmerksamkeit der Theologen auf sich gezogen – viel mehr als das „primum principium", das ihnen zugrunde liegt.

Es geht dabei vor allem um die Frage der göttlichen Allmacht und der menschlichen Freiheit vor Gott, die Frage also, die man mit dem theologischen Begriff der Prädestination und dem philosophischen der Determination verbindet. – Was sagt Luther dazu, und wie sind diese Aussagen zu verstehen? Wie sind sie begründet und welches Recht, welche Autorität und welche Aufgabe kommt ihnen zu? Die Frage, die damit aufbricht, ist nochmals ganz grundsätzlich die nach Luthers „Art zu denken"[168]. „Theologen", sagt Luther schon in der Einleitung mit Bezug auf den Begriff des „freien Willens", „sollten sich dieses Wortes ganz enthalten, wenn sie über die menschliche Kraft reden wollen, und

---

[166] „Tibi credo, qui sacrae scripturae certitudinem susque deque facis, comoda fuerit ea licentia interpretandi, sed nobis, qui conscientias stabilire laboramus, nihil incomodius, nihil nocentius, nihil pestilentius hac comoditate contingere potest" (18,749,20ff.).
[167] 18,691,9ff.; 754,29ff.
[168] Ebeling, Luther S.220.

es allein Gott überlassen, ferner es aus dem Munde und der Sprache der Menschen beseitigen und es gleichsam zu einem heiligen und ehrwürdigen Namen für ihren Gott erklären."[169] Er weist darauf hin, daß auch nach der Definition der Scholastiker und des Erasmus selber das natürliche Vermögen des Menschen zum Heil ein äußerst geringes ist[170], und daß mit der Rede vom „freien Willen" „das Volk jämmerlich betrogen und verführt" werde[171], da es sich unter diesem Wort eine viel größere Kraft vorstellen müsse, als die scholastischen Theologen damit bezeichnen – „es ist nämlich eine allzu großartige, umfangreiche und volltönige Formel: ‚freier Wille'"[172].

Es geht Luther in seinen Ausführungen also nicht um die Reinheit einer Anschauung, es geht nicht um ein begrifflich geklärtes Erfassen der Wahrheit selber, um den Nachvollzug ihrer Bedingungen und ihrer Richtigkeit, es geht nicht um die „Durchsichtigkeit" einer Theorie, in der „alles stimmt". Es geht tatsächlich nicht um einen metaphysischen Zugang zur Wahrheit! Es geht Luther nicht darum, die Wahrheit, wie sie ist, irgendwie *anschaulich* und *begreifbar* zu machen (in einem Bild oder einem Wortsystem, das Gott, Mensch und Welt einander zuordnet) – es geht ihm darum, die Wahrheit recht, d.h. heilsam zu *sagen*. Denn die Wahrheit ist nicht eine Struktur, eine Ordnung, ein durchschaubarer Kosmos – die Wahrheit ist eine Person, ihr Name, ihr Leben, ihr gegenwärtiges Handeln: Ich bin die Wahrheit, sagt Christus, wer mich sieht, sieht den Vater ... (Joh 14,6-9).

Luther geht es darum zunächst einmal um eine der Sache angemessene Rede in der öffentlichen Verkündigung und Lehre. Der Begriff „freier Wille" ist inadäquat, er sagt zu viel und weckt Vorstellungen, welche kein Kirchenlehrer mit der damit bezeichneten Sache verbunden haben will – unter der Hand macht dieser Begriff aus dem Menschen einen Gott[173]. Viel klarer, viel besser und viel einfacher ist die Rede vom geknechteten Willen und von der völligen Verkehrtheit des natürlichen Menschen – denn diese treibt ohne Wenn und Aber den Menschen zu dem einen, was helfen und seinen Willen frei machen kann: die Gnade der Geistesgabe, die den Willen „zärtlich anfacht" und hinwendet zum bereitwilligen, freien Wollen des Guten[174]. Dafür streitet

---

[169] „Proinde theologorum erat ab isto vocabulo abstinere, cum de humana virtute loqui vellent, et soli Deo relinquere, deinde ex hominum ore et sermone idipsum tollere, tanquam sacrum ac venerabile nomen Deo suo asserere" (18,636,32 ff.).
[170] 18,635,27 ff. u. 636,16 ff.
[171] „... misere falli ac seduci eo vocabulo populum ..." (18,637,5).
[172] „Est enim magnifica nimis et amplissima planaque vox liberi arbitrii ..." (18,637,7 f.).
[173] 18,636,30 ff.
[174] 18,634,37 ff.; vgl. TR 1,602,6 ff. (no 1208; 1530/32): Die Sprüche über die Präde-

Luther: daß öffentlich unmißverständlich klar ist, daß „nach der Schrift" der Mensch vor Gott ohne die Gnade nichts Gutes vermag! Um „den Mund" all derer „zu stopfen" (Tit 1,11)[175], die in dieser Frage Zweifel und Zwielicht verbreiten, bietet Luther seine verschiedenen Argumente auf. Denn wenn die fragliche Sache klar heraussteht, dann wirkt sie nicht nur durch die Vorstellungen und Anschauungen, die sich der Mensch von ihr aus macht, sondern sie wirkt dann recht, wenn Christus durch sie seine Hand an die Menschen legt und den Glauben, nicht eine Anschauung, schafft. Der Glaube aber glaubt an das Wort, nicht an eine metaphysische Gotteslehre.

Im Kampf für die Klarheit seiner Sache geht Luther nun hier oder dort an die äußerste Grenze dessen, was gesagt werden muß von Gott und vom Menschen: Alles geschieht durch den Willen Gottes, und ohne diesen geschieht nichts – alles geschieht darum auf der Seite des Menschen aus reiner Notwendigkeit[176]. Der Gedanke an Gottes Allmacht vernichtet die menschliche Freiheit und zwingt zur Annahme einer – philosophisch gesprochen – „Determination" des Menschen. Wenn der Mensch Gott gegenüber zu fragen beginnt „Warum?", wenn er Gottes Recht in Frage stellt und pochend zu begreifen sucht, wie Gottes Allwirksamkeit sich mit seiner Güte vertrage, wie er das Böse zulassen könne ..., dann stößt diese Frage an die letzte und äußerste Grenze einer absoluten Freiheit: „Er ist Gott, für dessen Willen weder Ursache noch Grund Geltung haben, die ihm als Regel oder Maß vorgeschrieben werden könnten, da ihm nichts gleich oder über ihm ist, sondern eben sein Wille ist die Regel für alles."[177] Wer könnte solchen Sätzen widersprechen, ohne aus Gott einen bloßen Gedanken oder einen Gefangenen eines ewigen Gesetzes zu machen? Und doch: ist das nicht nominalistische Willkür? Aber Luther geht noch weiter: Wenn der menschliche Gedanke aufgeschreckt und im Tiefsten getroffen von den unerbittlichen Worten des Paulus, abgründig angstvoll schwebend zwischen vermessenem Hader und dumpfer Resignation, wenn dieser von den eigenen Fragen gejagte Gedanke dem Wort von der Prädestination sich zu entwinden versucht, dann hält Luther ihn unbarmherzig fest:

„Das ist es eben, was den freien Willen zwingt, nichts zu sein, weil ewig und unwandelbar die Liebe, ewig der Haß Gottes gegen die Menschen, bevor die Welt geschaffen wurde, ist, nicht allein vor dem Verdienst und dem Werk des freien Willens, und daß alles so, daß es nicht anders sein kann, in uns geschieht,

---

stination, die uns scheinbar erschrecken, dienen dazu, uns die eigene Unfähigkeit zu zeigen und uns zum Gebet zu ermahnen.

[175] Vgl. 18,661,25.
[176] 18,705,16f. u. 23f.
[177] „Deus est, cuius voluntatis nulla est caussa nec ratio, quae illi ceu regula et mensura praescribatur, cum nihil sit illi aequale aut superius, sed ipsa est regula omnium" (18,712,32ff.).

je nachdem, ob jener uns liebt oder nicht liebt von Ewigkeit her, so daß nicht allein die Liebe Gottes, sondern auch seine Art zu lieben Notwendigkeit über uns bringt."[178]

Die doppelte Prädestination ...?

Das sind die schwerwiegendsten, anstößigsten und umstrittensten Aussagen Luthers in dieser Schrift. Nochmals: wie sind sie zu verstehen?

Zunächst ist es wichtig: Luther denkt nicht von allgemeinen Begriffen und Vorstellungen aus, sondern von den Worten der Bibel. Es ist äußerst fragwürdig und bezeichnet das Problem, weshalb Luther für die ganze Moderne so schwer verständlich bleibt, wenn es in den „Erläuterungen" zu den diskutierten Worten heißt: „Luther geht davon aus – und kommt immer wieder darauf zurück –, daß Gott nicht *ruhen* kann."[179] Das mag recht gedankenlos unmittelbar paraphrasierend gemeint sein, aber es ist doch ein Ausdruck der großen Distanz, welche die Welt, in der sich unser theologisches Denken bewegt, von derjenigen Luthers scheidet. Luther denkt nicht von einer allgemeinen Gottesvorstellung und irgendeiner als unaufgebbar betrachteten göttlichen Eigenschaft aus, sondern er denkt in der fraglichen Situation sehr präzise in der Richtung, die ihm das Bibelwort weist, das besagt, daß Gott das Herz des Pharao verstockt hat (Ex 9,12). Ebenso fragwürdig erscheint darum der Versuch, Luthers Denken aus einem allgemeinen „Wirklichkeits- und Seinsverständnis" abzuleiten, wie Ebeling das tut. (Er will Luthers Denken charakterisieren durch ein Stichwort, das man „geradezu als Schlüsselwort für Luthers Seinsverständnis bezeichnen kann, nämlich ‚coram', näher bestimmt als „angesichts", „in Gegenwart von"[180]. Das kann insofern richtig sein, als Ebeling diese „coram-Relation" später bestimmt als „das Sein im Angesicht Gottes, in der Gegenwart Gottes, unter den Augen Gottes, im Urteil Gottes, im Worte Gottes"[181]. Aber gerade die Fülle der Worte, die eine unmittelbare, „erkennende", anschauliche Beziehung zu Gott suggerieren, und die betont offene und vage Rede vom „Wort Gottes" legt ein Verständnis nahe, das Luther fern liegt, nämlich, daß er von einer persönlichen und unmittelbaren Gottesbeziehung aus denke, deren Grund und Wahrheit ihm nirgends in einer einfachen äußerlichen Form gegenüberstehe. Dann hätte sich das Kriterium des Denkens nur aus dem Metaphysi-

---

[178] „Atque hoc ipsum est, quod liberum arbitrium cogit nihil esse, quod aeternus et immutabilis sit amor, aeternum odium Dei erga homines, antequam mundus fieret, non solum ante meritum et opus liberi arbitrii, omniaque necessario in nobis fieri, secundum quod ille vel amat vel non amat ab aeterno, Ut non solum amor Dei, sed etiam modus amandi necessitatem nobis inferat, (...)" (18,724,35 ff.).
[179] Erläuterungen zur Münchener Ausgabe, S. 298 (B. Jordahn und H. J. Iwand).
[180] Ebeling, Luther S. 220 f.
[181] AaO., S. 227.

schen heraus verschoben in die persönliche Gottesbeziehung – die „schlechthinnige Abhängigkeit"? –, was eine allzu schwache Alternative wäre.)

„Luther entwickelt weder einen schlüssigen Gottesbegriff noch eine christliche Gotteslehre. Sondern er versucht nur nachzusprechen, was er durch die Bibel und – nicht zu vergessen – durch das geheime Wissen jedes Menschenherzens – über das Wesen Gottes vorgesprochen findet."[182] Dieses einfache Urteil Bornkamms ist im wesentlichen richtig. Es muß aber unbedingt präzisiert werden. Luther selber führt seine Ausführungen über diese Gegenstände nämlich an zwei Stellen auf recht merkwürdige Weise ein. Zunächst einmal sagt er: „(...) da wir mit Leuten, die etwas erdichten und mit Larven kämpfen, wollen auch wir eine Larve anziehen..."[183] Luther begibt sich hier für einen kurzen Augenblick in die Maske der erasmischen Gedanken, und auch aus ihnen heraus entwickelt er dann den Gedanken der Notwendigkeit des menschlichen Handelns und der scheinbaren Unbarmherzigkeit Gottes[184]. Was er dann aber über die göttliche Allmacht und Freiheit und über das Verstocktwerden des Menschen sagt, das bezeichnet er ausdrücklich als rational gebundenen, d.h. theologisch gesehen dummen Versuch, den Einwänden und Fragen der Vernunft helfend entgegenzukommen:

„Man sollte doch mit Gottes Wort zufrieden sein und einfach glauben, was es sagt, da Gottes Werke völlig unausforschlich sind. Aber der Vernunft, d.h. der menschlichen Dummheit zu Gefallen mag man faseln und dummes Zeug reden und es durch Stammeln versuchen, ob wir sie etwa beeinflussen können."[185]

Das heißt: Luthers Ausführungen wollen nicht „die Wirklichkeit selber", Gott in seinem ewigen Sein und den Menschen in seiner zeitlichen Gebundenheit umfassend beschreiben. Sie wollen aber der Vernunft beweisen, daß sie nichts versteht von göttlichen Dingen, und daß sie selber aus ihren eigenen Begriffen und Annahmen heraus auch keine wirklich stimmige Auffassung von der Sache gewinnen kann, ja, daß sie

---

[182] Bornkamm, Martin Luther S. 392 f. Auf seine Art wird auch Ebeling Luthers Aussagen gerecht, wenn er – bezüglich der „Notwendigkeit" – sagt, sie lasse „sich nicht als theoretische Aussage vertreten, sondern nur als Bekenntnis, d.h. im Glauben als Lobpreis Gottes, also als Aussage dessen, der bekennt, seiner selbst nicht mächtig zu sein, sondern mitsamt seinem Willen sich dem Willen Gottes zu verdanken" (aaO., S. 257). Die Zusammenfassung der positiven Aussage am Schluß ist dabei zwar etwas dürftig (vgl. unten Anm. 194), richtig aber ist die formale Feststellung zum „Sitz im Leben" dieser Aussagen.
[183] „(...) quando cum fictoribus et larvis pugnamus, larvemur et nos ..." (18,705,14).
[184] 18,705,18–706,15.
[185] „Oportuit sane verbis Dei contentos esse et simpliciter credere, quod dicunt, cum sint opera Dei prorsus inenarrabilia; tamen in obsequium Rationis, id est stultitiae humanae libet ineptire et stultescere et balbutiendo tentare, si qua possimus eam movere" (18,709,6 ff.).

schließlich sogar von sich aus, sofern sie den Gesetzen ihrer Logik und ihres Begreifens wirklich folgt, gezwungen ist, das fragliche Dogma zuzugeben - nur daß sie dann sozusagen nur die unbegreifliche und menschlich gesehen unerfreuliche, quälende Seite des Dogmas zu sehen vermag:

„Und sogar die natürliche Vernunft selber, welche an jener Notwendigkeit Anstoß nimmt und so sehr sich abmüht, sie aus dem Wege zu räumen, sieht sich genötigt, von ihrem eignen Urteil überwunden, sie zuzugeben, auch wenn keine Schrift da wäre. Alle Menschen nämlich finden diesen Gedanken in ihren Herzen geschrieben, erkennen ihn an und lassen ihn gelten, wenn auch widerwillig, sooft sie hören, daß von ihm die Rede ist.

Erstens, daß Gott allmächtig sei, nicht allein dem Vermögen, sondern auch der Wirksamkeit nach - wie ich gesagt habe -; andernfalls wäre Gott ein lächerlicher Gott. Sodann, daß er alles kennt und vorausweiß, weder irren noch sich täuschen kann. Ist dieses beides von aller Herz und Verstand zugegeben, werden sie alsbald mit unvermeidlicher Folgerichtigkeit gezwungen, zuzugeben, daß wir nicht aus unserem Willen geschaffen werden, sondern mit Notwendigkeit (...)

Daher findet man zugleich in aller Herzen geschrieben, daß der freie Wille nichts ist, wenn das auch durch so viele entgegengesetzte Disputationen und durch die so bedeutende Autorität so vieler Männer, die so viele Jahrhunderte hindurch anders lehrten, verdunkelt wird (...)"[186].

Luther schreibt gegen ein selbstgenügsam in sich ruhendes Denken, das ohne den Glauben und ohne das Opfer des Gottessohnes die Dinge als sinnvoll und gut zu fassen versucht. Diesem Denken soll nichts anderes übrig bleiben als ein *widerwilliges* Zugeständnis zur Wahrheit, da es ja nur deren zwingende Kraft, nicht aber deren Güte erfassen kann.

Es ist nicht Luthers Absicht, mit seinen Ausführungen über diese letzten Fragen des Lebens die Widersprüche aufzulösen, in die sich der Gedanke verstrickt, das Unsagbare zu sagen und mit äußersten Dogmen das Geheimnis des ewigen göttlichen Ratschlusses einsichtig zu machen. Luther betreibt zwar ausdrücklich die Konsequenzen, gegen die sich das natürliche Gerechtigkeitsempfinden sträubt, er versucht sie mit keinem Wort abzuschwächen und wegzuerklären - aber er versucht auch nicht, sie zu rechtfertigen und sich - gleichsam aus einer wilden

---

[186] „Atque ipsamet ratio naturalis, quae necessitate illa offenditur et tanta molitur ad eam tollendam, cogitur eam concaedere, proprio suo iudicio convicta, etiam si nulla esset scriptura. Omnes enim homines inveniunt hanc sententiam in cordibus suis scriptam et agnoscunt eam ac probant (licet inviti), cum audiunt eam tractari. Primo Deum esse omnipotentem, non solum potentia, sed etiam actione (ut dixi), alioqui ridiculus foret Deus. Deinde ipsum omnia nosse et praescire, neque errare neque falli posse. Istis duobus omnium corde et sensu concessis, coguntur mox inevitabili consequentia admittere, Nos non fieri nostra voluntate, sed necessitate; (...) Quare simul in omnium cordibus scriptum invenitur, liberum arbitrium nihil esse, licet obscuretur tot disputationibus contrariis et tanta tot virorum authoritate, tot soeculis aliter docentibus" (18,719,20 ff.).

Lust am Opfer heraus – mit ihnen zu solidarisieren (in irgendeinem Recht jenseits des natürlichen menschlichen Empfindens). Man kann sich fragen, ob die eine (oben zitierte) Stelle wirklich die doppelte Prädestination aussagt. Zwar ist vom Bibeltext her ausdrücklich von Jakob und Esau die Rede. Luthers eigene Worte sprechen aber nur von einer ewigen Liebe und einem ewigen Haß gegen die Menschen und bestreiten die Möglichkeit, daß der Grund für die Liebe bzw. für den Haß Gottes im zeitlichen Tun und Handeln der Menschen ausfindig gemacht werden kann. Luther spricht aber ausdrücklich nicht von zwei Gruppen von Menschen, über die von Ewigkeit her ein göttliches Urteil zum Heil oder zum Unheil verhängt ist. Der biblische Text scheint diese Annahme zwar zwingend nahezulegen – aber später hat Luther über Tisch die Rede von der doppelten Prädestination mehrmals abgelehnt, und zwar mit dem Hinweis auf den gesamten Duktus der biblischen Verheißungen, wie er in 1. Tim 2,4 seine knappe Zusammenfassung findet (dort ist ja denn auch vom Willen, nicht nur vom Wählen Gottes die Rede). „Warum Gott diesen erwählt und jenen nicht, das muß man auf den Menschen legen, nicht in den Willen Gottes. Denn die Verheißungen Gottes sind universal; er will alle Menschen selig machen. Darum ist die Schuld nicht bei unserem HerrGott, der verheißen hat, sondern bei uns, die nicht glauben wollen."[187]

Luthers Anliegen ist nicht dies, unlösbare theologische Fragen nun doch zu lösen oder einen tieferen Sinn dieser Schwierigkeiten zu postulieren. Auch an seinen Gegner stellt er nicht solche unerfüllbaren Forderungen:

„Denn das erwartete man nicht von Erasmus, daß er jene Schwierigkeit zur Sprache bringt, wie Gott mit Gewißheit voraussieht und dennoch unsere Taten zufälligerweise geschehen. Diese Schwierigkeit war lange vor der Diatribe in der Welt; sondern man erwartete, daß er antwortete und definierte."[188]

„Wer will das Rätsel lösen, warum Gott zugelassen hat, daß Adam in Sünde fiel?"[189] Luther nicht. Er will nicht „erklären" und will nicht Schwierigkeiten wegräumen, sondern er will die bibelkritische Vernunft in ihren eigenen Einwänden fangen und will die Rede von einem Ver-

---

[187] „Additque causam diversitatis electionis: Cur Deus hunc et non illum eligat, esse in homine ponendum, non in voluntate Dei. Nam promissiones Dei essent universales. Qui vellet omnes homines salvos fieri. Darumb sey die schult nicht vnsers Herrgotts, qui promittit, sed nostra, qui nolumus credere" (TR 4, 423, 5 ff.; no 4665; 1539). Ebenso warnt Luther vor der Spekulation über die Prädestination auch TR 2, 227, 20 ff. (no 1820; 1532) u. TR 1, 123, 30 ff. (no 298; 1532) vgl. oben Anm. 174 u. Kap. 1, Anm. 15.
[188] „Non enim ab Erasmo expectabatur, ut difficultatem illam moveret, quomodo Deus certo praesciret et tamen contingenter nostra fierent. Erat haec difficultas longe ante Diatriben in mundo. Sed expectabatur, ut responderet ac diffiniret" (18, 721, 16 ff.).
[189] TR 1, 124, 1 f. (no 298, 1532).

dienst und einer Freiheit des Menschen ohne die Gnade ausgeschlossen haben, und zwar so klar, „daß niemand dagegen mucksen kann"[190].

Denn die Lösung all dieser bedrängenden Fragen findet der Mensch nicht in irgendwelchen theologischen Erklärungen, sondern im Glauben, der aus dem gottlosen Denken und Suchen erlöst. Keine theologischen Differenzierungen und keine philosophischen Beschwichtigungen können die unruhig und angstvoll in sich selber gefangenen Fragen stillen – das kann im strengsten und ausschließlichsten Sinn „allein" der Glaube! Darum müssen alle Erörterungen dieser Fragen mit äußerster Konsequenz dieses eine bewirken: sie müssen aus der ratio zur fides, aus dem Denken zum Gebet hintreiben. Wie Staupitz es dem jungen, suchenden Mönch gesagt hat: „In Christi Wunden wird die Prädestination verstanden und gefunden, nirgendwo sonst!"[191] Nirgendwo sonst heißt aber wirklich nirgendwo sonst.

Was Luthers Argumentation verhindert, ist dieses eine: daß es als möglich erscheint, ohne und jenseits des Glaubens die Probleme des Gottesgedankens zu lösen und die Fragen des Lebens zu stillen. Denn das würde bedeuten, daß Gott als gut und gerecht begriffen werden kann auch ohne das Kreuz Christi, ja, daß eine Frömmigkeit begründet wird *neben* dem neutestamentlichen Fundament (Joh 3,16; 1. Kor 3,11). Anders gesagt: Es soll verhindert werden, daß ein Denken die Früchte des Evangeliums genießt, die Gewißheit der Gerechtigkeit Gottes, ohne daß es deren Anfangsgründe mitvollzieht und so dem Willen dessen, der sie gibt, gehorsam sein muß (vgl. Röm 1,5.17).

Wenn aber die Vernunft an ihrem eigenen Vermögen verzweifelt[192] und sich fallen läßt in das Wort, das ihr zu *glauben* gegeben ist, dann glaubt sie nicht mehr an das häßlich verzerrte Bild eines ungerechten und tyrannischen Gottes, das ihr der eigene Gedanke vor Augen gestellt hatte, sondern sie glaubt dann, daß Gott wirklich und wesentlich *gut* ist. Zwar kann der Glaube auch mit dem Wissen, das ihm die Offenbarung vermittelt, die Gerechtigkeit Gottes nicht einsichtig machen, und er kann auch sich selber auf keinerlei Weise darlegen und erklären, wie Gott gut und gerecht ist. Er kann es nur glauben, und ein Vergleich aus dem, was er bisher erfahren hat, kann ihm dabei helfen:

„Setze mir dreierlei Licht, das Licht der Natur, das Licht der Gnade, das Licht der Herrlichkeit, wie es eine allgemein bekannte und gute Unterscheidung hält. Im Licht der Natur ist es unlösbar, daß das gerecht ist, wenn der Gute heimgesucht wird und es dem Bösen gut geht. Aber das löst das Licht der Gnade. Im Lichte der Gnade ist es unlösbar, wie Gott den verdammen mag, der aus irgendwelchen eignen Kräften nicht anders tun kann als sündigen und schuldig werden. Hier sagt das Licht der Natur wie das Licht der Gnade, es sei

---

[190] 18,764,11f.
[191] TR 2,112,10f. (no 1490; 1532).
[192] Vgl. 18,632,36ff. u. 719,11f.

Schuld nicht des elenden Menschen, sondern des ungerechten Gottes, denn sie können nicht anders über Gott urteilen, der den gottlosen Menschen umsonst ohne Verdienst krönt und einen andern, der vielleicht weniger oder wenigstens nicht mehr gottlos ist, nicht krönt, sondern verdammt. Aber das Licht der Herrlichkeit sagt etwas anderes und wird zeigen, daß Gott, dessen Gericht eben noch eine unbegreifliche Gerechtigkeit in sich birgt, von höchst gerechter und höchst offensichtlicher Gerechtigkeit ist, nur, daß wir inzwischen das glauben sollen, gemahnt und gefestigt durch das Beispiel des Lichtes der Gnade, welches ein ähnliches Wunder beim natürlichen Licht vollbringt."[193]

Noch einmal: Was bewirkt Luther mit seinen Ausführungen zu diesen letzten Fragen des Denkens? Er bewirkt, daß „der Mund" derer, die das Schriftwort relativieren, „gestopft wird", und daß der natürliche Gottesgedanke *heilsam* geformt und begrenzt werden kann nicht durch sich selber, sondern einzig durch das undurchdringlich klare Wort Gottes. *Glauben,* nicht erkennen, läßt sich die Gerechtigkeit Gottes[194]. Um es so zu sagen: Der philosophische Gottesgedanke, ja, überhaupt jeder Gottes*gedanke,* wenn er ernsthaft ist, vermag dem Menschen der göttli-

---

[193] „Tria mihi lumina pone, lumen naturae, lumen gratiae, lumen gloriae, ut habet vulgata et bona distinctio. In lumine naturae est insolubile, hoc esse iustum, quod bonus affligatur et malus bene habeat. At hoc dissolvit lumen gratiae. In lumine gratiae est insolubile, quomodo Deus damnet eum, qui non potest ullis suis viribus aliud facere quam peccare et reus esse. His tam lumen naturae quam lumen gratiae dictant, culpam esse non miseri hominis sed iniqui Dei, nec enim aliud iudicare possunt de Deo, qui hominem impium gratis sine meritis coronat et alium non coronat sed damnat forte minus vel saltem non magis impium. At lumen gloriae aliud dictat, et Deum, cuius modo est iudicium incomprehensibilis iustitiae, tunc ostendet esse iustissimae et manifestissimae iustitiae, tantum ut interim id credamus, moniti et confirmati exemplo luminis gratiae, quod simile miraculum in naturali lumine implet" (18,785,26 ff.).

[194] Es ist aber unzufriedenstellend, wenn Ebeling Luthers Auffassung wie folgt zusammenfaßt: „Daß Gott unwandelbar alles tut und man seinem Willen nicht widerstehen kann, dies gelten zu lassen, sich daran zu halten, ist deshalb der einzige und höchste Trost der Christen. Das ist Glaube" (Luther, S. 255). Solche Worte können richtig sein, sie können aber auch weit ab von der Intention Luthers liegen. Es fehlt ihnen v. a. der präzise Hinweis darauf, warum es nicht nur notwendig, sondern wirklich auch „trostreich" ist, sich an den unwandelbaren Willen Gottes zu halten: es fehlt der Name, der den Willen Gottes als gerecht und gut erweist, der Name Jesu Christi. Ohne diesen Namen aber liegt die Gefahr nahe, daß die gepredigte Unfreiheit des Willens wirklich zu einer gestaltlosen, resignierten, bloß wartenden Gottesergebenheit führt, statt daß diese Predigt zu Christus und zum Mitwirken im Reich der Gnade hinleitet. Mit seinen offenen Formulierungen ist Ebeling der alten, liberalen Lutherdeutung zumindest sehr nahe. Man vergleiche z. B., wie der Herausgeber von De servo arbitrio um die Jahrhundertwende zuerst die Gedanken Luthers historisierend relativiert, von seiner theologischen Methode Abstand nimmt und schließlich als den bleibenden Wert der Schrift eine recht vage und harmlose Sache herausstellt: „Luther hält sich nicht rein auf dem Boden der religiösen Erfahrung. Wo er *beweist,* arbeitet er mit einer für uns nicht mehr überzeugenden und oft von scholastischer Dialektik sich in nichts unterscheidenden theologischen Methode." – „Aber so viel ist sicher, daß für Luther wie für jedes religiöse Empfinden das Gefühl völliger Abhängigkeit von Gott wesentlich und grundlegend ist" (Vorwort von A. Freitag, 18,595).

chen Allmacht gegenüber keinen Freiraum zu geben. Freiheit kann nur Christus geben, der durch das Wort der Apostel Gottes Allmacht auf eine menschlich faßbare, ja, sogar auch menschlich begrenzte Art gegenwärtig sein läßt (2. Kor 3,6-17). Die absolute Freiheit Gottes kann kein Gedanke begrenzen – was wäre das für ein Gott? Die Freiheit Gottes begrenzt nur der Sohn, der den Vater als einziger kennt und der nicht mit häßlicher Willkür Segen und Fluch verteilt, sondern die Mühseligen unter das Joch seiner demütigen und sanftmütigen Herrschaft ruft (Mt 11,27-30). Dem Rätsel der Gnadenwahl gegenüber kommt kein Denken zur Ruhe, solange es abstrakt in einer letzten Durchsichtigkeit ein Wie und Woher zu erkennen und Gott nach einem absoluten „Gut und Böse" zu verstehen versucht, als ob Gut und Böse für Gott ein Gesetz über ihm und nicht der Gegenstand seiner Liebe und seines Hasses wäre (Gen 3,5). Dieses Rätsel löst nur Jesus Christus selber, der vom Gottesgedanken verurteilt worden ist (Mt 26,65). In ihm wohnt die Fülle der Gottheit – nicht nur als ein Gedanke, sondern undurchdringbar, leibhaftig (Kol 2,9). Er öffnet sich und gibt seine Gnade nicht nur durch seine Lehre, sondern auch durch seine Wunden. Im Abendmahl, das er begründet, wird die Gnadenwahl Israels wieder universal zugänglich – auch das aber nicht begreifbar, einsichtig zu machen, sondern „durch seinen Leib und sein Blut" (Eph 2,11-22).

Das offenbare Geheimnis

Die Einleitung zur Schrift gegen Erasmus beginnt Luther nicht mit einzelnen Bibelzitaten oder praktischen Überlegungen zu Fragen der Frömmigkeit. An zentraler Stelle ganz am Anfang seiner Schrift steht vielmehr die klangvolle, poetisch dichte und dogmatisch präzise Anspielung auf einen Evangelientext:

„Denn was kann an Erhabenem in der Schrift verborgen bleiben, nachdem die Siegel gebrochen, der Stein von des Grabes Tür gewälzt und damit jenes höchste Geheimnis preisgegeben ist: Christus, der Sohn Gottes, sei Mensch geworden, Gott sei dreifaltig und einer, Christus habe für uns gelitten und werde herrschen ewiglich? Wird das nicht sogar in Elementarschulen bekannt gemacht und dort auch gesungen? Nimm Christus aus der Heiligen Schrift, was wirst du außerdem noch darin finden? Die Dinge also, die in der Schrift geltend gemacht sind, sind alle zur öffentlichen Kenntnis gebracht, wenn auch einige Stellen bisher aus Unkenntnis der Worte dunkel sind"[195].

---

[195] „Quid enim potest in scripturis augustius latere reliquum, postquam fractis signaculis et voluto ab hostio sepulchri lapide, illud summum mysterium proditum est, Christum filium Dei factum hominem, Esse Deum trinum et unum, Christum pro nobis passum et regnaturum aeternaliter? Nonne haec etiam in biviis sunt nota et cantata? Tolle Christum e scripturis, quid amplius in illis invenies? Res igitur in scripturis contentae omnes sunt proditae, licet quaedam loca adhuc verbis incognitis obscura sint" (18,606,24 ff.).

Auf dem Weg nach Emmaus hat der Auferstandene den Jüngern die Schrift geöffnet, daß ihre Herzen brannten, als er „anfing bei Mose und allen Propheten und ihnen die ganze Schrift auslegte, was darin von ihm gesagt war": „Mußte nicht Christus leiden und zu seiner Herrlichkeit eingehen?" Noch sehen und erkennen die Jünger Jesus nicht, obgleich er doch mit ihnen geht. Ihre Augen werden „gehalten"... Aber in ihre Herzen hinein dringt brennend klar das verborgene Licht der Schrift. Das Geheimnis, das in ihr versiegelt und verschlossen war (Dan 12,4), ist hervorgebrochen und hat sich preisgegeben. Wo dunkel die Hoffnung Israels begraben lag, da bricht nun brennend, mahnend und tadelnd, tröstend und erfreuend das Wort Gottes hervor und schafft den Glauben und das Bekenntnis der neutestamentlichen Gemeinde: „Der Herr ist wahrhaftig auferstanden und Simon erschienen!" (Lk 24,13-35). Die Schrift und das Zeugnis der Ostergemeinde treffen sich, und eines hält und erklärt das andere[196].

Luther fährt fort und zieht aus diesem schönen Lobpreis des Wortes nun die Konsequenzen für die praktische theologische Alltagsarbeit:

„Töricht und gottlos ist es aber, zu wissen, daß alle Dinge der Schrift im klarsten Licht daliegen, und wegen weniger dunkler Worte die Sache dunkel zu nennen. Wenn die Worte an einer Stelle dunkel sind, so sind sie jedoch an einer anderen klar. Es ist aber ein und dieselbe Sache, die aufs deutlichste der ganzen Welt öffentlich verkündigt, in der Schrift bald mit klaren Worten ausgedrückt wird, bald unter dunklen Worten bisher verborgen daliegt. (...)
Und was die höchste Erhabenheit und die verschlossensten Geheimnisse betrifft, so befinden sie sich nicht an einem abgeschiedenen Ort, sondern sind in aller Öffentlichkeit und vor aller Augen vorgeführt und ausgestellt. Christus nämlich hat uns den Sinn aufgetan, daß wir die Schrift verstehen."[197]
(Dies wird dann begründet mit einzelnen Schriftworten wie Mk 16,15; Kol 1,6; Röm 10,18; 15,4.)

Man muß und darf also in der theologischen Arbeit davon ausgehen, daß gerade das Erhabenste und Größte, was die Schrift zu sagen hat, ganz offenkundig und allgemein zugänglich gemacht ist. So offenkun-

---

[196] Ebenso deutlich ist diese Anspielung auf Lk 24 in TR 2,8,5ff. (no.1246; 1531: „Kabala war gut bis auf Christus; wenn aber Christus kommt, so ists alles aus. Aber unsere Rottengeister sagen, daß bis heute viele Dinge verborgen sind in der Schrift, die noch nicht offenbar sind, was falsch ist; denn das Grab ist offen, und Christus ist heraus an den Tag gekommen, darum, wer Christum kann, der ist ein Magister in der Schrift und bleibt ein Magister."

[197] „Stultum est vero et impium, scire, res scripturae esse omnes in luce positas clarissima, et propter pauca verba obscura, res obscuras dictare, Si uno loco obscura sunt verba, at alio sunt clara. Eadem vero res, manifestissime toti mundo declarata, dicitur in scripturis tum verbis claris, tum adhuc latet verbis obscuris. (...)
Et quae sunt summae maiestatis et abstrusissima mysteria, non sunt amplius in secessu, sed in ipsis foribus et in propatulo, producta et exposita. Christus enim aperuit nobis sensum, ut intelligamus scripturas" (18,606,31ff.).

dig, daß es leicht übersehen wird, wenn der Mensch Hohes sucht, wie es seinem verblendeten Sinn entspricht, und wenn er darum an der Einfalt und scheinbaren Selbstverständlichkeit der biblischen Aussagen vorübergeht und Größeres und „Bedeutungsvolleres" sucht jenseits des „höchsten Geheimnisses", von dem auch die Elementarschüler singen:

„Wenn jedoch vielen vieles verschlossen ist, so liegt das nicht an der Dunkelheit der Schrift, sondern an der Blindheit oder Beschränktheit jener, die sich nicht bemühen, die allerklarste Wahrheit zu sehen, so wie Paulus von den Juden sagt, 2. Kor 4,3 f.: ‚Die Decke bleibt auf ihren Herzen.'"[198]

Die theologische Arbeit besteht also nicht darin, in den Bibelwörtern das „Eigentliche" erst noch zu suchen und aufzudecken. Die theologische Erkenntnis besteht nicht in einem Durchblick in verborgene Notwendigkeiten und Gesetzmäßigkeiten, in einer Einsicht in die Ursachen und Konsequenzen dessen, was geschrieben steht. Vielmehr ergibt sich die Notwendigkeit theologischer Arbeit zunächst einmal aus der Tatsache, daß die eine, klar ausgesprochene Sache z. T. auch noch unter dunklen Worten verborgen liegt. „Die heiligen Lehrer haben die Weise, Schrift auszulegen, daß sie helle klare Sprüche nehmen und machen damit die dunklen wankel Sprüche klar, ist auch des heiligen Geists Weise, mit Licht die Finsternis zu erleuchten."[199] Stück um Stück erobert ein rechter Kirchenlehrer die Schrift und erhellt die Bedeutung dunkler Worte, indem er erklärt, wo und in welcher Funktion sie ihrem Herrn, der einen Sache der Schrift dienstbar sind. (Es wäre etwas irreführend, wenn man sagen würde: „indem man die Beziehung der Worte zur einen Sache der Schrift sichtbar macht." Diese Beziehung muß nicht immer als eine ungebrochene Relation nachvollziehbar werden, sie kann sich auch durch ein Dunkel hindurchziehen, so daß man ihr nur im Glauben zu folgen vermag. In der Regel aber wird man immer wieder auch aufzeigen können, in welchem Grad und mit welcher Aufgabe ein Spruch dasteht als „Soldat Christi".)

Darüber hinaus aber muß der Theologe auch dafür kämpfen, daß die „obscuritas huius mundi" nicht die „claritas scripturae" verdunkelt. Denn wenn die Schrift vom Menschen in seiner Blindheit gelesen und zu verstehen versucht wird, wie es dieser seiner Blindheit entspricht[200], und wenn dann die Schrift „durch Folgerungen und Zusätze" erweitert wird, dann beginnt wirklich die Schrift sich selber zu widersprechen – „weil dann die Schrift anders ist, als sie gewesen ist"[201]. Die Schrift ist

---

[198] „Quod vero multis multa manent abstrusa, non hoc fit scripturae obscuritate, sed illorum caecitate vel socordia, qui non agunt, ut clarissimam veritatem videant, Sicut Paulus de Iudaeis dicit 2. Corinthiorum 4: Velamen manet super cor eorum" (18,607,9 ff.).
[199] 23,225,1 f.
[200] 18,683,33 ff.
[201] „Hoc quidem fatemur, si sequelis et additamentis Diatribes scripturas augere licet,

in sich zwar klar. Die Klarheit der Schrift aber ist, wie oben dargelegt (S. 83 ff.), teils als äußere Klarheit in den öffentlichen Dienst am Wort gestellt, teils ist sie – als innere Klarheit – ein Licht im Innern des Menschen. Diese in der öffentlichen Verkündigung und im Glauben des Einzelnen aufgerichtete Klarheit wird unerhört leicht getrübt, verdunkelt und oft völlig verdeckt:

„Guter Gott, wie leicht wird schrecklicher und unendlicher Schaden angerichtet durch ein einziges Argument, das das Gewissen so erschüttert, daß einer, wenn der Herr die Gnade entzieht, in einem Augenblick die ganze Sache verlieren kann! (...) So ist auch die Sache mit der Rechtfertigung voller Unsicherheit, nicht an sich – denn an sich ist sie ganz fest und ganz gewiß –, aber sofern sie uns angeht. Das erfahre ich selbst oft genug. Ich weiß wohl, in was für Finsternisstunden ich manches Mal kämpfen muß. Ich weiß, wie oft ich die Strahlen des Evangeliums und der Gnade wie in dichten Nebelschwaden plötzlich verliere. Ich weiß schließlich, wie da auch die Geübten und die Wegsicheren sich auf schlüpfrigem Grunde befinden (...) so kann eine einzige Schriftstelle, die eine Drohung ausspricht, alle Tröstungen überdecken und vernebeln und unser ganzes Inwendiges so sehr erschüttern, daß wir die Sache mit der Rechtfertigung, mit der Gnade, mit Christus und dem Evangelium völlig vergessen. Sofern wir in Frage stehen, ist die Sache sehr ungewiß, weil wir unzuverlässig und ungewiß sind."[202]

Was uns anbelangt, unser Bewußtsein und unser Lehren, so ist die Klarheit der Schrift aufs äußerste gefährdet. Die Vernunft verdunkelt den Glauben, das Fleisch strebt wider den Geist[203]. Es braucht deshalb stets wieder auch die klärende Arbeit der Theologen. Sie dient, könnte man sagen, der clarificatio des gepredigten und geglaubten Wortes. Sie dient aber nicht der clarificatio scripturae, sondern der clarificatio humanae verbae et cogitationum. Die Schrift in sich ist klar. Wie könnte man sonst mit ihren Worten Fragliches und Dunkles erhellen?[204] Aber das Verständnis, das die Schriftworte hinterlassen, und ihre Verwen-

---

ut dicendo: frustra praecipiuntur, si non possumus, quae praecipiuntur, tum vere pugnat Paulus sibiipsi et tota scriptura. Quia tum scriptura alia est, quam fuit (...)" (18,731,37 ff.).

[202] „Bone Deus, quam facile datur horribile et infinitum damnum unico argumento quod conscientiam sic percellit, subtrahente domino gratiam, ut aliquis totam rem in momento amittat. (...) Deinde quoque causa iustificationis lubrica est, non quidem per se – per se enim est firmissima ac certissima – sed quoad nos; Id quod ego ipse saepe experior. Novi enim, in quibus horis tenebrarum nonnunquam lucter. Novi, quoties ego radios Evangelii et gratiae veluti in quibusdam densis nubibus subito amittam. Nove denique, quam versentur ibi in lubrico etiam exercitati et qui pedem firmissime figunt. (...) Sicut vel unus locus comminationis ex scriptura omnes obruat et obnubilet consolationes adeoque omnia interiora nostra concutiat, ut plane obliviscamur causae iustificationis, gratiae, Christi et Evangelii. Ideo quantum ad nos attinet, res valde lubrica est, quia nos lubrici sumus" (40 I, 128, 28 ff.).
[203] 40 I, 129, 28 ff.
[204] 18, 655, 11 ff.

dung in der öffentlichen Lehre ist stets wieder verwirrt und unklar, und hier hat die Theologie Arbeit, „solange die Zeit währt"...

Von einer „clarificatio scripturae" spricht Beisser: „Wie kommt es zur Klarheit der Schrift?", lautet die an sich richtige Frage über dem dritten Kapitel seiner Schrift[205]. Beisser präzisiert zunächst, daß die claritas scripturae „eingetreten" sei mit dem „Auftreten der apostolischen Verkündigung"[206]. Damit setzt er sich zu Recht ab von einer Interpretation von R. Hermann, die durch eine allzu feingliedrige allegorische Deutung das Klarwerden der Schrift dort verwirklicht sehen will, „wo der Heilsglaube im Herzen aufgeht"[207]. Es ist grundsätzlich in beiden Interpretationen richtig, daß die Klarheit der Schrift nicht „lediglich etwas Gegebenes ist"[208]. Hier ist ein gewisser Aktualismus durchaus am Platz! Die Klarheit der Schrift muß wirklich stets wieder „eintreten", d. h. das Licht der Schrift muß wie die Sonne nicht nur einmal aufgehen, sondern Tag für Tag neu erhellend, ordnend und klärend eindringen in das Denken und Fühlen, in das Reden und Handeln der Gläubigen. Problematisch an Beissers Darlegungen ist nur die Rede von der clarificatio *scripturae*[209], in welcher die Unterscheidung zwischen dem Heilsmittel und seiner Wirkung wieder vermischt zu werden droht: Unter der Hand wird die Notwendigkeit des „Klarwerdens" aus Bewußtsein und Predigt zurückverlagert in die Schrift selber. Denn was ist das für ein Genitiv: clarificatio scripturae? Wenn Beisser die Mittel Naivität, Tradition und Heiliger Geist nennt, so wirkt es bald so, daß die Hindernisse in einem Mangel auf der Seite des Menschen liegen – z. B. mangelnde „Voreingenommenheit" für die Schrift[210] oder fehlende Betroffenheit[211] –, bald so, als ob die Schrift selber klar gemacht werden muß – z. B. wenn der „tote Bibeltext" vom Wort abgehoben wird[212], oder wenn die „Machtstellung" der Schrift nur möglich wird durch eine vom Text unableitbare „Kraft des Geistes"[213]. Es scheint mir, daß hier die Schrift und ihr Verständnis, daß ihre Heiligkeit und der Glaube an diese ineinander verschwimmen, so daß letztlich Gottes Wort als durch den Glauben mit bedingt erscheint, d. h. das Wort scheint ein Wort Gottes zu werden erst dort, wo es angenommen und geglaubt wird.

Die Schrift in sich ist aber klar. Ihre eine Sache ist selbstverständlich einfach gegeben. Es gibt also eine *Einheit der Schrift*, in der ihre einzelnen Worte stehen und aus der heraus sie richtig gelesen werden. Diese Einheit ist aber nicht ein Prinzip, eine bestimmte Struktur oder eine sich gleichbleibende Relation, sondern sie ist das eine, allesumfassende *Geheimnis* der Schrift, die Person Christi und was sie offenbart: die Dreieinigkeit Gottes. Diese Einheit der Schrift wird uns darum nicht

---

[205] S. 131.
[206] S. 135.
[207] Nach Beisser S. 132.
[208] S. 131.
[209] S. 137 ff.
[210] S. 138.
[211] S. 140.
[212] S. 147.
[213] S. 180. Vgl. o. S. 53 f.

zugänglich etwa in einem allgemeinen Verständnis von Gesetz und Evangelium. Sie umfaßt uns vielmehr sehr einfach und handgreiflich durch den Katechismus. In ihm wird alles gesagt, was die Schrift zu sagen hat: er ist ein „kurzer Auszug und Abschrift" der „ganzen heiligen Schrift"[214], er macht die *ganze* Schrift zum Bewußtseinsinhalt und sagt deshalb, welches der umfassende Zusammenhang ist, in welchem die einzelnen Schriftworte sachlich richtig zu lesen sind[215]. *Die ganze Schrift - nicht die Schrift als Ganzes!* Daß die ganze Schrift dem Denken und Forschen aufgetan und ihr Innerstes ins Bewußtsein des Menschen gegeben ist, heißt nicht, daß die Schrift als ein zusammenhängendes Ganzes einsichtig oder auch emotional nachvollziehbar wird. Luthers Katechismus besteht aus fünf „*Stücken*"[216], die z.T. recht unvermittelt nebeneinanderstehen. Vergleicht man den Katechismus Luthers mit anderen, so fällt auf, wie wenig er einem Schema folgt und wie sehr er darauf verzichtet, eine innere Folgerichtigkeit und Einheit aufzuzeigen. Auch das, was Luthers eigener Theologie ihre Dynamik und Einheit gibt, die Lehre von Gesetz und Evangelium, bringt er im Katechismus kaum ausdrücklich zur Sprache. Unser Wissen ist Stückwerk (1.Kor 13,9-12), und der Zusammenhang der Stücke muß immer wieder auch verborgen bleiben - ein entgegengesetzter Versuch wäre Ewigkeitsspekulation. Daß die ganze Schrift uns zugänglich gemacht wird, heißt nicht, daß sie als Ganzes vom Bewußtsein erfaßt und durchdrungen wird, so daß ihr Inhalt dann von einem Begriff oder einer Erfahrung aus entfaltet werden könnte. Gerade wer die Schrift aufmerksam liest und viel von ihr begreift, der bekommt auch zu spüren, wie wenig er versteht:

„Ich habe mir auch vorgenommen, die Biblia zu verdeutschen; das ist mir not gewesen, ich hätte sonst wohl sollen in dem Irrtum gestorben sein, daß ich wäre gelehrt gewesen. Es sollten solches Werk tun, die sich lassen dünken gelehrt zu sein."[217]

Nur wer schwärmt, kann meinen, er hätte die Schrift begriffen und könne sie von sich aus deuten und vermöge ihren Inhalt frei denkend zu entfalten, nur wer nichts versteht, kann denken, er verstehe die Hauptsache der Schrift und könne darum der Bibel, wo ihre Worte widersprüchlich erscheinen, mit weiterführenden und verbessernden Erklärungen zu Hilfe kommen[218]. „Gegen diese Sicherheit bete ich täglich

---

[214] 30 I,128,30.
[215] TR 1,165,9f. (no.379; 1532).
[216] 30 I,132,13 u.ö. (Von fünf „Tafeln" spricht die Ausgabe von Stiefel von 1530, 30 I, 243,3.)
[217] 10 II,60,13ff., 1522.
[218] Man vergleiche Luthers Vorwürfe an die „Antinomer", 50,474,9ff.: Aus dem Begriff der Rechtfertigung heraus - könnte man sagen - haben sie eine neue Methodik der Verkündigung „erdichtet", die der Schrift als Ganzes gerecht werden soll: „... sie wollen

den Katechismus wie mein Hänschen, daß mich Gott erhalte in seinem lieben Wort."[219] Im Wort möchte Luther bleiben, nicht bei einem Begriff oder einer Erfahrung! Denn „ich weiß, daß ich vieles nicht weiß". Auch wenn er seine „reformatorische Erkenntnis" über diesem Wort gewonnen und mit ihm in Gedanken 25 Jahre lang gepredigt hat, so versteht er doch die Stelle Röm 1,17 noch immer nicht[220]. (Was Wunder, daß die Lutherforscher bis heute diese „Reformatorische Erkenntnis" vergeblich zu fassen und ein für alle Mal gültig zu definieren versuchen!)

Der Glaube, der das rechte Verstehen mit sich bringt, ist nicht ein Werk, sondern „ganz ein Geschenk Gottes", und die rechte Erkenntnis ist darum auch nicht ein Bewußtseinsinhalt, den der Mensch von sich aus gewinnen, festhalten und jederzeit neu sich schaffen und zurückrufen könnte. Sondern wie Gott

„Schöpfer des Glaubens ist, so ist er auch sein Erhalter, wie er den Glauben erst einmal durchs Wort schenkt, so übt, mehrt und festigt und vollendet er ihn dann durchs Wort. Daher ist der höchste Gottesdienst, der Feiertag aller Feiertage, sich in Frömmigkeit zu üben und das Wort zu behandeln und zu hören. Und im Gegenteil ist nichts gefährlicher als der Überdruß am Wort. Wer daher so erkaltet, daß er glaubt, er habe schon alles begriffen und wer anfängt, am Wort Überdruß zu empfinden, der hat schon Christus und das Evangelium verloren. Und der, welcher meint, er wisse, weil er spekulierend so Großes begreift, der ist, wie Jakobus sagt, wie ein Mann, der sein Angesicht im Spiegel schaut und, da er weggeht, wieder vergißt, wie er war."[221]

Die Klarheit der Schrift gründet in ihrer Wahrheit. Diese ist aber nicht eine Sache, die ein Gedanke durchdringen und ein Bewußtsein ganz umfassen könnte, sondern sie ist eine Person, Jesus Christus. Er aber ist nicht ein passives Objekt, das darauf wartet, gesucht und er-

---

die ganze Schrift hinein- und herausziehen und damit Lux mundi werden" (Z. 12 f.). Die neue Erfindung hat aber, sagt Luther, den Fehler, daß sie Pauli eigene Anordnung übergeht (Z. 14 ff.) und letztlich nichts weiteres bringt als daß man „diese armen Buchstaben: ‚GESETZ'" wegwirft (Z. 34 f.). Der Versuch, die Schrift aus einem Begriff (und wenn es der von Gesetz und Evangelium wäre) heraus zu deuten, wird im besten Fall nur eine schematisierende Verarmung bringen, im schlechteren neue Irreführung…

[219] TR 2,194,6 ff. (no. 1727, 1532); ebenso 30 I, 126, 14 ff.

[220] TR 3,679,1 f. (no. 3874, 1538). Auch Petrus, Paulus, Moses und alle Heiligen haben kein einziges Wort Gottes „gründlich durchaus" verstanden (TR 1,30,20-22; no. 81; 1531).

[221] „Quare perpetuo inculcamus cognitionem Christi et fidem non esse rem aut opus humanum, sed simpliciter donum Dei. Qui ut creat, ita conservat fidem in nobis. Sicut autem per verbum fidem primum donat, ita deinceps per verbum exercet, auget, confirmat et perficit eam. Itaque summus Dei cultus et sabbatum sabbatorum est exercere sese ad pietatem, tractare et audire verbum. Econtra nihil periculosius est quam fastidium verbi. Qui ergo sic friget, quod putat se apprehendisse et incipit paulatim fastidire verbum, ille iam Christum et Evangelium amisit Et hoc quod putat se nosse, tantum speculative apprehendit Estque ‚similis viro', ut Iacobus ait, ‚consideranti faciem in speculo qui abiens statim obliviscitur, qualis fuerit'" (40 I,130,12 ff.).

kannt zu werden, sondern er „herrscht mitten unter seinen Feinden" (Ps 110,2)²²². Er lenkt Gedanken und Gefühle, aber auch die äußeren Ereignisse so, wie es seinem Willen entspricht. Dies tut er aber heilsam, befreiend und erlösend „einem jeden, der glaubt", durch sein Wort (Röm 1,16). Deshalb muß dieses Wort klar „stehen bleiben", auch dort, wo es zunächst unverständlich und scheinbar widersinnig zu sein scheint. Auch durch einen solchen Schein kann Christus, ja, wird Christus für den Gläubigen heilsam wirken! Es muß auch immer wieder so sein; denn es ist zwar alles in der Schrift ans Licht gegeben – aber dies alles ist und bleibt doch auch am Licht ein *Geheimnis!* Es kann als solches leichtlich gelesen, verstanden und angenommen werden – es kann aber als solches nie sich auflösen, kann nie aufgehen und kann nie zu einem in sich ruhenden Inhalt werden im Bewußtsein des Menschen – es bleibt „extra nos". Man könnte sagen: Jesus Christus ist der Begriff der Heiligen Schrift, der uns begreift (vgl. 1. Kor 8,3). In der Schrift fassen wir *seine* Stücke, und wenn wir so von ihnen erfaßt werden, dann fassen wir sie recht, zum Heil.

Dieser Sicht entspricht nun letztlich auch ein Äußeres im größten Lebenswerk Luthers, in seiner Übersetzung und Herausgabe der Bibel. Luther erlaubt es sich, die Bibel so setzen zu lassen, daß er die „vornehmsten Sprüche" hervorheben läßt²²³. Das ist nicht subjektivistische Willkür und Besserwisserei der Schrift gegenüber (es werden inhaltlich verschiedenste Aussagen so herausgestellt). Es entspringt vielmehr dem Wissen um die Schwäche des menschlichen Geistes (nicht nur des „einfachen Volkes") und um die Menschenfreundlichkeit dessen, dem die Schrift gehört. Es geht in den Schriften der Bibel zuerst und zuletzt nicht um die Gedanken des Paulus oder Johannes in ihrer Folgerichtigkeit, sondern es geht um die Wahrheit des Schöpfers und Königs der Schrift, Christus. Es geht für den Bibelleser zuerst und zuletzt nicht darum, die Schriften der Bibel im weiten Bogen ihrer Gedanken mitzuvollziehen, ja, es wird rein praktisch den meisten kaum möglich sein, das zu tun. Das ist aber auch nicht notwendig und ist nicht der Zweck der Bibel. Vielmehr geht es ganz einfach darum, daß der Leser durch die Bibelworte in das Reich der Wahrheit versetzt und der heilsamen Herrschaft Christi unterstellt werde. Der Glaube darf darum zu Recht immer wieder sich an einzelnen Sprüchen festmachen und durch diese seine Empfindungen und Gedanken klären. Denn die Bibel soll letztlich nicht Erkenntnisse, sondern sie soll die eine Erkenntnis Christi vermitteln, sie soll nicht eine ratio fidei aufdecken, sondern sie soll ihren Leser öffnen und neigen zur vertrauensvollen Hingabe an Christus und seinen Willen.

---

²²² Vgl. 40 I, 69, 19 ff., wo das Psalmwort zitiert wird, um Gottes Herrschaft auch in der römischen Kirche, wo er nicht erkannt wird, zu beweisen.
²²³ Vgl. S. 45, Anm. 35.

2.2. Die Klarheit der Schrift und „die Hure Vernunft"

„Das Licht scheint in der Finsternis"

Wenn die Schrift klar ist – weshalb wird sie so widersprüchlich ausgelegt und erscheint so oft als die Quelle der Zerspaltenheit unter den Gläubigen? „Begründet der Kanon die Einheit der Kirche" – ist nicht vielmehr die „Variabilität" der „urchristlichen" Verkündigung, die in ihm nachklingt, für die Vielzahl der Konfessionen verantwortlich, so daß die Einheit der Kirche immer nur als ein nicht Vorfindliches vorfindlich ist[1]?

Solche Fragen finden ihre Antwort bei Luther nicht durch eine Verteidigung der Schrift vor dem Forum der Vernunft oder durch die Behauptung, daß zum äußeren Schriftwort ein „geistliches Urteil" hinzukommen müsse, damit ihre Klarheit leuchte. Im Gegenteil kehrt sich der Spieß sogleich um: der Schriftkritik der Vernunft begegnet Luther mit einer radikalen Kritik der Vernunft im Lichte der Schrift. Luthers Behauptung der Klarheit der Schrift verschließt nicht die Augen vor der gegebenen Wirklichkeit der widersprüchlichen Schriftauslegung. Sie erklärt aber diese Tatsache nicht durch eine Schwäche der Schrift, sondern durch den steten, trotzigen Hinweis auf die Schwäche des Menschen, die Sünde, welcher die Schrift mit ihrer eigentümlichen, scheinbar schwachen Gestalt auf eine heilsame Art begegnet. Versucht man Luthers Gedanken hier ohne Abschwächung mitzudenken, so zeigt sich, wie sehr die Atmosphäre des theologischen Denkens sich für uns verändert hat. Wo bei Luther beharrlich und breit die Anklage der menschlichen Vernunft steht, da steht in der modernen Theologie mit ebenso breitem Konsens das Mißtrauen gegenüber dem Wort und die mehr oder weniger laute Anklage der Schrift. Die Klarheit der Schrift muß deshalb gerade für das moderne Denken eine völlig sinnlose und gänzlich in der Luft schwebende Behauptung bleiben, solange man nicht bereit ist, ernsthaft mitzudenken, was Luther ausgehend von der Schrift sagt über die völlige Finsternis des menschlichen Lebens und

---

[1] Vgl. den vieldiskutierten Artikel von E. Käsemann. Das eindrückliche Ringen Käsemanns um eine evangelisch verantwortbare Antwort auf die von ihm aufgeworfenen Fragen findet m. E. eine doch wieder zu glatte Lösung, wenn die „Variabilität des Kerygmas im NT" (S. 131) als notwendig erwiesen wird aus dem Wissen darum, daß es keine Identität von Evangelium und Kanon geben darf, daß vielmehr auch dem Kanon gegenüber „die Prüfung der Geister" (S. 407) notwendig sein muß, weil sonst Christus irgendwie „vorfindlich" und nicht mehr ein reines Gegenüber der Kirche, sondern im Kanon ihr integriert wäre (S. 403), wodurch scheinbar auch die Einheit der Kirche zu einem Vorfindlichen würde (S. 133) – was nach dem letztlich doch philosophisch bestimmten Verständnis des „Buchstabens" als des „Vorfindlichen" nicht sein darf (S. 132 f.). Meine Kritik an der Statik in der Ablehnung aller Statik etc. wie ich sie am Beispiel Karl Barths darlege s. u. Teil 2, Kap. 2.3 „Die verfügte Unverfügbarkeit".

insbesondere der menschlichen Vernunft dem Göttlichen gegenüber. Dieser theologischen Vernunftkritik ist deshalb dieses ganze Kapitel gewidmet.

Es dürfte aus den bisherigen Darlegungen klar geworden sein: Die „claritas scripturae" ist nicht eine „perspicuitas", eine „Durchsichtigkeit", die sie „verständlich", begreifbar, übersichtlich und als Ganzes einsichtig macht und ihren Gegenstand ein für alle Mal in die Hand des Menschen gibt. Inwiefern die Schrift sinnvoll, richtig geordnet und zweckmäßig verfaßt ist, springt nicht sogleich in die Augen, ja, stückweise läßt es sich wohl überhaupt nicht einsichtig machen. Während menschliche Schriftstellerei sich doch darum bemüht, einen Gedanken folgerichtig zu entfalten, die Hauptsache deutlich herauszustellen und das weitere daraus abzuleiten, so geht die Schrift anders vor: Ihre größten Geheimnisse verbirgt sie (zum Ärger des Erasmus!) oft unter unscheinbaren, „schläfrigen" Worten[2], so daß man sie leicht überliest, anderes, Alltägliches und Selbstverständliches, entfaltet sie breit, so daß der Leser, der tiefere Einsichten in Geistliches sucht, sich rasch einmal von ihr abwendet[3]. Aber auch eine unmittelbare gefühlsmäßige Wirkung scheint die Schrift nicht zu erstreben. Während die menschliche Dichtung durch vertraute Bilder, bedeutungsschwer offene Formulierungen oder rätselhafte Anspielungen eine Atmosphäre schafft, die lockt und gefangen nimmt, während die menschliche Erzählkunst in einem dramatischen Spannungsbogen mitreißt, so verzichtet die Bibel, verzichten insbesondere die Evangelien auf solche Mittel. Ihre Dramatik verbirgt die Schrift oft unter unscheinbaren Worten. Weshalb das?

Wir wollen den Zugang zu Luthers Gedanken in dieser Frage an Hand einer ganz beiläufigen Äußerung über Tisch zu finden versuchen. Es geht in dieser Gesprächsnotiz scheinbar um Oberflächliches, aber darunter verbirgt sich ein Letztes. Luther erzählt, im ganzen Neuen Testament, habe Erasmus gesagt, werde Christus nur ein einziges Mal „Gott" genannt (Joh 20,28), viel öfter dagegen Mensch und Menschensohn. Also, lautet die platt rationalistische Schlußfolgerung, ist die Gottheit Christi in der Bibel ein weniger großes Anliegen als Christi Menschheit[4].

Wer so denkt, der denkt zu gering von der Schrift, weil er auch zu harmlos denkt vom Menschen, an den sich die Schrift doch richtet. In der Bibel entfaltet nicht ein Mensch seine Gedanken vor seinesgleichen, und da geht es darum nicht um die ausgewogene, geheimnislose Darstellung eines übersichtlichen Ganzen. In der Bibel setzt vielmehr Gott sein Wort und streckt Christus seine Hand aus – nicht um sich vor

---

[2] TR 1,339,1–8 (no. 699) 1530–35.
[3] S. u. Anm. 62.
[4] TR 3,620,1 ff. (no. 3795) 1538.

selbstsicheren Kritikern zu rechtfertigen und auszuweisen, sondern um zu herrschen und einen Geruch zu verbreiten zum Tode und zum Leben (2. Kor 2, 15 f.): die „Klugen und Weisen zu Narren zu machen"[5] und die Gemeinschaft der Gläubigen zu leiten in alle Wahrheit (Joh 16, 13). Erasmus vergißt: „Wenn Christus öfter Sohn Gottes und Gott und nicht Mensch genannt würde, dann wäre dem Manichäismus Tür und Tor geöffnet. Wie solls unser HerrGott machen?"[6] Während Erasmus selbstverständlich davon ausgeht, daß die Wahrheit sich frei und offen präsentieren kann vor einer verständig und wohlwollend fragenden Vernunft, so begegnet Luther dem sogleich mit dem Hinweis auf die Irrlehrer und ihren Mißbrauch der Schrift. Die Schrift steht nicht nur einer wahrheitsliebenden, gehorsamen und demütig suchenden Menschheit gegenüber, sondern sie trotzt den verschiedenen Versuchen, das Wort Gottes umzudeuten und in ein Gedankensystem zu zwingen. Deshalb legt sie ihren Inhalt zwar einfältig schlicht aller Welt vor die Augen – und doch so, daß keine der rationalen Irrlehren sich aus ihr entfalten und an ihr bewähren kann.

Man soll also in der Schrift nicht eine perspicuitas suchen, die im Licht der Vernunft einsichtig wird. Das wäre ein zu geringes Verständnis der Schrift, das diese entwürdigt zu einem bloßen passiven Objekt, das den menschlichen „Deutungen" stille hält und nur durch diese aktuelle Bedeutung erhält. Die Schrift ist aber das „geistliche Licht, heller als die Sonne selbst"[7]. Die Schrift ist ein Licht anderer, nämlich geistlicher Art und von größerer Intensität als die Sonne. Aber wie die Sonne, so ist auch die Schrift nicht bloß Spiegel oder Prisma, sondern *Quelle* ihres Lichtes! Es bricht mit dieser Bildrede Luthers ein Gegensatz auf, wie er nicht größer sein könnte: Erasmus hatte die Schrift verglichen mit einer dunklen Höhle, in welche der menschliche Geist forschend und fragend Licht hineinträgt, um dann bald einmal erschrocken über die unergründlichen Geheimnisse zurückzuweichen[8]. Luther dagegen beschreibt die Schrift als die Quelle des Lichtes, das erhellend ins verdunkelte Menschenleben hineinbricht. Aktiv, von ihr herkommend, dringt das Licht der Schrift ins öffentliche und private Bewußtsein. Und wie das Licht der Sonne, so ist auch das Licht der Schrift nicht nur dazu da, Erkenntnisse zu ermöglichen[9]: Auf mannigfache Weise bewegt, erquickt, erhält und erfreut sie die Menschen des Tages, mittelbar und unmittelbar, ganz selbstverständlich durch die Gemeinschaft, die

---

[5] S. o. S. 52, Anm. 69.
[6] AaO. Z. 8–10.
[7] „... Scripturas sanctas esse lucem spiritualem, ipso sole longe clariorem ..." (18, 653, 30).
[8] Diatribe S. 10 (I a 7), vgl. 18, 607, 1.
[9] S. o. S. 38 f. u. 74.

sie stiftet und durch alles, was da geredet und gesungen, getan und gefühlt wird, aber auch durch die Stunden, da sie einsam meditiert oder mit strenger Disziplin erforscht wird. Die Schrift ist nicht ein passives Objekt, das vom Licht des Menschengeistes erhellt wird, sondern sie ist das Subjekt, das vielfältig „aufklärend" die dunklen Schatten über dem Leben vertreibt.

Wenn man es anders sieht, dann hat man notwendig auch eine zu harmlose Sicht vom Menschen. Um bei Luthers Bild zu bleiben (obgleich es hier ein bißchen allzu glatt zu werden beginnt): Wer in der Nacht lebt und dessen zufrieden ist, der weiß nichts vom Licht der Sonne. Wenn er einmal ihm begegnet, so wird er es als lebensfeindlich empfinden und wird es zu verdunkeln versuchen, bis es ihm, der im Dunklen zu leben gewohnt ist, angenehm ist[10]. Goethe hat optimistisch gedichtet:

> „Wär nicht das Auge sonnenhaft,
> Die Sonne könnt es nie erblicken;
> Läg nicht in uns des Gottes eigne Kraft,
> Wie könnt uns Göttliches entzücken?"[11]

Ganz problemlos gleitet hier der Gedanke – gleichsam auf der Rutschbahn der Analogie – vom Bereich des Natürlichen in den des Göttlichen. Während aber diese beiden Bereiche auch nach den scholastischen Theologen (mit ihrem der Analogia entis verpflichteten Denken) zwei verschiedenen Gesetzen gehorchen (dem von Natur und Gnade), so gehorcht hier auch das Göttliche dem Gesetz der Analogie, wie es in der Natur gefunden wird. Eines stützt und hält das andere in diesem großen Vertrauen in die Natur: Ganz selbstverständlich wird angenommen, daß – objektive Prämisse – wirklich Göttliches den Menschen entzücke, und daß darum in ihm – subjektive Schlußfolgerung – „des Gottes eigne Kraft" liegen müsse, und umgekehrt, daß – subjektive

---

[10] Durch das Bild Luthers bin ich unfreiwillig in die Nähe von Platons Höhlengleichnis geraten (Politeia VII, 1–4, 514 a–518 d). Der Unterschied zwischen Luthers Bild und Platons Gleichnis liegt natürlich darin, daß die „Gefangenen" bei Platon doch den Widerschein des Lichtes selber sehen, und daß sie stufenweise aus dem „Uneigentlichen" ins „Eigentliche" geführt werden, wobei es keinen Bruch, keinen Wechsel der „Seinsqualität" gibt. Luther aber redet nicht nur von einem helleren Licht und von deutlicheren, „eigentlicheren" Erkenntnissen, sondern von einer Art des Lichtes, das unbekannt, und deshalb auch von Erkenntnissen, die ohne dieses Licht auch „schattenhaft" nicht möglich sind. Es gibt darum in der Sache, von der Luther redet, auch keine stufenweise Vermittlung und „Gewöhnung" an das geistliche Licht, vielmehr wird man in dieses Licht „versetzt" durch den Vater (Kol 1,12 f.). Für Platon macht der Höhlenbewohner, der wider Willen ans Licht geschleppt wird, bezeichnenderweise auch keinen Versuch, das Licht selbst zu zerstören. Sowohl die Gefährdung und Infragestellung des Guten an sich wie auch die menschliche Abneigung gegen dieses ist für den Gegenstand Platons viel weniger ernsthaft und grundsätzlich als für den Luthers.

[11] Zahme Xenien (Werke Bd. 36, S. 22).

Prämisse – wirklich „des Gottes eigne Kraft" das Empfinden und Urteilen des Menschen bestimme, so daß dann – objektive Schlußfolgerung – das Göttliche ihn entzücke.

Dieses dem Menschen gegenüber so gutgläubige Denken wird aber radikal verunsichert, wenn es sich der Bibel gegenüber sieht. Da ist auch „Göttliches" – aber es „entzückt" nicht recht ... Was die Bibel sagt, ist „natürlicherweise" nicht von unmittelbarer Wirkung auf den Menschen, immer wieder entzieht es sich und ist von keiner „Sympathie" einzuholen, so daß es nicht „einleuchtet", „verständlich ist", „begeistert", „mitreißt" oder „herzbewegend" zu überzeugen vermag. Im Gegenteil – die Worte der Schrift stehen oft merkwürdig fremd, kalt und unzugänglich, ja, abwehrend und feindlich dem Menschen gegenüber. Der Buchstabe „entzückt" nicht, sondern tötet den Menschen in seiner Selbstgefälligkeit (2. Kor 3, 6).

Dies muß so sein. Denn was der optimistische Gedanke übersieht, ist das, was doch im Grunde offen zutage liegt: Die menschliche Natur ist nicht gut, wie sie sich selber zu gefallen sucht, sondern sie vollbringt all die Ungeheuerlichkeiten, die wir täglich zu sehen bekommen. Sogar im Zeitlichen, „Bürgerlichen", das doch dem Menschenwillen unterworfen ist (Gen 1, 28), herrscht nicht vor allem das Gute, geschweige denn im Geistlichen, im Leben des Menschen vor Gott. Nur wer in seinen Träumen gefangen die Augen verschließt vor der harten Wirklichkeit des tatsächlichen Weltgeschehens, kann das menschliche Denken und Empfinden vergöttern, daß er es analogisch leicht zum Kriterium der Wahrheit macht und diese in einer unmittelbaren Entsprechung von subjektiver Erfahrung und objektiver Gegebenheit sieht. Wer aber nüchtern und realistisch die Welt betrachtet, der muß irre werden am Menschen und muß – wenn auch dunkel und ratlos – konstatieren, was alles Leben so schwer macht und so häßlich verunstaltet: die Macht der Sünde.

Nicht nur aus der biblischen Offenbarung, die den Unglauben als die Ursünde entlarvt, sondern auch schon aus den Wirkungen hätte diese Macht erkannt werden können, sagt Luther in seinen Thesen zur Disputation über Römer 3, 28:

„21. Jedoch hätte man die Sünde aus ihren Wirkungen einigermaßen erkennen können, wenn nicht der Verstand auch hier gar zu blind wäre und die entgegenstehenden Tatsachen so leicht vergäße.

22. Denn es ist nicht wahrscheinlich, daß die Natur (von der die Vernunft träumt, daß sie gut sei) so große Ungeheuerlichkeiten von Übeltaten zustande bringt, wie sie die Welt täglich tut.

23. Es erscheint bestimmt als folgerichtig, daß wie aus der Wahrheit nur lauter Wahrheit kommt, so aus dem Guten nur lauter Gutes, oder jedenfalls nicht so viel Böses.

24. Nun aber sehen wir, wie wenig Gutes und wie viel Böses überall in der Welt herrscht, und daß mehr Böse als Gute in der Welt sind.

25. Daraus könnte man leicht folgern, daß in jener Natur, die nach dem Urteil der Vernunft gut ist, viel mehr Bosheit als edle Gesinnung, selbst im bürgerlichen Leben, herrscht.

26. Auch die Dichter stellen einen guten Mann als etwas Seltenes dar und vergleichen ihn mit einem zweigliedrigen Ungeheuer; ein anderer klagt über den Mangel an guten Menschen."[12]

Wie soll man das faktisch Böse im und unter den Menschen wegerklären? Sind nur „die anderen" schuld? Die Bindung des Geistes an den Körper? Die fleischlichen Begierden als ein bloß äußerliches Anhängsel? Oder modern: die unvollkommene Entwicklung des Menschen? Das mangelnde Bewußtsein von den sozialen Mechanismen? Die Gebundenheit an die geschlechtlichen Rollen? Die fehlende Einsicht in den wahren Nutzen aller? Die Entfremdung von der Natur und ihrer ursprünglichen Einheit?

So kann sich der Wirklichkeit vielleicht derjenige entziehen, der nicht von der Schrift selber in die Wahrheit gestellt wird. Wer aber die Schrift liest, der erfährt, daß es einen für den Menschen unüberwindbaren Gegensatz gibt zwischen Licht und Finsternis (Gen 1,4; Jes 60,1f.; Mt 6,22f.; Joh 1,5; 12,35; Eph 5,8), und daß der Mensch „von Natur aus" auf der Seite der Finsternis steht. Warum müßten sonst die Propheten in Israel stets wieder und vor allem drohend und anklagend als Gerichtsprediger auftreten? Warum müßte sonst Christus sich hingeben, „daß er uns errette von dieser gegenwärtigen argen Welt" (Gal 1,4)? Es gibt in der Bibel eine Antithetik von claritas und obscuritas, und die ratio steht nicht als neutrale Beobachterin und kritische Richterin über dieser Antithetik, sondern sie ist selbst in diese Antithetik hineingenommen und wird von der claritas scripturae auf die Seite der obscuritas vitae gestellt. „Das Leben ohne Wort", sagt Luther, und man kann hier präzisierend ausführen: auch die Vernunft ohne das Wort „ist ungewiß und dunkel"[13].

„Ich bin der Weg, die Wahrheit und das Leben", sagt Christus von sich selber. Deshalb, folgert Luther, ist das Leben losgelöst von diesem

---

[12] „21. Posset tamen peccatum ab effectibus suis cognosci utcunque, Nisi ratio etiam hic esset nimium caecutiens et obiectorum tam facile obliviscereetur.
22. Non enim verisimile est naturam (quam nimium ratio bonam esse somniat) tanta malorum monstra, quae mundus quotidie facit, perpetrare.
23. Consentaneum certe videretur, Sicut ex vero nihil nisi verum, Ita ex bono nihil nisi bonum sequeretur, aut certe minus malorum sequeretur.
24. Nunc videmus, quam parum boni et multum mali ubique regnet in orbe terrarum, et malos plures quam bonos esse in mundo.
25. Ita facile concluderetur, in natura illa, iudicio rationis bona, multo plus esse malitiae, quam bonitatis etiam politicae.
26. Poetae quoque rarum faciunt virum bonum, comparantque monstro bimembri, Et alius penuriam queritur bonorum virorum" (39 I, 85, 16ff.; Thesen 21-26; 1536).
[13] „Vita enim sine verbo incerta est et obscura" (18, 655, 10).

Christus, ohne sein Wort und seinen Geist, Irrtum, Lüge und Tod[14]. Denn auch wenn im Bereich des Bürgerlichen und Irdischen dem Menschen eine Freiheit zu Gutem geblieben sein mag, da er dort ja einen ausdrücklichen Herrschaftsbefehl Gottes für sich hat und also die Treue des Schöpfers in diesem Bereich das Versinken in einen bodenlosen Taumel von Irrsinn und Bosheit verhindert, so bleibt doch gültig, was die Schrift von der Situation des Menschen *vor Gott* sagt: Die Erde ist nicht der Himmel (vgl. Jes 55, 8 ff.; Joh 3, 12 f.) – „im Himmel" aber, „vor Gott" ist keiner, der gerecht ist, auch nicht einer (Röm 3, 10 ff.)[15]! Der Mensch ist gefallen, verkauft unter die Sünde (Röm 7, 14), gezeugt vom Teufel, der ein Lügner ist und der Vater der Lüge (Joh 8, 44). Nicht nur der Leib und nicht nur allerlei äußerliche unglückliche Umstände, sondern gerade „das Dichten und Trachten des menschlichen Herzens ist böse von Jugend auf", so böse sogar, daß Gott den Versuch aufgibt, durch Wunder und Schreckensgerichte in der Natur auf diese verdrehte Innenwelt des Menschen Einfluß zu nehmen (Gen 8, 21).

Der Mensch ist krank. Aber die Krankheit seiner Krankheit ist, daß er sich immerzu gesund wähnt und meint, das Üble, was dem Menschengeschlecht anhängt, sei nichts als eine Unvollkommenheit, ein Mangel, ein bloß partielles Übel – irgend etwas aber – der Wille, das Gefühl, das Denken, das Reich der Träume oder der spontanen Triebe, das Proletariat, die Frau ... – sei unversehrt und könne zur Quelle einer Erlösung oder Vervollkommnung werden. Zum Unglück seines faktischen Zustandes kommt so noch das Elend seiner Blindheit hinzu, „daß er sich frei, glücklich, heil, mächtig, gesund, lebendig zu sein glaubt"[16].

In dieser Situation kann der Mensch die Schrift und ihre Botschaft nicht fassen. Im Gegenteil – er wird sie im besten Fall (der vielleicht der schlechtere ist) als ein bedeutungsloses Gerede empfinden, bei näherem Zusehen aber als eine gefährlich widersinnige Ketzerei. So beurteilt „Meister Klügel" die Schrift als bloß äußerliches, bedeutungsloses „geringes Ding". Er „sieht es, aus großem Reichtum seines Geists, für eitel faul, tot Gewesche an"[17]. Er denkt ja, er sei gesund und lebendig, und sein Empfinden sei deshalb das Kriterium, an dem sich entscheide, was lebendig, interessant, bereichernd und gut und heilsam sei. Bezieht er dann die Propheten auf seine Gegenwart, so tut sich ihm ein „garstiger

---

[14] 18, 779, 12; ebenso 51, 514, 29 f.

[15] Luther präzisiert gegen Erasmus mehrmals: „Wir disputieren nicht über die Natur, sondern über die Gnade, wir fragen nicht danach, welcher Art wir sind auf der Erde, sondern welcher Art wir sind im Himmel, vor Gott!" („Nos non de natura, sed de gratia disputamus, nec quales simus super terram, sed quales simus in coelo coram Deo, quaerimus.") 18, 781, 6 ff.; ebenso 752, 6 f.

[16] „... ut se liberum, beatum, solutum, potentem, sanum, vivum esse credat ..." (18, 679, 25 f.).

[17] DB 11 I, 3, 1–6; Vorrede auf die Proph. Vgl. o. S. 53.

Graben" auf: Verglichen mit dem sichtbaren, unmittelbar bedeutungsvollen Geschehen der Gegenwart sind die biblischen Erzählungen weit weg und ohne Relevanz, sofern sie nicht irgendwie rational und gesetzlich „vermittelt" werden. „Das macht, daß die Geschichte und das Werk nun nicht mehr vor Augen sind, und allein die Wort oder Historien gehört werden", sagt Luther über die Geringschätzung der alttestamentlichen prophetischen Bücher[18]. Das Problem der „Hermeneutik" und der „existentiellen Interpretation" begegnet also schon hier, nur daß Luther es als ein Problem der Vernunft disqualifiziert.

Ebenso, könnte man sagen, geht es aber dem metaphysischen Denken. „Zufällige Geschichtswahrheiten können der Beweis von notwendigen Vernunftswahrheiten nie werden", wird Lessing sagen. (Goeze aber wird ihm widersprechen, und aus dieser fragwürdigen Alternative wird sich die Notwendigkeit der historischen Bibelkritik ergeben.) Die „zufälligen Geschichtswahrheiten" der Bibel (die ja keine unmittelbare Wirkung mehr entfalten, sondern „nichts als Nachrichten von Wundern sind") haben, verglichen mit der Evidenz „notwendiger Vernunftswahrheiten", kaum etwas so Zwingendes an sich, daß man mir zumuten könnte, „alle meine Grundideen von dem Wesen der Gottheit danach abzuändern"[19]. Solange kein Zweifel das Vertrauen in die Vernunft erschüttert, solange selbstverständlich angenommen werden kann, daß die Vernunft die Fähigkeit besitze, rechte und tragfähige „Gottesideen" zu bilden, wird die Bibel im besten Fall Anerkennung und Beachtung finden als das historische Dokument der ersten einigermaßen adäquaten „Gottesideen". Man wird der Bibel gegenüber die Haltung eines schulterklopfend-gutmütigen „Freundes der Religion" einnehmen, der mit leiser Kritik, kaum spürbarer Überheblichkeit und einer letzten Gleichgültigkeit die Bibel „verständlich" macht, z.B. als die „Anpassung" Gottes an die „Menge" eines noch unreifen „Menschengeschlechts".

Damit eine solche Gleichgültigkeit aber überhaupt möglich wird, muß man die Worte der Bibel zuerst gründlich entschärfen. Denn die Vernunft steht Gottes Wort an sich nicht etwa irgendwie fassungslos gegenüber, so daß sie ohne den Geist einfach *unberührt* bliebe. Ihre Blindheit ist nicht eine passive Unfähigkeit, das Wort zu vernehmen (weil es „über alles Verstehen geht"). Die Blindheit ist vielmehr eine aktive Feindschaft, in der die Vernunft befangen ist und das Wort deshalb nicht wahrhaben will, sondern es gewaltsam umzudeuten und zu verdrehen versucht[20]. Denn die Vernunft versteht, was den bloßen Wort-

---

[18] AaO. Z. 6 f.
[19] Lessing, Über den Beweis des Geistes und der Kraft (Werke Bd. 8, S. 12; Goezes unreflektiert rationalistischer Trotz dagegen ebd. S. 176 ff.).
[20] Darauf, daß das Problem der Verkündigung für Luther grundsätzlich nicht das ei-

sinn anbelangt, nur allzu gut, was die Schrift sagt, und sie beurteilt es sogleich als lächerlich[21], unglaubwürdig[22], von Gott nicht denkbar[23], „unmöglich, lügenhaft, dumm, schwach, absurd, verabscheuungswürdig, häretisch und teuflisch"[24]. „So urteilt die Vernunft über alle Artikel des Glaubens."[25]. Will die Vernunft dann dennoch mit diesem Wort zurechtkommen und versucht sie es einzugliedern in ihr „Weltverständnis" und ihre „Gottesideen", dann muß sie notwendig das Gesagte willkürlich abschwächen, begrenzen und verdrehen. Die Vernunft ist in Sachen des Glaubens nicht eine treue Ratgeberin und eine verläßliche Begleiterin, sondern sie ist „die Hure des Teufels", die „nichts kann denn lästern und schänden alles, was Gott redet und tut"[26]. Sie ist von sich aus geneigt, nicht Gott, sondern dessen Widersacher zu glauben. Nicht etwa gegen ihren Willen (weil sie zu schwach oder zu träge wäre), sondern willentlich, aus eigener Neigung heraus entzieht sie sich dem Wort Gottes und gibt sich dessen Verlästerer hin. Sie hat teil an der „bösen Lust und Neigung" des Menschen, die im Artikel 2 der Confessio Augustana bekannt wird[27].

Das Licht scheint im Finstern (Joh 1,5). Die Klarheit der Schrift muß sich durchsetzen in den Sinnen, die vom Gott dieses Äons verblendet sind (2. Kor 4,4). Gegen die souveräne Gleichgültigkeit, die des Wortes nicht bedarf, und gegen die aktive Feindschaft, die es zu verdrehen und zu entschärfen versucht – gegen diese Formen des Unglaubens muß die Klarheit der Schrift sich durchsetzen und Glauben schaffen. Christus muß den „unversöhnlichen und rastlosen Feind der Gnade Gottes und des menschlichen Heils"[28] überwinden und den Willen und Verstand des Menschen erlösen, soll die Klarheit der Schrift als solche im Herzen aufscheinen und im öffentlichen Bewußtsein Bedeutung erlangen. Denn der Mensch hat von Natur aus Anteil nicht am göttlichen Licht, sondern an der Finsternis dieser Welt.

Das ist der eigentliche Grund, weshalb die claritas scripturae nicht

---

ner Gleichgültigkeit, einer Unbetroffenheit, ist, verweist auch Duchrow (KuD 15, 1969, S. 9). Gottes Wort schafft, wenn es gehört wird, immer Ablehnung oder Annahme.

[21] 50,273,32; 1538. Gerhard Ebeling schreibt sehr schön: „Nicht weil sie von Gott nichts wissen will, sondern weil sie von Gott sehr genau zu wissen beansprucht, was ihm angemessen ist, tritt die ratio gegen die fides auf" (Lutherstudien Bd. 3, S. 216).

[22] 18,142,38 und 143,16-29.

[23] 18,719,7 ff.

[24] „Quid loquitur Deus? Impossibilia, mendacia, stulta, infirma, absurda, abominanda, haeretica et diabolica, si rationem consulas" (40 I,361,15 f.).

[25] „Sic de omnibus articulis fidei iudicat ratio" (ebd. Z. 28).

[26] 18,164,24 ff. Das Bild von der Hure dürfte bestimmt sein von der atl. prophetischen Kritik am Götzendienst als Hurerei (vgl. den ausdrücklichen Bezug 51,518,25-29) und von der weisheitlichen Verbindung von Torheit und Ehebruch.

[27] BSLK S. 53,6, vgl. ebenso Luthers eigene Formulierung 18,143,9.

[28] „... hostis implacabilis et irrequietus gratiae Dei et salutis humanae ..." (18,749,36 f.).

einfach eine rationale, emotionale oder empirische Evidenz ist. Mit welchem Organ sollte der vom Teufel versklavte Mensch die Klarheit der Schrift aufnehmen und als solche erkennen und recht beurteilen können?

„Der natürliche Mensch vernimmt nichts vom Geist Gottes, es ist ihm eine Torheit ..." (1. Kor 2,14). Damit die Klarheit der Schrift einleuchtet, muß die Neigung der Vernunft zur Untreue überwunden und muß sie vom Geist Gottes erleuchtet werden.

Der ganze Mensch

Bevor wir näher zu beschreiben versuchen, worin diese Verschlossenheit und Verkehrtheit der Vernunft besteht, muß festgehalten werden, daß Luthers Rede von der „Hure Vernunft" sich auf das gesamte geistig-seelische Vermögen des Menschen bezieht. Luther meint mit Vernunft nicht etwa nur das rationale Vermögen, gegen das dann z. B. das Gefühl ausgespielt werden könnte. Auch Differenzierungen zwischen „Verstand" und „Vernunft", mens, intellectus, ratio usw. helfen also nicht weiter, sondern verdunkeln die Sache, um die es Luther geht. All das, was wir heute mit Begriffen wie Gefühl, Empfinden, Ahnung, Verstehen, Begreifen, Erfahren usw. benennen, ist in Luthers Rede von der „Vernunft" mit inbegriffen[29]. Besonders auch „Vernunft" und „Wille" werden von Luther parallel genannt und ineins gesetzt[30]. Der *ganze* Mensch mit seinem höchsten Vermögen ist *Fleisch,* so daß man von all seinen Fähigkeiten sagen muß, daß sie „nichts nützen" zum Erwerb des Heils (Joh 6,63): „Da nicht Geist ist, da ist freilich das allerhöchste und beste der Verstand, Sinn, Wille, Herz und Mut. Ist nun Fleisch nichts nütze, so ist auch sein Sinn, Verstand, Wille und all sein Tun und Vermögen nichts nütze ..."[31] „Augen, Nase, Ohren, Mund, Hände, Geist, Wille, Verstand und alles, was an einem Menschen ist", macht die menschliche Natur aus[32], und alles steht in gleicher Weise durch die Geburt unter der Macht der Sünde[33].

„Der Gerechte wird leben aus Glauben"

Fragt man nun Luther, worin die Neigung der Vernunft zur Hurerei bestehe und wie sie sich äußere, so gibt er eine einfache Antwort: Die Vernunft kann nicht glauben.

---

[29] Auf die breite Bedeutung des Begriffs weist auch Althaus hin (Theologie, S. 67).
[30] 18,698,3–5; 762,1–5; 776,29.
[31] 23,197,1ff.
[32] 18,752,24f.
[33] 18,773,14–16. Vgl. im übrigen die knappe, aber sehr klare und schöne Darstellung von Luthers Menschenbild bei Hägglund, Geschichte der Theologie S. 176 ff.; ebenso Führer S. 91.

„7. Niemand von allen Menschen konnte auf den Gedanken kommen, daß es die Sünde der Welt war, nicht an Christus Jesus, den Gekreuzigten, zu glauben.

8. Das ist die Erbsünde nach Adams Fall, die uns angeboren ist; sie ist nicht nur an unsere Person gebunden, sondern ist unsere Natur.

9. Nicht an Christus glauben heißt ungläubig, unwissend und von Gott abgekehrt sein, der Christus als den Heiland verheißen hat (...).

11. Dieser Unglaube zieht alle anderen Sünden nach sich, da er die Hauptsünde gegen das erste Gebot ist."[34]

Der Unglaube aber „ist nicht ein grober Affekt, sondern jener in der Burg des Willens und der Vernunft zuoberst Sitzende und Regierende..."[35].

Die Ursünde ist der Unglaube. Ich versuche, diese zentrale Aussage Luthers zu verstehen und ihre Bedeutung für das Gebiet der Erkenntnis auszuführen, und gliedere dabei wie folgt: In ihrem Unglauben denkt die Vernunft (1.) zu hoch von sich und (2.) zu gering von Gott und (3.) vom Menschen in seiner körperlichen Existenz.

(1.) Die Vernunft denkt zu hoch von sich: Sie glaubt nicht, daß ein Gott ist und sie sein *Geschöpf,* sie hält sich vielmehr selbst für unerschaffen und göttlich, für die letztlich tragende und ordnende Kraft des Daseins. Sie nimmt sich damit heraus – und legt sich auch die Last auf –, daß sie Gott verstehen, als gut ausweisen und sein Anliegen besorgen und durchsetzen könne. Die Vernunft kann nicht *glauben.* Durch den Begriff, den sie sich bildet von Gott, will sie bestehen bleiben durch ihr Werk: Sie ist der Versuch zur aktiven, eigenen Gerechtigkeit in der ausgezeichnetsten und gediegensten Form (vgl. Röm 10,3). Die Vernunft kann nicht von Gottes, ihr fremder Gerechtigkeit leben und glauben, was im äußeren Wort der Verheißung, außerhalb ihres Könnens und Vermögens (extra nos) gesetzt und angeboten ist „allein aus Gnade". Die Vernunft will erkennen, sei es, daß sie Gott unmittelbar zu sehen und zu erfahren begehrt, sei es, daß sie dessen Sein und Handeln aus einer Ursache oder einem Ziel heraus zu verstehen versucht. In beiden Fällen beweist sich die Vernunft durch diese ihre Erkenntnis, daß sie göttlich ist: sei es, daß sie Gott schaut und daß in dieser Erfahrung – damit sie überhaupt möglich wird – zwei Größen der-

---

[34] „7. Nullus ex omnibus hominibus cogitare potuit peccatum mundi esse, Non credere in Christum Iesum crucifixum.
8. Hoc est peccatum originale post lapsum Adae, nobis ingenitum et non tantum personale, sed et naturale.
9. Non credere in Christum est incredulum et ignarum et aversum esse a Deo, qui Christum promisit salvatorem. (...)
11. Haec incredulitas trahit secum omnia alia peccata, cum sit primi praecepti principale peccatum" (39 I, 84, 14 ff.; s. o. Anm. 12).

[35] „... incredulitas non est crassus affectus, sed summus ille in voluntatis et rationis arce sedens et regnans ..." (18, 780, 18 f.).

selben Kategorie sich begegnen und daß also irgendwie Gleiches mit Gleichem sich berührt, sei es, daß sie Gott umfaßt und deshalb die Kausalität und Finalität seines Handelns zu erfassen vermag. Damit gibt es aber für die Vernunft ein Göttliches, das nicht in Gott ist und ohne das Gott doch nicht vollkommen sein kann: Die Vernunft erfüllt und erlöst die Gottheit; in der Vereinigung mit dem erkennenden Menschengeist findet Gott selbst sich wieder, und im Beweis seiner Gerechtigkeit, den die Vernunft erbringt, rechtfertigt *sie* Gott aus den ihr vertrauten Gesetzen der Kausalität und Finalität. So wird die Vernunft zum Gott Gottes, zum Grund des Grundes. Das gilt für die spekulative Vernunft, die Gott durch den Gedanken und das natürliche Empfinden einzuholen versucht, und die an den letzten Fragen einer jeden Theologie dann zur Verzweiflung oder zur vermessenen Selbstsicherheit geführt wird. Diese „Herrin Vernunft" kann nicht ertragen, daß Paulus dem Geschöpf verbietet, mit dem Schöpfer zu hadern und von ihm Rechenschaft zu verlangen, daß er dem Menschen das Recht abspricht, Gott vor die Schranken des natürlichen Gerechtigkeitsempfindens zu fordern:

„Das ist es eben, was die Vernunft weder völlig erfassen noch ertragen kann, und das hat bei so vielen an Geist hervorragenden Männern, die so viele Jahrhunderte hindurch gebilligt worden sind, Unwillen erregt. Sie verlangen hier dringend, daß Gott nach menschlichem Recht handle und tue, was ihnen selbst richtig erscheint, oder er soll aufhören, Gott zu sein. Nichts nützen ihm die Geheimnisse der Majestät, er soll Rechenschaft ablegen, warum er Gott sei, warum er will oder tut, was gar keinen Schein der Gerechtigkeit hat, als wenn man einen Schuster oder Gürtelmacher ersucht, sich einem Gericht zu stellen. Einer so großen Ehre hält das Fleisch Gott nicht für würdig, daß es glaubt, er sei gerecht und gut, wenn er über das hinaus und jenseits dessen etwas sagt und tut, was der Codex des Justinian oder das fünfte Buch der Ethik des Aristoteles bestimmt hat. Weichen soll die Majestät, die alles geschaffen hat, dem Bodensatz ihrer Schöpfung, und umgekehrt soll jene koryzische Höhle ihre Beschauer fürchten."[36]

Nirgendwo sind wir „unehrerbietiger und verwegener als darin, in jene Geheimnisse und unerforschlichen Gerichte selbst einzudringen und anzuklagen; unterdessen aber bilden wir uns eine unglaubwürdige Ehrfurcht im Erforschen der Heiligen Schriften, die Gott zu erforschen befohlen hat, ein. Hier lassen wir das Erforschen sein, dort aber, wo er verboten hat, Forschungen anzustel-

---

[36] „Hoc est illud, quod ratio neque capere neque ferre potest, hoc offendit tot viros excellentes ingenio tot soeculis receptos. Hic expostulant, ut Deus agat iure humano et faciat quod ipsis rectum videtur, aut Deus esse desinat. Nihil illi profuerint secreta maiestatis, rationem reddat, quare sit Deus, aut quare velit aut faciat, quod nullam speciem iustitiae habeat, ac si Sutorem aut Zonarium roges iudicio sistere. Non dignatur Deum caro gloria tanta, ut credat iustum esse et bonum, dum supra et ultra dicit et facit, quam definivit Codex Iustiniani vel quintus liber Ethicorum Aristotelis. Cedat maiestas Creatrix omnium feci uni creaturae suae et Coricius ille specus metuat versa vice spectatores suos" (18,729,13ff.).

len, tun wir nichts anderes, als mit beständiger Verwegenheit, um nicht zu sagen Gotteslästerung, solche Forschungen zu betreiben. Oder ist das etwa nicht ein verwegenes Forschen, wenn wir zu ergründen suchen, wie das völlig freie Vorherwissen Gottes mit unserer Freiheit übereinstimmen mag, bereit, das Vorherwissen Gottes teilweise aufzuheben, wenn es uns nicht Freiheit überläßt, oder wenn es die Notwendigkeit auflegt, mit den Murrenden und Lästernden zu sagen: ‚Was beschuldigt er uns denn? Wer will seinem Willen widerstehen?'" (Röm 9,19)[37].

Die Vernunft will sich nicht mit den Worten abmühen, die ihr von Gott zu glauben aufgegeben und in denen zu forschen ihr befohlen ist. Sie nennt die Schrift – ihren Hochmut in das Kleid einer Demut einhüllend – eine „koryzische Höhle" und verzichtet darauf, sie zu erforschen. Sie verzichtet damit darauf, „fromm", dem Worte Gottes entsprechend zu „philosophieren"[38] und sich auf die dem Geschöpf angemessene Art um Gott zu bemühen. Sie verzichtet damit auf die einzig wirklich denkbare, wirklich menschliche und wirklich vernünftige Gotteserkenntnis – nämlich diejenige, die Gott seinem Geschöpf schenkt und möglich macht. Wie sollte es eine andere geben? Aber statt sich an diese Gabe Gottes zu halten, folgt die Vernunft höheren Ambitionen: Sie will unmittelbar das Höchste und Letzte, Gott selber in seiner unerforschlichen Majestät erforschen. Damit aber versucht sie wirklich, in eine „koryzische Höhle" einzudringen! Das tut sie, weil sie nur so sich als dem Höchsten und Letzten gewachsen erweisen kann, weil sie nur dann leben und recht dastehen kann aus sich selber heraus, ohne die *Gnade* des Schöpfers. Die Vernunft ist nicht vernünftig, sie ist betrogen, daß sie sein will wie Gott und denkt, das göttliche Sein bestehe im Erkennen eines absoluten „Gut und Böse", dem Gott selber unterstellt und von dem aus auch er beurteilt und herausgefordert werden kann (Gen 3,5). Die Vernunft glaubt betrogen, daß sie werden und sein muß wie Gott. Das gilt für die spekulative Vernunft. Das gilt aber ebensosehr für die praktische Vernunft, die mit den Aufgaben der Kirchenleitung betraut ist und sich sorgt, „wie alles gehen soll".

Von der Veste Coburg schreibt Luther an seine Freunde, die in Augsburg die Sache der evangelischen Kirchen zu vertreten haben. Besonders Melanchthon sorgt und müht sich um eine Einigung, die das Werk Luthers gegen links und rechts sichern und politisch lebensfähig ma-

---

[37] „At nos nullibi sumus magis irreverentes et temerarii quam in illis ipsis mysteriis et iudiciis inpervestigabilibus invadendis et arguendis, interim vero fingimus nobis incredibilem reverentiam in scripturis sanctis scrutandis, quas Deus iussit scrutari. Non scrutamur hic; illic vero ubi scrutari prohibuit, nihil facimus, nisi quod perpetua temeritate, ne dicam blasphemia, scrutemur. An non est scrutari temere, conari, ut liberrima praescientia Dei conveniat cum nostra libertate? parati, praescientiae Dei derogare, nisi nobis libertatem permiserit, aut si necessitatem intulerit, cum murmurantibus et blasphemantibus dicere: Quid adhuc queritur? Voluntati eius quis resistet?" (18,718,3 ff.).
[38] Vgl. 39 I,176,20 f. Disp De homine 1536.

chen würde. Luthers seelsorgerlich-freundschaftliche Briefe enthalten nun immer wieder dieses eine: Durch strafende Ermahnungen und kraftvollen Zuspruch versucht er die Sorgen der Vernunft zu dämpfen und die Freunde ganz ins Licht des Glaubens zu stellen. „Seine Philosophie glaubt nicht, sie habe es denn erfahren", schreibt er um Melanchthon ringend an Justus Jonas[39]. Deshalb soll Melanchthon beständig ermahnt werden,

> „daß er nicht zum Gott werde, sondern streite wider die angeborene und uns vom Teufel im Paradies eingepflanzte Begierde der Gottheit. Denn sie ist uns nicht gut. Adam hat sie aus dem Paradies gestoßen. Dieselbe und nichts anderes stößt uns auch heraus und stößt uns aus dem Frieden. Wir wollen Menschen und nicht Gott sein. Das ist die Summa. Es wird doch nicht anders oder es ist ewige Unruhe und Herzeleid unser Lohn."[40]

Melanchthons Sorgen und Ängste um die Sache Gottes sind nicht fromm, sondern böse: „Philippum ficht seine Philosophie an ..."[41]. Auch an Melanchthon selber schreibt Luther und ermahnt ihn mit herzbewegenden Worten, das Sorgen zu lassen und den brüderlichen Zuspruch anzunehmen:

> „Aber mein Schreiben ist vergebens. Dieweil du nach eurer Philosophie diese Dinge regieren willst, das ist, wie jener sagt: mit Vernunft toll sein, du marterst dich selbst und siehst nicht, daß diese Sache nicht in deiner Hand und Klugheit steht, auch ohne deine Sorge will gehandelt werden. Da sei Christus vor, daß sie in deine Klugheit oder Hand gerate, welches du doch hartnäckig willst. Denn dann wären wir allesamt fein und bald verloren. Aber es heißt: Suche nicht, was dir zu hoch ist [Sir 3,22], und: Wer Hohes sucht, wird von der Herrlichkeit erdrückt, oder, wie es der hebräische Text hat: Wer Schweres sucht, dem wird es zu schwer [Spr 25,27]. Solches geht auf dich. Der Herr Jesus erhalte dich, daß dein Glaube nicht abnehme, sondern wachse und überwinde, Amen."[42]

---

[39] „Philosophia ista non credit, nisi experta" (Br 5, 496, 18 f).

[40] „... ne fiat Deus, Sed pugnet contra illam innatam & a Diabolo in paradiso implantatam nobis ambitionem diuinitatis, Ea enim non expedit nobis. Eiecit Adam paradiso, Nos quoque ipsa sola exturbat & extra pacem trudit. Wir sollen menschen und nicht Gott sein. Das ist die summa; Es wird doch nicht anders, odder ist ewige unruge und Hertzeleid unser lohn" (Br 5, 415, 41 ff.; an Spalatin).

[41] „Philippum sua exercet philosophia" (Br 5, 409, 18; an Jonas).

[42] „Sed frustra haec scribo, quia tu secundum philosophiam vestram has res ratione regere, hoc est, ut ille ait, cum ratione insanire, pergis, et occidis te ipsum, nec vides prorsus, extra manum tuam et consilium positam causam etiam extra curam tuam velle agi. Et Christus prohibeat, ne in tuum consilium aut manum, quod tamen pertinaciter velles, veniat: tum vero publice et pulchre et subito perierimus. Sed es heißt: ‚Altiora te ne quaesieris', et: ‚Scrutator maiestatis opprimetur a gloria', seu, ut Hebraeus habet: ‚Scrutans graviora gravatur'. Hoc ad te pertinet. Dominus Ihesus servet te, ne deficiat fides tua, sed crescat et vincat, Amen" (Br 5, 412, 51 ff.).

Der Vorwurf ist hier leise und brüderlich milde, ungehemmt und grob aber poltert Luther gegen Müntzer, „der sich ließ dünken, die Kirche könnte ohne ihn nicht sein, er müßte sie tragen und regieren"[43]. Der Vorwurf ist aber beide Male derselbe: Die praktische Vernunft macht mit ihren begrifflichen Vermittlungsversuchen oder ihrer prophetisch mitreißenden Kraft Gott die Herrschaft in der Kirche streitig, gerade in der guten Absicht, mit ihm zusammenzuwirken und ihm zu helfen. Gott aber nimmt uns seine Sache immer wieder aus der Hand, er will nicht durch unsere Diplomatie oder unsere persönliche Ausstrahlung wirken, sondern durch das Wort, das er extra nos aufrichtet und zu glauben gibt, um nicht für die Absichten des Menschen, sondern allein für den Glauben verfügbar zu werden. „Ich hab ihrer viel in meiner Hand gehabt, und alle verloren, nicht eine behalten. Die Sachen aber, so ich bisher aus meinen Händen auf ihn habe werfen können, die habe ich noch alle heil und unverletzt."[44] Die Sache der Theologie ist nur sehr mittelbar unsere Sache, ihren Grund und ihr Ziel sollen wir nicht zu erkennen versuchen:

> „Gott hat sie an einen Ort gesetzt, den du in deiner Rhetorik nicht findest, auch nicht in deiner Philosophie. Derselbe Ort heißt Glaube, darin alle Dinge stehen, die wir weder sehen noch begreifen [Hebr 11,1.3]. Wer sie will sichtbar machen, daß man sie sehe und begreife, wie du tust, der hat Herzeleid und Heulen zum Lohn wie du, davon wir alle dich vergeblich wegrufen. Der Herr hat gesagt, er wolle wohnen in einem Nebel [1. Kön 8,12], und hat Finsternis zu seinem Zelt gemacht [Ps 18,127]. Wer da will, der machs anders. Hätte Moses das Ende begreifen wollen, wie er dem Heer des Pharao entgehen möchte, so wäre Israel vielleicht noch heutigen Tages in Ägypten."[45]

Es ist die Vermessenheit und gleichzeitig die Not der Vernunft, daß sie die Wahrheit und Wirkmacht der göttlichen Sache nicht sich entzogen sein lassen kann, sondern sie hineinzuholen versucht in das, was ihr zugänglich ist. Gegen diese Not kann man immer nur wieder neu ermahnen zum Glauben! Glauben aber, das heißt Mensch sein und nicht Gott, es heißt Mensch bleiben und akzeptieren, daß das Dasein nicht aus unserer Hand kommt und nicht in unserer Hand liegt, und daß wir

---

[43] 50,477,22f.; 1539.

[44] „Ich hab ihr viel in manu mea gehabt, und alle verloren, nicht eine behalten. Quas vero extra manus meas in illum reiicere hactenus potui, adhuc habeo salvas et integras" (Br 5,409,21 ff. an Justus Jonas).

[45] „Deus posuit eam in locum quendam communem, quem in rhetorica tua non habes nec in philosophia tua: is vocatur fides, in quo loco omnia posita sunt οὐ βλεπόμενα καὶ μὴ φαινόμενα, quae si quis conetur reddere visibilia, apparentia et comprehensibilia, sicuti facis tu, is referat curas et lachrymas pro mercede laboris, quales tu refers, nobis omnibus frustra reclamantibus. Dominus pollicitus est se habitare in nebula, et tenebras posuit latibulum suum. Wer da will, der mach's anders. Si Moses comprehendere studuisset finem, quo evaderet exercitum Pharaonis, Israël adhuc hodie fortassis esset in Aegypto" (Br 5,406,56 ff.).

sein Woher und Wohin nicht erfassen durch eine Einsicht, sondern nur im Glauben an denjenigen, der von sich sagt, daß er das A und das O, der Anfang und das Ende *ist* (Apk 1,8). Dieser Glaube geht gegen die Vernunft insofern, als die Vernunft nicht vernünftig ist, sondern die Ambition hat, göttlich zu werden und selber das A und O zu sein. Sie kann sich nicht als *Kreatur* Gottes glauben, die *in* der Schöpfung steht als ein Teil von ihr. Da ihr im Irdischen ja tatsächlich ein ausgezeichnetes Vermögen zukommt, überschreitet sie ihre Grenzen in der Meinung, ihre königliche Herrschaft und ihr Urteilsrecht erstrecke sich auch auf das Unsichtbare, auch auf Gott.

Weil die Vernunft derart betrogen in sich selber, aus eigener Kraft, durch ihr eigenes Fragen und Antworten bestehen will, ist sie von Natur aus stets geneigt, von Gott nur zu glauben, was ihr glaubwürdig ist[46]. Gerade dadurch aber wird sie notwendig dem Wort Gottes untreu – denn dieses beschreibt die Erlösung des Menschen, die nicht aus seinen Möglichkeiten erfolgt ist und grundsätzlich auch über alles ihm Bekannte hinausführt (1. Kor 2,9). Wie sollte so etwas „glaubwürdig" scheinen? Im Gegenteil – durchgehend ist das Wunder das Kennzeichen des Wortes Gottes[47]. Diesem Unbegreiflichen gegenüber aber neigt die Vernunft zur Hurerei. Sie möchte verstehen. Denn dadurch, daß ihr Gott „verständlich" wird, beweist sie auch, daß sie selber recht und gerecht ist: sie zeigt, daß Gott durchaus ihrer Vorstellung entspricht. Deshalb ist sie auch so eifrig mit ihrer größten Sorge beschäftigt: dem „Problem" der Theodizee. Wenn es ihr gelingt, „unter Ausschluß des Glaubens zu betasten, zu sehen und zu begreifen"[48], auf welche Weise Gott gut ist, dann hat sie auch sich selber als gut und göttlich erwiesen. Die Theodizee dient letztlich der „Anthropodizee".

(2.) Die Vernunft denkt zu gering von Gott. Sie kennt nur einen Gott, der einer Form des Gesetzes untergeordnet ist und diesem gehorchen muß. Deshalb nimmt sie nicht nur intellektuell an der „Unmöglichkeit" der biblischen Aussagen Anstoß, sondern vor allem auch an ihrem moralischen Gehalt. „Weil die Vernunft nichts anderes kennt als das Gesetz, muß sie sich notwendig damit beschäftigen und meint, Gerechtigkeit durch dieses zu erlangen."[49] Die Vernunft ist gesetzlich, wie denn auch das Gesetz nichts anderes tut, als daß es das vernünftige Ge-

---

[46] 18,143,8 ff.; 18,706,28 ff.; 707,32–708,8.

[47] Es ist kein Artikel des Glaubens, „der nicht über die Vernunft sei von Gott gestellt in der Schrift" (18,143,19 f.).

[48] „... seclusa fide palpare et videre et comprehendere vult, quomodo sit bonus et non crudelis" (18,708,3 f.).

[49] „Quia ratio nihil aliud novit quam legem, ideo necessario tractat eam et putat iustitiam contingere per ipsam" (40 I,474,22 ff.); ähnlich 164,21 f.: „Ratio humana obiectum habet legem: hoc feci, hoc non feci. Fides autem ...").

rechtigkeitsempfinden weiter erleuchtet und schärft[50]. Luther nennt darum Vernunft und Gesetz gemeinsam die stärksten Feinde des Glaubens[51]. Indem sie sich absolut setzt, macht die Vernunft aus Gott einen Gefangenen des Gesetzes und verbietet ihm, außerhalb von dem, was das Gesetz vorschreibt, etwas zu tun und zu schenken. Gott hat sich nach der Meinung der Vernunft an das Gesetz zu halten und darf nichts anderes, als dieses bestätigen. Daß Gott außerhalb des Gesetzes handelt und den Sünder rechtfertigt „allein aus Gnade", kann die Vernunft nicht fassen. Ja, letztlich kennt sie überhaupt keinen Gott, der handelt, wirkt und schafft, sondern nur eine absolute Kraft, welche die natürlichen und die sittlichen Gesetzmäßigkeiten des Lebens festlegt. Ein Gott, der verheißt, erwählt, rechtfertigt und durch das Wort und den Glauben effektiv etwas verändert in der Zeit, ist der Vernunft unbekannt. Sie denkt sich Gott als Weltgrund und als die erste Ursache der fortlaufenden Ereignisse, und sie stellt sich sein Wohlgefallen und seine Gnade vor als die natürliche Reaktion und gegebene Folge von rechten, einsichtigen, gesetzeskonformen Handlungen. „Alle Religionen, die von der wahren christlichen Religion abweichen, sind ex opere operato: Das will ich tun, das wird Gott wohlgefallen."[52]

„Was muß ich tun, damit ich das ewige Leben ererbe?" fragt die Vernunft. Dahin, nach dem Einen zu fragen, der gut ist, und von ihm zu erwarten, daß er von sich aus das Unmögliche vermag und den Sünder gerecht macht, kommt die Vernunft nicht (Mk 10, 17–27). Deshalb bleibt die Vernunft auch unberührt von der Evangeliumsverkündigung: Sie hält das Evangelium für ein geistliches Gesetz, das sagt, wie man leben und was man empfinden müsse, und sie beklagt sich, daß sie dieses Gesetz nicht „verstehe" und es ihr nichts „bedeute". Es fehlt ihr, denkt sie, die Einsicht in die Gesetzmäßigkeiten dieses „geistlichen Lebens", und es ist ihr unbegreiflich, was man da umsetzen können soll. „Ich bin nun einmal nicht religiös," sagt sie dann vielleicht, oder „ich habe da keine Erfahrung", „ich lebe zuwenig danach ..." Die Vernunft fühlt zwar vielleicht die Sünde, aber sie sucht schon lange von sich aus nach Mitteln und ist sehr damit beschäftigt, diese „Sünde", so wie sie sie fühlt, zu überwinden. Für die verschiedenen Gesetze und Techniken, die abwechselnd immer wieder neu hier oder dort zur Überwindung der Sünde angeboten werden, hat sie denn auch durchaus Verständnis! Dann, denkt sie, wenn sie die Sünde überwunden und diese ihr so naheliegenden Probleme gelöst hat, könne sie Gott dienen und dann vielleicht auch das „höhere" „geistliche" Gesetz des Evangeliums „verste-

---

[50] Die Vernunft lehrt das Gesetz (40 I, 268, 13–17) das Gesetz ist „supra rationem addita" (40 I, 306, 17).
[51] 40 I, 204, 19.
[52] „Omnes religiones, quae dissentiunt a vera religiona christiana, sunt ex opere operato ..." (TR 5, 198, 20 ff.; no. 5504; 1542/43).

hen" und zu erfüllen versuchen. *Hier* liegt für Luther die Schwierigkeit der „existentiellen Aneignung" des Wortes. Das Evangelium muß die dem Menschen angeborene Neigung zur Gesetzlichkeit überwinden: Der Mensch kann nicht das („bloß äußerliche") „pro vobis" der Schrift als ein wahres Wort gelten und also auch für sich gültig sein lassen:

> „Daher, wenn die Vernunft diesen Spruch (oder auch ähnliche) liest oder hört: ‚der sich selbst für unsere Sünden gegeben hat', so wendet sie das Pronomen unsere doch nicht auf sich an, sondern auf andere, die würdig und heilig sind. Sie selbst will noch ein bißchen warten, bis sie durch ihre Werke würdig geworden ist (...).
> Einen Gesunden möchte sie zu Gott bringen, nicht einen, der den Arzt braucht; und dann, wenn er die Sünde nicht empfände, wollte er glauben, daß Christus für unsere Sünden hingegeben sei."[53]

Daß die Worte der Schrift wirklich, wie sie lauten, von dem uns entzogenen Tun Gottes reden, und daß man ihnen deshalb nur schlicht und einfach glauben kann, kann die Vernunft nicht denken. Denn Gott ist letztlich für sie – trotz aller gegenteiligen Beteuerungen – ein Nichts, ein fernes, in sich verschlossenes Sein[54] oder ein bloß anderer Name für das Schicksal[55].

Deshalb beurteilt die Vernunft Paulus als Ketzer[56] und meint, er hebe das Gesetz auf, wenn er ihm die Kraft zu rechtfertigen abspricht[57]. Legalismus und Libertinismus sind zwei Seiten derselben Vernunft, die die Gerechtigkeit „außerhalb des Gesetzes"[58] nicht fassen kann. In beiden Fällen ordnet die Vernunft die paulinischen Aussagen in ihr gesetzliches „Vorverständnis" ein und zieht *ihre* Konsequenzen. Rechtfertigt das Gesetz, ist Paulus ein Ketzer, rechtfertigt es nicht, dann ist *dem* entsprechend zu handeln, d.h.: „Dann wollen wir nichts tun!"[59] Gerade darin aber zeigt sich die natürliche Neigung zum Bösen, die freudlose Rechthaberei und die flache Lieblosigkeit, in der die Vernunft befangen ist: Es soll nur das getan werden, was ihren eigenen Überlegungen entsprechend Nutzen und Verdienst bringt. Wenn Gottes Vergebung ihn herrlich macht – „dann laßt uns Böses tun, auf daß Gutes daraus komme ...". Gegen diese letzte Selbstsicherheit, die sich in dieser Schlußfolgerung äußert, läßt sich nicht argumentieren. Man würde sich

---

[53] „Quare si etiam legit, audit hanc sententiam aut similes: ‚Qui dedit Semetipsum pro peccatis nostris', tamen pronomen: Nostris non applicat pro se, sed pro aliis qui digni et sancti sunt. Ipsa vero tantisper expectare vult, donec digna reddatur suis operibus. (...) Salvum vellet adducere, non indigentem medico, Et tunc, quando non sentiret peccatum, vellet credere, quod Christus traditus esset pro peccatis nostris" (40 I, 86, 19-32).
[54] Vgl. TR 1, 57, 44f. (no. 135) 1531.
[55] 18, 706, 16.
[56] 40 I, 267, 25.
[57] 40 I, 474, 25 ff.
[58] 40 I, 270, 15 ff.
[59] 40 I, 474, 32 f.

unweigerlich in den Schlingen einer fruchtlos bösen Gesetzlichkeit verfangen. Es läßt sich gegen diesen Rationalismus wirklich nur sagen: „Deren Verdammnis ist gerecht" (Röm 3,8).

(3.) Die Vernunft denkt zu gering vom Menschen in seiner körperlichen und bürgerlichen Existenz. Deshalb denkt sie sich allerlei „abenteuerliche und abergläubische Werke" aus, mit denen sie Gott zu gefallen sucht. Mehr als das alltäglich Menschliche, etwas Besonderes, etwas Höheres, etwas „Religiöses" muß es ihrer Meinung nach sein, was Gott fordert:

„Mit traurigem Gesicht und gesenktem Haupt einhergehen, ehelos bleiben, von Wasser und Brot leben, in der Wüste hausen, schmutzige Kleider tragen und dergleichen (...). So unbegreiflich und unendlich ist die Blindheit der menschlichen Vernunft, daß sie nicht nur in bezug auf den christlichen Glauben, sondern auch das Leben und die guten Werke betreffend, kein richtiges Urteil hat."[60]

Die Vernunft ist im religiösen Dünkel befangen, bewegt vom Hochmut des „Geistigen" gegenüber dem „Körperlichen". Sie ist zum Götzendienst geneigt – dieser aber „ist so voller Glanz und so geistlich", daß er kaum als solcher erkannt wird, im Gegenteil denkt ein jeder, daß er zu seinem Götzendienst vom Geist Gottes selber bewegt werde[61]. Deshalb auch gefällt der Vernunft die Bibel nicht so recht: „Im Buch Genesis wird von alltäglichen Dingen erzählt, von der Ehe, dem Hausleben, den Kindern, dem Essen und den kleinen Kämpfen für den Lebensunterhalt usw. Solches zu lesen, kann bei ‚der Vernunft' nur Ekel erregen."[62]

Erst der Glaube, der die Vernunft aus ihrer angespannten Geistlichkeit herauslöst, bringt eine nüchterne und offene Liebe zur „materiellen", sichtbaren Schöpfung, wie sie den Menschen in seinem Alltag so wunderbar selbstverständlich umgibt:

„Wir sind schon in der Morgenröte des zukünftigen Lebens, weil wir die Erkenntnis aller Kreaturen wieder zu erlangen beginnen, welche wir durch Adams Fall verloren haben. Wir haben jetzt einen tieferen Einblick in die geschöpfliche Welt als einst unter dem Papsttum. Erasmus fragt nichts danach, wie die Frucht im Mutterleibe gebildet wird; er hat keine Kenntnis von der Würde des Ehestands. Wir aber fangen an, durch Gottes Gnade seine großen Werke auch aus der Betrachtung eines Blümleins zu erkennen, wie allmächtig und gütig

---

[60] Luther führt aus: Die Menschen verstehen das Gebot der Liebe keineswegs so gut, wie sie meinen. Sonst würden sie sich nicht allerlei anderes erdenken, „nugas et superstitiones, ut sunt: tristi vultu et demisso capite incedere, coelibem esse, victitare pane et aqua, in Eremo agere, sordido vestitu uti et similia. Illa prodigiosa et superstitiosa opera, (...) Adeo incomprehensibilis et infinita est caecitas humanae rationis, ut non solum de doctrina fidei sed etiam de vita et operibus rite iudicare non possit" (40 II, 71, 22-34).

[61] „... idolatria tam speciosa et spiritualis est, ut paucis (...) nota sit" (40 II, 111, 20f.).

[62] Wikerstål, S. 271 (aus dem Schwedischen übersetzt von mir), vgl. auch Teil 2, Kap. 3, Anm. 9 u. 10.

Gott sei. Darum loben und preisen wir ihn und sagen ihm Dank; in seinen Geschöpfen erkennen wir die Macht seines Worts: ‚Er sprach, und es geschah'. In einem Pfirsichstein muß sich die Schale, wenn sie auch sehr hart ist, doch zu gegebener Zeit dem weichen Kern öffnen. An dem allem geht Erasmus vorbei; er sieht die Geschöpfe nicht anders an als eine Kuh."[63]

Die Vernunft ist „von Natur aus" mit dem „Übernatürlichen" beschäftigt, ihr fleischliches Begehren geht mit Geringschätzung vorbei am kranken, zerschlagenen Fleisch des Menschen (Lk 10,25-37), ihr niederes Sinnen kann die Hoheit nicht fassen,. die in der Erniedrigung Christi verborgen ist, ihr Verlangen nach Großem sieht nicht, was für eine Größe es ist, in Geduld und Nachsicht die kleinen Lasten des Lebens zu tragen im Vertrauen auf den, der gekommen ist, um zu dienen (Mk 10,43-45). Umgekehrt: Wenn die Vernunft sich dann doch einmal dem Materiellen zuwendet und darin ein Gutes zu sehen versucht, dann möchte sie das Recht dieser Zuwendung sichtbar und spürbar machen und konstruiert ein „Brot allein", das in sich genug sein und dem über die geschöpflichen Gegebenheiten hinaus ein Leben eignen sollte (vgl. Mt 4,1 ff.). Die Vernunft kann nicht *glauben,* kann nicht die Schöpfung in ihrem unfaßlichen Zusammenhang als Gabe und Werk des Schöpfers annehmen. Nur der Glaube an den Fleisch gewordenen Sohn Gottes kann die rechte Wertschätzung des Kreatürlichen bringen, nur die Hoffnung auf den Menschensohn kann die umfassende und geduldige Humanität begründen, daß der Mensch nicht entkleidet, sondern – auch körperlich erlöst – überkleidet zu werden sich sehnt (2. Kor 5,4); nur die Liebe dessen, der die Welt geliebt hat, kann befreien aus dem weltlichen Begehren nach einer Erfüllung, losgelöst vom übrigen kreatürlichen Leben in seinen vielfältigen Gestalten und Beschwernissen (Joh 3,16; vgl. Röm 8,18-21).

Es geschieht deshalb mit bestechender Konsequenz, daß Luther in seinem knappen „Bekenntnis" von 1528 die Frage der „guten Werke" im Rahmen der Aussagen über Christi Person und Werk erörtert. In diesem Bekenntnis, das nach Luthers Willen allen zukünftigen Mißbräuchen seines Werkes und allen Umdeutungsversuchen wehren soll[64],

---

[63] „Nos iam sumus in aurora futurae vitae, quia cognitionem omnium creaturarum incipimus nancisci, quam per Adae lapsum amisimus. Introspicimus nunc penitius creaturas quam olim sub papatu. Erasmus non curat, quomodo foetus in utero matris formatur; coniugii dignitatem ignorat. Nos vero gratia Dei magnalia Dei vel ex flosculi consideratione incipimus cognoscere, quam omnipotens et bonus sit Deus. Ideo ipsum laudamus, benedicimus et ei gratias agimus et in ipsius creaturis cognoscimus potentiam verbi ipsius: Dixit, et facta sunt. In nucleo persici pomi, quae nux licet durissima sit, tamen suo tempore cogitur se aperire mollissimo nucleo. Haec Erasmus praeterit, non aliter creaturas inspiciens atque vacca" (TR 1,573,31 ff.; no.1160; 1530-35).

[64] 26,499,15-500,20; s.o. Einl. Anm.76.

folgt Luther „von Stück zu Stück"[65] dem trinitarischen Aufbau des Credo. Der Glaube an die Dreieinigkeit und den Schöpfer erfährt wieder nur eine kurze Erwähnung, weil hier zur Zeit kein Lehrstreit herrsche[66]. In den Ausführungen zum dritten Artikel behandelt Luther die Sakramente und die kirchlichen Zeremonien[67]. Im Rahmen des zweiten Artikels aber gedenkt Luther der Frage des „rechten christlichen Lebens". Er führt nochmals die klassischen Aussagen des Credo zur Person und zum Werk Christi aus und fährt dann (im knappen Stil dieses Bekenntnisses, der Differenzierungen keinen Raum läßt) fort: „*Dem nach* verwerfe und verdamme ich auch als eitel Teufelsrotten und Irrtum alle Orden, Regel, Klöster, Stifte und was von Menschen über und außer der Schrift ist erfunden und eingesetzt (...)"[68]. Die „heiligen Orden und rechte Stifte", die Gott eingesetzt hat, sind das Predigtamt, der Ehestand und die weltliche Obrigkeit[69]. Für den mittleren gilt: „Wer Vater und Mutter ist, sein Haus wohl regiert und Kinder zieht zu Gottes Dienst, ist auch eitel Heiligtum und heilig Werk (...)."[70] Über diese drei „Orden" hinaus „ist nun der gemeine Orden der christlichen Liebe", der in den Werken der Barmherzigkeit gegen alle Notleidenden, der Vergebung gegen die persönlichen Feinde, der allgemeinen Fürbitte und des Duldens von Unrecht besteht[71].

Der Glaube an Christus, den menschgewordenen Gottessohn, gibt auch dem Menschlichen seine Würde und befreit vom Irrtum der Vernunft, die über dieses Geschöpfliche hinaus Höheres zu tun und zu fassen begehrt.

Man könnte zusammenfassend die Neigung zur Untreue, von der die Vernunft bewegt wird, wie folgt beschreiben: Die Vernunft ist fleischlich gesinnt. Fleischlich gesinnt sein heißt aber, das Seine suchen[72]. Die Vernunft sucht *ihre* Hoheit und *ihr* Vermögen herauszustellen und möchte sich deshalb beweisen, daß nichts Göttliches ihr fremd ist. Und sie sieht ihrer Art entsprechend das Wahre im Gesetz festgelegt und sucht das Gute und Wertvolle ihrer Natur entsprechend im gesteigerten „geistigen" Vermögen.

Die „Einheit des Seins" und die biblische Antithetik

Die folgenden Ausführungen möchte ich durch eine eigene Überlegung zu einer biblischen Gegebenheit und in einer kurzen Auseinander-

---

[65] 26,499,20f.
[66] 26,500,27-32.
[67] 26,505,29-509,18.
[68] 26,503,35 ff., Hervorhebung von mir.
[69] 26,504,30f.
[70] 26,505,1f.
[71] 26,505,11-15.
[72] 18,742,19f.

setzung mit dem moderneren Denken einleiten. Dies scheint mir sinnvoll, weil Luther gerade in diesem Punkt der Moderne – jeder Moderne – sehr unbequem ist, weil man sich also gerade hier Luther gerne entzieht – wodurch man dann aber nur in um so größere Unbequemlichkeiten gerät, sofern man sich nicht mit seichten und wirklichkeitsfremden Postulaten zufriedengeben will.

Es ist ein großes Rätsel, daß der Mensch Fremdes aufnehmen und auch verstehen kann, daß er Gründe für das, was geschieht, zu erkennen und dessen Wert immer wieder auch richtig zu beurteilen vermag, daß er im Denken Wahres und Falsches und in seinem Empfinden Schönes und Häßliches unterscheidet, daß er zusammenhängende Erfahrungen macht und sie als solche begreift, und daß er darum auch folgerichtig und sinnvoll zu handeln vermag. Die Dinge der Welt und das Erleben, Urteilen und Wollen des Menschen sind „irgendwie" miteinander verbunden, ein Gemeinsames durchzieht und vereinigt alles, was ist. So gilt es in der Sphäre des Irdischen und Sichtbaren. Alles hat ein gemeinsames „Sein", denn alles ist durch das Wort Gottes geschaffen und ist durch das göttliche Sprechen wohl geordnet ins Dasein gestellt. Der Mensch aber ist geschaffen zum Bilde Gottes des Schöpfers und hat von ihm ein ausdrückliches Wort, eine persönliche Anrede, die ihn dazu befähigt, sich die Erde untertan zu machen (Gen 1, 1–28). Die Weisheit, die vor aller Zeit „gegründet" (קנה), „ausgegossen" (נסך) und „geboren" (חלל) wurde, war die Begleiterin und die Lust des Schöpfers; ihr Spiel war seinem Schaffen und Bilden Vorbild und formte das Spiel der werdenden Schöpfung – die Weisheit aber hatte ihre Lust an den Menschenkindern. Diese Weisheit hat sich den Menschen verbunden, hat ihnen die Lust der Erkenntnis vermittelt und lädt sie immerzu ein, bei ihr zu Gast zu sein und auf vielfältige Weise die Regeln ihres Spieles kennenzulernen (Spr 8, 22–9, 12).

Auf der Ebene des Irdischen, im Bereich des Natürlichen, bewährt sich deshalb die menschliche Erkenntnis immer wieder. Alles hängt zusammen, „irgend etwas" hält es zusammen und macht es für das vielfältige, aber doch einheitlich verbundene Erkenntnisbemühen des Menschen zugänglich. Allem eignet ein „Sein", könnte man von diesem Gemeinsamen sagen. Im Bereich des Natürlichen scheint es deshalb möglich zu sein, alles miteinander in Beziehung zu bringen und „irgendwie" zu vermitteln. Zwar mehren sich beim Forschen und Fragen die gedanklichen Schwierigkeiten, und gerade wenn man von einer letzten Einheit aus zu denken und zu verstehen sucht, so scheint „das Leben selber" unmittelbar und unwidersprechlich diesen Zusammenhang zu zerstören. „Das Leben hat keinen Sinn" ... Es ist etwas, an dem jede Zeit leidet, aber es bricht in der Moderne besonders jäh auf, nachdem man jahrhundertelang so konsequent vernünftig das Dasein in seiner Einheit zu fassen und zu versöhnen versucht hat: „Man kann das Böse leugnen, aber nicht den Schmerz; nur der Verstand kann Gott beweisen, das Gefühl empört sich dagegen ... Das leiseste Zucken des Schmerzes, und regte es sich nur in einem Atom, macht einen Riß in der Schöpfung von oben bis unten", heißt es in Büchners Drama an der Wende der Neuzeit[73]. Vieles, vielleicht das meiste, was ist, bleibt unbegreiflich. Nicht nur das schreiend Besondere, sondern auch das alltäglich Selbstverständliche läßt sich nicht verstehen, sein Woher und Wohin und sein Zusammenhang mit dem vielen anderen ist unfaßlich. Das Schöne steht unvermittelbar neben dem Häßlichen, das Dunkle läßt sich nicht verbinden und versöhnen mit dem Hellen. Und doch „ist" auch dieses Unbegreifliche, und es läßt sich deshalb wenigstens mit dem Schein der Wahrheit postulieren, daß auch das Unbegreifliche irgendwie gültig und richtig mit allem anderen verbunden ist und daß also „alles einen Sinn hat" ...

„Verwirrende Lehre zu verwirrtem Handel waltet über die Welt ..." schreibt Goethe kurz vor seinem Tod[74]. Wer in seinem Lebensgefühl das Geschehen auf Erden derart milde verharmlosend beschreiben kann, wer so die scharfen Konturen der Dinge verwischen mag, neben dem kann dann vielleicht auch das begriffliche Denken dahin gelangen, daß man voraussetzen mag, daß das, was wirklich ist, auch vernünftig sein müsse ...[75]. Die Bibel aber zwingt den Menschen zu einem anderen. Die Heilige Schrift ist „voller Antithesen"[76], für die es keine Vermittlung gibt, weder im Denken, Fühlen oder Tun des Menschen. „Was hat die Gerechtigkeit zu schaffen mit der Ungerechtigkeit? Was hat das Licht für Gemeinschaft mit der Finsternis? Wie stimmt Christus mit Belial?" fragt Paulus (2. Kor 5, 14 f.), und er reißt damit einen Graben auf und errichtet ein Entweder-Oder, über das nichts den Menschen hinwegführen soll, keine Dialektik, keine verzweifelt paradoxale Anschauung, kein prometheïsches Tun – aber auch kein sich ins Dunkel stürzender Glaube an eine letzte Einheit des Seins!

Die Schrift kennt viele solche Antithesen, die für den Menschen bestehen bleiben müssen und für die es keine Vermittlung geben darf:

Das *Reich Satans* und das *Reich Gottes* lassen nichts Mittleres übrig[77].

„*Fleisch*" und „*Geist*" stehen in der Schrift in einem sich ausschließenden Gegensatz[78].

Paulus teilt die Gerechtigkeit in zwei sich ausschließende Arten ein:

„Entweder aus dem *Geist* oder aus dem *Gesetz,* wenn aus dem Gesetz, dann

---

[73] Payne in „Dantons Tod", 3. Akt, 1. Szene.
[74] An Humboldt, zitiert bei Löwith, S. 42.
[75] Vgl. Hegel, Philosophie des Rechts, Vorrede, S. 33.
[76] 40 I, 391, 18.
[77] 18, 743, 33–35.
[78] 18, 735, 31 ff.; 741, 5 ff.

nicht aus dem Geist, wenn aus dem Geist, dann nicht aus dem Gesetz. Da kann kein Mittleres sein."[79]

Denn: Ist das Erbe aus dem *Gesetz,* dann ist es nicht aus der *Verheißung* (Gal 3,18).

Die Rechtfertigung geschieht entweder durch das *Wort des Evangeliums* und durch *die Gnade* oder durch das *Gesetz*[80].

Paulus teilt auch die Menschen schroff in *Gläubige* und *Ungläubige* ein, ohne ein Neutrales übrigzulassen[81]. Er kennt keinen indifferenten Übergang zwischen Sünde und Gerechtigkeit, sondern vor Gott ist der Mensch entweder *Sünder* oder *Gerechter*[82].

Diese schroffe und unvermittelte Antithetik gibt es nur in der Schrift: Bei den Menschen, im natürlichen Denken und im alltäglichen Empfinden gibt es ein so scharfes Entweder-Oder nicht[83]. Deshalb muß man, wenn man der Bibel gerecht werden und als Theologe etwas ausrichten will, vor allem unterscheiden lernen; Natur und Gnade, Himmel und Erde, irdische und himmlische Gesinnung muß man auseinanderhalten und darf nur je an ihrem Ort von ihnen reden. Vor allem aber muß man die zwei Arten, wie Gottes Wort selber den Menschen anredet, unterscheiden lernen:

„Ich beschwöre dich aber: was kann der in Sachen der Theologie und in der Heiligen Schrift zustande bringen, der noch nicht dahin gekommen ist, daß er weiß, was Gesetz und was Evangelium ist, oder, wenn er es weiß, dennoch gleichgültig darüber hinweggeht, es zu beachten? Der muß alles, Himmel, Hölle, Leben, Tod vermengen und wird in der Gefahr stehen, ganz und gar nichts von Christus zu wissen."[84]

Von Christus wissen heißt, von Gegensätzen wissen, die sich nicht vermitteln und nicht aufheben lassen. Der mildeste dieser Gegensätze ist derjenige von Gesetz und Evangelium, weil er ein Gegensatz zweier Worte Gottes ist, die als solche beide heilig und gut sind. Gesetz und Evangelium sind beide von Gott gegeben, um je an ihrem Ort gepredigt zu werden und ihre Wirkung zu tun. Sie müssen aber streng nebeneinander bleiben! Auch wenn sie zeitlich fast miteinander erklingen, so muß doch jedes seine besondere Zielrichtung behalten: Das Gesetz

---

[79] „Si ex lege, ergo non spiritu, si ex spiritu, non lege." 40 I,329,5f.; vgl. auch 18,768,5f.; 771,37.
[80] 40 I,329,25f.
[81] 18,759,25f.
[82] 18,768,17ff.
[83] Ebd. Z.22f.
[84] „Obsecro autem te, quid ille in re Theologica vel sacris literis efficiat, qui nondum eo pervenit, ut quid Lex, quid Euangelion sit, norit, aut si norit, contemnat tamen observare? Is omnia misceat oportet, coelum, infernum, vitam, mortem, ac prorsus nihil de Christo scire laborabit" (18,680,28ff.).

muß die Verhärteten zerschlagen und töten, die Gnade allein muß aufwärts ziehen ins Leben[85].

„Hier ist ein kluger und treuer Hausvater erfordert, der das Gesetz so anwendet, daß es innerhalb seiner Grenzen bleibe. Denn wenn ich die Menschen so Gesetz lehren wollte, daß sie durch das Gesetz gerecht werden können vor Gott, würde ich schon die Grenzen des Gesetzes überschreiten und würde diese zwei Gerechtigkeiten, die aktive und passive durcheinanderwerfen, und damit wäre ich ein schlechter Dialektiker, weil ich nicht recht zu scheiden wüßte. Wenn ich aber über den alten Menschen hinauskomme, bin ich auch schon jenseits des Gesetzesbereiches. Denn das Fleisch und der alte Mensch, das Gesetz und die Werke gehören zusammen, so gehören aber auch der Geist und der neue Mensch, die Verheißung und die Gnade zusammen. Darum wenn ich sehe, daß ein Mensch, der hinreichend zerknirscht ist, durchs Gesetz gedrückt, durch die Sünde erschreckt ist und nach Trost dürstet, da ist's Zeit, daß ich ihm das Gesetz und die eigene Gerechtigkeit aus den Augen rücke und daß ich ihm durch das Evangelium die passive Gerechtigkeit vorstelle, die unter Ausschluß des Mose und des Gesetzes die Verheißung von Christus darbietet, der wegen der Angefochtenen und Sünder gekommen ist."[86]

Der Wechsel vom Reich des Gesetzes in dasjenige der Gnade erfolgt also nicht irgendwie stufenweise, und er ergibt sich auch nicht plötzlich aus sich selber heraus (etwa dadurch, daß das Gesetz, zum äußersten getrieben, in sein Gegenteil umschlagen würde), er ergibt sich aber auch nicht aus einer höheren Einsicht, die über Gesetz und Evangelium hinausgehen würde. Der „Übergang" erfolgt vielmehr dadurch, daß die Gnade in der Gestalt des Wortes zu dem vom Gesetz zerschlagenen Menschen hinzutritt und dadurch das Gesetz auch schon weggetan und zum Schweigen gebracht ist. Daß das Evangelium in Antithetik zum Gesetz steht, ist also selber ein Wort des Evangeliums; mit dem Kommen des Evangeliums kommt auch die Unterscheidung zwischen Gesetz und Evangelium und wird also das Gesetz als untauglich zur Vermittlung des Heils entlarvt. Es ist also das Evangelium selber, das über dem Gesetz steht, aber nicht so, daß es das Gesetz in sich schließt, sondern so, daß es aus sich selber heraus dem Gesetz von außen seine Aufgabe und seine Grenze zuweist. Im Bereich des Evangeliums läßt sich

---

[85] S.o. Kap. 2.1, Anm. 111.
[86] „Hic igitur prudens et fidelis pater familias requiritur qui sic legem moderetur, ut intra suos limites maneat. Nam si velim homines sic docere legem, ut per eam iustificentur coram Deo, iam extra limites legis irem, et confunderem has duas iustitias, activam et passivam, essemque malus dialecticus, quia non recte dividerem. Cum autem venio ultra veterem hominem, iam etiam sum ultra legem. Caro enim seu vetus homo, lex et opera coniuncta sunt, sic etiam spiritus seu novus homo, promissio et gratia. Quare cum video hominem satis contritum premi lege, terreri peccato et sitire consolationem, ibi tempus est, ut removeam illi ex oculis legem et iustitiam activam et proponam per evangelium passivam, quae excluso Mose et lege exhibet promissionem de Christo qui propter afflictos et peccatores venerit" (40 I, 44, 18 ff.).

die Aufgabe und der „Sinn" des Gesetzes erklären – im Reich des Gesetzes allein nicht. So gilt für diese Antithetik: Entweder ist der Mensch unter dem Gesetz – dann sieht er nichts anderes. Oder er ist unter der Gnade – dann ist er außerhalb des Gesetzes und kann dessen Aufgabe sozusagen im Rückblick beurteilen, weil sie getan und weil das Gesetz also zu seinem Ziel und Ende gekommen ist (Röm 10,4). (Der moralische und praktische Inhalt der Gesetzesvorschriften aber ist mit dem Evangelium und mit der Befreiung des menschlichen Willens und Wissens gegeben, so daß ein „tertius usus legis" nicht dogmatisch gefordert werden muß – um so mehr, als die Gefahr einer erneuten gesetzlichen Begründung groß ist –, er ist vielmehr im Evangelium inbegriffen und erhält den rechten Ton durch die evangelischen Ermahnungen, durch die der Gläubige beim Gehalt des Evangeliums erhalten wird).

Der „Sinn" der biblischen Antithetik von Gesetz und Gnade läßt sich also einsichtig machen. Denn Christus ist gekommen und hat das Wort der Gnade gebracht (Lk 16,16; Joh 1,16). Dieses Wort aber ist extra nos aufgerichtet und „steht" da als ein göttliches Werk, und als solches ist es an sich unanfechtbar klar[87]. Die Antithetik von „Geist" und „Fleisch", von „Glaube" und „Unglaube", „Gerechtigkeit" und „Sünde" aber umfaßt den Menschen und hält sein Sinnen und Denken genauso wie sein Handeln und Tun gefangen. So ist es aber erst recht mit jenem letzten Widerspruch, dem zwischen Gott und Teufel. Hier gibt es keine Erklärung und keine Rechtfertigung für diesen Gegensatz, keine Einsicht in seine Notwendigkeit; denn hier stehen nicht mehr zwei Worte Gottes, sondern hier steht Gottes eigenes und unmittelbares Tun dem gefallenen Geschöpf gegenüber. Hier gibt es deshalb überhaupt keine Vermittlung und keine Einsicht in einen „Sinn": Die letzte, völlig unbegreifliche Einheit dieser Gegensätze liegt in Gott – nein, in seinem befreienden Wirken und Tun und den unergründlichen Bedingungen, welchen es gehorcht: „Er bildet das Licht und schafft das Finstere, er macht Frieden und schafft Unheil – ich bin der Herr, der all dieses macht" (Jes 45,7).

Eine Vermittlung zwischen den Gegensätzen des Lebens kann man deshalb letztlich nicht suchen. Nur wer nicht vom Leben selber (Joh 14,6) hineingestellt wird in diese letzten Widersprüche und ihre unbarmherzige Feindschaft, wer sich herausgehoben fühlt aus dem großen Gegensatz der Zeit, wer aus dem Reich Gottes und dem des Teufels eine objektivierbare, ferne Sache macht, welcher er distanziert gegenüberzustehen vermag, der kann und muß eine Position für möglich halten, die diesen Gegensätzen überlegen ist. Diesen Vorwurf – theologisch wohl der schwerwiegendste – richtet Luther gegen Erasmus:

---

[87] S.o. Kap. 2.1 „Das offenbare Geheimnis", insbes. Anm. 202.

„Du, der du dir vorstellst, daß der menschliche Wille eine in einer freien Mitte gesetzte Sache und sich selbst überlassen sei, ersinnst zugleich leicht, es gäbe ein Streben des Willens nach beiden Seiten, weil du dir einbildest, daß sowohl Gott als auch der Teufel weit entfernt seien, und gleichsam nur Zuschauer jenes wandelbaren und freien Willens. Daß sie aber Antreiber und Lenker jenes geknechteten Willens sind, wechselseitig im höchsten Maße einander feind, das glaubst du nicht."[88]

Wer sich hineingenommen sieht in die Kämpfe ums Leben und wer Anteil nimmt an den bitteren Auseinandersetzungen um die Wahrheit, der sucht keine Vermittlung der Gegensätze und wünscht sich nicht, sie aufzulösen und zu versöhnen, sondern er wünscht auf der rechten Seite zu stehen, vom Guten getrieben und dem Rechten dienstbar zu werden. Wer sich aber diesem Anspruch des Lebens entzieht und neutral vermittelnd über ihm zu stehen versucht, der muß auch die schroffen Antithesen der Schrift auflösen in fließende Übergänge. Luther wirft Erasmus vor, daß er in solcher Art die klaren Konturen der Schrift zu verwischen suche. Erasmus, sagt Luther, ist in seiner Schriftauslegung gezwungen, statt dem „nichts" der Schrift „wenig" oder „gering" zu lesen[89], „Fleisch" als Schwäche statt als Gottlosigkeit zu verstehen[90] und „halten" und „tun" zum „streben" oder „sich bemühen" abzuschwächen[91]. Da die Vernunft nur das eine, ihr zugängliche Sein kennt, und da sie im Rahmen dieses ihres Vermögens doch die „Probleme" zu lösen versucht (damit sie nicht glauben muß), konstruiert sie verschiedene Stufen und differenziert verschiedene Notwendigkeiten des Seins, an die auch Gott selber gebunden sein soll. Gott ist dann nichts anderes als die Forderung oder der Wille, von den unteren in die oberen Stufen zu gelangen. Erasmus formuliert es geradezu klassisch: „Er will, daß unser Streben sich verbinde mit der göttlichen Gnade, damit wir durch die Stufen der Tugend zur Vollendung gelangen."[92] Eine solche Auffassung muß aber alles auflösen, was die Schrift sagt: ihre scharfe Antithetik, ihre Rede von der Erlösung, welche eine Gefangenschaft und nicht nur eine Schwäche als Grund des Übels voraussetzt, ihre Lehre von der Rechtfertigung durch die Vergebung, was ein aktiv versöhnendes Handeln Gottes voraussetzt, ihre Auffassung von der Heiligung, welche in der Aussonderung und nicht im Eingießen einer höheren Seinsqualität

---

[88] „Tu qui fingis voluntatem humanam esse rem in medio libero positam ac sibi relictam, facile simul fingis, esse conatum voluntatis in utram partem, quia tam Deum, quam diabolum fingis longe abesse, veluti solum spectatores mutabilis illius et liberae voluntatis, impulsores vero et agitatores illius servae voluntatis, mutuo bellacissimos, non credis" (18,750,5 ff.).
[89] 18,748,19 ff.
[90] 18,733,24 f.
[91] 18,674,40 f.
[92] „Vult nostram sollicitudinem iungi gratiae divinae, ut per gradus virtutum perveniamus ad perfectionem" (Diatribe S. 88,6 ff., II b 6).

besteht, vor allem aber ihren „Kern und Stern": Jesus Christus. Er ist im Rahmen eines solchen Denkens nicht mehr das „summum mysterium", sondern wird zur Antwort auf eine dem Menschen wohlbekannte Frage, und diese Frage wird zur Bedingung der Möglichkeit für Jesus Christus und sein Werk.

Diese Flucht vor der biblischen Antithetik ist die Flucht vor dem allgemeinen Urteil der Schrift über alle Menschen. Indem sich die Vernunft dem schroffen Entweder-Oder der Schrift entzieht und dieses in fließende Übergänge auflöst, versucht sie sich als etwas Heiles und Gerechtes zu etablieren, als das Vorzüglichere im Menschen, das nicht verloren und verdorben ist[93] und nicht unter „das allgemeine Urteil" der Schrift „über alle Menschen"[94] fällt. Damit versucht sie sich aber der Notwendigkeit der Gnade, dem Zugriff Jesu Christi als dem einzigen Heiland *aller* Menschen und des *ganzen* Menschen zu entziehen, für den der Apostel mit seiner antithetischen Redeweise und seiner universalen „Einteilung" streitet.

„Und heimlich haben sie den Wunsch, daß jene Worte ‚der sich selbst für unsere Sünden gegeben hat' in Verzagtheit gesprochen sein möchten und die Sünden wären eben doch nicht ernst und wirklich, sondern nichtig und erdichtet."[95]

Eine solche absolute, d. h. von der Schrift und ihrem universalen Urteil losgelöste Vernunft wirft Gesetz und Verheißung durcheinander und verkehrt und verdunkelt dadurch auch das Kostbare und Trostreiche, was die Schrift zu geben hat: sie macht aus der Gnade ein Gesetz[96]. Denn die Vernunft ist ja an die Regeln des Gesetzes und an ihre eigene Kraft gebunden und kann über sie nicht hinaus. Wie auch? Es kann für sie nur geben, was sie schafft, sie kann nicht mit einer von außen ihr zukommenden Gnade rechnen. Ihr passiver Gott kann wohl ein Gesetz legitimieren, aber keine Verheißung, deren Grund und Wahrheit in Gottes (aktiver) Treue und Zurechnung liegt. Deshalb muß diese Vernunft die Verheißung in einer Form des Gesetzes und seiner Erfüllung begründen, d. h. „wer sie tut", wer dem Gesetz entsprechend lebt, auf den kommt „ex opere operatum" (durch die gesetzeskonforme Aktivität des Menschen ausgelöst) auch der Segen der Verheißung. So wird die Verheißung zur bloßen Funktion eines Gesetzes, und Christus wird höchstens zum Ausgangspunkt einer gesetzeskonformen Bewegung[97]. Das

---

[93] 18,744,6f.

[94] „generalem sententiam super omnes homines" (18,757,13f.; vgl. auch ebd. Z. 31f.).

[95] „Et tacite sic optant, quod illa verba: ‚Qui dedit semetipsum pro peccatis nostris', essent verba in humilitate dicta, Et peccata non essent seria et vera, sed inania et ficta" (40 I, 86, 26 ff.).

[96] 40 I, 470, 13 f.

[97] Die Beschneidung als zum Heil notwendig verkünden „heißt soviel sagen: Christus ist der gute Baumeister, der das Gebäude zwar anfängt, aber nicht vollendet, das nämlich

heißt aber, daß die Vernunft Christus verobjektiviert und ihn gerade dadurch zum Gefangenen der menschlichen Subjektivität macht, die ihm die Bedingungen des Gesetzes auferlegt und ihm Möglichkeiten und Grenzen zuteilt, was er sein kann und was nicht. Dieser Christus kann aber nur „entweder als Lehrer oder als Geber verstanden werden", er kann nicht, wie Luther das nach Joh 14,6 haben will, „selber in sich mir Gabe oder Lehre sein"[98]. Die Wahrheit Christi ist dann nichts anderes als seine „Nützlichkeit" in diesem System des Gesetzes, und diese Nützlichkeit versucht die Vernunft aufzuweisen, ihrer Gesetzlichkeit evident zu machen, damit sie sich in Christus wiederfinde. So wird aber Christus tatsächlich zu einer „Projektion des Menschen": er soll dem menschlichen Streben nach Seligkeit dienen. Die Gnade vollendet – kritiklos – die Natur, der Eudaimonismus behält die Oberhand.

Mit einer solchen „Autonomie" und einem solchen absoluten Subjektivismus kann vielleicht derjenige zufrieden sein, der sich der Antithetik der Schrift entzieht, weil er auch die Widersprüche des Lebens auflösen zu können glaubt. „Der Glaube aber schlachtet die Vernunft ..."

---

muß Moses tun". („... Hoc tantum est dicere: Christus bonus artifex est qui aedificium quidem incipit, sed non absolvit, hoc enim Mosen oportet facere." 40 I, 109, 18 ff.)

[98] Luther bemerkt gegenüber Brenz, er wolle sich befreien nicht nur von der Betrachtung des Gesetzes und der Werke, sondern auch „ab intuitu obiectivi illius Christi, qui vel doctor vel donatur intelligitur. Sed volo ipsum mihi esse donum vel doctrinam per se, ut omnia in ipso habeam" (zitiert bei Steck, Lehre, S. 151). Es ist nun ja zu beachten, daß der Begriff „objektiv" im Nominalismus, der doch das philosophische Denken Luthers prägt, eine etwas andere Bedeutung hat als für uns. (Vorländer schreibt, die Bedeutung sei gerade die umgekehrte gewesen als die unseres Begriffes, S. 105. Das katholische „Kleine Philosophische Wörterbuch" von M. Müller und A. Halder sagt m. E. präziser, daß die mittelalterliche Philosophie mit Objekt „das im Akt der Vorstellung Vorgestellte" bezeichne, und präzisiert zudem: „Der Bedeutungswandel erfolgte nach Descartes." S. 193.) Es ist nicht einfach, sich den Klang und die Bedeutung dieses philosophischen Begriffes bei Luther klarzumachen, um so mehr, als es sich bei der erwähnten Stelle um eine rasch hingeworfene briefliche Formulierung handelt. Steck äußert sich nicht darüber und suggeriert damit, daß es Luther darum gehe, die Freiheit Gottes gegenüber dem Menschen zu wahren und – gut barthianisch – die Gnade unverfügbar ganz in die Subjektivität Gottes zu verlagern: Das „In-Sein Christi", sagt er, lasse sich nicht herbeiführen, daß Christus das „donum per se" werde, „das kann die dem Menschen aufgetragene und in seinen Mund gelegte Lehre nicht bewirken. Das kann nur zum Gebet werden ..." (aaO. S. 152). Luther scheint aber doch, wenn man die Wortbedeutung im Nominalismus zu beachten versucht, die Sache so empfunden zu haben: Gerade der Christus, der von uns aus gesehen als ein freies Subjekt in der Art uns bekannter Subjekte besteht, ist ein „vorgestellter", verobjektivierter Christus. Der von der Vernunft gedachte Christus kann nur ein Gesetzgeber sein. Er gibt aus sich heraus Lehre und Gnade, er kann aber nicht sich selber geben. Die menschliche Subjektivität umschließt ihn und macht ihn zu einer Größe, die sie aus ihrer Erfahrung kennt, also zu einem Lehrer und Geber. Gerade damit aber macht sie ihn selbst, seine Göttlichkeit und seine Menschlichkeit zu einem Subjekt, das in sich verschlossen bleibt. Dieser verobjektivierte Christus kann nur sein Werk und sein Wort, nicht aber sich selber zu einem Objekt machen; er kann nicht sich selber dem Menschen geben und ihn dadurch substantiell durch sich selber an die Verheißung binden.

Die Weisheit, die dem menschlichen Denken und Wollen Zutritt verschafft zu den ordnenden und gestaltenden Kräften der Schöpfung, ist nicht der Logos selber, der eingeborene Sohn, der Gott ist (Joh 1,1-5). Dieser ewige Logos ist den Menschen nicht mitgeteilt „von Natur aus", durch ihr geschöpfliches Dasein, sondern er gibt sich durch seine Gnade denen, die an seinen Namen glauben, durch seine Verheißung und sein Kommen im Fleisch (Joh 1,12-14). Deshalb muß die Vernunft, die nur von der Weisheit weiß, verstummen, wenn sie dem Logos begegnet, der mehr und Tieferes und weit Unergründlicheres setzt, als die Weisheit kennt. Die menschliche Wahrheitssuche muß darum den Ruf der „unbändigen" und „schamlosen" Torheit unterscheiden lernen vom Ruf der wahren Weisheit, die als erstes die Furcht des Herrn lehrt. Sie führt in das wohlgeordnete Haus, wo zum Fest des Lebens gedeckt ist, jene aber verführt ins Reich des gestohlenen und zu Unrecht angemaßten Besitzes, wo darum auch „nur die Schatten wohnen" und die „Gäste in der Tiefe des Todes hausen" (Spr 9,1-17).

Das Opfer der Vernunft

Es scheint bei der Schriftlektüre, als ob es für den Heiligen Geist eine besondere Lust sei, die Vernunft zu ärgern: Alle Artikel des Glaubens hat er über die Vernunft gestellt[99], „wir fühlens wohl, daß solche Lehre nicht will noch kann in die Vernunft gehen"[100]. In den Ausführungen über Abraham, den Vater der Gläubigen, formuliert Luther mit strahlend mächtigen Worten die „erkenntnistheoretische" Konsequenz der Rechtfertigung „allein aus dem Glauben": „So wirft uns Gott allezeit, wenn er Artikel des Glaubens vorstellt, einfach unmögliche und absurde Dinge entgegen."[101] Das Abendmahl, die Taufe, die Auferstehung, die Geburt des Gottessohnes aus der Jungfrau, sein Tod und seine Auferstehung und Erhöhung: von der ersten bis zur letzten Aussage des Glaubens ist alles ärgerlich und töricht (1. Kor 1,23)[102].

Die Vernunft „versteht ja nicht, daß es höchster Gottesdienst ist, das Wort Gottes zu hören und zu glauben. Sondern sie meint, daß das, was sie selbst auserwählt und Gutes tut – wie sie sagen: mit Zielstrebigkeit und Eigenhingabe – Gott gefalle. Daher, wenn Gott redet, urteilt die Vernunft, sein Wort sei Ketzerei und Teufelswort, es erscheint ihr nämlich als absurd etc. Dieser Art ist die Theologie aller Sophisten und Sektierer, die das Wort Gottes mit der Vernunft messen.

Aber der Glaube schlachtet die Vernunft und tötet jenes Tier, das die ganze Welt und alle Kreaturen nicht töten können. So hat es Abraham durch den

---

[99] S.o. Anm. 47.
[100] 50,273,26; 1538.
[101] „Sic semper Deus, cum obiicit articulos fidei, simpliciter impossibilia et absurda, si iudicium rationis sequi voles, obiicit" (40 I,361,19f.).
[102] Ebd. Z. 20-28.

Glauben ans Wort Gottes getötet, durch das ihm Samen aus der unfruchtbaren und bereits gebärunfähigen Sara versprochen wurde. Diesem Wort hat die Vernunft Abrahams gewiß nicht alsbald zustimmen können, gewiß kämpfte seine Vernunft in ihm gegen den Glauben, hielt es für lächerlich, absurd und unmöglich, daß Sara, die nicht nur schon neunzig Jahre zählte, sondern auch von Natur unfruchtbar war, ihm einen Sohn gebären solle. Diesen Kampf hatte tatsächlich der Glaube mit der Vernunft in Abraham. Aber der Glaube in ihm hat gesiegt, hat geschlachtet und geopfert jenen höchst erbitterten und ganz verderblichen Feind Gottes. So müssen alle Frommen mit Abraham in die Finsternis des Glaubens hineinschreiten, müssen ihre Vernunft töten und sprechen: Du Vernunft bist töricht, verstehst nicht, was Gottes Sachen sind, daher widerstrebe mir nicht, sondern schweige, maße dir kein Urteil an, sondern höre Gottes Wort und glaube! Da schlachten die Frommen im Glauben die Bestie, die größer ist als die Welt und so bringen sie Gott die willkommensten Opfer und den wahren Gottesdienst dar."[103]

Es ist dies im Werk Luthers eine einmalig scharfe und durch die allegorisierende Redeweise sehr anschauliche und überdeutliche Formulierung. Sie ist aber nicht eine Überspitzung, sie erwächst nicht einer momentanen Nötigung und stellt keine „uneigentliche" Aussage dar. Luther schwächt sie ja auch durch keine entsprechenden Formeln ab. Luthers Rede vom „Opfer der Vernunft" ergibt sich mit ruhiger Konsequenz aus all seinem Denken. Der Mensch ist – was das Sein vor Gott anbelangt – durchgehend „verdorben" und vermag nichts Wahres von Gott zu erkennen – oder besser gesagt: Das, was er Wahres erkennt, versucht er mit Macht zu unterdrücken und zu verkehren (Röm 1, 19–32). Da er mit seiner verdrehten Meinung doch recht haben und bestehen bleiben will, versucht er Gottes Werk und Wort nach seinem Willen zurechtzubiegen und umzudeuten. Gott aber will dennoch Gnade geben und will dem Menschen in dieser seiner hoffnungslosen Situation doch zu Hilfe kommen. Deshalb gibt er sein Wort, durch das er das Unmögliche möglich macht. Darum muß die Vernunft – die „ratio",

---

[103] „Non enim intelligit summum cultum esse audire vocem Dei et credere. Sed ea quae ipsa eligit et facit bona, ut vocant, intentione et propria devotione, sentit Deo placere. Ideo cum Deus loquitur, iudicat verbum eius esse haeresim et diaboli verbum, apparet enim ei esse absurdum etc. Eiusmodi est Theologia omnium Sophistarum et sectariorum qui metiuntur verbum Dei ratione.

At fides rationem mactat et occidit illam bestiam quam totus mundus et omnes creaturae occidere non possunt. Sic Abraham eam occidit fide inverbum Dei quo promittebatur ei semen ex sterili et iam effoeta Sara. Huic verbo non statim assentiebatur ratio in Abraham, sed certe pugnabat in ipso contra fidem, iudicans ridiculum, absurdum et impossibile esse, quod Sara quae iam non solum nonagenaria, sed etiam natura sterilis erat, paritura esset filium. Istam luctam profecto habuit fides cum ratione in Abraham. Sed fides in eo vicit, mactavit et sacrificavit illum acerrimum et pestilentissimum hostem Dei. Sic omnes pii, ingredientes cum Abraham tenebras fidei, mortificant rationem dicentes: Tu ratio stulta es, non sapis quae Dei sunt, itaque ne obstrepas mihi, sed tace, non iudica, sed audi verbum Dei et crede. Ibi pii fide mactant bestiam maiorem mundo Atque ita Deo gratissimum sacrificium et cultum exhibent" (40 I, 361, 28 ff.).

also umfassend das Erkenntnisvermögen, nicht etwa der Intellekt! – schweigen und stille halten, wenn dieses Wort Gottes mit seiner „unmöglichen" Aussage gehört werden soll. Wenn die Vernunft das tut, wird das Untier der ungerechten Begierde getötet. Im Opfer, das die Vernunft erbringt, wird die List des Verführers und die Kraft seines Menschenhasses getötet. Denn Menschenhaß muß es ja sein, wenn der Mensch, obgleich er doch die Not des Daseins und seine Hilflosigkeit ihr gegenüber erfährt, dennoch nur das gelten lassen will, was er verstehen und fassen kann und also Gottes Vermögen auf den Maßstab des ihm Begreiflichen reduziert! Dieses Opfer der Vernunft ist darum der höchste Gottesdienst, weil es dem Dienst Christi an den Menschen entspricht. Dieses Opfer aber erwächst nicht aus dem freien Denken und Sinnen des Menschen, es erwächst auch nicht aus einer allgemeinen Verzweiflung an der Welt und den menschlichen Möglichkeiten. Die Vernunft kann sich nicht selber schlachten! Wohl versucht sie, die Selbstgerechtigkeit zu überwinden. Aber so sehr sie das auch versucht, so ist es doch immer nur eine Form der feineren, neuen Selbstgerechtigkeit. Der Mensch demütigt sich, aber er kann es nicht tun, ohne auch schon daran zu denken, daß er deswegen erhöht werden soll. Die Vernunft kann sich nicht selber schlachten – der Glaube muß es tun. Dies aber wird möglich durch Gottes Wort, das neues Leben verheißt, und in dem der Mensch also ein Gutes erfaßt, das nicht in ihm, sondern in Gottes Wollen gegründet ist.

Indem Gott alle Artikel des Glaubens über die Vernunft stellt, gibt er ihr zu verstehen, daß sie nicht versteht und das Gute, was diese Artikel bringen, nicht schaffen und auch nicht bewahren kann. Das Streben der Vernunft, alles, auch Gott, zu umfassen und so zum Gott Gottes zu werden, dieses Streben muß zu Fall kommen an den Artikeln des Glaubens. Gerade dort, wo es wirklich Gott begegnet und den Anbruch eines neuen Tages zu spüren bekommt, gerade dort muß es zwar ringen, aber es überwindet nur dann, wenn es geschlagen wird und hinkend davongeht. Nur durch dieses Festhalten am Wort, das doch nicht sagen kann warum, erwirbt das Denken den Segen des Wortes (Gen 32,25-32). Dann „gibt es sich zufrieden"[104], d.h. es folgt dem unmittelbaren Wortlaut der Schrift und gesteht, daß dieser Wortlaut nicht in ihm gründet und daß es ihm nicht problemlos leicht zu folgen vermag. Das Evangelium ist von keinem Menschen erfunden und ist auch nicht die Antwort auf ein Streben und Suchen des Menschen[105], deshalb kann er es auch nicht in sein Denken und Fühlen aufnehmen und wird seinen Segen nicht empfangen, solange er nur das festhalten und akzeptieren will, was zu messen und zu beurteilen er die Möglichkeit hat:

---

[104] Vgl. 18,709,6f.
[105] 18,758,37-759,6; 775,19-23.

„Denn es kann niemand mit Wahrheit sagen noch rühmen, daß aus seinem Kopf oder vorbedachtem Rat oder Willen solche Lehre sei hervorgebracht; wir sind alle von ungefähr und plumpsweise [zufällig] dazugekommen."[106]

Die Vernunft ist die eigene, aktive Gerechtigkeit in ihrer edelsten Form. Durch sie versucht der Mensch sich dem Gesetz zu entwinden, das ihn mit seiner Aufforderung zum Tun (und nicht bloß zum Wollen) in der Sünde und in der „Solidarität aller Sünder" festhält und so die Unterschiede von viel und wenig Sünde verwischt (Lk 7,36-50). Er möchte ein neues Gesetz aufrichten, das ihn in seinem Streben und Wissen und Wollen rechtfertigt. Er widersetzt sich der Gnade, die ihm billig vorkommt:

„Das ist doch ein viel zu leichter Weg, wenn da auf bloßes Hören des Wortes hin Gerechtigkeit, der Heilige Geist und das ewige Heil versprochen wird. Aber versuch's ernstlich und probiere, wie leicht es wohl ist, das Wort des Glaubens zu hören. Groß ist der, der da schenkt, und er gibt willig und in Schlichtheit große Gaben und macht niemandem einen Vorwurf, aber deine Fassungskraft macht Schwierigkeiten und dein schwacher Glaube wirft dich in den Kampf..."[107].

Die Vernunft, die den Glauben als einen leichten Weg empfindet, *hört* das Wort nur, aber sie *tut* es nicht: sie hört das Angebot der Gnade nur als ein Gesetz, als Aufforderung zum Nichtstun. Versucht sie aber wirklich zu *glauben,* ohne ein eigenes Recht und ohne eigene Sicherheit allein an der Zusage Gottes zu hangen, aus dem einzigen Grund, daß es seine Zusage ist und daß er sie durch das Opfer seines Sohnes bewährt hat - dann merkt sie, wie schwer und was für ein Kampf das ist. Sie muß dann fallen und an ihrem Vermögen verzweifeln, muß ihr Leben verlieren - und soll es dann erneuert wieder gewinnen (Mk 8,35).

2.3. Die Klarheit der Schrift „ins Licht gesetzt" (Natur und Gnade)

Die Erleuchtung der Vernunft

Der natürliche Mensch vernimmt nichts vom Geist Gottes... (1. Kor 2,14). Die Vernunft ist verblendet und vermag das Wort Gottes nicht zu erkennen. Das heißt aber nicht, daß sie nicht versteht, was da gesagt ist, und einfach fassungslos und unberührt vor dem Wort und

---

[106] DB 11 II,104,10ff.; Vorrede auf Daniel.

[107] „Nimis facilem hanc viam esse, quod ex solo auditu verbi promittitur iustitia, spiritus sanctus et salus aeterna. Sed tenta serio et experire, quam facile sit audire verbum fidei. Magnus quidem est qui dat, deinde magna dat volens et simpliciter ac nemini exprobrat, sed tua capacitas difficilis et fides infirma est faciens tibi luctam (...)" (40 I, 346,14ff.).

seinen Aussagen steht. Die natürliche Vernunft beurteilt das Wort Gottes ja vielmehr sogleich als Torheit und muß seine Aussagen verlästern[1]. Was man aber verlästert, das muß man „verstanden" haben, d. h. man muß rein äußerlich seinen formalen, positiven Gehalt erfaßt haben. Die Vernunft versteht, was das Wort in seinem Wortlaut sagt – sie versteht aber nicht, daß dieses Wort möglich, gut und recht ist.

Gottes Wort und das natürliche Denken und Empfinden stehen also nicht etwa unvermittelt nebeneinander, das Menschliche und das Göttliche gehen nicht einfach aneinander vorbei, und die Gnade bleibt nicht der Natur gegenüber ein Fremdes. Die zwei so unvergleichlichen Größen begegnen und treffen sich vielmehr – durch die Gnade wird es möglich.

„Ihr werdet mich suchen und finden", verheißt Gott dem gedemütigten Israel, „denn wenn ihr mich von ganzem Herzen suchen werdet, so will ich mich finden lassen" (Jer 29,13f.). Und mehr noch: „Ich ließ mich finden von denen, sie mich nicht suchten. Zu einem Volk, das meinen Namen nicht anrief, sagte ich: Hier bin ich! Hier bin ich!" (Jes 65,1) Gott will sich den Menschen zu erkennen geben und will ihnen nahe sein, ja, er will mit ihnen vereint und verbunden sein viel inniger als der Gedanke annimmt, daß ein Göttliches dem Irdischen nahe sein kann: „Wo ist ein so herrliches Volk, dem ein Gott so nahe ist wie uns der Herr, unser Gott, sooft wir ihn anrufen?" (Dtn 4,7)

Gott und Mensch, Himmel und Erde, Gnade und Natur, göttliche Offenbarung und menschliches Verstehen begegnen sich. Zwar hat niemand je Gott gesehen. Der eingeborene Sohn aber hat ihn „verkündigt" und „dargelegt" (Joh 1,18).

Was im religiösen Denken und Empfinden als eine Schwierigkeit erscheint und was auch in unserem Jahrhundert das ernsthafte theologische Denken bewegt und in Aufruhr versetzt hat, ist für Luther keine Frage und kein Problem: Das Endliche kann das Unendliche tragen, das Natürliche kann zum „Übernatürlichen" gelangen, das menschliche Denken und Empfinden vermag die göttliche Wahrheit zu erfassen – nicht von sich aus, das nicht im geringsten, aber durch Gottes Gnade und *deren* Vermögen!

Weil die Verlorenheit der Welt viel abgründiger ist, als man sich das denkt, ist auch ihre Erlösung viel einfacher und „natürlicher" zu haben. Weil die Verdorbenheit des Menschen viel verdrehter ist, als er meint, ist auch seine Heilung viel weniger mirakulös. Dies vom Menschen aus gesehen. Gott aber kommt die Erlösung teuer zu stehen, von ihm fordert es ein durchgängig wunderbares Wirken! Es gibt zwischen Gott und den Menschen nicht nur einen „unendlichen qualitativen Unter-

---

[1] S. o. Kap. 2.2, Anm. 20–27.

schied"², also eine unermeßliche Differenz und Verschiedenheit des Seins. Es herrscht zwischen ihnen vielmehr eine bittere und tödliche Feindschaft: in seiner Sünde verschließt sich der Mensch vor Gott und verkehrt sein Gottesbewußtsein in lächerliche Zerrbilder. (Statt daß er selber – ihm unbegreiflich – an Geist, Seele und Körper das Bild Gottes ist in der Gemeinschaft von Mann und Frau, sucht er hier oder dort ein ihm gegenüberliegendes, begreifbares, gegenständliches Gottesbild zu errichten.) Darum wird auch „vom Himmel her" Gottes Zorn offenbar über alle Menschen (Röm 1,18–32).

Gott und Mensch stehen sich also auch „von Natur aus" nicht etwa fremd und unberührt gegenüber. Sie kennen sich – sie sind sich feind. Es gibt also durchaus auch eine „natürliche Offenbarung" Gottes: diejenige seines Zornes. Und es gibt auch eine natürliche Gotteserkenntnis: diejenige, die der Mensch mit Gewalt zu unterdrücken und zu verdrehen versucht.

Wie sich Gott und Mensch begegnen können, ist also für Luther keine Frage. Sie sind schon immer beisammen. Die Frage ist aber: wie und wo sie sich im Frieden und heilsam begegnen.

Aber auch dies ist für Luther eigentlich keine Frage. Auf Schritt und Tritt setzt Luther dasselbe voraus – nur ist auch das wieder so einfältig und schlicht, daß man es gerne überliest und mit einem „Ja, aber" nach weiterführenden und scheinbar tiefergreifenden Auskünften sucht.

Die „Welt Gottes" begegnet dem Menschen nicht irgendwie mirakulös, sie ist nicht ein Wunder, das „senkrecht von oben" „einschlägt", sie berührt die Welt nicht nur wie eine Tangente, und der Glaube ist darum auch nicht irgendein „Einschlagtrichter", „Hohlraum" oder „Stand in der Luft", wie Karl Barth das am Anfang seines theologischen Suchens formuliert hat³. Alles geht bei Luther viel ruhiger, sachlicher und vernünftiger zu und her, darum aber auch viel kraftvoller, zwingender und mit einer weit ruhigeren Konsequenz.

Luther spricht zwar viel und beharrlich von der Blindheit der Vernunft. Aber er argumentiert und disputiert doch mit ihr! Dies ist ein überdeutlicher Hinweis dafür, daß er ihr Vermögen nicht in sich als untauglich oder irrelevant erachtet. Auf Schritt und Tritt geht Luther ein auf das, was die Vernunft als Bedingungen der Wahrheit setzt. Die Gesetze der Logik, die Folgerichtigkeit und innere Stimmigkeit der Gedanken, das Empfinden für eine natürliche Evidenz und Richtigkeit gehört auch für Luther zur Erkenntnis der Wahrheit. Er wirft seinen Gegnern ja nicht einfach Bibelwörter an den Kopf nach dem Motto

---

² Vgl. den Hinweis auf Kierkegaard bei Karl Barth, Römerbrief II, S. 73. Der Ausdruck erscheint als ein Zitat, nach brieflicher Auskunft von J. Watkin läßt er sich aber mit Hilfe der Computerkonkordanz im Werk Kierkegaards selber nicht finden.

³ Vgl. die Frühschriften, z. B. nach dem Referat von Balthasar, Karl Barth, S. 75 ff. und von E. Busch, S. 132.

„Vogel, friß oder stirb". Im Gegenteil: er verweist die Gegner gerade in die zwingende Macht der Logik und der sprachlichen Folgerichtigkeit hinein, hält ihnen ihre eigenen rationalen Widersprüche vor Augen und ermahnt sie, doch nüchtern und schlicht bei dem zu bleiben, was sich in der Sprache und ihren Gesetzen wirklich festhalten läßt, statt in unsinnige und unvernünftige „Deutungen" abzugleiten. „Laßt uns ein Mal auch die Vernunft brauchen", fordert der Kritiker der Vernunft von seinen Deutschen[4].

Die Blindheit der Vernunft gegenüber dem Wort ist nicht eine Distanz, die irgendwie mirakulös überwunden, ein Mangel und Defekt, der durch das Eingießen einer übernatürlichen Qualität beseitigt, eine Schwachheit, in der sie zu höherem Vermögen gestärkt werden müßte. Die Blindheit der Vernunft besteht nur in ihrer unsinnigen Voraussetzung, daß es keinen Gott geben könne, der sich der Menschen annehmen und der zu diesem Zweck Dinge sagen und einsetzen kann, die über und gegen das gehen, was die Vernunft kennt und als wertvoll und nützlich erachtet. Von dieser Verblendung und Selbstsicherheit muß die Vernunft *geheilt*, aus der Machtsphäre des „Räubers an der Gottheit" muß sie *befreit*, aus dem ihr eingeflößten Mißtrauen und unrechten Begehren muß sie *erlöst* werden. Die Selbstvergötzung der Vernunft und ihr religiöser Dünkel, in dem sie Gott nicht menschenfreundlich sein läßt, muß überwunden werden, nicht irgendein qualitativer Defekt. Das geschieht, wenn die Vernunft glaubt, wenn sie die biblischen Aussagen und ihre Hauptsache als solche „stehen läßt", ohne Dank dafür zu wollen[5]. (Müßte sie Dank haben für das Stehenlassen des Wortes, dann hätte doch sie das Wort gerechtfertigt und wäre also doch zu dessen Grund geworden, und wäre es auch nur durch das selbstgemachte sacrificium intellectus.)

Die Erleuchtung der Vernunft besteht also nicht darin, daß sie eine neue, höhere Qualität des Seins erhält und zu übernatürlichen Einsichten fähig wird. Ein solcher intellectus fidei mag als innere Klarheit der Schrift stückweise möglich sein, er ist aber nicht etwas Konstitutives und ist weder die notwendige Folge noch ein höchstes Ziel des Glaubens[6]. Die sachgemäße, gläubige Schriftlektüre besteht darum auch nicht in einer lectio divina, die zur Erkenntnis der Dinge selber führen und einen „inneren Sinn" aufdecken würde, der im äußeren Wortlaut noch verborgen und da erst zu entdecken wäre. Die Erleuchtung der Vernunft besteht einzig darin, daß sie sich „entspannt" und Gottes Wort als solches sein und gelten läßt: als ein Wort, das aus der Ewigkeit kommt und in diese hineinreicht und dessen Grund und Zweck darum

---

[4] 15,48,28.
[5] Vgl. Ref. Kirchengesangbuch der Schweiz 342,4; Evang. Kirchengesangbuch 201,4.
[6] Vgl. o. S. 89f.

ihrem Urteilsvermögen entzogen sein muß. Die rechte Schriftlektüre besteht darum auch nur darin, daß man die äußeren, positiven Aussagen der Schrift (gibt es überhaupt andere?) nimmt und „stehen läßt", wie sie sind.

Denn Gott ist mit seiner Gnade zu den Menschen gekommen nicht wie ein Stern, der vom Himmel fällt, sondern in Jesus Christus, der von der Jungfrau Maria geboren worden ist. Der aber heilt und befreit nicht als ein Zauberer durch Kraftwirkungen, die beliebig über das Geschöpfliche und seine Gestalten hinweggehen. Die Blindheit der Vernunft besteht darin, daß sie mit sehenden Augen nicht sieht (Mt 13,14). Christus aber befreit und heilt in einer geschöpflich gestalteten Form: durch das Wort. Dieses macht nicht aus Steinen Brot, sondern aus Brot, und es macht nicht die Sehenden noch sehender, sondern es gibt den Blinden ihr Augenlicht zurück (Mt 4,1-4; 15,32-39; 11,5). Dieses Wort macht darum auch die Vernunft wieder vernünftig!

Das Wort des Glaubens aber kommt „von Jerusalem her" (Jes 2,3) in durchaus menschlicher Gestalt, ganz auf der Horizontalen, von Volk zu Volk, von Geschlecht zu Geschlecht. Und es formuliert Dinge, die an sich durchaus faßbar sind. Das Wunderbare in diesen Worten ist primär nicht ihre äußere Form und Verfaßtheit, sondern ihre Herkunft, ihr Inhalt und ihre Zielrichtung. Das „Übernatürliche" an der Wirkung dieser Wörter ist darum nicht eine unmittelbar ausstrahlende Kraft, sondern ihre Fähigkeit, herauszuführen aus dem angespannten Begehren nach einer Einsicht ins „Übernatürliche". Ihre Göttlichkeit ist nicht eine übermenschliche Qualität, sondern sie ist gegeben durch denjenigen, der sie durch Menschen gesandt und gegeben hat. Gott verbürgt sich für das Wort und seine Wahrheit; es steht „im Namen des Herrn". Mit diesem Anspruch steht und fällt das, was gesagt ist „von Jerusalem her". Ist Gott wahrhaftig? Ist Jesus Christus sein Sohn, den man hören soll? Sind die Apostel seine Bevollmächtigten, die eine besondere Verheißung des Geistes haben[7]? Kann man diesen Anspruch des neutestamentlichen Wortes als zuverlässig hinnehmen und daran glauben? Hier, und erst hier, ist es nun nur der Heilige Geist, der weiterhelfen, den Glauben geben und den Menschen zum Vertrauen bewegen kann. Ist Gott wirklich das Subjekt der biblischen Aussagen? Diese Frage *muß* ja das Denken sich stellen, und es muß mit dieser Frage nach der Begründung des Wortes im Ewigen selber greifen, muß hinter und über das Gesprochene nach dem Sprechenden und seiner Wahrhaftigkeit selber tasten. Gerade weil er die Aussagen des Wortes nicht selbständig kritisch zu beurteilen und als richtig zu erkennen vermag, ist der Mensch hier ganz auf die Rechtschaffenheit dessen, der sie gibt, angewiesen.

---

[7] Vgl. o. Kap. 1, Anm. 115.

„Auf den Worten steht all unser Grund, Schutz und Wehr..."[8] „Er hat noch nie kein Mal gelogen, kann auch nicht lügen", „verführt er mich, so bin ich seliglich verführt".[9] Das ist der Grund des Glaubens! Könnte man das nicht sagen, so wären die Bibelworte im besten Fall Phantasien, eher aber das Erzeugnis eines gefährlich verführerischen Irrwahns. Sie sagen ja Dinge, die mit dem natürlichen Erkenntnisvermögen nicht einzuholen sind und sich nicht kritisch beurteilen lassen. Sie fordern tatsächlich, was ihre Gültigkeit und ihre Herkunft anbelangt, blinden Glauben (Joh 20,29; 2.Kor 5,7): Wenn man sie vernünftig verifizieren könnte, dann wären sie nicht die Kunde von dem, das „höher ist als alle Vernunft" (Phil 4,7). Den Schritt über die bloße Zurkenntnisnahme des Wortes hinaus zur begründeten Erkenntnis seiner Wahrheit, der ja ein Schritt über die Grenzen des Geschöpflichen ist, kann sinnvollerweise die Vernunft selber nicht vollziehen. Hier, und erst hier, gibt es nun wirklich keine Brücke von der Natur zur Gnade, sondern „Geistliches" muß „geistlich erkannt werden" (1.Kor 2,14). Es muß für dieses Urteil über die Wahrhaftigkeit des Wortes der Geist Gottes mit seinem Zeugnis dem Menschen zu Hilfe kommen und muß die Erkenntnis des *Glaubens* schenken. Der Glaube kann dann erkennen, daß er mit natürlicher Kraft den Grund der Bibelworte nicht zu erkennen vermag – und er kann sich vertrauensvoll weiterführen lassen zum Grund des Wortes, der im göttlichen Ratschluß selber besteht und der nun wirklich schlechterdings unergründlich und unaussprechlich ist und sich also auch dem intellektuellen Vermögen entziehen *muß* (Röm 11,33–36; 2.Kor 12,4).

Sosehr sich die Vernunft also von der inneren Stimmigkeit und Korrektheit der biblischen Aussagen überzeugen kann, sosehr sie ihren Sinn und Inhalt zur Kenntnis nehmen kann – „ob es wahr ist", das kann sie von sich aus nicht sagen. Denn niemand kann wissen, was in Gott ist, als allein der Geist Gottes (1.Kor 2,11). Hier könnte man also auch davon reden, daß etwas „senkrecht von oben" „einschlägt", wenn dies nicht eine etwas mechanische und geometrische Redeweise wäre. Die Bibel selber verwendet für dieses Geschehen Begriffe aus dem organischen und seelischen Lebensbereich. Sie spricht von einer neuen Geburt von oben, vom Wehen des Windes und vom Erscheinen von Zungen „wie von Feuer", vom Entfernen einer Decke, vom „Ausgegossensein" des Heiligen Geistes und vom „Erfülltwerden" mit seiner Kraft, und sie vergleicht dieses Geschehen mit der bewußt-unbewußten Selbsterkenntnis des Menschen (Joh 3,5.8; Apg 2,1-4; 2.Kor 3,16; 1.Kor 2,10-16).

Gottes Wort wird dem Menschen zugänglich und Gottes Gnade be-

---

[8] S.o. Kap.1, Anm.102.
[9] 54,157,15f.

gegnet ihm also zunächst – äußerlich – auf eine selbstverständlich natürliche Weise. Durch das Wort (und durch die von ihm bezeichneten Sakramente, aber natürlich auch indirekter durch die von ihm gesammelte Gemeinde) und durch den Glauben regiert Gott die Herzen und erneuert so das gesamte menschliche Denken und Handeln. „Denn ‚Gottes Reich zu uns kommen' geschieht auf zweierlei Weise: Einmal hier zeitlich durch das Wort und den Glauben, zum andern ewig durch die Offenbarung."[10] „Wort und Glaube", äußere Anrede und innere Zustimmung – diese Auffassung vom zweiteiligen Wirken des Geistes ist für Luthers Denken konstitutiv und prägt mit zunehmender Klarheit sein ganzes Werk:

„So nun Gott sein heiliges Evangelium hat ausgehen lassen, handelt er mit uns auf zweierlei Weise. Einmal äußerlich, das andermal innerlich. Äußerlich handelt er mit uns durchs mündliche Wort des Evangeliums und durch leibliche Zeichen, als da sind Taufe und Sakrament. Innerlich handelt er mit uns durch den heiligen Geist und Glauben samt andern Gaben. Aber das alles dermaßen und in der Ordnung, daß die äußerlichen Stücke sollen und müssen vorangehen, und die innerlichen hernach und durch die äußerlichen kommen, also daß ers beschlossen hat, keinem Menschen die innerlichen Stück zu geben außer durch die äußerlichen Stücke. Denn er will niemandem den Geist noch Glauben geben ohne das äußerliche Wort und Zeichen, so er dazu eingesetzt hat, wie er Lukas 16,29 spricht: ‚Laß sie Mose und die Propheten hören'."[11]

Modern gesagt: Durch die objektiven Mittel des Wortes und der Sakramente wird der Mensch subjektiv verändert; er wird aus seiner subjektiven Verschlossenheit (in der er „in sich gekehrt" lebt) herausgeführt in eine neue Objektivität des Handelns.

Das Kommen des Wortes – die Voraussetzung der Freiheit

Man kann also Luthers Rede vom Wort nicht wörtlich genug nehmen. Gott hat an der Neige der politischen Existenz Israels sein Reich „ins Wort gefaßt" und hat dazu Propheten und Prediger gegeben, sagt Luther in der Auslegung des Buches Habakuk[12]. Das Land, die Ausdehnung und die körperliche Realität des Gottesreiches besteht also nach dem Fall Jerusalems in der Existenz von Propheten und Predigern, die das Wort ertönen lassen und einer bestimmten Rede Raum und Gehör zu verschaffen versuchen. In der Sphäre der öffentlichen Rede und des privaten Umgangs mit bestimmten Wörtern ist das Reich Gottes nahe herbeigekommen und „mitten unter euch" aufgerichtet (vgl. Lk 17,21).

---

[10] 30 I, 200, 25 ff. (BSLK 674, 7 ff.).
[11] 18, 136, 9 ff.
[12] „Denn obwohl Jerusalem zerstört und das Volk weggeführt wurde, so blieb doch das jüdische Königreich im Wort Gottes verfaßt und waren Propheten da, die aufhielten und vermahnten..." (19, 392, 8 ff.; 1526).

Durch diese äußeren Gegebenheiten wird das Reich der Gnade den Menschen zugänglich. Mit bewegenden Worten beschreibt Luther, wie die Propheten durch ihr Predigen und Lehren das Volk Israel im Reich Gottes zu behalten versucht haben, nämlich in der durch die Verheißung begründeten Hoffnung. Es ist derselbe Kampf, wie ihn auch Luther und ein jeder evangelischer Prediger zu führen hat. „Soll jemand gerecht sein und leben, so muß er glauben an Gottes Verheißungen."[13] Den Glauben aber zu stärken und zu erhalten „findet sich keine andere Weise" als Hab 2,4 beschrieben wird: „Verheißen, vermahnen und drohen"[14]. Durch das prophetische Reden und Zusprechen wird ein „Gegenstand" aufgerichtet und ein Raum geschaffen, den der Mensch ergreifen und durch den er sich aus der Lüge herausbewegen kann, ein Mittel, an dem er sich halten und durch das er sich von der zwingenden Kraft des irdischen Geschehens und von der lähmenden Übermacht der Zeitideen frei machen kann. Gegenüber der Willkür des irdischen Geschehens kann er eine andere, gerechte Wirklichkeit kennenlernen im Wort, und gegenüber den lähmenden Vorurteilen der Mode kann er sich ein anderes, freies, „geistliches" Urteil bilden am Wort. Umgekehrt: Ohne das Wort kann man nichts wissen von Gott. „Das Leben ohne das Wort ist dunkel", heißt es ja apodiktisch[15]. Und alle, die zuviel vom Heiligen Geist und seiner unmittelbar erleuchtenden Wirkung reden, müssen sich einfältig und grob fragen lassen, ob ihnen auch nur das Allereinfachste der Glaubensaussagen eingefallen wäre, wenn ihnen nicht gesagt worden wäre davon:

„Ich möchte aber gerne wissen, woher sie doch haben, daß ein Gott sei, daß Gottes Sohn Mensch sei, daß man glauben müsse, und alle anderen Artikel unseres Glaubens, welche ja nie in keine Vernunft gefallen sind: Ob sie dieselbigen gewußt haben aus dem Geist, ehe denn sie leiblich und äußerlich davon gehört oder gelesen haben. Hier müssen sie ‚nein' sagen, das weiß ich fürwahr, denn sie habens ja durchs leibliche äußerliche Wort und Schrift. Wie soll denn nun solch äußerlich Wort nichts nütze sein, durch welches der heilige Geist gegeben wird mit all seinen Gaben?"[16]

Auch schon nur die Erkenntnis der Existenz Gottes ist also nach Luthers Auffassung nicht ein Urteil apriori, sondern verdankt sich aposteriorisch dem „äußeren leiblichen Wort". Dies gilt aber erst recht für das Kostbarste, was sich überhaupt erkennen und fassen läßt: die „Bedeutung" des Leidens Christi und seine befreiende Kraft. Auch sie ist an das Wort gebunden:

---

[13] 19,394,16 f.
[14] 19,393,20.
[15] S. o. Kap. 2.2, Anm. 13.
[16] 23,263,26 ff.

„Ich will noch weiter reden, Christus am Kreuz mit all seinem Leiden und Tod hilft nichts, wenn es auch aufs aller ‚brünstigste, hitzigste, herzlichste erkannt und bedacht' wird, wie du lehrst; es muß alles noch ein anderes da sein. Was denn? Das Wort, das Wort, das Wort, hörst du, du Lügengeist auch, das Wort tuts. Denn ob Christus tausendmal für uns gegeben und gekreuzigt würde, wäre es alles umsonst, wenn nicht das Wort käme und teilte es aus und schenkte mirs und spräche: das soll dein sein, nimm hin und habe dirs."[17]

Deshalb steht auch der Kampf zwischen Gott und dem Teufel auf eine ausgezeichnete Art im „Reich der Wörter". Der Teufel ist „allzeit Gottes Affe"[18]. Gegen die göttliche Anrede des Menschen im Wort richtet er deshalb ein analoges Gegenreich auf. Da wird vieles gesagt und behauptet – mit dem letztlichen Zweck, alle Gewißheit und Klarheit zu zerstören. Diejenigen, die in diesem Reich leben und sich von diesen Worten nähren, können darum auch nur „auf ihren Werken und Zweifeln stehen"[19].

Es spielt sich im Bereich der menschlichen Rede also ein Streit ab mit unvergleichlicher unbarmherziger Härte und unfaßlich weiten Konsequenzen. Besonders die Kirche ist mit ihrem Auftrag zur Verkündigung und Lehre zu diesem Kampf gefordert. In dem, was die Kirche lehrt, sagt Luther mit Hinweis auf Lk 11,35 f., „muß ganz nur Licht und kein Stück Finsternis da sein... Denn die Kirche soll und kann nicht Lüge oder Irrtum lehren, auch nicht in irgend einem einzelnen Stück. Lehrt sie eine Lüge, so ists ganz falsch (...) Eitel Gottes Wort oder Wahrheit, und kein Irrtum noch Lüge muß die Kirche lehren. Und wie könnte es auch anders sein? Weil Gottes Mund der Kirche Mund ist, und wiederum, Gott kann ja nicht lügen, also die Kirche auch nicht"[20]. Deshalb gehört die Lehre der Kirche auch nicht ins Vaterunser und bedarf keiner Vergebung. „Denn sie ist nicht unseres Tuns, sondern Gottes selbst eigenes Wort, der nicht sündigen noch unrecht tun kann."[21] Der Prediger muß, ja er darf nicht um Vergebung bitten für sein Lehren, sondern muß stolz damit trotzen: „Denn es ist Gottes und nicht mein Wort, das mir Gott nicht vergeben soll noch kann, sondern bestätigen, loben, krö-

---

[17] 18,202,33 ff., vgl. u. S. 234 ff.
[18] 50,644,16.
[19] 51,512,1 f.
[20] 51,516,23 ff. „Lehre" ist für Luther alles, was normierend den Umgang mit Gottes Wort bestimmt. Zunächst – und das ist in unserer Zeit, da man sich von dem Schreckgespenst einer „Orthodoxie" noch immer verblüffen läßt, besonders zu betonen – meint es das, was didaktisch möglichst wohlgeordnet in der Schulstube und im Hörsaal dargeboten und eingeübt wird, um eine verstandesmäßige Aneignung des Wortes möglich zu machen. Im weiteren Sinn umfaßt es aber alles, was durch das Wort geformt und gestaltet wird, die Verkündigung, den seelsorgerlichen Zuspruch, die Liturgie und den Lobgesang etc.
[21] 51,517,20 ff.

nen und sagen: Du hast recht gelehrt, denn ich habe durch dich geredet, und das Wort ist mein."[22]

Luther sieht auch den Prediger mit unbarmherziger Härte hineingestellt in die biblische Antithetik von Licht und Finsternis, Wahrheit und Lüge. „Wo er ein rechter Prediger ist"[23], sagt der Diener am Wort die lautere Wahrheit. Wo er aber von dieser Wahrheit abweicht, da ist er sogleich in seinem Gegenteil verfangen und schafft durch seine Worte der Finsternis Raum. Wo in der Kirche der Name Gottes zum „Schmuck" für die eigenen Gedanken und Wünsche mißbraucht[24] und nicht mehr das vorgegebene Wort gepredigt wird, „so ists nicht mehr die Kirche, sondern des Teufels Schule"[25].

Die Kirche hat ja als einzige Vollmacht, klar und deutlich von einer Möglichkeit zu reden, die außerhalb der menschlichen Möglichkeiten liegt: die Vergebung Gottes. Verstummt diese Rede oder wird sie in ein Fremdes eingeordnet und diesem verzweckt, so gibt es ja wirklich keinen Ort mehr, wo diese Möglichkeit der Gnade real begründet zu finden wäre. Der Mensch wird sich selber überlassen und wird mehr oder weniger direkt in den Gedanken der Selbstrechtfertigung bestärkt. Ein anderes, Mittleres, ist nicht möglich. Und wenn diese Lehre verfälscht wird, dann ist diese Fälschung ein Betrug ohnegleichen, weil sie Glauben und kritiklose Zustimmung fordert für eine Sache, die doch nur geschöpflichem Denken und Wünschen entspringt und die also eigentlich der geschöpflich-vernünftigen Kritik zu unterwerfen wäre.

Mit der Lehre ist der Kirche „im Wort" eine „absolute" Wahrheit gegeben, und im Rahmen dieser Lehre bewegt sie sich, was ihr Reden und kultisches Handeln anbelangt, in der Sündlosigkeit. Das heißt natürlich nicht, daß der einzelne Prediger in seinem tatsächlichen Reden wirklich sündlos ist. Auch die Kirchenväter, die auch nach Luthers Urteil zu den besten der kirchlichen Lehrer zählen, sind „Menschen gewesen, die zuweilen auch gedacht, geredet, getan haben, wie wir denken, reden, tun, darauf aber sprechen müssen (wie wir) den lieben Segen: Vergib uns unsere Schuld, wie wir vergeben"[26]. Nicht der Lehrer ist sündlos, aber die Lehre! Fällt der Lehrer aber, wie es ihm notwendig immer wieder geschieht, aus der Lehre hinaus, so verirrt er sich nicht bloß ein wenig, sondern er fällt aus der Gnade hinaus, die an das Wort gebunden ist. Wenn er dann um Vergebung bittet, dann tut er das schon nicht mehr aus dem Irrtum heraus, sondern ist dann wieder in der Lehre drinnen, die ja die Möglichkeit der Vergebung anbietet. Würde er aber in seinem Irrtum beharren, so könnte es da keine Vergebung geben – es wäre

---

[22] 51, 517, 29 ff.
[23] 51, 517, 23 f.
[24] Vgl. 30 I, 198, 32–34.
[25] 51, 518, 25 f.
[26] 50, 544, 7 ff.

dann dies die Sünde gegen den Heiligen Geist, die nicht vergeben werden kann und für deren Vergebung man auch nicht bitten soll (Mt 12,31; 1.Joh 5,16). Denn neben der wahren Lehre von der Vergebung kann es ja nichts Mittleres geben. Wer ohne das Wort der Gnade und also ohne die reine Lehre die Vergebung sucht, begehrt ein Unmögliches: daß sein Irrtum und seine Selbstgerechtigkeit gegen das Wort bestehen und daß gleichzeitig die Gnade dieses Wortes dies bedecken möge. Dies wäre aber dann wirklich eine beliebige, unverbindliche und billige Gnade, welche ohne das Wort Christi in einem bloßen Gedanken bestehen und so tatsächlich die Sünde vergleichgültigen und damit bestärken würde:

„Wer in Sünden verzweifelt oder auf gute Werke trotzt, der sündigt gegen den heiligen Geist und wider die Gnade. Hier soll ich nun wohl bitten für sie, daß sie von solcher Sünde los und bekehrt werden. Aber daß Gott sollte ihnen gnädig sein in solchen Sünden und lassen seine Gnade mehr gelten in ihrem Herzen denn solche Sünde, wie es geht in den anderen Sünden, das ist ein unmöglich Ding. Denn da betete ich zugleich, daß Gottes Gnade sollte weniger gelten und doch mehr gelten denn solche Sünde. Da wird nichts draus. Sondern ich soll wider solche Sünde bitten, gleich wie Mose tut (Num 16,15), da er wider Korach betet und spricht: ‚Du wollest ihr Opfer ja nicht ansehen'. Denn Korach wollte auch durch Werke vor Gott etwas gelten und sündigte damit wider die Gnade. Das war nicht zu leiden. Sonst sind alle Sünden zu leiden, wo sie die Gnade lassen trotzen und Herr sein."[27]

Die Wahrheit, daß der Mensch nur aus der Vergebung lebt, muß in der Lehre im „Reich der Wörter" feststehen, sündlos rein. Nur dann kann der Mensch aus den Fehltritten und Sünden seines Redens und Handelns stets wieder dieses Wort der Vergebung ergreifen. Wenn aber dieses Wort verdunkelt und zerredet wird, dann hat der Mensch kein Gegenüber mehr, das in der Dunkelheit des Lebens ihm klar und gewiß die Gerechtigkeit zusagen könnte. Dann aber bleibt dem Menschen – von der gesetzlichen Neigung seines Herzens aus – nichts anderes übrig, als hier oder dort eine eigene Gerechtigkeit zu suchen. In diesem Bestreben aber gibt es keine Vergebung, und wie sollte es auch mirakulös in eine solche einmünden können?

Wo so das Wort zerredet und zerstört wird, wo Wahrheit und Lüge durcheinandergemischt und keine eindeutige Aussage der Gnade mehr heraussteht, wo die Kirche denkt, sie „möge wohl wanken, nachgeben, zulassen" in Lehrfragen, da ist sie nicht mehr „ein Pfeiler und eine Grundfeste der Wahrheit" (1.Tim 3,15)[28], sondern „des Teufels Kirche"[29]. Darum beharrt Luther so unbarmherzig auf der Unterscheidung von Lehre und Leben, darum will er gerade in der Lehre nicht nachge-

---

[27] 19,201,18ff.; Vorl. über Jona 1526.
[28] 51,511,20ff.
[29] 51,512,19f.

ben, so sehr er zu weiten Zugeständnissen im Leben bereit ist. Die Wahrheit und Gerechtigkeit steht für ihn eben nicht im guten Wollen, Denken und Handeln der Menschen – da kann er nachgiebiger, milder und offener sein als wohl fast alle anderen ernsthaften Theologen. Die Wahrheit steht für ihn im „äußerlichen" Wort, und wenn dieses unklar wird, dann fällt unweigerlich die Last der Rechtfertigung wieder zurück auf das Leben. Gerade um also das Leben freizuhalten von kleinlichen Rechthabereien und Moralismen, pocht Luther streng und scharf auf die Reinheit der Lehre. Alle Streitigkeiten und alles Behaupten hat sich bei Luther vom Leben weg „ins Reich der Wörter" verlagert. Das macht ihn so offen und so herzlich und humorvoll frei im Umgang mit den Menschen und gleichzeitig so unbegreiflich für alles idealistische und moralistische Denken, das die Bedeutung des äußeren Wortes relativiert und das „Eigentliche" in die Absicht und den Willen oder in die Lebensführung verlagert.

„Darum, wie ich oft zu ermahnen pflegte, muß man Lehre und Leben wohl unterscheiden. Die Lehre ist der Himmel, das Leben ist die Erde. Im Leben ist Sünde, Irrtum, Unreinigkeit und Elend, wie man zu sagen pflegt: mit Essigschärfe; da muß die Liebe ausgleichen, ertragen, da muß man auch Scherz treiben können, da gilt der Glaube, die Hoffnung, da heißt es alles aushalten, da hat die Vergebung der Sünden den ersten Platz, wenn nur Sünde und Irrtum nicht in Schutz genommen werden! In der Lehre aber hat kein Irrtum Raum, darum gilt hier auch keine Sündenvergebung. So ist ein Vergleich zwischen Lehre und Leben in keinem Sinn zulässig."[30].

Die Lehre „ist der Sonnenstrahl, der vom Himmel kommt, uns erleuchtet, entzündet und leitet"[31]. Diesen Sonnenstrahl kann nichts ersetzen und kann nichts aufwiegen, was Menschen denken, wollen und tun. Fällt er weg, so herrscht auch im Leben wieder das Dunkel der Selbstgerechtigkeit und der verzwängt traurigen Moralismen[32].

---

[30] „Quare, ut saepe soleo monere, diligenter discernenda est doctrina a vita. Doctrina est coelum, vita terra. In vita est peccatum, error, immundities et miseria, ut dici solet, cum aceto; ibi charitas conniveat, toleret, ludatur, credat, speret, sustineat omnia, ibi maxime valeat remissio peccatorum, modo peccatum et error non defendantur. Sed in doctrina ut non est error, ita non opus habet ulla remissione peccatorum. Nulla igitur penitus est comparatio doctrinae et vitae" (40 II, 51, 32 ff.).

[31] „Ipsa est radius solaris e coelo veniens, qui illuminat, accendit et dirigit nos" (40 II, 49, 16 f.).

[32] Es ist merkwürdig, wie schwer sich die moderne Theologie mit diesen Aussagen Luthers tut, wie auch ein so großer Interpret wie Karl Barth nicht zu sehen und nachzuzeichnen vermag, daß Luther eine ganz andere Blickrichtung hat als er (vgl. Teil 2, Kap. 2.2, Anm. 168). Von Barth her kommend verwickelt sich erst recht Steck in Widersprüche und schwebende Unklarheiten, wenn er das „Problem der Identität" von Menschen- und Gotteswort verhandelt (Lehre, S. 44 ff.). Seine Ausführungen, die in der Auffassung Luthers „Abstufungen", „drei Ebenen" und eine in zwei Richtungen bezogene Identität kon-

Darum darf man im Bereich des öffentlichen Lehrens, wo es um das Wort und also nicht um bloße Meinungen geht, nicht nachgiebig vermitteln und die Konturen verwischen, sondern muß auf eine möglichst schlichte, einfältige und leicht faßliche Reinheit der Rede achten. „Auf den Worten steht all unser Grund!" Das Leben dagegen ist frei und erträgt vieles.

Es ist also nach Luthers Auffassung unerhört wichtig für das ganze menschliche Leben, „was man so redet und denkt". Es ist nach seiner Auffassung für das ewige Heil der Menschheit wie auch für das zeitliche Wohl in Staat und Kultur eine entscheidende Frage, was privat und öffentlich gehört, gelesen, geredet und geschrieben wird. „Siehe, auch die Schiffe, ob sie wohl so groß sind und von starken Winden getrieben werden, werden sie doch gelenkt mit einem kleinen Ruder..." heißt es bei Jakobus von der Macht der „Zunge" (3,4). In der Ausdehnung und im Einfluß, den eine bestimmte Redeweise hat, liegt auch der Einfluß beschlossen, den eine bestimmte Weltauffassung und die ihr entsprechende Lebensweise hat. Luther ist mit dieser Auffassung weit entfernt von den Bahnen unseres modernen Denkens. Gerade wegen ihrer Einfalt ist diese Meinung darum für uns nicht ohne weiteres zu fassen. Luther steht hier jenseits, in gewissem Sinn aber auch in der Mitte der ideologischen Gegensätze unserer Zeit. Er denkt weder idealistisch liberal, daß die Stimme der Wahrheit als eine letztlich unantastbare Größe im Gewissen der Menschen liege und nur von äußeren Überlagerungen befreit werden müsse. Er denkt aber auch nicht materialistisch sozial, daß die geistigen Werte im Kräftespiel der wirtschaftlichen und naturhaften Gegebenheiten sich formen und verändern. All diese „Mächte und Gewalten" im Innern wie im Äußern sieht er zwar auch. Es ist aber für ihn das „Reich der Sprache" die eigentliche Wurzel des geistigen und geistlichen Empfindens und der daraus erwachsenden Handlungen. Es ist im umfassenden Sinn also die Kultur, die den Menschen beherbergt und prägt. In dem, was man redet und was man mit herausgehobenen Handlungen als gültig, kostbar und schön herausstellt, liegt der Schutz und die formende Kraft für das, was den Menschen heilig und wertvoll wird. In der Sphäre der öffentlichen und privaten Rede und der Gewohnheiten, die damit verbunden sind, sieht Luther darum auch das Mittel zu positiven Veränderungen, hier legt er – sozusagen – den Hebel an, um die Geschichte zu bewegen. Nicht liberal in einer „Aufklärung zu sich selber", durch die der Mensch von verderblichen Vorurteilen befreit zum einsichtigen und damit auch guten Handeln gelangen sollte, aber auch nicht sozialistisch in wirtschaftlichen und politischen Veränderungen, durch die das Verhalten der

---

statieren wollen, sind m.E. ein gutes Beispiel dafür, wie wenig sich Karl Barth als direkte Hilfe zur Interpretation Luthers eignet.

Menschen sich ändern soll, sieht Luther die Möglichkeit zu einer guten, segensreichen „Reform" des Lebens gegeben. Luther denkt eher pessimistisch über das zeitlich Mögliche. Die Türe zu positiven Veränderungen führt bei ihm zunächst ganz in die Sphäre der Gottesherrschaft „am lieben jüngsten Tag". Aber indem der Mensch geistlich, hoffend durch diese Tür geht, führt dies auch zu positiven Konsequenzen im Hier und Jetzt. Luther sieht ja selber die unerhörten sozialen und politischen Veränderungen seiner Zeit und empfindet wohltuend das sich allmählich ergebende neue Lebensgefühl, und er führt diese Veränderungen im zeitlichen Leben ganz selbstverständlich zurück auf die wiedererwachte Predigt des Evangeliums[33].

Es gibt also eine Möglichkeit zur Freiheit und zur Veränderung im biographischen wie im geschichtlich sozialen Leben. Diese Möglichkeit ist gegeben durch das Wort – also ganz wörtlich in dem, was man redet und in den entsprechenden kultischen Handlungen darstellt. Da kann etwas verändert werden, denn da kann etwas Neues entdeckt und ans Licht gezogen werden: das Wort. Da ist dann der Geist des Herrn, erhält er Raum und gegenständliche Kraft. Wo aber der Geist des Herrn ist, da ist Freiheit (2. Kor 3, 17).

Wenn wir diese Auffassung ins Relief zu rücken versuchen zum modernen Denken, dann läßt sich sagen: Luther steht dem liberalen Gedanken nahe insofern, als er die möglichen freiheitlichen Veränderungen im Leben aus einem veränderten Sinnen und Denken herauswachsen sieht. Er steht aber auch wieder sehr weit weg vom liberalen Denken und ist der sozialen Kritik nahe insofern, als er eine positive Veränderung im Innern des Menschen nur für möglich hält durch äußere Veränderungen, und zwar in der Sphäre der Kultur, also in einem veränderten Reden und Denken, das auch die Sitte und die Lebensgewohnheiten verändert, und umgekehrt. (Es wäre auch hier falsch, einen Weg zu definieren und eine Reihenfolge als notwendig festzulegen!) Der Mensch, der ohne solche äußere Hilfe bleibt, wird nicht von sich aus gut, sondern bleibt selbstsicher böse.

Was ich hier zunächst ein bißchen ins Freie hinaus geschrieben habe, bestätigt eine kleine Schrift, in der wir den zentralen Beitrag Luthers zur Kultur- und Zeitkritik zu sehen haben. Was Luther positiv zu sagen hat über die Möglichkeiten „sozialer Reformen" und allgemeiner menschlicher Verbesserungen, das finden wir nicht in der Schrift „Von weltlicher Obrigkeit", wo man es oft gesucht hat und wo Luther die bekannte und für sein Denken so charakteristische Lehre von den „zwei Reichen" entfaltet[34]. Diese Schrift besteht im wesentlichen in der negativen Rechtfertigung der Staatsgewalt und in der klaren Begrenzung ih-

---

[33] Vgl. o. S. 161, Anm. 63 und u. S. 222, Anm. 147 u. 148.
[34] 11, 245 ff.; 1523. Die Rede vom „Reich Gottes" und „Reich der Welt" 249, 24 ff.

rer Macht. Seinen unmittelbar positiven Beitrag zum sozialen Denken leistet Luther aber bezeichnenderweise in der Schrift „An die Ratsherren" von 1524, die mit einigen Federstrichen ein ganzes kulturelles Programm entwirft. Es ist von großer Folgerichtigkeit, daß Luther das Positive, was er für das zeitliche Leben zu sagen und zu geben hat, nicht in einer unmittelbar politischen Schrift entfaltet, sondern im Rahmen von Ausführungen, die sich scheinbar nur auf das Schulwesen beziehen. Nicht unmittelbar durch eine politische Neuorganisation sieht Luther ein zeitlich Gutes erreichbar, sondern indirekter durch eine Neugestaltung im kulturellen Bereich. Und es ist deshalb ebenso bezeichnend, daß Luther in unserem Jahrhundert als der Denker eines bloß passiven, duldenden Weltverständnisses erscheinen mußte, da ja insbesondere in unserem Jahrhundert sich das reformerische und revolutionäre Denken mehr und mehr auf die Frage nach der politischen Macht und ihrer Organisation konzentriert hat, nach dem so vulgären Motto, daß „alles Politik ist".

In der Schrift „An die Ratsherren" legt Luther aber seine Auffassung von der Triebkraft der Geschichte und vom Freiraum zum verändernden menschlichen Handeln dar:

Luther sieht die Möglichkeit zu einem umfassenden Neuanfang in Staat und Kirche gekommen durch das Auftreten des Evangeliums. „Ich acht, daß Deutschland noch nie so viel von Gottes Wort gehört habe wie jetzt."[35] Darum mahnt er: „Liebe Deutsche, kauft, dieweil der Markt vor der Tür ist, sammelt ein, dieweil es scheint und gut Wetter ist, braucht Gottes Gnade und Wort, dieweil es da ist."[36] Der Teufel, sagt Luther, habe vorher wohl gewußt, was für einen Schaden er hätte, wenn er zulassen würde, daß man die Jugend schulen und ihnen etwas beibringen würde. „Ja, ein Narr wäre er, daß er in seinem Reich sollt das zulassen und helfen aufrichten, dadurch er aufs allergeschwindeste müßte zu Boden gehen, wie denn geschehen, wo er das niedliche Bißlein, die liebe Jugend, verlöre und leiden müßte, daß sie mit seiner Kost und seinen Gütern erhalten würden zum Gottesdienst."[37] Darum habe der Teufel vorher die Schulen darniederliegen lassen und habe die Kinder in den Klosterschulen durch eine stumpfsinnige Erziehung beschäftigt und unwissend gehalten, damit sie nicht etwas Gutes und also dem Teufel Unerträgliches zustande brächten[38]. „Nun er aber sieht, daß diese Stricke durch Gottes Wort verraten werden, fährt er auf die andere Seite und will nun gar nichts lassen lernen."[39] So will er die Jugend

---

[35] 15,32,1f.
[36] 15,32,4ff.
[37] 15,29,16ff. Luther spielt mit den letzten Worten vielleicht auf das Gleichnis vom lobenswerten Betrüger an (Lk 16,1–13).
[38] 15,29,21–26.
[39] 15,29,26ff.

in seiner Macht behalten. Dies, fährt Luther fort, sei auch sehr listig eingefädelt: es baut auf die kurzsichtige und platt empirische Lebensbetrachtung der Menschen. Politische und naturhafte Ereignisse behalten die Menschen im Auge, das Geschehen im kulturellen Bereich erscheint für sie als Nebensache. „Man fürchtet sich vor Türken und Kriegen und Wassern, denn da versteht man, was Schaden und Frommen sei; aber was hier der Teufel im Sinn hat, sieht niemand, fürchtet auch niemand, geht still herein."[40] So tut Luther den folgenschweren Schritt und überbindet der weltlichen Macht neben ihrer negativen Aufgabe (die Bösen zu strafen) auch positiv die Pflicht zur Schulung der Jugend: „Also hats die Not allzeit erzwungen und erhalten in aller Welt, auch bei den Heiden, daß man Zuchtmeister und Schulmeister hat müssen haben, so man anders etwas redliches hat wollen aus einem Volk machen."[41] Eine Stadt bedarf der fähigen Leute, deshalb darf man nicht warten, bis sie von selber wachsen. Solange man nicht das Seine zu einem solchen Werden beiträgt, versucht man Gott[42]. Luther geht mit seinen Forderungen über Paulus hinaus, der den „Gewalten" den negativen Auftrag zum „Strafen" der Bösen und nur sehr zurückhaltend den positiven des „Lobens" der Guten zuspricht (Röm 13,3–5). Luther beruft sich auf das alttestamentliche Wort, das den Eltern gebietet, die Kinder zu unterrichten (Ps 78,5; Dtr 32,7). Er überträgt dann dieses Gebot aus dem Bereich der Sippe und Familie auf die staatlichen Behörden und begründet dies damit, daß die Eltern oft unwillig, aber auch aus praktischen Gründen unvermögend seien, diese Pflicht zu erfüllen[43]. Um wirklich „der Stadt Bestes zu suchen" (Jer 29,7) müßten darum die Ratsherren nicht nur die äußeren politischen und wirtschaftlichen Geschäfte betreiben, sondern auch Schulen und Bibliotheken aufrichten[44]. Luther beschreibt dann breit, wie dies vor allem für die Kirche eine Notwendigkeit sei, damit man das eigene Volk „mit Lust" bei der evangelischen Predigt erhalten[45], aber auch anderen Völkern nützlich sein könne[46]. Dann aber fährt er fort und beschreibt – als ob „keine Seele noch Himmel oder Hölle wäre" – auch den großen Nutzen, den eine gute Schulung der Jugend für das „zeitlich Regiment" bringe[47]. Zwar könnte man hier, anders als im „geistlichen Reich", die Menschen „durch Erfahrung klug werden" lassen. Aber „ehe das geschieht, so sind wir hundertmal tot und haben unser Leben lang alles unbedächtig ge-

---

[40] 15,30,1ff.
[41] 15,35,9ff.
[42] 15,35,15–25.
[43] 15,33,25–34,23.
[44] 15,34,24–34.
[45] 15,36,6–43,18, insbes. 42,6–14.
[46] 15,43,14–17.
[47] 15,43,20–23.

handelt, denn zu eigener Erfahrung gehört viel Zeit"[48]. Deshalb ist es auch für die Welt ein großer Gewinn, wenn die Jugend in Schulen aus Geschichte und Wissenschaft in kurzer Zeit die Welt wie in einem Spiegel betrachen könne, „daraus sie denn ihren Sinn schicken und sich in der Welt Lauf richten können mit Gottesfurcht, dazu witzig und klug werden (...), was zu suchen und zu meiden wäre in diesem äußerlichen Leben, und andern auch danach raten und regieren"[49]. Dies alles, betont Luther, müßte nicht in der freudlos verzwängten Atmosphäre der alten Schulen geschehen, sondern „mit Lust und Spiel"[50]. Es „ist jetzt nicht mehr die Hölle und das Fegfeuer unserer Schulen, darin wir gemartert worden sind über den Casualibus und Temporalibus, da wir doch nichts denn eitel nichts gelernt haben durch so viel Stäupen, Zittern, Angst und Jammer"[51]. „Es fehlt allein daran, daß man nicht Lust noch Ernst dazu hat, das junge Volk zu ziehen noch der Welt helfen und raten mit feinen Leuten."[52] Darum aber würde es schließlich gehen: daß man etwas lernen und lehren würde nicht nur zum eigenen Fortkommen und Nutzen, sondern „damit auch durch uns die Welt gebessert werde"[53].

Im Reich der Sprache und der von ihr geprägten geistigen Kultur liegt die Möglichkeit zur Freiheit. Für das Ewige und Geistliche, aber auch für das Zeitliche und Leibliche eröffnet sich da eine Möglichkeit, aus den bloßen Zwängen und Gegebenheiten herauszuwachsen und ein anderes Denken, Fühlen und Handeln zu lernen. Humanismus und evangelisches Wirken begegnen und fördern sich hier gegenseitig, das geistliche und das natürliche Licht wirken hier zusammen; die ewige Gnade des Wortes und das zeitlich Gute des irdischen Lebens dienen sich gegenseitig.

Die natürliche Vernunft („ein Loch im Reich des Teufels")

Das Wort und mit ihm die Wahrheit Gottes begegnet dem Menschen äußerlich gesehen auf eine ganz einfache und alltägliche Weise, nämlich in der Form von menschlichen Wörtern und dem, was sie setzen. Die menschliche Sprache wird also zum Träger und Mittel der göttlichen Wahrheit. Damit das sein kann, muß sie von der Sünde und Lüge, die doch alles Geschaffene gefangenhält und dem Dunkel dienen läßt, befreit werden, Gottes Wort muß sich mit dem menschlichen Wort vereinen und verbinden, ja, es muß dieses Wort sein können, ohne daß es deshalb der Sünde teilhaftig, irreführend und betrüglich wird. Hier

---
[48] 15,45,24ff.
[49] 15,45,12-22.
[50] 15,46,5.
[51] 15,46,6ff.
[52] 15,47,9ff.
[53] 15,48,30f.

kann man m. E. in einer gewissen Parallelität denken: So wie das ewige Wort in Jesus Christus Fleisch angenommen hat und in menschlicher Gestalt aufgetreten ist, so erscheint auch die Rede Gottes in der Gestalt menschlicher Wörter. Die Bedingung aber, daß Gottes Wort zum Heil der Menschen Fleisch werden kann, ist die, daß nicht das Menschsein an sich Sünde und Lüge und daß nicht etwa die Körperhaftigkeit und das Schwachsein in sich selber ein sündlicher Defekt ist. Jesus ist wahrer, schwacher, begrenzter Mensch, „doch ohne Sünde" (Hebr 4,15). Desgleichen muß es sich verhalten mit der menschlichen Sprache: Damit Gott in ihr sein Wort ergehen lassen kann, muß es gelten, daß nicht etwa die abgeschlossene Form der Sprache, ihre begrenzten Möglichkeiten, ihre häufige scheinbare Wirkungslosigkeit und ihre äußere Wehrlosigkeit gegen Mißdeutungen in sich ein Hindernis für die Wahrheit ist, ein Defekt, der das Sagen des Richtigen von vornherein unmöglich machen würde. Man muß sich hier noch einmal klarmachen, daß Luther nicht im Rahmen der idealistischen Gegensätze von vollkommen und unvollkommen, begrenzt und unbegrenzt denkt, sondern in der biblischen Antithetik von Gerechtigkeit und Sünde, Wahrheit und Lüge, Licht und Finsternis. Eine Begrenzung und ein letztes Unvermögen der Sprache gibt es wirklich, wie überhaupt eine Begrenzung des Menschlichen. Es gibt „unaussprechliche Worte, die kein Mensch sagen darf" (2. Kor 12,4), es gibt eine Grenze, über die der Mensch nicht hinaus kann und über die er auch nicht hinausgehen wollen soll, wenn er Mensch bleiben will (Gen 2,17). Aber diese Grenze ist in sich nichts Böses, sondern etwas Gutes. Sie hindert nicht die Erkenntnis der Wahrheit, sondern fördert sie. Denn die Wahrheit ist nicht einfach „alles, was ist", sie ist nicht identisch mit der Wirklichkeit. Sondern sie ist die Wirklichkeit, so wie Gott sie gedacht und gestaltet hat. Der Mensch aber steht in dieser Wahrheit drinnen, er umfaßt sie nicht, sondern kann in ihr leben und sie benützen im Rahmen seiner dann auch wieder sehr großen Möglichkeiten! Die menschliche Sprache, ihre Logik und Ordnung, ihre verschiedenen, auch beschränkten Wirkmöglichkeiten und ihre sinnenhafte Gebundenheit und Körperlichkeit ist also kein Hindernis dafür, daß sie die göttliche Wahrheit aussagen kann. Im Gegenteil: Gerade im Bereich des menschlichen Sagens und Singens gibt es eine natürliche Wahrheit, die trotz der Sünde bestehen bleibt und die das schwere Dunkel, das über der Erde liegt, wie ein stiller, unscheinbarer, aber doch reiner Sonnenstrahl durchzieht. Es wird da eine geschöpfliche Wahrheit erhalten, und es gibt da ein natürliches Recht, das mit der unerschaffenen Wahrheit und der Gerechtigkeit der Gnade zusammenwirkt. Das Kommen des Wortes und das (äußerlich formale) Verstehen, das diesem Wort widerfährt, ist tatsächlich auch eine Begegnung zweier Lichter: Das Licht der göttlichen Gnade begegnet dem Licht der natürlichen Vernunft, wie sie mit der Sprache und ihren Regeln dem Menschen gegeben ist. Die Lichtquellen sind aber – ganz anders als in Goethes Wort[54] – von grundsätzlich verschiedener Qualität: Das Licht der Gnade kommt aus der Ewigkeit und führt in sie hinein, das Licht der Vernunft ist ein geschöpflich begrenztes und muß sich, wenn es sich selber und also vernünftig bleiben will, im Rahmen dieser Grenze halten, es darf nicht „hinaufsteigen" und aus eigener Kraft den Grund des Gnadenwortes erfassen und für sich bestätigen wollen! Die Vernunft kann aber durchaus aus eigener Kraft dem Gnadenwort folgen, so wie sie entlang den Regeln der natürlichen „rechten Muttersprache"[55] geführt wird. Gerade innerhalb seines natürlichen Vermögens wird das Denken in den Bahnen der Sprache, derer sich die Gnadenverkündigung bedient, an seine Grenze und über sie hinausgeführt. Solange sich das Wort der Gnade in den Grenzen des Sichtbaren bewegt, vermag die Vernunft dem aus eigenem Vermögen zu folgen und kann das Wort bezüglich dieser Aussagen je wieder auch in der Erfahrung verifizieren[56]. Wenn aber die Gnadenverkündigung ihren Ursprung setzt und ihr Ziel weist, dann muß die Vernunft verzagen – oder vermessen ihre Grenzen zu überspringen versuchen. Der Glaube muß dann dieses unsinnige Begehren der Vernunft töten und muß die Vernunft den Regeln der Sprache entlang in das führen, was „höher ist als alle Vernunft" (Phil 4,7).

In den frühen dreißiger Jahren einmal schreibt Luther auf seinen Tisch:

„grammatica
musica } conservatores rerum"[57]

In schöner Parallele dazu hatte er bereits in der Schrift „An die Ratsherren" geschrieben: „Ich rede für mich: Wenn ich Kinder hätte und vermöchte es, sie müßten mir nicht allein die Sprachen und Historien hören, sondern auch singen und die Musica mit der ganzen Mathematica lernen."[58] Luther äußert sich mit solchen Worten in knapper, beiläufiger, aber doch präziser Form darüber, was seiner Meinung nach „das Wesen" der natürlichen Vernunft ausmacht. Und es zeugt von der ruhigen und ganz selbstverständlichen Konsequenz seiner Gedanken auch in dieser Frage, daß er auch in der zentralen Stelle in seiner

---

[54] S. o. S. 145.
[55] 18, 154, 20 u. 151, 9 f.; vgl. o. S. 103 f.
[56] Es ist darum sehr präzise die negative Erfahrung der Anfechtung, welche die negativen Aussagen des Wortes (über die Notwendigkeit des Kreuzes und der Uneinigkeiten, über die Hinfälligkeit und Unsicherheit alles Menschlichen und also auch über das Unvermögen der Erfahrung, Ruhe zu geben) bestätigt. Darüber hinaus nennt Luther die positive Bewährung des Wortes im Gebet und in der Lehre und Predigt (s. u. S. 216 ff.).
[57] „Grammatik und Musik sind die Erhalter der Dinge" (TR 1,550,1 f.; no. 1096, 1530-35).
[58] 15, 46, 13 ff.

Schrift gegen Erasmus sich genau im Rahmen dieser Anschauung bewegt und wieder auf jene beiden Momente der natürlichen Vernunft anspielt. Luther verteidigt ja zu Beginn seiner grundsätzlichen Erörterungen über die Möglichkeit gewisser evangelischer Theologie die Klarheit der Schrift mit der Feststellung, daß das „höchste Geheimnis" der Schrift „preisgegeben" sei und daß alle Dinge der Schrift „im klarsten Licht daliegen"[59]. Er sagt hier also ausdrücklich, daß es ein Licht außerhalb des Evangeliums gebe, in das „die Dinge der Schrift" hineingestellt sind: Es gibt ein Licht der Natur, das die Gnade beleuchtet und sie den Menschen zur Kenntnis bringt[60]. Und Luther formuliert dann spielerisch knapp, worin dieses selbstverständlich vorausgesetzte Licht besteht: Die Dinge der Schrift werden „sogar in den Elementarschulen" „bekannt gemacht" und „gesungen", sie sind aller Welt „öffentlich verkündigt"[61]. Bekannt und besungen, besprochen und ausgerufen sind „die Dinge der Schrift", und so sind sie „ins Licht gesetzt". M.a.W.: Das Geheimnis der Schrift ist in die menschliche Sprache und Musik hineingestellt und ist so dem Erkenntnisvermögen der Menschen – damit aber auch den Schmähungen und Mißbräuchen – „preisgegeben".

Die Grammatik und die Musik erhalten die Welt, sie sind das natürliche Licht, in das das geistliche Licht hineingestellt wird. Nicht zwei gleichartige Lichter begegnen sich, und auch nicht ein Licht und ein ihm entsprechender Empfänger, sondern zwei verschiedene Lichter begegnen und vereinen sich: das Licht der natürlichen Vernunft und ihrer Auffassungsgabe, und das Licht des ewigen Wortes mit seiner Kunde von der Gnade. Hier vereinen und finden sich Natur und Gnade, Geschöpf und Schöpfer, Zeit und Ewigkeit – hier, an diesem Ort und auf diesem Platz, den Gott dafür erhalten und ausgesondert hat.

Es gibt also eine „natürliche Vernunft", die durchaus auch zur Gotteserkenntnis beiträgt. „Laßt uns ein Mal auch die Vernunft brauchen", muß auch der Theologe fordern. Das Recht und die Wahrheit dieser natürlichen Vernunft liegt aber nicht in irgendwelchen „Ideen", welche die Vernunft in sich voraussetzt, und auch nicht in „Erfahrungen" und „Gefühlen", welche sie aus der Betrachtung der Welt gewinnt. Auch das Licht der natürlichen Vernunft ist vielmehr dem Menschen äußerlich vorgegeben – von da aber wird es nicht durch allgemeine und unmittelbare Erfahrungen aufgenommen, sondern mit dem Organ der geistigen Wahrnehmung in allen seinen Momenten. Das natürliche Licht liegt ja in der Sprache und ihren Regeln, welche der Mensch als seine Muttersprache von außen aufnehmen und lernen und die er auch

---

[59] S.o. S.134f., Anm.195 u. 197.
[60] Dieses Licht außerhalb des Evangeliums setzt Luther auch voraus, wenn er davon redet, daß das Buch Habakuk ans Licht gekommen sei dadurch, daß es neu gelesen und ernsthaft bedacht worden ist (19, 349, 11–350, 6).
[61] 18, 606, 34; s.o. S.135.

im Umgang mit anderen Menschen immer wieder klären muß, und es liegt in den Harmonien und Klängen, welche ihm aus dem Spiel der Schöpfung vielfältig und immer wieder neu zu entdecken entgegenklingen.

Luther hat seine Auffassung von dieser „natürlichen Vernunft" und ihrem Wesen nirgends ausdrücklich entfaltet. Sie wird überall stillschweigend vorausgesetzt und begleitet seine Äußerungen so selbstverständlich, daß man in Gefahr ist, „vor lauter Bäumen den Wald nicht mehr zu sehen". Seine Aussagen über die Blindheit der Vernunft sind so zahlreich und schroff, daß man darüber sein selbstverständliches Eingehen auf das formale Vermögen der Vernunft leicht übersieht. Luther huldigt aber nirgends einem paradoxalen Irrationalismus, seine Aussagen sind nicht das verquälte Gestammel eines religiösen Genies, das seine Einsichten aus irgendwelchen Tiefen einer jenseitigen Erfahrung schöpft. Luther hat ja vielmehr sein Vernunftvermögen benutzt, um mit schneidender Schärfe eigene und fremde Gedankengänge in die äußersten Konsequenzen zu treiben und beharrlich auf ein nüchternes Akzeptieren des Gegebenen und seiner inneren Gesetzmäßigkeit zu drängen – man könnte wohl sagen, daß in der Theologie noch selten mit einer so großen Zuversicht auf das Vermögen der Vernunft gearbeitet worden ist, und man mag sich auch manchmal fragen, ob Luther nicht mit dieser positiven Erwartung an das Vernunftvermögen zu weit geht und deshalb tatsächlich hier oder dort einer „papierernen" und etwas rechthaberischen Orthodoxie Hand bietet. Luther traut der Vernunft vieles, fast alles zu – nur muß sie wissen, wann sie sich äußern und wann sie bloß passiv zuhören darf. Was das Zeitliche und Natürliche anbelangt, da darf und muß die Vernunft mitreden! Was aber das Ewige anbelangt, da gilt: „Du Vernunft bist töricht, verstehst nicht, was Gottes Sachen sind ..."[62] Da darf die Vernunft nur annehmen und sich leiten lassen – dies aber kann sie! Sie kann dann „die Stimme" dieses Wortes aus der Ewigkeit kennen lernen und allmählich vertraut mit ihm werden, so daß sie es auch von anderen, fremden Stimmen zu unterscheiden vermag (Joh 10,4 f.).

Luther differenziert also klar, was die natürliche Vernunft vermag und was nicht. Es ist ihm aber kein Anliegen gewesen, definierend und analysierend differenzierter zu fassen, worin das natürliche und gute Vermögen der Vernunft besteht. Es bleibt bei einigen wie den erwähnten beiläufigen Bemerkungen. Der Versuch zur Selbstaufklärung der Vernunft über ihre Bedingungen und Grenzen, wie er seit Descartes und Kant das westliche Denken beherrscht, war nicht Luthers Sache. Dies hat seine Ursache nicht in einem „dogmatischen Schlummer"[63], in

---

[62] S. o. S. 172, Anm. 103.
[63] Vgl. die Darstellung Kants bei Barth, die Prot. Theol. S. 240.

welchem Luther die menschlichen Erkenntnisse kritiklos und ohne Reflexion über die Bedingungen ihrer Möglichkeit einfach als gültig angenommen hätte. Luthers mangelndes Interesse an einer solchen Selbstbeschränkung und Selbstorganisation der Vernunft rührt vielmehr daher, daß er – dogmatisch wach! – die Vernunft nicht durch sich selber, sondern durch Gottes Wort bestimmt und begrenzt sieht. Die Vernunft ist ein Geschöpf Gottes, und sie bedient sich der Sprache, „die Gott unter den Menschen geschaffen hat"[64], ebenso, darf man doch wohl sagen, der Zahlen, Verhältnisbestimmungen und Formen, wie es sie in der Schöpfung gibt. Die Vernunft ist ein Geschöpf, das in der Schöpfung steht mit dem Auftrag, die Beherrschung der Erde durch den Menschen mit möglich zu machen. In diesem Rahmen und mit diesem Auftrag darf sie sich in der Schöpfung bewegen, mit großer Zuversicht darauf, daß sie für ihre Aufgabe geeignet und daß die Schöpfung tatsächlich ihrem Vermögen entsprechend gestaltet ist. Und wenn Gott sie in der Form menschlicher Worte anredet, darf sie auch damit rechnen, daß diese Form und daß ihr natürliches Aufnahmevermögen dieser Sache angemessen ist. So kann und muß die Vernunft nicht zuerst „sich selber begründen" (wie auch?), sondern sie kann und soll schlicht tätig sein, so wie es ihr gegeben ist im Rahmen der Grenzen, die ihr gesteckt sind. Luther hat darum nicht selbstreflexiv über die Vernunft der Vernunft nachgedacht, sondern hat die Vernunft als eine Gabe Gottes mit großem, vielleicht fast zu großem Vertrauen zu gebrauchen versucht!

Gerade daraus ergibt sich ein freies und ungezwungenes Verhältnis zur Sprache und Logik – aber ebenso auch zur Musik und Mathematik. Es wird nichts definiert und nichts abstrakt festgelegt, was dann die Realität dieser geistigen Mächte einschränken, „verdünnen" und „verspannen" würde: Es wird nicht über die Sprache gesprochen, sondern es wird gesprochen, es wird nicht über das Denken gedacht, sondern es wird gedacht, es wird nicht über die Musik theoretisiert, sondern es wird Musik gemacht und gehört, kritisch beurteilt und dankbar genossen. Luther versucht nicht, die Bedingungen und Zwecke des Geschöpflichen zu verstehen, sondern er benutzt deren Gegebenheiten und freut sich an ihren Gaben. Statt sie denkend zu begründen, dankt er Gott, daß dieser sie begründet und gerechtfertigt hat:

„Unser Herr Gott gönnt uns wohl zu essen und zu trinken und fröhlich zu sein. Darum hat er so viele Dinge geschaffen, allein daß wir ihn für einen Gott erkennen und halten, denn er will nicht gehabt haben, daß wir sagen sollen, er habe uns nicht genug gegeben, er könne unsern armen Madensack nicht ernähren und füllen."[65]

---

[64] „grammatica et usus loquendi (...) quem Deus creavit in hominibus" (18,700,35).
[65] TR 1,548,7ff. (no 1090) 1530–35.

„Gott erhält die Künste und nicht die Menschen. Er ist es ja, der für alle Fakultäten die verschiedenen Begabungen bereitet, durch welche, freilich mit Undank gelohnt, die einzelnen Künste Bestand und Wert erhalten. (...)
Voll Staunen über Vielfalt und Wert der Künste sprach Doktor Martinus: ‚Wenn unser Herrgott das elende Leben mit solchen leiblichen Gaben geziert hat, was wird dann wohl in jenem Leben sein?'"[66]

Alles, was wir haben, ist von Gott geschaffen zum dankbaren Gebrauch, auch die Vernunft. Wir können ihre Gaben genießen, ohne ihr Recht und ihre Möglichkeit selber zu begründen – sofern wir in der Dankbarkeit gegenüber Gott und damit auch in den Grenzen des Geschöpflichen bleiben. Luther definiert darum „das Wesen" der Vernunft nicht auf eine gesetzlich einschränkende Weise, mit Begriffen und Vorstellungen, die notwendig auch normieren müßten, er bleibt offen und frei. Wenn er Grammatik und Musik, Sprache und Historie und das Singen samt Musik und Mathematik nebeneinanderstellt, so betont er bald auf der einen, bald auf der anderen Seite eher das Abstrakte einer Struktur und ihre Durchsichtigkeit, bald wieder das körperhaft Raumausfüllende, klanglich Dichte und undurchdringlich Farbige. Die Musik hat durch ihre Melodie und ihren Rhythmus eine unmittelbare Wirkung, in ihre Nähe gehört auch das sportliche Spiel und die Lust an der körperlichen Bewegung[67]. Es gibt darin etwas Undurchsichtiges, aber es wirkt darin natürlich auch ein abstrakter mathematischer Aufbau. Die Grammatik beinhaltet die logischen Regeln allgemeiner Beziehungen, diese sind aber in der Sprache dann „bekleidet" mit klingenden und singenden Lautelementen, und die Wahrheit einer Aussage ist nicht nur durch ihren formal-grammatikalischen Aufbau, sondern irgendwie auch durch diese äußeren Formen gegeben. Die Sprachen und Historien fassen in sich die ganze bunte Weltwirklichkeit, der „Gesang" läßt uns „abstrahieren" ins Reich der Harmonien, die über dem Wechsel der zeitlichen Geschichte bestehen bleiben, solange die Erde besteht ... Luther hat keine Lehre von der Sprache entfaltet. Womit sollte man das tun, wenn nicht wieder mit Sprache? Wie sollte das aber sinnvoll möglich sein, durch die Sprache die Sprache zu erkennen? Wie sollte ein Geschöpf in sich selber sein Wesen erfassen können? So ist es letztlich auch nicht möglich, daß die Vernunft aus sich ihre Grenzen und Bedingungen richtig zu beschreiben vermag. Alle

---

[66] „Deus artes conservat et non homines, quia tamen aliqua ingenia ad quaslibet facultates applicat, quibus sub ingratitudine singulae artes sustentantur et in pretio habentur (...) Doctor Martinus mirabatur artium varietatem et utilitatem dicens: Wan vnser Herrgott das elende leben mit solchen leiblichen gaben hat getzieret, was wirdt dann in jenem leben wol sein?" (TR 3, 142, 23 ff. (no 3021 b) 1533).

[67] Luther nennt als die zwei freien Künste, die ihm am besten gefallen, die Musik und die „Leibesübungen": „... Ideo haec liberalia exercitia mihi maxime arrident, scilicet musica et palestrica" (TR 3, 339, 6 f.; no 3470, 1536).

diese Versuche münden schließlich aus in die verhängnisvollen Zerrbilder, die dadurch entstehen, daß ein Teil zum Ganzen erhoben wird, daß schematisiert wird, wo lebendige Wirklichkeit ist. Wie sollte das Auge sich selber sehen können? Wie sollte ein Messer sich selber zerschneiden? Wie sollte ein Licht sich selber erleuchten? Wie sollte Salz salzig gemacht werden? Die Sprache ist geschaffen und eingesetzt in ihr Recht, und mit ihr die Vernunft. Insofern ist die Kritik Hamanns an Kant gut lutherisch: Die Vernunft läßt sich nicht gebrauchen ohne Sprache, die „reine" apriorische Vernunft ist eine Schimäre[68]. Es ist aber doch die Frage, ob es richtig ist, die Sprache als die primäre Wirklichkeit im Denken Luthers zu bezeichnen[69]. Hat man dadurch nicht auch schon wieder zu stark schematisiert? Und ist nicht Hamann über seinem Versuch, die Sprache zu öffnen und sie zur Sache selber zu machen, zu einem trotz aller Tiefe dunklen und wirkungsschwachen Denker geworden, so ganz anders als Luther?

Man hat in der lutherischen Theologie in den letzten Jahren recht viel an diesem Punkt gebohrt und hat im Gefolge von Hamann die Bedeutung der Sprache als einer „leibhaften Vernunft" herauszustellen versucht[70]. Aber es ist doch zu fragen, ob man mit Definitionen und Vor- und Nachordnungen innerhalb der „natürlichen Vernunft" Luthers Meinung näherkommt. Luther kann zwar die sprachliche Realität deutlich als die vorgegebene und vorauslaufende Quelle der Wahrheitserkenntnis herausstellen. Den Dekalog, das Vaterunser, den Katechismus, seine eigenen Predigten, die ganze Schrift liest er immer wieder. Da findet er in den vorgegebenen Formulierungen die Wahrheit wieder, die er rein abstrakt und begrifflich immer wieder verliert[71]. Es ist gefährlich, sagt Luther immer wieder, in göttlichen Sachen „anders reden oder mit andern Worten, denn Gott selbst braucht"[72]. Der Wortlaut ist unerhört bedeutsam und erscheint oft als die eigentliche Quelle der Erkenntnis. Andererseits kann aber Luther auch betonen, daß man manchmal Einsichten und Erkenntnisse hat, aber keine Wörter dafür: Beim Übersetzen gilt es, daß wir oft „auch den Sinn, den wir verstanden haben, nicht entsprechend ausdrücken" können. Amsdorf hat recht, wenn er sagt: „Es sei ja eine Schande, das er oft etwas verstehe und

---

[68] S. u. Teil 2, Kap. 2.3, Anm. 103.
[69] So Hägglund, SvTK 37, S. 228 f.
[70] Vgl. z. B. O. Bayer: „Vernunft ist Sprache", KuD 32, 1986, S. 278 ff., ebenso die Artikel „Schriftautorität und Vernunft" und „Vernunftautorität und Bibelkritik". Auch Hägglund bezeichnet die Sprache wieder als „das Fundament der Theologie und des menschlichen Denkens". (NZSTh 26, 1984, S. 1).
[71] Vgl. o. S. 139 f. Mathesius berichtet über die von Creutzinger besorgte Drucklegung der Predigten über Joh 14 und 15: „Dieses Buch trug der Herr Doktor sehr oft mit sich zur Kirche und las sehr gerne darin …" (45, XXXIX f.).
[72] 15, 43, 13 f.

doch davon nicht könne reden."[73] Luther beurteilt einmal sinnend sich selber und seine Freunde und Gegner so, daß Melanchthon die Sache und die Wörter, Erasmus die Wörter ohne die Sache, er selber aber die Sache ohne die Wörter habe[74]. „Die Sachen sind die rechten Lehrmeister. Wer die Sachen nicht versteht, kann nicht aus den Worten den Sinn herausholen", sagt er mit überdeutlicher Vorordnung des Sachverstandes vor das sprachl.-grammatikal. Verständnis[75]. Es ist ein Zeichen, daß man verstanden hat, wenn man etwas dann auch in Worte fassen und andere lehren kann[76]. Das heißt alles nicht, daß der theologische Sachverstand sich irgendwo jenseits der biblischen Wörter und ihrer Grammatik bilden könnte. Davon ist sonst wahrhaftig genug gesagt! Es heißt aber, daß es im Umgang mit dem biblischen Wort, wie überhaupt in allem Erkenntnisbemühen, durchaus auch ein intuitives und ahnendes Verstehen gibt, das richtig ist und der Erkenntnis des grammatikalischen Wortsinnes doch vorausläuft. Es kann also durchaus sein, daß die Erkenntnis zuerst gefühlsmäßig, ohne klare Worte da ist, und daß sie erst nachher zum Wort findet. Es scheint somit eher so zu sein, daß abstrakt logisches, gefühlsmäßig intuitives und konkret sprachliches Denken für Luther ein Miteinander bilden, wo eines ins andere hinüberdringt und eines das andere tragen und klären hilft. Insofern will es mir scheinen, daß anthropologische Differenzierungen und erkenntnistheoretische Unterscheidungen eher von Luthers Anliegen weg als zu ihm hinführen. Als Korrektur zur herrschenden Vorordnung des Gedankens ist der Hinweis auf die notwendige Bindung des Denkens an die Sprache zutiefst richtig. Daraus aber ein positives Programm zu machen und sie sozusagen zur ontologischen Voraussetzung der Theologie Luthers werden zu lassen, führt wieder an Luther vorbei. Nicht die Sprache an sich, sondern die Sprache des Wortes, wie es in der Heiligen Schrift verfaßt ist und in der Gemeinschaft der Kirche laut wird, ist die primäre Wirklichkeit der Theologie.

„Grammatik und Musik", so habe ich breit entfaltet, bilden ein natürliches Licht, das an sich nicht irreführend und sündig, sondern gut und gerecht ist. Es muß nun noch einmal betont werden: Dieses natürlich Gute führt nach Luthers Auffassung nicht etwa von sich aus zur Gnade! Im Gegenteil – es gehört zum verbleibenden Guten, das der Mensch zum Bösen mißbraucht: „Die Schrift aber, die uns die Ursache

---

[73] „saepe etiam cognitas sententias non possumus vertere apposite ..." (TR 2,656,7–10; no 2781a, 1532).

[74] „Res et verba Philippus, verbis sine re Erasmus, res sine verba Lutherus..." (TR 3,460,39f.; no. 3619, 1537).

[75] „Res sunt praeceptores. Qui non intelligit res, non potest ex verbis sensum elicere" (TR 5,26,11f.; no. 5246, 1540).

[76] „Wir haben freilich die Erkenntnis der Sache, weil wir sie lehren können..." („Habemus quidem cognitionem huius causae, quia eam docere possumus...") 40 I, 129,16f.

der Sünde lehrt, bezeugt, daß an der Natur des Menschen nichts Gutes ist. Und das, was noch an Gutem geblieben ist, stehe dennoch in bösem Gebrauch."[77] Auch Sprache und Grammatik, und auch Musik und Mathematik können mißbraucht werden, ja, in der Regel muß man damit rechnen, daß ein solcher Mißbrauch wie allen anderen guten Dingen so auch dem geistigen Vermögen des Menschen widerfährt. Wie die Waffe zum Morden, so können auch die Sprachen und Wissenschaften zur Verbreitung des Irrtums verwendet werden. Erasmus, sagt Luther, wirkt mit seinen guten Gaben in diese Richtung. Aber man muß auch hier die Sache von ihrem Mißbrauch und die Kreatur von ihrer verdrehten Erscheinung unterscheiden[78]! Zwar sollte man die Kunst der Musik nicht um des Geldes willen ausüben[79]. Aber „die bösen und geizigen Fiedler dienen dazu, daß wir erkennen, was für eine edle Kunst die Musik sei. Stellt man die Gegensätze einander gegenüber, so treten sie um so klarer hervor"[80]. So ist es auch mit der Sprache und Grammatik: Wenn man sie auch mißbrauchen kann, so ist doch deswegen die Sprache an sich etwas Gutes. Und der Mißbrauch wirkt dann zurück und verdirbt die Sprache auch in ihrer Substanz. Weil Erasmus mit seinen geistreichen Worten hineinredet in das Gebiet des Glaubens, obgleich er keine Leidenschaft hat für diese Sache, wird auch seine Sprache schwach. Er gebraucht wohl hohe und ehrfurchtsvolle Worte, aber im Grunde sind sie eiskalt. „Er kann wohl waschen" (schwatzen), aber seine Worte „sind gemacht, nicht gewachsen. Wenn eine Predigt [in dieser Weise] gemacht ist, so klingts als ein geflickt Ding", es ist durch und durch kalt[81]. Erst recht ist die Konstantinische Schenkung in „gar

---

[77] „Sed scriptura causam peccati nos docens testatur nihil esse boni in natura hominis, Et id, quod bonum est reliquum, esse tamen in malo usu." (39 I, 86, 5 ff.; These 27 der 4. Disp. über Röm 3, 28; 1536).

[78] „Ein Messer schneidet besser als das andere. So können gute Werkzeuge wie z. B. die Sprachen und die Wissenschaften verständlicher lehren. Daß nun viele – wie Erasmus – die Wissenschaften und Sprachen beherrschen und dennoch so zum äußersten irren, das geschieht wie bei den Waffen: der größte Teil von ihnen ist zum Morden geschaffen. Man muß nämlich die Sache selbst von ihrem Mißbrauch unterscheiden. So unterscheidet Hiob, wenn er spricht: ‚Du redest, wie die närrischen Weiber reden'. Diese Stelle hat mir immer gefallen wegen der Unterscheidung der Kreatur von ihrem Mißbrauch." [„(...) Sic bona instrumenta, scilicet linguae, artes, clarius possunt docere. Iam quod multi ut Erasmus habent artes, linguas, et tamen perniciosissime errant, sic fit, sicut maior pars armorum est parata ad caedem. Distinguenda enim est res ab abusu. Sicut Hiob distinguit, cum dicit: Tu es locuta sicut una de stultis mulieribus. Qui locus mihi propter distinctionem creaturae ab abusu semper placuit"] (TR 1, 191, 16 ff.; no. 439, 1533). Vgl. o. Kap. 1, Anm. 70.

[79] TR 3, 469, 8 ff. (no. 3633) 1537.

[80] „Die bosen und geitzigen fidler dienen dazu, ut sciamus, quam nobilis art sit musica. Opposita iuxta se posita magis elucescunt" (TR 2, 120, 14 ff.; no. 1515; 1532).

[81] TR 2, 41, 3–8 (no. 1319) 1532.

schändlich, verzweifelt, bös Latein" verfaßt[82]. Und Karlstadt „windet sich, als hätte er Brei im Maul und mummelt", statt klar zu reden[83]. Es zeigt sich auch hier: Zur Wahrheit einer Aussage gehört auch die äußere Form der Sprache, ihre schlichte Schönheit und klare Kraft. Unklare, unechte und verzwängte Gedanken dagegen führen auch zu entsprechenden sprachlichen Äußerungen, so daß sich die Unwahrheit nicht lange hinter einem scheinbar guten Gebrauch der guten Sache der Sprache verbergen kann.

Luthers Reformation ist unter anderem dem Humanismus und Nominalismus entwachsen, sie hat ihre Mittel und Motive z.T. aus dieser spätmittelalterlichen Aufklärung genommen und ist dann über sie hinausgewachsen (oder, je nach Perspektive, hinter sie zurückgefallen)[84]. Das ist, wie sich jetzt zeigt, keine bloß historische Bedingtheit, sondern geschieht mit innerer Notwendigkeit und ist die Konsequenz einer großen Gemeinsamkeit. Die humanistisch-nominalistische Wurzel prägt Luthers Auffassung der theologischen Wahrheit, was deren „natürliche Seite" anbelangt, und seine theologische Auffassung läßt ihn darum mit Dankbarkeit insbesondere auf das humanistische Wirken zurückblicken und bewegt ihn, es aus theologischen Motiven zu fördern und zu rechtfertigen. Was Luther durch seine Stellungnahme für das Schulwesen positiv zum Anliegen der spätmittelalterlichen Aufklärung beigetragen hat, ist bereits ausführlich dargelegt worden. Es ist jetzt aber deutlich geworden, daß Luther eben auch umgekehrt das humanistische Wirken als eine Hilfe und eine Voraussetzung für sein theologisches Anliegen herausstellen muß. Luther hat in seiner Schrift „An die Ratsherren" in den humanistischen Studien und in den neuen Kenntnissen der alten Sprachen geradezu ein göttliches Werk zur Vorbereitung der Erneuerung der Kirche gesehen.

„Niemand hat gewußt, warum Gott die Sprachen hervorkommen ließ, bis daß man nun allererst sieht, daß es um des Evangeliums willen geschehen ist, welches er hernach hat wollen offenbaren und dadurch des Endchrists Regiment aufdecken und zerstören. Darum hat er auch Griechenland dem Türken gegeben, auf daß die Griechen, verjagt und zerstreut, die griechische Sprache ausbreiteten und ein Anfang würden, auch andere Sprachen mit zu lernen.

So lieb nun als uns das Evangelium ist, so hart laßt uns über den Sprachen halten."[85]

---

[82] 50,69,6; 1537, Übersetzung ders.
[83] 18,198,30 f.
[84] Vgl. z.B. die knappe und einfache Darstellung dieser Beziehung bei Oberman, Luther S.119. Ungleich feiner gesponnen dann die Darstellung des Zusammenwirkens von Mittelalter, Renaissance und Reformation desselben Autors in „Werden und Wertung der Reformation"; über die „aufklärerische" Kraft des Nominalismus insbes. S.7, 36f., 201ff.
[85] 15,37,11 ff.

Das ist zwar Geschichtsspekulation, aber sie dient doch nur der Beschreibung eines faktischen kulturellen Geschehens und der damit verbundenen neuen Erkenntnisse. Sie beschreibt das Werden der neuen, „aufgeklärten" theologischen Gedanken und konstatiert überdeutlich eine Abhängigkeit dieser theologischen Wahrheitserkenntnis von der natürlichen Aufklärung in der Wissenschaft. Soweit sie Geschichtsspekulation ist, ist sie jedenfalls in der Beschreibung des faktischen Geschehens auch nach unserer so viel späteren historischen Sicht korrekt: Der Fall Konstantinopels hat ja auch nach unserem heutigen Urteil viel zum Zerbrechen der mittelalterlichen Gedankenwelt beigetragen.

Luther selber hat also den geschichtlichen Ursprung seiner Reformation nicht nur biographisch in seinen Klosterkämpfen und in irgendeiner herausragenden einzelnen Erkenntnis liegen sehen. Er hebt hier vielmehr die Bedeutung der allgemeinen sozialen und kulturellen Veränderungen hervor: Die neue Bildung, die Kenntnis des Griechischen und Hebräischen, aber überhaupt der neue Geist des kritischen Forschens hat die evangelischen Einsichten vorbereitet und möglich gemacht. Vorher, heißt es mit historisch undifferenzierter Polemik, waren die Leute abgelenkt, in Atem gehalten und am Fragen verhindert worden durch das verwirrende Treiben der kirchlichen Bräuche[86] und durch die „Teufelsschulen" der Klöster[87], in denen vor allem die Sprachkenntnisse verdunkelt wurden[88], daß man beinahe „auch die natürliche Vernunft verloren" hat[89]. Unter solchen Voraussetzungen konnte es keine Erkenntnis der Wahrheit geben, die Dunkelheit hatte leichtes Spiel. Durch das Aufkommen der Sprachen aber erhielt das Reich des Unwissens einen Riß, und es machte sich ein Licht breit, das dem Glauben helfend entgegenkommt: Das Reich des Teufels hat etwas freigeben müssen, das neue, nüchterne sprachliche Wissen ist ein „Loch im Reich des Teufels", das dieser möglichst klein zu halten versucht:

„Zwar wenn kein anderer Nutzen an den Sprachen wäre, sollte doch uns das billig erfreuen und anzünden, daß es so eine edle feine Gabe Gottes ist, damit uns Deutschen Gott jetzt so reichlich fast über alle Länder heimsucht und begnadet. Man sieht nicht viel, daß der Teufel dieselben hätte lassen durch die Hohen Schulen und Klöster aufkommen. Ja, sie haben allzeit aufs höchste dagegen getobt und toben auch noch. Denn der Teufel roch den Braten wohl: wo die Sprachen hervorkämen, würde sein Reich ein Loch bekommen, das er nicht könnte leicht wieder zustopfen. Weil er nun nicht hat mögen wehren, daß sie

---

[86] Das „Geschwürm" der kirchlichen Bräuche (15,30,24).
[87] 15,31,25.
[88] „Zwanzig, vierzig Jahr hat einer gelernt und hat noch weder Lateinisch noch Deutsch gewußt" (15,31,18 f.).
[89] 15,38,20 f.

hervorkämen, denket er doch sie nun so schmal zu halten, daß sie von sich selbst wieder sollen vergehen und fallen. Es ist ihm nicht ein lieber Gast damit ins Haus gekommen. Darum will er ihn auch so speisen, daß er nicht lange solle bleiben."[90]

Bildung, nüchternes Wissen und sachliche Kenntnisse sind also nicht irgendwie ein Hindernis, sondern im Gegenteil eine große Hilfe zur Erkenntnis und zum Schutz der Wahrheit. Und wenn Luther Einfalt und schlichten Glauben fordert und meint, daß niemand so gut geeignet sei zum Glauben wie die Kinder, da sie noch nicht durch die Vernunft verdorben seien[91], so redet er doch damit nicht einer obskuren Leichtgläubigkeit und Unwissenheit das Wort, sondern einer kindlich sich bescheidenden Bildung, soweit sie in der Macht eines jeden steht. Diese Bildung aber ist nicht ein Hindernis, sondern eine Hilfe dafür, das Wort Gottes rein zu bewahren. Ja, ohne diese Hilfe der Sprachkenntnisse, ohne Hilfe des humanistischen Wissens also, kann die evangelische Wahrheit auf die Dauer nicht bestehen bleiben: „Darum ists gewiß, wo nicht die Sprachen bleiben, da muß zuletzt das Evangelium untergehen."[92] Luther betont: daß die neuerwachten wissenschaftlichen Kenntnisse wirklich dann zu einer Neuentdeckung des Evangeliums geführt haben, das ist und bleibt ein Wunder, ein Geschenk des Heiligen Geistes. Das Evangelium ist allein durch den Heiligen Geist gekommen – aber „doch durch Mittel der Sprachen", und so hat es auch zugenommen, und so muß es auch erhalten werden[93].

Bildung und Wissen ist nicht eine Voraussetzung für den *Glauben*! Der Weg zum Glauben ist für alle gleich weit – die „Klugen und Weisen" gehen ihn nur schwerer (Mt 11,25 u.ä.). Aber für die *Erkenntnis* der Glaubenswahrheit und deren Schutz ist eine rechte Bildung der kirchlichen Lehrer notwendig und hilfreich: Durch sie kann und muß die Kirche ihre Lehre „mit Ehre" und Vollmacht gegen außen vertreten[94], durch sie wird aber auch die Verkündigung gegen die Gefahr einer abgestumpften Gleichförmigkeit geschützt und lebendig, interessant und fruchtbar erhalten[95], durch sie kann der Christ und die Christenheit zu einem gemeinsamen, nämlich biblischen Sprachgebrauch finden und kann dann eine Gemeinde „ökumenisch" für die andere hilfreich sein[96].

Natürliche Vernunft, humanistisch aufgeklärtes Wissen und evange-

---

[90] 15,36,21 ff.
[91] Z.B. TR 3,62,13 ff. (no. 2904) 1533 u. TR 4,263,1 ff. (no. 4367) 1539.
[92] 15,38,30 f.
[93] 15,37,3–6.
[94] 15,39,15–40,13.
[95] 15,40,14–42,14.
[96] 15,42,15–43,18; vgl. o. Kap. 2.1, Anm. 27.

lische Wahrheit können sich also gegenseitig dienen. Auf die kürzeste Formel gebracht lautet dieses Miteinander von Vernunft und Glaube: Die Heilige Schrift und die Sprachen machen dem Teufel die Welt zu enge[97].

Die natürliche Vernunft kann dem Glauben eine Hilfe sein. Man muß sie nur gebrauchen! Dies geschieht dann recht, wenn die Vernunft nüchtern in ihren Grenzen bleibt und nicht nach ihrer Gewohnheit in unsinniger Manier aus ihrem Vermögen heraus Gott „Maß, Zeit und Weise" des Wirkens bestimmen will[98]. Hat die Vernunft die „Begierde der Gottheit" geschlachtet und verzichtet sie darauf, aus ihren natürlichen Gedanken und Erfahrungen normierend auf Gott zu schließen, so wird sie zum wertvollen Werkzeug auch der theologischen Wahrheitsfindung.

Die Lust am theologischen Denken (Die Wahrheit und die Wahrheiten)

Es scheint der Vernunft gehen zu müssen, wie es dem Menschen überhaupt verheißen ist: „Wer sein Leben erhalten will, der wird es verlieren; wer aber sein Leben verliert um meinetwillen und um des Evangeliums willen, der wird es erhalten" (Mk 8,35). Wenn die Vernunft sich aufgibt und opfert – nicht um ihretwillen, um durch dieses Opfer doch einen geheimen Sieg zu erringen, sondern weil ihr das Evangelium zu stark wird – dann soll sie ein neues Leben und eine neue Gesundheit erhalten. Wenn sie auch um den Preis, daß sie sich lächerlich macht und dem Spott aussetzt, sich vom Wort Gottes „überreden" läßt (vgl. Jer 20,7) und es „schlicht glaubt", dann soll sie neu in ihr Amt eingesetzt werden und ihre Fähigkeiten heilbringend verwenden können. Zwar trägt sie dann das Leiden um und für die menschliche Wahrheit mit sich und vermag nichts Heiles und Unangefochtenes zu demonstrieren. Gerade dadurch aber ist sie hineingenommen in die Solidarität des Kreuzes und eingereiht in die Heereslinien, durch die Gottes Wahrheit sich in menschlicher Schwachheit verteidigt; so teilt sie das Leiden der sehnsüchtig wartenden Kreatur, die nicht zu sehen und nicht zu verstehen vermag (Röm 8,18–25). Die Gerechtigkeit und Gesundheit dieser Vernunft ist dann nicht das, was sie zu tun und aufzuzeigen vermag, sondern Jesus Christus, an den auch sie letztlich nur *glauben* kann. Er ist „um unserer Sünden willen dahingegeben und um unserer Rechtfertigung willen auferweckt" (Röm 4,25). Diese Wirklichkeit läßt sich nicht deutlich erfahrbar und sichtbar machen, sie „muß geglaubt werden" und kann durch kein anderes Werk „erlangt oder gefaßt wer-

---

[97] 15,43,5f.
[98] 19,387,4f., 1526.

den"⁹⁹. Für die geistig-seelische Verfaßtheit der Vernunft gilt darum das, was für die Menschen des Glaubens im allgemeinen gilt: „Auch ihr habt jetzt Traurigkeit; aber ich will euch wiedersehen, und euer Herz soll sich freuen, und eure Freude soll niemand von euch nehmen. Und an demselben Tage werdet ihr mich nichts fragen" (Joh 16,22 f.). Bis dahin aber hat auch die gläubige Vernunft viele Fragen, Ängste und Traurigkeiten, manches „geht ihr nicht auf" und vieles kann sie nicht vermitteln. So zerfällt ihr das Denken immer wieder in verschiedene Stücke, die sich nicht verbinden lassen, und sie sieht sich auch schon nur im Reich der reinen Gedanken in Widersprüche verwickelt, die sich nicht auflösen lassen. Thesenhaft knapp, und mit einer deutlich spürbaren Lust an den herausfordernden Formulierungen, legt Luther in der Disputation über Joh 1,14 von 1539 seine Anschauung von der Einheit und Vielfalt der Wahrheit dar:

„1. Obgleich festzuhalten ist, was gesagt wird: daß alles Wahre mit Wahrem zusammenstimmt, so ist doch dasselbe nicht wahr in unterschiedlichen Sachgebieten.
2. In der Theologie ist es wahr, daß das Wort Fleisch geworden ist; in der Philosophie ist dies schlicht unmöglich und absurd."¹⁰⁰

Was in der Theologie wahr ist, muß in der Philosophie nicht unbedingt wahr sein, und umgekehrt. Die theologische Wahrheit ist zwar „nicht gegen, sondern außerhalb, innerhalb, über, unter, diesseits, jenseits von aller philosophischen Wahrheit"¹⁰¹. Wer aber nicht an dieser Unterscheidung festhält und zu vermitteln versucht, der muß unweigerlich die Wahrheit der Theologie verdunkeln und verdrehen:

„4. Die Sorbonne, die Mutter der Irrtümer, hat aufs schlechteste definiert, daß dasselbe wahr sei in der Philosophie und in der Theologie. (...)
6. Denn mit diesem abscheulichen Satz lehrt sie, daß man die Artikel des Glaubens unter das Urteil der menschlichen Vernunft gefangennehmen müsse."¹⁰²

Weshalb dies? Die Sorbonne will doch gewiß das Gegenteil aussagen, daß nämlich die Philosophie der Theologie untertan und nach dem geflügelten Wort ihre Magd sein müsse?

---

⁹⁹ S. o. Kap. 2.1, Anm. 99.
¹⁰⁰ „1. Etsi tenendum est, quod dicitur: Omne verum vero consonat, tamen idem non est verum in diversis professionibus.
2. In theologia verum est, verbum esse carnem factum, in philosophia simpliciter impossibile et absurdum" (39 II, 3,1 ff.).
¹⁰¹ „21. Ut quae sit non quidem contra, sed extra, intra, supra, infra, citra, ultra omnem veritatem dialecticam" (39 II, 4, 34 f.).
¹⁰² „4. Sorbona, mater errorum, pessime definivit, idem esse verum in philosophia et theologia. (...)
6. Nam hac sententia abominabili docuit captivare articulos fidei sub iudicium rationis humanae" (39 II, 3, 7 ff.).

Es scheint hier aber zu einem Konflikt zwischen „Wollen und Vollbringen" (Röm 7,19) zu kommen. Es ist zwar der *Wille* der scholastischen Theologie, daß die Vernunft dem Glauben dienen soll. Der Satz vom Widerspruch ist aber ein philosophischer Satz. Er sagt die Einheit der Wahrheit aus nicht als einen Satz des Glaubens, sondern als einen Satz der erstrebten und grundsätzlich für möglich gehaltenen Erkenntnis. Wenn nun dieser philosophische Satz als oberstes Axiom die Arbeitsweise der Theologie zu prägen beginnt, dann gehorcht sie den Erwartungen und bedient sich der Mittel der Philosophie. Dann scheinen ihre Sätze wahr zu sein, nicht weil sie in der Schrift begründet und somit durch Christi Leben und Sterben beglaubigt sind, sondern weil sie widerspruchsfrei zusammengestellt werden können. Die scheinbaren Nebenbestimmungen der philosphischen Arbeitsweise erhalten das Übergewicht[103], um so mehr, als sie dem natürlichen Empfinden des Menschen entspringen und diesem unmittelbar nahe stehen. Wenn ein Satz wahr ist, *weil* er keinem anderen widerspricht, dann ist das natürliche Denken mit seinem verborgenen Absolutheitsanspruch Kriterium (denn dieses leitet ja an zum vermittelnden Einheitsdenken). Dann wird man erwarten, daß sich die Wahrheit auch des Glaubens sichtbar machen lasse, dann wird man keine Widersprüche und kein bloßes Nebeneinander ertragen. Dann wird man aber tatsächlich immer wieder geneigt sein, die Wahrheiten des Glaubens „gefangenzunehmen" unter das Urteil der Vernunft.

Das Problem ist also nicht, daß man an der Einheit der Wahrheit festhält. Das tut auch Luther! (Wie anders in einem Monotheismus?) Das Problem ist aber, daß suggeriert wird, die *Erkenntnis* der Wahrheit ließe sich als eine einheitliche gewinnen, und man könne also die verschiedenen Einsichten miteinander vermitteln und könne ihr Zusammenstimmen faßbar machen. Das Problem ist, daß man der Vernunft die Fähigkeit zutraut, die verschiedenen Wahrnehmungen und Erkenntnisse zu einem widerspruchsfreien Miteinander zu ordnen, so daß dann tatsächlich die Wahrheit dem Menschen gegeben und seinem Urteil unterworfen wäre. Oder anders gesagt: Das „Schlechte" und „Verabscheuungswerte" besteht darin, daß eines der Wissensgebiete (die Philosophie) sich zum überragenden und zentralen erklärt, oder noch grundsätzlicher, daß ein Erkenntnisorgan (das der dialektischen Vernunft) sich zum obersten und letztlich maßgebenden aufspielt.

Wenn man an der theologischen Fakultät so denkt, dann wird auch rein praktisch die philosophische (oder philologische) Arbeitsmethode auf eine ungute Weise zu herrschen beginnen. Man wird sich dann wei-

---

[103] Vgl. dieselbe Überlegung zum Verhältnis von Werken und Glaube im Rechtfertigungsgeschehen 40 I,254,33f.: „Quia propter quod unumquodque est tale, illud magis tale est."

terführende Erkenntnisse und gründlicheres Wissen von besseren Begriffsbestimmungen, feineren Gliederungen, weiteren Unterteilungen und differenzierteren Vermittlungen erwarten. Gerade diese Arbeitsmethode bekommt aber der Theologie nicht gut! „Grob muß man reden!"[104] Die protestantischen Kirchen hätten sich von Luther warnen lassen und hätten den Weg in die Orthodoxie – wenn schon – etwas leichter und mit etwas mehr Humor und Fröhlichkeit gehen können. Wenn die Theologie sich verkrampft und sich gefangennehmen läßt von Begriffsstreitigkeiten und allzu subtilen Wortzänkereien, dann hat sie sich verführen und gefangennehmen lassen von der philosophischen Methode. Die Theologie muß aus solchen Fixierungen auf das begriffliche Detail immer wieder auch ausbrechen können zu ihrem einen Gegenstand, wie er sich unbezweifelbar klar und einfach gegeben hat in der apostolischen Verkündigung. Hier, scheint mir, hat denn auch die liberale Lutherdeutung gegenüber jeder Orthodoxie ihr bleibendes Recht! Zwar ist es ganz unmöglich, Luthers Anliegen ohne die begrifflich-dogmatischen Aussagen der kirchlichen Lehrtradition festhalten zu wollen. Aber der Gegenstand, der mit diesen dogmatischen Formeln dem Denken zugänglich gemacht und vor kurzsichtigem Wunschdenken geschützt wird, läßt sich doch nicht bleibend festhalten durch umfassende und immer feinere Bestimmungen. Es gilt im Gegenteil, immer wieder auf das Eine und Grundsätzliche zurückzukommen und diese Erkenntnis wieder zu erneuern und gegen die aktuellsten Anfechtungen zu schützen:

„Die Erkenntnis Gottes und des Menschen ist die göttliche Weisheit und die eigentlich theologische. Und zwar ist sie die Erkenntnis Gottes und des Menschen, sofern sie sich letztlich auf den rechtfertigenden Gott und auf den sündigen Menschen bezieht, so daß also der Gegenstand der Theologie der schuldige und verlorene Mensch und der rechtfertigende oder heilende Gott ist."[105]

Zwar sind dogmatische und begriffliche Auseinandersetzungen erlaubt und nötig. Sie haben ihren Ursprung und ihr Recht aber nicht aus einer positiven Notwendigkeit, die Wahrheit erst noch zu Tage zu fördern und zu fixieren, sondern sie sind unumgänglich wegen der Schwäche der Menschen und wegen der Aktivität des Diabolos. In den einlei-

---

[104] Vgl. 18,663,11; s. auch o. Einl., Anm. 96.
[105] „Cognitio dei et hominis est sapientia divina et proprie theologica, Et ita cognitio dei et hominis, ut referatur tandem ad deum iustificantem et hominem peccatorem, ut proprie sit subiectum Theologiae homo reus et perditus et deus iustificans vel salvator" (40 II, 327, 11 ff.; 1532, Vorl.). Lohse schreibt dazu: „Wenn die einzelnen theologischen Probleme unter diesem Gesichtspunkt erörtert werden, dann dürfte die Frage der Systematik an Bedeutung dahinter zurückstehen. Nur so dürfte es gelingen, auf der einen Seite die Gefahr einer orthodoxen Systematisierung und auf der anderen die einer existentialen Aktualisierung zu vermeiden" (Einführung S. 152).

tenden Thesen zu einer Disputation über die Trinität von 1544 schreibt Luther:

„1. Disputationen über die Glaubensartikel wollte Gott der Vater austilgen, da er von Gott seinem Sohn sagte: Den sollt ihr hören.
2. Aber diesen Lehrer hören nicht alle in gleichem Maß, und es gibt immer einige Schwache, die der Satan ‚durchsiebt'.
3. Es ist deshalb zu jeder Zeit in der Kirche das Lehramt nötig, durch das die Schwachen umsorgt, und dem Gegner Widerstand geleistet wird.
4. So hat auch Christus selbst für die Schwachen (obgleich er eine Disputation nicht nötig hatte) öfters gegen die Pharisäer debattiert."[106]

Die „Disputationen", die der Untersuchung und der begrifflichen Klärung der Glaubenswahrheit dienen, haben also nicht den Zweck, positiv eine zeitlos gültige, abgerundete und in sich stimmige Erkenntnis der Wahrheit aufzurichten, die Widersprüche der Glaubensaussagen, die sich für das Denken ergeben, aufzulösen und die Schwierigkeiten zu mildern und zu vermitteln. Sie haben vielmehr eine negative Aufgabe: sie sollen den selbstsicheren und vermessenen Fragen Trotz bieten und sollen die von rationalen Einwänden Verunsicherten bei der Wahrheit erhalten. Also auch hier: die rational begriffliche Theologie dient dazu, „den Schwätzern den Mund zu stopfen", und von daher kommt ihr eine große Bedeutung zu! Sie dient aber nicht dazu, positiv die Wahrheit zu fixieren oder zu klären. Denn die Wahrheit ist fixiert, und sie ist geklärt, mehr als alles menschliche Denken das zu tun vermag: in den Worten der Propheten und Apostel, in den Worten der Schrift. Die Theologie hat nicht die Aufgabe, diese Worte ordnend zu verbessern, sie zu differenzieren und auszuführen, um sie dadurch zu klären. Sondern sie muß lernen, sich im Rahmen und entlang der hier gezeichneten Wege zu bewegen. Dadurch wird sie fähig, in der Gegenwart die Irrtümer aufzudecken und den Unklarheiten, die verbreitet werden, Stirn zu bieten, um dadurch die Schwachen zu schützen.

Gegen den Satz der Sorbonne, der suggeriert, daß die Erkenntnis der Wahrheit eine sei, und gegen alle Versuche also, die Wahrheit erst noch aufzurichten in einem menschlichen Begriff, lehrt der Apostel Paulus den Glaubensgehorsam auch der Vernunft:

„8. Dagegen lehrt Paulus, daß alles Denken (ohne Zweifel auch die Philosophie) gefangengenommen werden muß unter den Gehorsam Christi.

---

[106] „I. Disputationes de articulis fidei exstinctas voluit Deus pater, dum dicit de Deo filio suo: Hunc audite.
II. Sed hunc doctorem non aequaliter audiunt omnes, et sunt semper aliqui infirmi, quos cribret satan.
III. Opus est igitur perpetuo in Ecclesia Ministerio verbi, quo curentur infirmi, et resistatur adversario.
IV. Sic Christus dominus ipse pro infirmis (non egens disputatione) saepius contra Pharisaeos disceptavit" (39 II, 287, 5 ff.).

9. Es sollen sich packen, sagt zu Recht der Hl. Ambrosius, die Dialektiker, wo man den Fischern, den Aposteln, zu glauben hat."[107]

Im zentralen theologischen Satz von der Menschwerdung Gottes führen die philosophischen Schlüsse den Gedanken weiter zu unerträglichen und falschen Konsequenzen.

„11. Aber weil die Christen nüchtern und (wie Augustin sagt) gemäß dem, was vorgeschrieben ist, zu reden haben, müssen solche Konsequenzen schlicht geleugnet werden.
12. Man darf in Sachen des Glaubens auch jene subtilen Erfindungen von einer mittel- und einer unmittelbaren Supposition nicht gebrauchen und genießen.
13. Solche Wortstreitigkeiten und leerer Lärm sind nämlich in der Kirche gefährliche und vollständige Ärgernisse.
14. Sondern wo immer ein logischer Schluß (,forma') oder ein philosophischer Vernunftgrund (,ratio') aneckt, da ist mit jenem Wort Pauli zu sagen: Die ,Frau' schweige in der Gemeinde; und jenes: Den sollt ihr hören.
15. Es eckt die Theologie zwar an die philosophischen Regeln an, aber diese umgekehrt noch mehr an die Regeln der Theologie."[108]

Es soll in der Theologie gedacht werden: einfältig, aber wenn nötig doch scharf, ohne das Letzte erklären und rechtfertigen zu wollen, aber doch wach und mit einem Empfinden für das menschliche und das göttliche Recht. So sollen die falschen Unterstellungen und Kritiken richtiggestellt, sollen die falschen Fragen und Einwände zum Schweigen gebracht werden und soll dann wieder klar die Wahrheit herausstehen, die durch die Apostel immer schon unübersehbar deutlich gegeben ist.

Diese nützliche und hilfreiche Vernunft fällt aber auch nicht vom Himmel. Sie muß vielmehr auf der Erde gezeugt, geboren und großgezogen werden unter viel Mühe und Arbeit. Sie muß gewonnen, vom Gegenstand berührt und dann in ihm geschult und mit ihm vertraut werden. Auch die Methoden und Mittel, wie das geschieht, müssen ein Neues sein: Die Philosophie soll bei ihrem Leisten bleiben, die Theolo-

---

[107] „8. Cum contra Paulus doceat, captivandum esse omnem intellectum (haud dubie et philosophiam) in obsequium Christi.
9. Facessant, dixit recte S. Ambrosius, dialectici, ubi credendum est piscatoribus apostolis" (39 II, 4, 6 ff.).

[108] „11. Sed quia christianis sobrie, et (ut Augustinus docet) secundum praescriptum est loquendum, tales consequentiae sunt simpliciter negandae.
12. Nec utendum nec fruendum est subtilibus istis inventis, de suppositione mediata et immediata, in rebus fidei.
13. Sunt enim logomachiae et kenophoniae in Ecclesia periculosae et scandalis plenae.
14. Sed ubiubi impingit vel forma syllogistica vel ratio philosophica, dicendum est ei illud Pauli: Mulier in Ecclesia taceat, et illud: Hunc audite.
15. Impingit quidem theologia in philosophiae regulas, sed ipsa vicissim magis in theologiae regulas" (39 II, 4, 13 ff.).

gie aber muß ihre eigene Methode haben und muß ihre eigenen Mittel verwenden, sie muß nicht nur im Inhalt, sondern sie muß auch in der Form anders reden, denken und lehren.

„40. Wir tun also besser, wenn wir die Dialektik oder Philosophie in ihrer Sphäre lassen und lernen, im Reich des Glaubens außerhalb von jeder Sphäre mit neuen Zungen zu reden.

41. Sonst wird es geschehen, daß wir den neuen Wein in alte Schläuche gießen und beides verderben, wie die Sorbonne es getan hat.

42. Den Affekt des Glaubens muß man üben in den Artikeln des Glaubens, nicht den Intellekt der Philosophie. Dann wird man wahrhaft wissen, was das ist: Das Wort wurde Fleisch."[109]

Man kann hier fragen (und ein bißchen spekulieren): Hat Luther mit diesen Worten ahnend das Schicksal des evangelischen Gedankens in der Orthodoxie, aber auch in der späteren historischen Philologie beschrieben: daß da ein neues Denken in alten und ihm fremden Formen geübt wird und daß dadurch beides verdirbt?

Der Weg der evangelischen Theologie

Wer auf „eine rechte Weise in der Theologie zu studieren" begehrt, dem weist Luther in der Vorrede zur Gesamtausgabe seiner deutschen Werke von 1539 mit einigen wenigen Worten den Weg. Es sei, sagt er, der Weg des 119. Psalmes: das Gebet, die „Meditation" und die Anfechtung[110]. Ich will, dieser Einteilung folgend, Luthers Auffassung von der theologischen Arbeit darzustellen versuchen.

1. Das Gebet

Weil „die heilige Schrift ein solch Buch ist, das aller ander Bücher Weisheit zur Narrheit macht (...) Darum sollst du an deinem Sinn und Verstand stracks verzagen"[111]. Es geht in der Kirche nicht darum, daß man „frei hin ohne Wort in die Luft" glaubt „nach eigenen Gedanken"[112]. Der Gott der Bibel ist keine der Vernunft immanente Idee, die spekulativ entfaltet werden könnte. Er gibt sich aber auch nicht in Erfahrungen, die der theologische Gedanke von sich aus aus der Fülle der

---

[109] „40. Rectius ergo fecerimus, si dialectica seu philosophia in sua sphaera relictis discamus loqui novis linguis in regno fidei extra omnem sphaeram.

41. Alioqui futurum est, ut vinum novum in utres veteres mittamus, et utrumque perdamus, ut Sorbona fecit.

42. Affectus fidei exercendus est in articulis fidei, non intellectus philosophiae. Tum vere scietur, quid sit: Verbum caro factum est" (39 II, 5, 35 ff.).

[110] „Oratio, meditatio, tentatio" (50, 658, 29–659, 4). Zum folgenden vgl. den Artikel Bayers, LuJ 55, 1988, S. 7 ff.

[111] 50, 659, 5–8.

[112] 30 III, 564, 7; 1533, Sendschreiben Frankfurt.

Erfahrungen herauszuheben und als die Stimme der Wahrheit zu erkennen und als eine „heilige Erfahrung" zu bestimmen vermöchte. Der Gott der Bibel verweist den suchenden Menschen auf vielfältige Weise an die Person Jesu Christi: Den sollt ihr hören! Christus aber verspricht seinen Jüngern den Heiligen Geist: „Der wird euch leiten in alle Wahrheit" (Joh 16,13). Diese Verheißung erfüllt sich aber nicht irgendwie beliebig, als wäre der Sohn nie Mensch geworden und hätte nie auf Erden gelebt. Der Heilige Geist verhilft vielmehr zur Wahrheit und erhält bei ihr, indem er an das erinnert, was Christus auf Erden „hinter sich gelassen" hat[113]: „Der Tröster, der heilige Geist, welchen mein Vater senden wird in meinem Namen, der wird euch erinnern an all das, was ich euch gesagt habe" (Joh 14,26)[114]. So nimmt der Sohn vom Vater, und der Heilige Geist nimmt vom Sohn, und so können dann die Glaubenszeugen aus dieser Fülle „Gnade um Gnade" nehmen, um sie weiter zu geben an viele (Joh 16,14f.; 1,16).

Die Erkenntnis des „rechtfertigenden und heilenden Gottes"[115] geschieht also nach einer klaren, einfachen Ordnung: sie wird gewonnen, und sie gelangt stets wieder zu neuer Klarheit durch das Wort Christi. Dieses Wort aber begegnet dem Menschen nicht als etwas Vertrautes, sein Inhalt hat keine natürliche Evidenz. Was das Wort Christi sagt, ist einzigartig und unvergleichlich (Joh 7,46), es setzt Dinge, die im natürlichen Bewußtsein keine Entsprechung haben und die also nicht wiedererkannt werden und in dieser Erkenntnis „einleuchten" können. So sehr der Aussagegehalt des Wortes mit nüchternem Sprachverständnis erfaßt werden kann – sein Inhalt läßt sich von der Vernunft weder kritisch hinterfragen noch positiv rechtfertigen, daß er wahr ist, erkennt „allein der Glaube". Nun ist aber das natürliche Selbstbewußtsein bestimmt von der Meinung, alles Gute müsse seinem Urteil unterworfen und seinem Empfinden entsprechend gestaltet sein. Auch Gott versucht es deshalb zu einem ihm vertrauten Inhalt zu machen. In die biblische Antithetik, nach der es für göttliche Dinge blind ist, kann es sich nicht einordnen.

Deshalb gehört für Luther zum theologischen Studium notwendig das Gebet, zu diesem aber als seine Voraussetzung der Glaube (Jak

---

[113] 50,629,18. Den Gedanken des Testamentes Christi, das in den von ihm gesprochenen Worten besteht, entfaltet Luther breit in der großen Predigtreihe über Joh 14 und 15 von 1537, in deren Druckfassung er selber so gerne gelesen haben soll (45,465ff.; vgl. o. Anm.71).

[114] Joh 14,26 ist nach Luthers Verständnis geradezu die Definition der Aufgabe und der Wirkungsweise des Heiligen Geistes: Dieser offenbart nicht irgendeine unmittelbare Erkenntnis, sondern schenkt das Verständnis des Wortes und bewegt zum Glauben und zum Festhalten daran (51,493,9f.; 1541; 21,468,38ff., 1528 u.ö.). Es geschieht in schöner Parallele dazu, daß Dürer 1.Joh 4,1-3 so stark herausstellt (vgl. o. Einl. Anm.1).

[115] S.o. Anm.105.

1,5–8). Die Bibel, die Schule des Theologen vor allen anderen, lehrt etwas, das der Mensch von sich aus nicht kennt und das kritisch zu beurteilen er keine Möglichkeit hat: Die Heilige Schrift lehrt als einziges Buch „vom ewigen Leben"[116]. Die Vernunft aber bestreitet die Möglichkeit dieser Voraussetzung, oder sie denkt in heilloser Selbstüberschätzung, sie wisse, was ewiges Leben ist, und beginnt die biblischen Aussagen besserwisserisch zu beurteilen und umzudeuten. Gegen *diese Versuchung* muß der Theologe um den Beistand des Heiligen Geistes bitten. Der muß verhindern, „daß er ja nicht mit der Vernunft drein falle und sein selbst Meister werde"[117]. Strenge Selbstkritik ist bei der Schriftlektüre gefordert, sonst wird der Bibelleser unweigerlich „schläfrig" und selbstgenügsam an den Schärfen und Tiefen des Textes vorübergehen. „Da werden Rottengeister draus, die sich lassen dünken, die Schrift sei ihnen unterworfen und leichtlich mit ihrer Vernunft zu erlangen, als wäre es Marcolfus oder Äsopus Fabeln, dazu sie keines heiligen Geists noch Betens bedürfen."[118] Die Heilige Schrift ist nicht das Produkt nur eines menschlich schöpferischen Willens, es ist „das Buch von Gott, dem heiligen Geist"[119] und läßt sich darum nicht als Ganzes zu einem Bewußtseinsinhalt machen und auf den Begriff bringen. Man kann sie nicht verstehen und als einmal gewonnene Erkenntnis mit sich tragen wie etwa die Weisheit und schöne Form einer Fabel. Genau dies aber versucht der Mensch immer wieder! Darum muß er so dringend beten, daß der Heilige Geist ihn erleuchte. Nur dies kann verhindern, daß er mit „Deutungen" oder einer bloß oberflächlichen Zurkenntnisnahme des Textes diesen verständlich macht, daß er also das äußere Wort in einem inneren Begriff auf- und untergehen läßt.

Es ist für Luther also keine Frage, daß rechte und vernünftige Theologie nur im Glauben betrieben werden kann. Das heißt aber gerade nicht, was wir aus einer solchen Rede leicht heraushören: daß der Forscher eine Voraussetzung an seinen Gegenstand heranträgt und mit innerlichen Annahmen und Werturteilen über das äußerlich Gegebene hinausgeht, daß er also Dinge in die Bibel hineinlesen würde, die dort im nackten Wortlaut allein gar nicht stehen. Im Gegenteil! „Wissenschaft im Glauben" heißt für Luther strenge Voraussetzungslosigkeit – eine so strenge, daß nur der Heilige Geist sie lehren kann. Denn die Vernunft muß, wenn sie Theologie studieren will, ihre eigenste Voraussetzung aufgeben: daß sie in sich das allesumfassende Kriterium der Wahrheit trage und daß sie deshalb auch Gott und die Worte vom ewigen Leben richtig zu beurteilen vermöge. Diese Voraussetzung muß die

---

[116] 50,659,6f.
[117] 50,659,17f.
[118] 50,659,18ff.
[119] S.o. Kap.1, Anm.96.

Vernunft aufgeben, damit sie dann wirklich sachlich und nüchtern die Aussagen der Heiligen Schrift zur Kenntnis nehmen kann, ohne ihre eigenen, mißgeleiteten Fragen hineinzumengen. Der Glaube allein, wie der Heilige Geist ihn lehrt, kann also die Theologie als eine im richtigen Sinne empirisch-rationale Wissenschaft begründen: daß sie die Aussagen der Schrift (die ja empirisch-rational jedem zugänglich sind) von Mißdeutungen und polemischen Anklagen befreit und also die Klarheit der Schrift ins Licht des natürlichen, öffentlichen und privaten Bewußtseins hineinstellt.

Die Theologie ist nicht eine spekulative Wissenschaft! Sie hat einen äußerlich vorgegebenen Gegenstand: Gottes Wort, wie es klassisch verfaßt erscheint in der Heiligen Schrift. Dieses „der Kirche gegebene" Buch, wie es aller Welt zugänglich dasteht, ist die Quelle, das Mittel und die kritische Norm aller theologischen Erkenntnisse. An diesem Gegenstand, der Bibel, wie sie in der Kirche „daliegt" und gebraucht und in Ehren gehalten wird, arbeitet die Theologie wie jede Wissenschaft mit möglichst sachgemäßer Methodik, durch die sie zur Kenntnis zu nehmen und zu beschreiben versucht, was dieser ihr Gegenstand ist und sagt. Das aber führt sie weit über alle empirischen und spekulativen Erkenntnisse hinaus. Das grundlegende Mittel der Theologie ist also empirisch und rational zugänglich, der Gegenstand ihrer Erkenntnis selbst aber nicht. Die Theologie arbeitet zwar nach den allgemeinen Regeln der Wissenschaft, aber gerade diese führen sie beim Erforschen der Schriftworte zu Fragen und Antworten, die über die Bereiche aller anderen Wissenschaften hinausgehen. Der Gegenstand der Theologie verweist so deutlich wie kein anderer die Vernunft in ihre Grenzen und macht durch seine „ärgerliche" Gestalt überdeutlich, daß der Versuch zur Selbstrechtfertigung und Selbstbestätigung, in dem die Vernunft befangen ist, an ihm scheitern muß. Die Weisheit der Vernunft muß am Buch der Bibel zur Torheit werden! Dies aber, nochmals, kann die Vernunft nicht akzeptieren. Solange sie die alte bleibt, versucht sie die Bibeltexte doch in ihre Reichweite einzuordnen, die schroffe Antithetik mit „Interpretationen" zu mildern und ins Denkbare hinein zu vermitteln: „Die alte Wettermacherin Frau Vernunft, der Aleosis Großmutter"[120], strebt weg vom gegenständlich vorgegeben Text in seinem unmittelbarsten Wortsinn, hin zu einem begreifbaren, rationalen und damit letztlich auch legalistischen System. Gegen diese Gefahr, welche die Neigung der natürlichen Vernunft mit sich bringt, muß der Theologe beten, betet täglich auch Luther sein Unservater „wie mein Hänschen"[121], damit er das Wort Christi in seiner anstößigen Gestalt zur Kenntnis nehmen, mit wissenschaftlicher Sachlichkeit beschreiben und

---

[120] 26,321,19f. „Aleosi": vgl. o. Kap. 2. 1, Anm. 55.
[121] S. o. Kap. 2. 1, Anm. 219.

der Kirche und ihren Gegnern bewußt machen kann. Die größte Gefahr und die tiefste Not des Theologen aber ist es, wenn ihm das Wort in seiner äußeren Gestalt allzu vertraut und leer erscheint, so daß er seiner überdrüssig wird[122]. Auch gegen diese Gefahr, die von der einfältigen und schlichten Gestalt des Wortes selber ausgeht, hilft nur das Gebet eines hilflosen und zerschlagenen Herzens.

2. Die „Meditation"

„Zum andern sollst du meditieren, das ist: Nicht allein im Herzen, sondern auch äußerlich die mündliche Rede und buchstabischen Wort im Buch immer treiben und reiben, lesen und wiederlesen, mit fleißigem Aufmerken und Nachdenken, was der heilige Geist damit meint. Und hüte dich, das du nicht überdrüssig werdest oder denkest, du habest es mit einem Mal oder zwei genug gelesen, gehöret, gesagt, und verstehest es alles von Grund auf. Denn da wird nie kein sonderlicher Theologe daraus, sie sind wie das unzeitige Obst, das abfällt, ehe es halb reif wird."[123]

Die Wahrheit, um deren Erkenntnis der Theologe ringt, ist das summum mysterium der Heiligen Schrift. Sie begegnet in den Worten der Heiligen Schrift, so wie sie durch das Wirken der Propheten und Apostel ihre „zufällige" Form gefunden haben. Denn diese Form ist nicht zufällig, sondern „der Heilige Geist meint etwas damit". Luther vertritt also, wenn man seine Auffassung mit modernen Theorien vergleichen will, durchaus die Meinung, daß die Schrift wörtlich inspiriert sei. Die Rede von einer bloßen Sachinspiration wäre für ihn ein Ungetüm: Die Bibel ist nicht etwas, aus dem man nur „unfehlbare" Gedanken und Dogmen herauslesen soll, sondern sie ist die Schule des Lebens, ein Lustgarten mit großen Schönheiten und Früchten, die munden, eine Landschaft, in der man die vielfältigen Erfahrungen einer Wallfahrt machen kann – ein Dichtwerk, die göttliche Aeneis[124]. Die Erkenntnis ihres Gegenstandes besteht nicht nur in einer abstrakt rationalen Einsicht, sie umfaßt ebenso ein Gefühl für den Klang und die Schönheit der Sache, ein intuitives Erfassen des Unsäglichen, das mit dem rational Einsichtigen mit gegeben ist, eine Lust an ihrer Bewegung und eine gesammelte Leidenschaft für ihre Gültigkeit unter den Menschen[125]. Die Wahrheit der Schrift begegnet nicht nur als ein Gedanke, sondern sie umfaßt den ganzen Menschen und redet zu all seinen Sinnen und sei-

---

[122] „Ich habe schier die größte Plag erlebt, nämlich die Verachtung des Wortes, welches das äußerste ist, das gottloseste der Übel der Welt (scilicet condemptum verbi, quae extrema est, impiissima mundi calamitas) (...) Wenn ich einem sehr fluchen möchte, so wollte ich ihm wünschen die Verachtung des Wortes (...)" (TR 2, 655, 10 ff.; no. 2780 b; 1532). Vgl. auch TR 1, 457, 18 ff. (no. 906) 1530-35.
[123] 50, 659, 22 ff.
[124] S. o. Kap. 1, Anm. 21 u. 140–143.
[125] S. o. S. 124 f. u. 196 ff.

nem ganzen Verstand. Gegen die spiritualistische und spekulative „Verdünnung" des Wortes und gegen die substanzlose Durchsichtigkeit einer einseitig rationalen Wahrheitsauffassung muß man zu jeder Zeit das äußere Wort mit seiner klanglichen Fülle und Dichte betonen. So hat auch Luther in diesem knappen Überblick über das theologische Studium noch einmal die Bedeutung des Wortes in seiner leibhaft undurchdringlichen Gestalt betont: David will „reden, dichten, sagen, singen, hören, lesen, Tag und Nacht immerdar (...) Denn Gott will dir seinen Geist nicht geben ohne das äußerliche Wort, da richte dich danach, denn er hats nicht vergeblich befohlen, äußerlich zu schreiben, predigen, lesen, hören, singen, sagen etc."[126].

Diese Luthers Auffassung von der Bedeutung des biblischen Wortlautes an sich steht dem modernen Denken besonders fremd gegenüber. Es scheint mir deshalb sinnvoll, hier einen Theologen aus unserem Jahrhundert ausführlich zu Wort kommen zu lassen, der m. E. dieses Anliegen Luthers mit klarer Leidenschaft erfaßt und es dann in der Auseinandersetzung mit unseren zeitgenössischen Vorstellungen entfaltet hat. Mir selber sind diese Darlegungen eine Hilfe gewesen, Luther an diesem Punkt zu verstehen. Der Lundenser Neutestamentler Hugo Odeberg versucht die im Neuen Testament selber wirksame Auffassung von der Inspiration zu beschreiben und führt in seiner etwas umständlichen, betont über-einfachen Redeweise aus (es handelt sich um Nachzeichnungen mündlicher freier Rede):

„Wenn man die Inspiration des NT's als ‚Verbalinspiration' bezeichnen will, so könnte dieser Begriff an sich richtig sein, wenn man auf Jesu Wort, insbesondere Mt 5,18, verweist und ganz allgemein auf die Art, wie das NT das AT zitiert, welche zeigt, daß dem Wortlaut selber große Bedeutung zugemessen wird. Aber fragt man weiter, was der Begriff ‚Verbalinspiration' im heutigen Sprachgebrauch bedeutet, dann findet man, daß er häufig als Bezeichnung für die Theorie einer rein mechanischen Inspiration verwendet wird. Der Gedanke an eine solche mechanische Inspiration ist dem NT aber ganz fremd. Der Begriff ‚Verbalinspiration' ist m.a.W. sehr belastet und kann nicht ohne weiteres verwendet werden. Es muß zuerst klargemacht werden, daß der Begriff der ‚Verbalinspiration' ursprünglich nichts zu tun hat mit einer solchen mechanischen Inspirations*theorie*, sondern im Gegenteil deren Ablehnung einschließt. Gegenüber der Verbalinspiration – als eine mechanische Inspiration aufgefaßt – hat man im modernen Denken (wenn dieses überhaupt ein Denken genannt zu werden verdient) mit einer *Realinspirationstheorie* laboriert. Danach ist die heilige Schrift nur in ihrem gedanklichen Gehalt inspiriert, nicht aber in dem, was den Buchstaben und das Wort anbelangt. Im Vergleich zu dieser wenig tiefsinnigen modernen Spekulation über das Problem der Inspiration scheinen die patristischen, scholastischen und orthodoxen Inspirationstheorien wenigstens von größerer Gedankenmühe und Intelligenz zu zeugen. (...) Es ist aber nicht nur

---

[126] 50,659,30-35.

eine Vielfalt von Inspirationstheorien, mit welchen die ntl. Idee der Inspiration konfrontiert wird. Man begegnet auch in profanen Zusammenhängen der Rede von der Inspiration. Man sagt z. B. ‚Der Dichter war inspiriert' oder ‚wurde von der Inspiration ergriffen'. Hier ist somit auch von einer Inspiration die Rede – von der künstlerischen – auch wenn keine Quelle angegeben wird. Die Konfrontation mit diesem Gebiet ist für die ntl. Forschung ergiebiger. Hier gibt es etwas Reales, das in der heutigen Zeit da ist und das man studieren kann. Hier ist etwas Lebendiges, nicht tote Theorie.

Man kann jetzt als erstes darauf hinweisen, daß man im Hinblick auf die Inspiration eines Gedichtes kaum auf die Idee kommen wird, von einer Realinspiration zu reden. Hier betrachtet man es als eine Selbstverständlichkeit, daß das Gedicht in seiner Ganzheit inspiriert ist und daß der Wortlaut nicht als etwas ‚Uninspiriertes' abgesondert werden kann. Das Schaffen eines Dichtwerkes besteht gerade darin, einer Sache mit den rechten Worten Ausdruck zu verleihen: Es sind nicht bloß ‚die Gedanken', sondern es ist der Wortlaut selber, den ein Dichter oder Seher als inspiriert empfindet."[127]

Odeberg führt diesen einfachen Gedanken sehr handgreiflich und anschaulich am Beispiel eines Gedichtes aus:

„Nimmt man den Satz: ‚Tief getaucht in Sonnengluten/ Ragt des Berges Haupt empor...', und fragt: ‚Was ist damit gemeint?', so wird die Antwort ungefähr lauten: ‚Die Sonne geht bald auf.' In diesem *Gedanken* sollte dann die Inspiration zu finden sein, und darin, daß dieser ziemlich triviale Gedanke seine schöne Form gefunden hat, sollte die Inspiration nicht gewirkt haben? Es kann ja ein jeder den Gedanken haben, daß die Sonne aufgehen wird, aber es ist nur wenigen vergönnt, unter einer Inspiration in einigen wenigen Zeilen nicht nur diesen Gedanken niederzuschreiben, sondern die Stimmung zu erfassen, welche die Natur im Augenblick des Sonnenaufganges beherrscht. (...) Gerade im Vers, so wie er ist, liegt etwas, das nicht nur zum Denken redet, sondern auch zum Gefühl, zur Phantasie und zum rhythmischen Empfinden. – Hier zeigt sich einer der Grundfehler im oben angedeuteten theologischen Räsonnement. Man faßt die Heilige Schrift auf als eine Abhandlung, die zur Aufgabe hat, gewisse *Gedanken* mitzuteilen, während sie sich doch an den ganzen Menschen wendet, nicht nur an sein Denken."[128]

Nicht nur Gedanken werden in der Schrift vermittelt, und die Erkenntnis ihrer Sache besteht darum nicht nur in rationalen Einsichten, sondern in einer allesumfassenden Vertrautheit mit dem Wortlaut der Schrift, in dem sich ihre Sache zu fassen gibt, in einem Gefühl für die Schönheit und Kraft der verwendeten Wörter, in einer Liebe zu ihren Formen und einer Lust an ihren Bewegungen. Nicht nur die positiven Aussagen der Schrift kennen und bedenken muß der Theologe, sondern auch ihre klassische Ausgestaltung und deren rational nicht faß-

---

[127] Odeberg, Skriftens studium S. 36 f., übersetzt von mir.
[128] AaO. S. 39 f. (Odeberg verwendet natürlich ein schwedisches Gedicht, das die Morgenstimmung beschreibt. Ich habe dafür die Zeilen von Karl Henckell eingesetzt.) Zur Frage der Inspiration vgl. auch Sasse, S. 228 ff.

bare Kraft soll er „ganzheitlich" auf sich wirken lassen, um dadurch eine lebendige Kultur der inneren und äußeren Bekanntschaft mit dem Gegenstand der Schrift wachsen zu lassen.

3. Die Anfechtung

„Die ist der Prüfstein, die lehrt dich nicht allein wissen und verstehen, sondern auch erfahren, wie recht, wie wahrhaftig, wie süß, wie lieblich, wie mächtig, wie tröstlich Gottes Wort sei, Weisheit über alle Weisheit."[129]

Die Theologie ist nicht eine spekulative Wissenschaft, und sie ist auch nicht nur eine Bücherwissenschaft. Es gehört zu ihr auch die praktische Erfahrung. „Allein die Erfahrung macht den Theologen", sagt Luther über Tisch[130], und Ebeling hat dieses Wort herangezogen, um von Luther her den Weg zur theologischen Thematisierung der Erfahrung bei Schleiermacher zu gehen[131]. Es gilt aber auch hier, nicht von

---

[129] 50, 660, 1 ff.
[130] „Sola autem experientia facit theologum" (TR 1, 16, 13; no. 46; 1531).
[131] Erfahrungsdefizit, S. 10 ff. Es entspricht gewiß dem Denken Luthers, wenn Ebeling auf „die Klage über den Erfahrungsmangel" in der heutigen Theologie (S. 15) antwortet, daß „Erfahrung" nicht kritiklos als das zu nehmen ist, was die Erfahrungswissenschaften so nennen. Es sei fragwürdig, schreibt er, „wenn der beklagte Erfahrungsmangel (...) durch einen bloßen Empirie-Import ausgeglichen werden soll, der dann bezeichnenderweise in Kirchensoziologie, Sozialethik oder gruppendynamischer Praxis stecken bleibt (...)" (S. 26). Und er fragt: „Was ist für die Beseitigung des Erfahrungsdefizits in der Theologie von einer Auffüllung durch Empirie zu erwarten, solange es an eigener Erfahrung im Umgang mit Bibel und Gebet, mit Gottesdienst und Gemeinde mangelt (...)?" (S. 27). - Aber was heißt das, wenn vorher gesagt wird, daß „Glaube und Erfahrung teils in schärfsten Gegensatz zueinander treten (...) teils als untrennbar eins erscheinen (...)? (S. 13 f.). Was heißt dieses „teils"? Soll Luther so verstanden werden, daß in seinem Denken widersprüchliche Aussagen auf derselben Ebene nebeneinander stehenbleiben, und sollen diese gegensätzlichen Aussagen als irgendwie dialektisch voneinander abhängig verstanden werden? Ebeling schreibt: „Am Verhältnis zum Leben wird die Entscheidung zwischen Glauben und Unglauben offenbar, indem sich allein in, mit und unter der gesamten Lebenserfahrung Glaube als Erfahrung ereignet. Dabei erinnert die Kontingenz von Erfahrung an das Geheimnis der Prädestination und unterstreicht den Geschenkcharakter des Glaubens." (S. 14) Eine solche Aussage ist aber äußerst fragwürdig: Wie ist es möglich, die Wörter „in, mit und unter", mit denen Luther die Präsenz des Leibes Christi in den Abendmahlselementen beschreibt, auf die „gesamte Lebenserfahrung" zu beziehen - auch wenn dies nur in einer Allusion geschieht? Damit wird die Erfahrung, die der Mensch mit einer vom Wort selber präzise bezeichneten (und damit aus aller übrigen Erfahrung ausgesonderten) Realität (Brot und Wein) machen kann, mit allen andern Erfahrungen wie gleichgestellt. Dies klingt, als ob nicht das - im Neuen Testament ein für allemal gegebene - Wort allein etwas heiligen und so zum Ort möglicher Glaubenserfahrung machen könnte. Wie wird, so ist weiter zu fragen, „die Entscheidung zwischen Glauben und Unglauben offenbar"? Wird sie sichtbar? Wem und wodurch? Und was meint schließlich „die Kontingenz von Erfahrung"? Wer oder was - wenn nicht das Wort *allein* - entscheidet darüber, ob eine Erfahrung „Glaube als Erfahrung", Unglaube oder eine dem Glauben widersprechende Erfahrung (eine Anfechtung) sei? Warum, so möchte man

einem einzelnen Wort aus in einer philosophischen Begrifflichkeit weiterzudenken, sondern zunächst einmal nach der unmittelbaren Bedeutung dessen zu fragen, was Luther selber gesagt haben will. Die Erfahrung ist dem Theologen notwendig – und sie ergibt sich, ohne daß wir sie hier oder dort suchen. „Denn sobald Gottes Wort aufgeht durch dich, so wird dich der Teufel heimsuchen, dich zum rechten Doktor machen, und durch seine Anfechtungen lehren, Gottes Wort zu suchen und zu lieben." Auch Luther wurde erst durch die Angriffe seiner römischen Gegner „so zerschlagen, zerdrängt und zerängstet", daß er dadurch zu einem „ziemlich guten Theologen" geworden ist[132]. Die Erfahrung, welche die theologische Erkenntnis befördert, ist die Erfahrung der inneren und äußeren Anfechtung und das Erleben, wie Schrift, Gebet und mündliches Wort, aber auch die äußeren Schöpfungsordnungen (Freundschaft, Spiel und Geselligkeit[133]) sich in diesen Situationen hilfreich bewähren. Die äußeren theologischen Kämpfe und die Mühen im Kirchenregiment, vor allem aber die inneren Erschütterungen, Zweifel und Ängste (die „Nachtkriege"[134]) schärfen das theologische Verständnis auf eine richtige Weise.

---

vor allem fragen, wird der einfache Zusammenhang des Lutherwortes nicht zum Ausgangspunkt der Überlegungen genommen? In TR 1, no. 46 spricht Luther ja sehr präzise von der Notwendigkeit einer guten Bibelkenntnis in der Theologie und von der Schwierigkeit, diese zu erwerben, da die praktische Erfahrung, die dazu anhalten würde, sich nicht machen läßt.

Es zeigen sich in der Behandlung dieses Lutherwortes m. E. die Schwächen in der gesamten Lutherdeutung Ebelings. Durch sie ist es – ein Hauch von Tragik liegt auf diesem Geschehen – bedingt, daß die so weitgespannte, sorgfältige und hingebungsvolle Forschertätigkeit so wenig gegen die „Luthervergessenheit" in der heutigen Theologie zu bewirken vermocht hat. Es ist in dieser Lutherdeutung (1) vor allem unklar, was das Wort ist: Ob „Wort und Glaube" eine dialektische Einheit sind in dem Sinn, daß nur das geglaubte Wort ein Wort Gottes ist und es also unmöglich ist, „das Wort allein" in Antithetik zu „Glaube und Erfahrung" zu sagen. (Vgl. die Parallele zu Barth – wie zu aller existentialistischen Theologie – unten Teil 2, Kap. 1, Anm. 52–64.) Es ist weiter (2) nicht klar, ob der Ort des Glaubens untrennbar verbunden ist mit der sichtbaren Kirche, oder ob der Glaube sich als eine allgemeine Möglichkeit der menschlichen Existenz verstehen läßt. Schließlich (3) ist nicht geklärt, wie ein theologisches Denken sich im Formalen und Stilistischen von einem philosophischen unterscheiden muß. Die differenzierte, oft nicht ganz scharfe Begrifflichkeit in der Darstellungsweise verhindert, daß der Gegenstand mit klaren Konturen gezeichnet wird. Die Rede von der „Erfahrung" z. B. wird so – wider allen Willen – wieder zu einem schemenhaften Abstraktum.

[132] 50, 660, 8–13.
[133] „Also: wenn du traurig bist, suche jeden möglichen Trost auf. Ich absolviere dich in bezug auf alle Vergnügungen, in denen du Erholung suchst, es sei Essen, Trinken, Tanzen, Spielen, was es ist. Nur die handgreiflichen Sünden nehme ich aus." („Quodsi es tristis, quaere solatia quaevis. Ego absolvo te ab omnibus ludis praeter manifesta peccata, quibus quaeris recreationem, es sey essen, (...)" TR 1, 201, 3 ff.; no. 461; 1533). Vgl. auch TR 4, 124, 35–125, 17 (no. 4084) 1538.
[134] TR 1, 238, 13 (no. 518) 1533.

„Ich habe meine Theologia nicht auf einmal gelernt, sondern habe immer tiefer und tiefer grübeln müssen; da haben mich meine tentationes hingebracht, da man ja ohne Übung nichts lernt. Das fehlt den Schwärmern und Rotten auch, daß sie den rechten Widersprecher nicht haben, den Teufel, der lernts einen wohl."[135]

Die Erfahrung und Übung, die zum Theologen macht, ist also nicht ein Erleben, das über „das bloße Wort" hinausführt und statt der „abstrakten Theorie" eine „lebensvolle Praxis" bietet. Die Erfahrung bringt nichts, was nicht im Wort schon längst gegeben wäre. Aber „allein die Anfechtung lehrt aufs Wort merken"[136]. Die Erfahrung des „Widersprechers" ist die Erfahrung des radikalen Zweifels[137] und des hilflosen Erschreckens vor den Worten des Gesetzes[138]. Diese negative Erfahrung lehrt den Theologen die positive Gabe des evangelischen Wortes zu schätzen und an diesem Wort allein die Gewißheit und Klarheit festzumachen. Die Erfahrung der Anfechtung lehrt also, daß die Erfahrung als Grundlage des Glaubens und der Kirche nicht taugt. Der von der Erfahrung belehrte Glaube tut deshalb die Augen zu, sieht und hört nichts, fühlt und denkt nichts, sondern klebt allein am Wort[139]. „Nicht fühlen, sondern glauben mußt du..."[140] Darum ist es die höchste Gnade (die aber der Unerfahrene nicht zu schätzen weiß), „daß einer einen Text hat, daß er sagen kann: Das ist recht, das weiß ich"[141]. In den vielfältigen Erfahrungen des Glaubens lernt der Mensch, schließlich nur dem „nackten Wort" von Christi Sieg und Gnade anzuhangen und im Gebet einzig darauf zu vertrauen[142].

Wenn die Theologie im Gebet, im innerlichen und äußerlichen Kosten und Schmecken des Wortes und in der Erfahrung der Unsicherheit geübt und gelernt wird, kann sie der Kirche und der Welt nützlich und hilfreich werden. Sie kann die Mißverständnisse und polemischen Unterstellungen, mit denen man das Wort verdunkelt, abweisen und kann die selbstsicheren Kritiker der Schrift in ihren Widersprüchen „fangen", um dadurch die Schwachen zu schützen. Sie kann mit hellen Worten der Schrift deren dunkle Stellen erhellen und kann so die Erkenntnis der Wahrheit befördern. Sie kann das Licht des Gnadenwortes ins Licht der natürlichen Vernunft hineindringen lassen, so daß diese beiden Lichter sich gegenseitig erhellen, so nämlich, daß das Licht der

---

[135] „... quia sine usu non potest disci ..." (TR 1,146,12 ff.; no. 352, 1532).
[136] So übersetzt Luther Jes 28,19.
[137] Der Teufel „hat mir oft ein Argument gebracht, daß ich nicht wußte, ob Gott wäre oder nicht" (TR 1,238,15 f.; no. 518, 1533).
[138] 40 I, 580,13–581,10.
[139] 21,149,12 ff.; 1528.
[140] „Non sentire, sed credere debes..." (40 II, 32,17 f.).
[141] „Ergo est summa gratia, das ..." (TR 1,146,20 f.; no. 352, 1532).
[142] „... nihil plane habemus ... nisi nudum verbum, quod proponit Christum victorem..." (40 I, 580,15 f.).

Gnade dem menschlichen Verstehen zugänglich wird und daß es dann dem natürlichen Licht seine Aufgaben und seine Grenzen zuweist. Eine der vordringlichsten Aufgaben der Theologie scheint daher dies zu sein, alles Denken zur steten wachen Selbstkritik anzuleiten. Nirgendwo sonst zeigt sich das menschliche Wissen als so gefährdet wie in der Theologie. Der Theologe weiß, daß die menschlichen Erkenntnisse nicht nur durch den Irrtum, sondern mehr noch durch einen Betrug und eine umfassende, überaus listige Lüge verdunkelt und verzerrt werden, und daß es eine Neigung des Herzens gibt, welche die Wirklichkeit in einem falschen Sinn einheitlich zu fassen und zu vermitteln und in einen gesetzlichen Rahmen zu spannen versucht. Immer wieder ist das Denken in Gefahr, ein Element der Schöpfung als deren Ursprung und Anfangsprinzip aus der Fülle des Geschöpflichen herauszuheben. Statt sich in der Schöpfung und ihren Spielregeln zu bewegen im Vertrauen auf den Schöpfer, ist die Vernunft geneigt, aus dieser oder jener Gegebenheit alles andere abzuleiten und *so von sich aus* zu rechtfertigen. Damit macht sie ein Bild und Werk ihres Vermögens Gott gleich (Apg 17,24-29) und erklärt ein Stück der Schöpfung zu deren Grund. (Mit besonderer Vorliebe erklärt sie natürlich sich selbst zu diesem Göttlichen in der Schöpfung.) Gegen alle diese falsche Ehrfurcht vor den „Elementen der Welt" (Kol 2,20) mahnt die Theologie zur kritischen Wachsamkeit im Erkenntnisbemühen und läßt einen ganzheitlichen Zugang zur Wirklichkeit suchen, der die rationalen, emotionalen, aber auch die körperlichen Fähigkeiten in gleicher Weise in Anspruch nimmt. Luther scheint bereits die Gefahr zu spüren, die sich ergibt durch das Auseinandertreten der Erkenntnis in eine in sich verschlossene, selbstgenügsame Subjektivität und eine ebensolche Objektivität. Äußere und innere Wirklichkeit sind aber richtigerweise vielfach aufeinander bezogen zu sehen, und zu einer wahren Erkenntnis gehört beides: die innere Wahrhaftigkeit und „Echtheit" wie auch die äußere Richtigkeit und Sachgebundenheit. Auch wenn diese beiden Stücke – Objektives und Subjektives – nicht immer einsichtig zu vermitteln sind, sie gehören doch zusammen.

Wenn der Mensch innerlich die Gewißheit seiner selbst sucht, so verweist ihn Luther deshalb nicht auf sein Denken, dessen zweifelndes Fragen sich jedenfalls nicht bestreiten lasse, sondern auf die Schrift: Diese beschreibt die Zeugung als die Herkunft des Menschen und macht ihn der Elternschaft seiner Eltern gewiß, indem sie ihn auf das Zeugnis zweier oder dreier Menschen verweist[143]. Eine äußere Realität begründet die innere Gewißheit des Menschen über seine Herkunft

---

[143] 26,150,34 ff.; 1528 Von der Wiedertaufe. Es ist natürlich nicht zufällig, daß Luther diese beiläufigen Äußerungen in der Auseinandersetzung mit dem täuferischen Subjektivismus macht.

und Existenz. Wenn der Mensch aber die äußere Realität übergehen und die Wahrheit ohne äußere Hilfe in sich selber zu erfassen versucht, dann wird er gewiß betrogen sich etwas erdichten – z. B. sich selbst als ein Wesen, das seine Einzigartigkeit dem Denkvermögen verdankt...

Umgekehrt aber scheint auch zu gelten: Die Wahrnehmung der äußeren Realität kann verhindert und verzerrt werden, wenn nicht im Innern ein freies, verständiges Urteilsvermögen „die Augen lenkt". In der Auslegung von Gal 3,1 deutet Luther die „Verzauberung", von der der Apostel redet, durch dessen unmittelbar vorangehende Polemik als „Unverstand". Die Verzauberung besteht im Ungehorsam gegen die Wahrheit (es kann nicht wahr sein, was nicht wahr sein darf), und Luther schreibt dieser „Rebellion" gegen die Wahrheit so weitreichende Konsequenzen zu, daß davon auch die natürliche Erkenntnis der äußeren geschöpflichen Wirklichkeit betroffen ist (wobei dies für Luther bezeichnenderweise das geringere Übel ist). Der Mensch kann also „verzaubert" werden, daß er die objektiven Gegebenheiten nicht mehr richtig zur Kenntnis zu nehmen vermag (Luther denkt offensichtlich nicht an den Spezialfall der Geisteskrankheit). Diese Gefahr besteht vor allem im Geistlichen, aber sie ist durchaus auch schon für die sinnenhafte Wahrnehmung des Natürlichen gegeben:

„Der Satan vermag alle fünf Sinne in meisterhafter Weise gefangenzunehmen, daß man schwören könnte, man sehe, höre, berühre das und das, was man dennoch nicht sieht, hört, berührt etc.

Dabei betört der Satan die Menschen nicht nur in der rohen Weise, so daß er die fünf Sinne täuscht, er hat noch eine feinere und gefährlicher Art der Täuschung, und darinnen ist er allerhöchster Meister. Paulus redet von der Bezauberung nicht nur der Sinne, sondern von einem geistlichen Verzaubern. Durch diese geistliche Verzauberung nimmt die alte Schlange nicht die Sinne des Menschen gefangen, sondern die Herzen und Gewissen und täuscht so mit falschen und gottlosen Meinungen, die die also Gefangenen für wahr und fromm halten. Daß der Satan das fertigbringt, ist heute genugsam an den fanatischen Menschen, an den Wiedertäufern, den Sakramentariern etc. zu sehen. Deren Innerstes hat der Satan mit seinem Spiel so bezaubert, daß sie Lügen, Irrtümer und schreckliche Finsternis für die gewisseste Wahrheit und für klarstes Licht annehmen. Von diesen ihren Träumen lassen sie sich durch keinerlei Mahnung und Schriften abbringen, weil sie felsenfest davon überzeugt sind, sie allein hätten Verstand und urteilten richtig über die heiligen Dinge, während alle anderen blind und verblendet seien. (...)

In Summa, da ist keiner unter uns, der nicht immer wieder durch falsche Meinungen bezaubert würde, d.h. daß wir uns fürchten, vertrauen, Freude haben, wo nichts zu fürchten, zu vertrauen und zu freuen ist; wir alle denken manchesmal von Gott, von Christus, von dem Glauben, von unserer Berufung, von dem Christenstand anders, als wir denken sollten."[144]

---

[144] „Potest igitur Satan egregie perstringere omnes sensus, ut iures te videre, audire, tangere aliquid, quod tamen non vides etc.

Nun ist es natürlich so, daß die „verzauberte" Auffassungsgabe im Bereich der sinnlichen Täuschungen leicht über ihre Irrtümer aufzuklären ist. Luther sieht den größten Schaden, der sich daraus ergibt, deshalb im ängstlichen Aberglauben vor allem der Kinder[145]. Von den Einbildungen und Phantasmen der Poltergeister kann sich der Erwachsene rasch und handgreiflich befreien: Man wirft sie zum Fenster hinaus[146]. Aber gerade die „höhere" Wissenschaft kann sich in einem gefährlichen Sinn verzaubern lassen! Auch in ihr gibt es die Faszination falscher Ideen und die Kraft der „verzaubernd" stimmigen Irrmeinungen. Solange sich diese Erkenntnis in den Grenzen des Natürlichen bewegt, vermag sie sich immer wieder selber aufzuklären über die Trugbilder und kann sich auf diese Weise mit Hilfe der Schöpfungsordnungen selber aus den „Verzauberungen" des Teufels befreien. Es fragt sich aber, was geschieht, wenn z.B. die Naturwissenschaft aus der bloßen Naturbeschreibung hinausschreitet und Antworten zu geben versucht auf Fragen und Wünsche, die über das natürlich Gegebene hinausführen. Wenn die Naturwissenschaft zur Weltanschauung wird, wenn sie den Ursprung der Schöpfung erfassen zu können meint und damit über die Grenzen der Zeit hinausdringt, wenn sie die Genese des Menschen erklären (und nicht bloß beschreiben) will und damit ja auch sich selber nach ihrer Wurzel zu transzendieren versucht, dann verläßt diese Naturerkenntnis den Bereich des Sichtbaren und dringt in die Sphären der geistlichen Meinungen, wo sie den Täuschungen der verzaubernd stimmigen Lügengebilde wieder viel hilfloser ausgesetzt ist. Ebenso ist es, wenn die Wissenschaft nach vorne nicht nur zu erkennen, zu ordnen und zurechtzubringen, sondern neu zu produzieren versucht und sich andeutungsweise selber in die Rolle des Schöpfers begibt. Auch da geht sie aus den Grenzen des natürlichen Erkennens hinaus und dringt in den Bereich der geistigen und geistlichen Wünsche. In diesem Bereich der Werte und Ideen ist es dann mehr als nur fraglich, ob sich die Vernunft noch selber aufzuklären und aus der faszinierend starken Kraft

---

Non solum autem hoc crasso modo, sed etiam subtiliore eoque magis periculoso dementat homines Ibi praecipue est optimus artifex. Atque hinc Paulus fascinum sensuum applicat ad fascinum spiritus. Illo autem spirituali fascino non sensus sed mentes hominum serpens ille antiquus capit et fallit falsis et impiis opinionibus quas hoc modo capti pro veris et piis apprehendunt. Quod autem hoc praestare possit, satis ostendit hodie in phanaticis hominibus, Anabaptistis, Sacramentariis etc. Horum mentes suo ludibrio ita fascinavit, ut mendacia, errores et horribiles tenebras pro certissima veritate et clarissima luce amplectantur. Nec ab his suis somniis patiuntur se ullis monitis aut scripturis abduci, quia persuasissimi sunt se solos sapere et pie sentire de rebus sacris, alios omnes caecutire. (...) Summa, Nemo nostrum est, qui non saepius falsis opinionibus fascinetur, Hoc est, qui non timeat, fidat aut laetetur, ubi non erat timendum, fidendum, laetandum, Qui quandoque non aliter sentiat de Deo, de Christo, de fide, de vocatione sua, de statu Christiano etc., quam sentire debeat" (40 I, 316, 19 ff. u. 317, 26 ff.).

[145] 40 I, 313, 29 ff.
[146] TR 5, 87, 22 ff. (no. 5358 b) 1540.

der betrüglichen Begierden zu lösen vermag. Hier spielt in der Erkenntnis und Behandlung des Äußeren so viel Inneres mit, daß die supponierte Objektivität keine mehr ist und daß der Mensch deshalb leicht zum Opfer „hochgeistiger" Phantasmen wird. Es muß dann die Aufgabe der Theologie sein, an der Befreiung aus diesen Trugbildern mitzuwirken – natürlich nicht dadurch, daß der Theologe die Arbeit der anderen Wissenschaftler selber zu tun oder auch nur in einem „interdisziplinären Dialog" korrigierend mitzuvollziehen versucht, sondern dadurch, daß er immer wieder ganz grundsätzlich auf die Gefahren, die Grenzen und die positiven Möglichkeiten des geschöpflichen Denkens hinweist. Theologie und „Weltwissenschaft", Glaube und Welterkenntnis können so gesehen nicht voneinander gelöst werden, aber sie sollen auch nicht auf eine rationale und legalistische Weise einander zugeordnet und in einer durchsichtigen Weise vermittelt werden, etwa so, daß ein Begriff des Glaubens zum Kriterium rechter Wissenschaftlichkeit oder daß umgekehrt eine Vorstellung richtiger Begrifflichkeit zum Gebot für die theologische Arbeit würde. Indirekt, undurchsichtig und geheimnisvoll sind auch da die Beziehungen – aber sie existieren! Alles wahre und richtige Wissen, geistliches und weltliches, erscheint für Luther letztlich als ein Werk, an dem das neuentdeckte Evangelium mitgewirkt hat:

„Denn unser Evangelium hat, Gott Lob, viel großes Gutes geschafft. Es hat zuvor niemand gewußt, was das Evangelium, was Christus, was Taufe, was Beichte, was Sakrament, was der Glaube, was Geist, was Fleisch, was gute Werk, was die Zehn Gebote, was Vaterunser, was beten, was leiden, was Trost, was weltliche Obrigkeit, was Ehestand, was Eltern, was Kinder, was Herren, was Knecht, was Frau, was Magd, was Teufel, was Engel, was Welt, was Leben, was Tod, was Sünden, was Recht, was Vergebung der Sünden, was Gott, was Bischof, was Pfarrherr, was Kirche, was ein Christ, was Kreuz sei. Summa: Wir haben gar nichts gewußt, was ein Christ wissen soll, alles ist durch die Papstesel verdunkelt und unterdrückt worden."[147]

Wenn die Lehre „darniederliegt und zugrunde geht, liegt darnieder und geht zugrunde zugleich die ganze Erkenntnis der Wahrheit. Aber wenn sie blüht, blüht alles Gute, die Religion, der wahre Kultus, die Ehre Gottes, die gewisse Erkenntnis aller Stände und Dinge."[148]

Es ist so gesehen die Aufgabe und schöne Pflicht der Theologie, nicht nur für sich und für die Kirche, sondern auch für die Welt auf der Wallfahrt zu sein durch die Heilige Schrift, hier und dort Früchte zu brechen und weiterzureichen und überall um ein Stück wahre Erkenntnis zu betteln...

---

[147] 30 III, 317, 15 ff.; 1531 Warnung an seine lieben Deutschen.

[148] „Ea iacente et pereunte iacet et perit simul tota cognitio veritatis. Ea vero florente florent omnia bona, religio, verus cultus, gloria dei, certa cognitio omnium statuum et rerum" (40 I, 39, 24 ff.).

3. Kapitel: Das Anliegen: Die Gewißheit des Wortes
„Dafür setze ich meine Seele"

Luthers Katholizität

Die bisherigen Ausführungen haben zeigen wollen, welchen weiten, schönen und wohl begründeten Rahmen Luther dem theologischen Denken aufweist, in was für schwere und gefahrvolle Kämpfe er es hineingestellt sieht, und wo er Grund und Mittel erblickt, wodurch der Theologe gut und hilfreich zu wirken vermag. Es sollte deutlich geworden sein, daß Luther in vielem noch immer vor uns liegt, daß er Möglichkeiten aufgewiesen und Wege gezeigt hat, die noch kaum genutzt und gegangen worden sind. Nicht nur einzelne, „unaufgebbare" „lutherische" Lehren, die sich im Leben der von ihm direkt abhängigen Kirchen bewährt haben, sondern vielmehr ein ganzes theologisches und kulturpolitisches „Programm" erschließt sich, wenn man Luthers Gedanken nach deren Grundprinzip nachzuvollziehen und hier oder dort in aktuellen Fragen weiterzuführen versucht: ein Programm, das klar und handgreiflich in einen vorgestalteten Raum hineinführt und Richtungen weist, worin das Denken sich bewegen kann, ein Programm aber auch, das so einfältig und bei aller Bestimmtheit doch so bescheiden ist, daß auch neue und unbekannte Fragen darin aufbrechen können, die man dann eigenständig zu bearbeiten vermag. Es sind da zwar Mauern errichtet und Gräben gezogen, und es sind Brücken gebaut und Türen aufgetan. Aber man kann sich in all dem dann doch frei mit den jeweils bedrängenden Anliegen bewegen. Luther hat durch seine Art, wie er die Theologie begründet sein läßt, wirklich nicht an sich gebunden, sondern an das Wort; er hat nicht nur seine speziellen und für seine Entwicklung bezeichnenden Anliegen den Späteren zur Aufgabe gemacht, sondern er hat Hilfe geleistet, mit der man auch Fragen angehen kann, die ihm persönlich ferner liegen. Sein Denken führt also nicht nur zu einigen begrenzten, „typisch lutherischen" Entdeckungen und deren bekannten konfessionellen Anliegen, sondern es führt tatsächlich zuerst und zuletzt zur Heiligen Schrift, wo es auch herkommt.

Der Glaube hängt nicht an Menschenlehre[1], auch nicht an derjenigen Luthers, er fußt allein auf dem Wort Gottes, das laut wird im Menschenmund, und das zum Schutz und zur Hilfe der Kirche in die Schrift verfaßt worden ist. Es zeugt von der Größe Luthers, daß er diese „katholische" Grundlegung der Theologie nicht nur seinen Gegnern gegenüber gefordert, sondern auch selber durchgehalten hat. Natürlich lag es nahe, und es war für seine Anhänger aus praktischen Gründen wohl nicht anders möglich, daß Luther zu einem „Kirchenvater" wurde, daß man sich auf ihn berief und sich der Rechtmäßigkeit des eigenen Denkens dadurch versicherte, daß man sich in Übereinstimmung mit ihm wußte. Luther mußte dies durch praktische Stellungnahmen ja auch immer wieder fördern: Zum einen forderte der Lauf der reformatorischen Unruhen schließlich eine Neugestaltung der Kirchen. Es hatte niemand das überzeugende Können und das innerlich bindende Ansehen als nur Luther. Aber erst nach langem Zögern griff dieser schließlich bestimmend ein in die Neugestaltung von Gottesdienst und Kirchenordnung[2]. Die Reformation war bei weitem nicht nur Luthers Werk, vielerorts war aus unterschiedlichsten Quellen schon vorher ein neues, antischolastisches und antirömisches Denken und Fühlen gewachsen, vielerorts wurden die Kirchen nun weit entschiedener und leichtherziger reformiert, als Luther das tat[3]. Das förderte Mißverständnisse und weitere Spaltungen, und Luther wurde in seine so zentrale und dominierende Rolle gedrängt nicht so sehr durch sein eigenes aktiv erneuerndes und umgestaltendes Wirken, sondern eher, weil er die zentrifugalen Kräfte der divergierenden Erneuerungsbewegungen zu sammeln hatte. Äußere politische Umstände förderten diese Entwicklung, der kursächsische Hof z.B. drängte auf Vereinheitlichung der kirchlichen Gebräuche, ja, sogar auf den einheitlichen Sprachgebrauch unter den Lehrern der theologischen Fakultät[4]. Es gab aber auch einen schlicht menschlichen Grund für diese Entwicklung: Luther hatte die Schrift in sich aufgesogen in einer Weise und mit einer Begabung wie kaum jemand anderes, er urteilte mit intuitiver Sicherheit im Vertrauen auf die Zuverlässigkeit der biblischen Lehrer. Gerade dieses Recht des Bibelwortes vermochte er aber nicht immer einsichtig zu machen, und zuweilen mag ihm die Kraft und Geduld zu Darlegungen gefehlt haben. Was lag näher, als daß man sich in seiner Umgebung einfach daran gewöhnte, sich auf ihn zu verlassen, und daß man sich ihm unterordnete nicht nur aus falscher Verehrung und Unterwürfigkeit, sondern vor allem aus echter Dankbarkeit, aber auch aus angenehmer Bequemlichkeit. So wurde Luther

---

[1] 50,544,2–5.
[2] Vgl. Bornkamm, Martin Luther S. 406–442, insbes. S. 417 u. 441.
[3] Vgl. z.B. Oberman, Werden S. 372 ff., und Bornkamm, aaO. S. 90 u. 413–416.
[4] Vgl. z.B. 50,463, Anm. 3.

durch die überzeugende innere Kraft seiner Lehren wie auch durch äußere Umstände zum Urheber einer neuen Konfession. Die lutherische Bekenntniskirche ist aber nicht sein, sondern erst das Werk der nachfolgenden Generation.

Luther hat sich und seine persönliche Fassung der Lehre nicht zum Glaubensgrund gemacht! Er hat recht milde über Lehren urteilen können, die von den seinen abwichen[5], sofern er nicht aus äußeren Gründen zur wirklich klärenden Stellungnahme gezwungen war. Was er in der Kirche als gemeinsamen, verbindenden Geist sucht und fordert, ist nicht die gemeinsame Vorstellungswelt einer Anzahl von Lehren und ihre sprachliche Fassung und auch nicht ein vertrautes gemeinsames Empfinden in Frömmigkeit und Gottesdienst, sondern es ist der tiefe, dankbare, aber auch erschrockene Respekt vor dem biblischen Wort und dem, was es Unbegreifliches setzt: „Auf den *Worten* stehet all unser Grund!"[6]

Aus praktisch-zeitgeschichtlichen Gründen ist Luther zum Haupt einer konfessionell abgesonderten Kirche geworden, und er hat diese Entwicklung gewiß als eine menschliche Notwendigkeit auch bejahen können. (Eine Tragik gibt es auch hier nicht, trotz seiner Schuld und trotz deren traurigen Folgen darf der Mensch wirklich leben aus der Vergebung.) Wenn auch der Glaube nicht auf Menschenworten fußt, so darf doch der einzelne Gläubige in seinem Leben die Hilfe und Stütze in Anspruch nehmen, die ihm ein anderer durch sein tieferes Wissen und größeres Können gibt. In diesem Sinn aber kann und darf auch heute Luther mit all seinen persönlichen Anliegen unter uns wirksam sein – *notfalls* auch kirchentrennend!

Es ist aber die wirkliche Ehre Luthers, daß er die konfessionelle Spaltung weder praktisch gefördert noch durch unausgesprochene Voraussetzungen im Prinzipiellen notwendig gemacht hat! Es ist eines, wenn ein bedeutender Theologe sagt, daß er nicht das Haupt einer besonderen Schule werden wolle. Das tut im Gefolge von Paulus (1. Kor 1, 11-13) jeder ordentliche Lehrer, auch Luther hat es getan[7]. Es liegt aber daran, ob nicht ungewollt die prinzipiellen Voraussetzungen und treibenden Motive eines theologischen Denkens zur Schulbildung führen, weil ein spezieller Begriff oder ein bestimmtes Ziel in einschränkender, „schulmäßiger" Form die Lehre in allen ihren Verzweigungen bestimmt. Mit andern Worten: Es ist die Frage, ob nicht eine bestimmte geschöpfliche Größe das theologische Denken in so beherrschender Weise bestimmt, daß sie den umfassenderen apostolischen Grund ver-

---

[5] Vgl. sein Urteil über die Waldenser, o. Kap. 2.1, Anm. 27, ebenso seine Begegnung mit den Hussiten, Bornkamm aaO. S. 100-102.

[6] S. o. S. 106 f. u. S. 63, Anm. 102.

[7] 15, 78, 5-10; Ein christlicher Trostbrief an die Miltenberger, 1524; 8, 685, 4-11; Eine treue Vermahnung 1522.

drängt oder ihn nur auf eine eigenwillig begrenzte Weise zur Wirkung kommen läßt.

Luthers Ausgangspunkt ist nicht ein solcher Begriff oder ein solches Ziel. Sein „Grundprinzip" ist schlicht die Annahme des Glaubens, daß der Kirche von Gott eine Schrift gegeben und daß diese, wenn man annimmt, daß Gott wahrhaftig ist, also klar und zum Lernen und Lehren ein hinreichendes und taugliches Mittel sein müsse. Luther hat aber dieses „primum principium" nicht zur Grundlage des Glaubens und der Kirche gemacht, sondern hat es als eine auf diesen Grundlagen sinnvolle Voraussetzung der theologischen Arbeit behauptet und bewährt. Glaube und Kirche aber sind vorhanden und sind begründet lange vor aller theologischen Wissenschaft!

Luther hat deshalb nicht in prometheischer Manier die ganze Kirchenlehre neu zu begründen und durchzugestalten versucht, wie das der Biblizismus der fundamentalistischen wie der liberalen Denker zu tun versuchen muß. Luther hat nur hier oder dort gegen offenkundige Mißverhältnisse und Irrlehren kritisch Stellung bezogen und hat im übrigen vor allem für die Kirche schützend und verteidigend Stellung bezogen zu den Fragen der Zeit. (Über dem Bild des die mittelalterliche Kirche zertrümmernden Reformators vergißt man das ja leicht: seit 1525 dienen Luthers polemische Schriften zum großen Teil der Verteidigung der herkömmlichen Lehraussagen über Taufe, Abendmahl, Trinitätsglaube usw.) In dieser sehr bescheidenen theologischen Aufgabenstellung, die ihn zu so machtvollem Wirken geführt hat, bewährt sich für Luther das „primum principium" seiner Theologie und wächst seine Überzeugung von der Klarheit der Schrift, so daß er sein Leben beschließt mit der dankbar verwunderten Mahnung: Du versuche diese göttliche Aeneis nicht, sondern verehre gebeugt ihre Spuren[8]!

Luther hat diesem Prinzip folgend, dies wollten meine Ausführungen zeigen, sein persönliches Anliegen und seine Erkenntnisse wirklich nicht über die Schrift gestellt und hat auch aus dem, was seiner Meinung nach das Schönste und Kostbarste ist, was ein Mensch wissen und einsehen kann, nicht ein Prinzip gemacht, dem er alles andere nach- und beigeordnet hätte. Er hat auch das, was ihm das Teuerste war, nicht als einen Begriff gefaßt, aus dem er das andere dann abgeleitet hätte. Solche flachen und rationalen Auffassungen der theologischen Arbeit prägen zwar bis heute die verschiedenen konfessionellen Schulen, Luthers Weg aber ist dies nicht. Er kann darum auch uns Heutige lehren, ohne Illusionen und ohne gekünstelte Versöhnungsversuche wirklich katholisch, allgemeingültig, zu denken.

Daß Luther in dieser Art das allgemeine Fundament der Kirche stehen und gelten läßt und so selbstverständlich konsequent von diesen

---

[8] S. o. Kap. 1, Anm. 143.

Gegebenheiten ausgeht, heißt nun aber natürlich nicht, daß Luther nicht auch seine persönlichen Erkenntnisse gewonnen und hochgehalten hätte. Im Gegenteil – gerade die selbstverständliche Geltung der kirchlichen Wahrheit und die durch Erfahrungen gereifte Überzeugung von der Klarheit der Schrift bilden den Rahmen, in dem Luther mit persönlichster Leidenschaft sucht und forscht und für seine innersten Anliegen Antwort und Einsicht findet. Es gibt dabei ein bestimmtes Anliegen, das am Anfang von Luthers reformatorischem Wirken steht, eine Erkenntnis, die gepredigt und gelehrt zum Ferment wird, das die verschiedenen mittelalterlichen Heilslehren in ihrem Kern zersetzt und die Spaltung der Kirche herbeiführt: die Lehre von der Gewißheit des Heils. Es ist kein Zweifel: Da geht es Luther um Innerstes und Liebstes, da steht nicht „nur" für die theologisch hellsichtigen Denker die Wahrheit der Kirche auf dem Spiel (mit dem „articulus stantis et cadentis"), sondern da liegt auch alles, was für Luther persönlich das Teuerste ist.

Die folgenden Ausführungen wollen nun abschließend dieses persönliche Anliegen Luthers darlegen. Dies mit der Absicht zu zeigen, wie es in dem Rahmen, den Luther für das theologische Denken klärend herausgestellt hat, seinen wichtigen Platz und sein Recht hat, und wie es ohne diesen Rahmen sich selber absolut setzen und somit notwendig auch wieder verlieren müßte. Es ist dies als letztes die Erklärung dafür, warum Luthers Anliegen nur streng theologisch erfaßt und bewahrt werden kann in den Bahnen, die er selber mit seinem „Grundprinzip" uns weist. Es ist also auch die Erklärung dafür, warum das in dieser Arbeit gewählte Vorgehen der Lutherdeutung ein richtiges ist, und warum insbesondere der Versuch, Luthers Lehre anthropologisch reduzierend im Rahmen eines Glaubensbewußtseins zu beschreiben, scheitern muß.

Gewißheit

„Ohne die Werke des Gesetzes", „allein durch den Glauben" wird der Mensch gerechtfertigt. Er hält sich einzig an die Vergebung, die „allein aus Gnade" ihm zuteil wird. Es ist „allein Christi Werk und Verdienst", wodurch der Zugang zum Vater aufgetan ist. So kann man, wenn man geheimnislos – und damit auch irgendwie unrichtig – reden will, das Anliegen der lutherischen Reformation zusammenfassen: Luther läßt sich gerne als einen „Allein-Theologen" beschimpfen[9] und stellt das Gegenstück heraus: Lieber schreibt man Gott ein bißchen zuviel als zuwenig zu, hat schon Staupitz ihn gelehrt:

„Dies tröstet mich, daß diese unsere Sache der Gnade die ganze Ehre und alles allein Gott zuteilt, den Menschen nichts. Gott aber, das ist doch sonnenklar,

---

[9] „Ibi libenter patiemur nos vocari Solarios ab adversariis..." (40 I, 241, 26 f.).

kann man nicht zuviel Ehre, Gutheit usw. zuschreiben. (...) Es ist viel sicherer, Gott zuviel zuzuteilen als den Menschen."[10]

Man kann deshalb skandieren: Alles hat Gott getan, alles schenkt und gibt er ohne Vorbedingungen auf Seiten des Menschen, δωρεάν, gratis, werden wir gerechtfertigt (Röm 3,24.28): „Allein Gott in der Höh' sei Ehr...!" Da ist nirgends Raum für ein menschliches Mitwirken, da ist deshalb auch nirgends Raum für Zweifel und Ungewißheit, und da ist deshalb auch nicht Raum für menschliches Machen und Manipulieren: Das Erlangen des Heils ist an kein menschliches Können und Vermögen gebunden, und nichts davon läßt sich durch ein besonderes menschliches Wirken befördern, sichern und umsetzen, weder kommerziell im Handel mit Ablässen noch geistlich im Leben der Klostergemeinschaft. Die Gerechtigkeit aus dem Glauben ist nirgends ein menschliches Werk, und sie ist darum das Sicherste der Welt, sie hat Gott, den Allmächtigen selber zum Garanten: „Ist Gott für uns, wer mag wider uns sein? Der auch seinen eigenen Sohn nicht verschont hat... Ich bin gewiß, daß weder Tod noch Leben, weder Engel noch Mächte oder Gewalten ... noch irgend ein Geschöpf kann uns scheiden von der Liebe Gottes, die in Christus Jesus ist, unserem Herrn", schreibt Paulus (Röm 8,31f. u. 38f.). Und Luther spitzt es zu auf die Frage der Aneignung und Bewährung dieses höchsten Gutes und formuliert mit polemischem Trotz:

„Aber nun, da Gott mein Heil meinem Willen entzogen und in seinen Willen aufgenommen hat und nicht auf mein Werk oder Laufen hin, sondern aus seiner Gnade und Barmherzigkeit verheißen hat, mich zu erretten, bin ich sicher und gewiß, daß er treu ist und mir nicht lügen wird, außerdem mächtig und gewaltig ist, daß keine Dämonen und keine Widerwärtigkeiten imstande sein werden, ihn zu überwältigen oder mich ihm zu entreißen. ‚Niemand', sagt er, ‚wird sie aus meiner Hand reißen, weil der Vater, der sie mir gegeben hat, größer ist als sie alle'."[11]

Dies, so hat man zu Recht gesagt, ist der Angelpunkt der Auseinandersetzung zwischen Wittenberg und Rom, es ist das Herz der evangelischen Theologie, das in die Frömmigkeit und den Gottesdienst so vieler Generationen Friede und Freude gebracht hat. Aber auch Hader und Kampf! Von außen stets wieder den Vorwurf, daß dies zu satter

---

[10] „Hoc me, inquit, consolatur, quod haec doctrina nostra gratiae totam gloriam et omnia soli Deo tribuit, hominibus nihil. Deo autem (id quod luce clarius est) nimium gloriae, bonitatis etc. attribui non potest. (...) Multo autem tutius est tribuere nimium Deo, quam hominibus" (40 I, 131, 22 ff.).

[11] „At nunc cum Deus salutem meam extra meum arbitrium tollens in suum receperit, et non meo opere aut cursu, sed sua gratia et misericordia promiserit me servare, securus et certus sum, quod ille fidelis sit et mihi non mentietur, tum potens et magnus, ut nulli daemones, nullae adversitates eum frangere aut me illi rapere poterunt. Nemo (inquit) rapiet eos de manu mea, quia pater, qui dedit, maior omnibus est" (18, 783, 28 ff.).

Zufriedenheit und falscher Ruhe und Schicksalsergebenheit führe, von innen den Kampf so vieler Ernsthafter, diese Gewißheit zu erlangen..., zu begreifen? zu spüren...? Eine Determination und Allwirksamkeit Gottes über den Menschen hinweg sieht der Vorwurf von außen; um einen „starken Glauben", um Seelenruhe und Geborgenheit kämpft der Angefochtene im Innern mit diesem Ziel vor Augen.

Es ist aber überdeutlich: Wenn man die Rechtfertigungslehre so wie eingangs schematisiert zusammenfaßt, und wenn man die Gewißheit des Heils so allgemein begründet sieht in der Alleinwirksamkeit Gottes, dann neigt man wieder dazu, aus dem Evangelium ein flaches und allzu durchsichtiges Lehrstück zu machen und an die Stelle des Wortes Gottes wieder ein spekulatives Wissen um Gott und den Menschen zu stellen: Was Gottes Geheimnis ist, wird zur durchschaubaren Funktion eines Heilsbedürfnisses, was der Kampf des Glaubens ist, wird zur Erkenntnis einer ewig-göttlichen oder einer menschlich-zeitlichen Notwendigkeit degradiert. Luther hat deshalb keine so platte Zusammenschau der particula exclusiva gegeben, und er hat schon gar nicht das Bedürfnis nach Heilsgewißheit zur geheimen Voraussetzung seiner Darlegungen gemacht, aber er hat auch nicht nachträglich einen Begriff und eine rationale Fassung der Rechtfertigungslehre geliefert, wodurch die Heilsgewißheit zu einem selbstverständlichen Begleiter auf einem bürgerlich selbstzufriedenen Lebensweg werden könnte. Sein Wort ist ein anderes: Er ruft aus dem Zweifel, aber auch aus der Sicherheit heraus zum Kampf um den Glauben an Gottes Wort:

„Unser Fundament ist dies: Das Evangelium befiehlt uns, nicht unsere Wohltaten und unsere Vollkommenheit anzusehen, sondern den Gott der Verheißung, Jesus Christus, den Mittler. Dagegen befiehlt der Papst, nicht auf den Gott der Verheißung, auf Christus, den Hohenpriester, zu schauen, sondern auf unsere Werke und Verdienste. Daraus kommt dann notwendig der Zweifel und die Verzweiflung. Bei unserer Evangeliumsauffassung kommt Gewißheit und Freude des Hl. Geistes, weil ich an Gott hänge, der nicht lügen kann; er sagt nämlich: Sieh, ich geb meinen Sohn in den Tod, daß er dich mit seinem Blut erlöse von den Sünden und vom Tod. Da kann ich nicht zweifeln, wenn ich Gott nicht völlig verleugnen will. Und das ist der Grund, warum unsere Theologie Gewißheit hat: Sie reißt uns von uns selbst weg und stellt uns außerhalb unser, so daß wir uns nicht auf unsere Kräfte, Gewissen, Sinn, Person, auf unsere Werke stützen, sondern auf das, was außerhalb unser ist, nämlich auf die Verheißung und Wahrheit Gottes, der nicht täuschen kann. Das weiß der Papst nicht, darum treibt er das närrisch-gottlose Spiel zusammen mit seinen Plaggeistern und sagt: Niemand ist gewiß, auch nicht der Gerechte und Weise, ob sie der Liebe (Gottes) würdig seien etc."[12]

---

[12] „Hocque fundamentum est nostrum: Evangelium iubet intueri nos non benefacta et perfectionem nostram, sed ipsum deum promittentem, Ipsum Christum Mediatorem. Contra Papa iubet respicere non deum promittentem, non Christum Pontificem, sed no-

Gegen die mystischen und scholastischen Fassungen der Rechtfertigungslehre, in denen sich Gewißheit und Ungewißheit in subtiler Weise die Waage halten[13], stellt Luther den göttlichen Befehl, auf das Wort der Verheißung zu achten[14]. In dieser einfachen Antwort liegt das Resultat langer Kämpfe.

Es ist in den letzten Jahren v. a. durch die beharrlichen und feingearbeiteten Untersuchungen E. Bizers und O. Bayers in m. E. überzeugender Weise geklärt und dargestellt worden, wie Luther in seiner Frühzeit um die Gewißheit des Heils ringt und wie er im Frühling 1518 diese Frage dann zu einer Lösung bringt, die er im folgenden kraftvoll zu entfalten und zu bewähren vermag. Der katholische Lutherforscher O. H. Pesch, der mit ruhiger Sachlichkeit und mit bewundernswerter Liebe und Offenheit für die verschiedensten Ansätze schon so oft der Lutherdeutung gute Dienste getan hat, indem er ihre Divergenzen und Ergebnisse geordnet und zusammengefaßt hat, gibt auch hier einen schönen, einfachen Überblick über das Ergebnis der so verwirrten und belasteten Diskussion. Ich zitiere diesen längeren Abschnitt im Zusammenhang, weil hier auf knappem Raum die Quintessenz einer ganzen Bibliothek von Lutherstudien zusammengefaßt wird:

Es klärt „sich im Frühjahr 1518 für Luther ein anderes Problem: die Frage nach der Gewißheit der Sündenvergebung. Dies war selbstverständlich Luthers persönliche Frage, die ihn hatte Mönch werden lassen und die auch seine frühe Theologie ständig begleitete, ohne daß er schon zu einer endgültigen Klärung fand. Die persönliche Frage Luthers wird aber im Zusammenhang der Ablaßpraxis aus seelsorgerlichen Gründen eine objektive theologische Sachfrage. Denn die kirchenfrommen Christen in Luthers Umgebung glauben, verführt durch eine fahrlässig, wenn nicht gar bewußt mißverständlich gehaltene Ablaßpredigt, ihr Heil durch den Kauf eines Ablaßbriefes sichern zu können, der ihnen das Recht auf die Absolution unabhängig von persönlicher Umkehr und Bemühung zu geben schien. Die irregeleitete Vorstellung von solcher Heilssicherheit ist sogar der erste Anlaß von Luthers Protest gegen die Ablässe. Im Zusammenhang der Ablaßthesen vom 31. Oktober 1517 stellt sich Luther die

---

stra opera et merita. Ibi necessario sequitur dubitatio et desperatio, Illic vero certitudo et gaudium Spiritus, Quia in Deo haereo, qui mentiri non potest; dicit enim: Ecce trado filium meum in mortem, ut te sanguine suo redimat a peccatis et morte. Ibi non possum dubitare, nisi velim prorsus Deum negare. Atque haec est ratio, cur nostra Theologia certa sit: Quia rapit nos a nobis et ponit nos extra nos, ut non nitamur viribus, conscientia, sensu, persona, operibus nostris, sed eo nitamur, quod est extra nos, Hoc est, promissione et veritate Dei, quae fallere non potest. Hoc Papa nescit, ideo sic impie nugatur cum suis furiis Neminem scire, ne iustos quidem et sapientes, Utrum digni sint amore etc." (40 I, 589,17ff.).

[13] Vgl. z. B. Oberman über Staupitz, Werden S. 112f., dagegen aber auch Pesch, Catholica 38, 1984, S. 131.

[14] Dazu, erzählt Luther TR 4,261,2-6 (no. 4362), 1539, habe ihn ein Klosterbruder angehalten.

Frage, was eigentlich wirklich Gewißheit der Sündenvergebung schafft. Seine Lösung, die er im Frühjahr 1518 bis zu voller Präzision erarbeitet, lautet: Die Gewißheit, die Sünden seien vor Gott vergeben, die Gnade Gottes dem Menschen zuteil geworden, gründet nicht in der Erfüllung bestimmter, zur Buße auferlegter Werke, gründet nicht einmal in der Qualität der Reue über die Sünden (denn deren kann man nie hinreichend gewiß sein), sondern im von außen mir durch den Beichtvater zugesprochenen Vergebungswort, an das der Glaube sich bedingungslos hält, wie auch immer die eigene Innenerfahrung aussehen mag. In diesem Zusammenhang verbinden sich ausweislich der Texte die Frage Luthers nach der Gerechtigkeit Gottes im Röm 1,17 und die Interpretation des Jesus-Wortes an Petrus Mt 16,19: ‚Was du auf Erden lösen wirst, wird auch im Himmel gelöst sein.' Die Gerechtigkeit Gottes ist diejenige, durch die der Mensch vor Gott lebt, wenn er sie im Glauben an das Wort des Vergebungszuspruchs ergreift. Diesen Vergebungszuspruch des Beichtvaters aber beglaubigt das Wort Jesu an Petrus. Wer sich also *nicht* mit reinem und bedingungslosem Glauben darauf verläßt, daß der Beichtvater in der Vollmacht Jesu von den Sünden ‚löst', der macht Gott, der macht Christus in seinem Wort zum Lügner. Das ist nun gewiß eine eigenwillige Umbildung der spätscholastischen sogenannten ‚Deklarationstheorie', wonach die Absolution im Bußsakrament die Sündenvergebung nicht *bewirkt*, sondern nur *erklärt*, daß sie, aufgrund der Reue des Pönitenten, schon geschehen sei. Aber eine Absage an die ‚Schlüsselgewalt', an die Amtsvollmacht und damit an das heilsmittlerische Tun der Kirche ist das erkennbar nicht. Es kann auch keine Rede davon sein, mit der Betonung der Heilsgewißheit offenbare Luther exemplarisch jenen ‚Subjektivismus' und ‚Individualismus', der, nach verbreitetem katholischen Urteil, das Grundübel seiner Theologie sei. Denn Luther fordert ja gerade, alle subjektive Ungewißheit dadurch und *allein* dadurch zu überwinden, daß man sich auf das Objektivste verläßt, was es in der Kirche gibt: das Wort Gottes, das in der Vollmacht Jesu durch die Absolution des Beichtvaters laut wird."[15]

Der „Subjektivismus" Luthers besteht nicht in einer willkürlichen Setzung aus einem Heilsbedürfnis heraus, aber auch nicht in einem spekulativen neuen Gottesbewußtsein. Er liegt vielmehr – in gesteigerter Objektivität – darin, daß Luther die mit dem Absolutionswort gegebene persönliche Anrede nach deren Wortlaut wörtlich für sich in Anspruch nimmt. Bayer schreibt über das bedeutsame Zusammentreffen Luthers mit Cajetan im Oktober 1918:

„Gestritten wird zwischen Luther und ihm nicht um die Faktizität, sondern um die Modalität der Effizienz des Wortes. Auch Cajetan betont (...) eindrücklich, daß das Wort schafft, was es sagt. Es tut dies aber allgemein und *an sich*, ja nicht in einem Partikulareffekt hier und *für mich* (...) Er verkennt, daß für Luther in der Gewißheit des Glaubens sich nicht menschliche Eigenwilligkeit bekundet, sondern allein die dem erklärten Willen Gottes entsprechende ‚Anmaßung' ebenfalls ausdrücklicher göttlicher Zusage. Was Luther Cajetan

---

[15] Der Stellenwert S.22f. Vgl. auch die vorangehenden knappen Ausführungen über die Wurzeln dieser „Wende" S.21f.

entgegensetzt, ist nichts anderes als die Wörtlichkeit des Wortes, das radikale Ernstnehmen von dessen Inhaltlichkeit: Nicht allgemein, sondern speziell ist das Wort darum, weil es – ‚ego te absolvo' – an sich schon für mich spricht, weil es sich schon in sich an mich wendet, weil es in der Definition seiner selbst zugleich mich – neu – definiert, indem es die Vergebung der Sünde mitteilt, ‚wie denn die Worte lauten'."[16]

Das Evangelium befiehlt uns, Jesus Christus als den Mittler anzusehen, hat Luther als das Fundament seiner Theologie herausgestellt. In dieser Formulierung hat die reformatorische Erkenntnis, die im Ringen um das Bußsakrament gewonnen worden ist, eine allgemeinere und weitere Form gefunden: Das Evangelium, das in der Beichte und im Sakrament, aber auch in der Lehre und in der Predigt laut wird, befiehlt, auf die Verheißung in Christus zu achten, in der wir expressis verbis mit eingeschlossen sind. („Für uns", heißt es ja, ist Christus gestorben und auferstanden.) Das Grundlegende der reformatorischen Erkenntnis aber ist sich gleich geblieben: Es ist das Wort in seiner Wörtlichkeit, das gewiß macht.

Dies ist nun entscheidend! Denn man könnte ja aus dem bloßen Bemühen um Heilsgewißheit und aus der Anweisung, allein auf Christus zu sehen, man könnte insbesondere auch aus der Rede vom „Glauben allein" andere Schlußfolgerungen ziehen und andere Wege zu gehen versuchen. So haben es die Weggenossen Luthers zum Teil gehalten, so halten es bis heute viele seiner Interpreten, besonders dann natürlich, wenn sie ihren Stoff beim jungen Luther holen, wo die Dinge noch offen sind und seine Erkenntnis noch nicht zu ihrer klaren und präzisen Fassung gefunden hat.

Man könnte Luther *spekulativ* mißverstehen – nämlich so, daß man in der neuen Erkenntnis eine neue Definition des göttlichen Wesens erblickt, nach der einseitig und ausschließlich Gottes Barmherzigkeit das ihn Bestimmende wäre. Luther hätte dann also gegenüber dem (supponierten) mittelalterlichen Gottesbild des zornigen Richters eine neue „Gottesanschauung" gewonnen: das Bild eines Gottes, der nur verheißt und nur fröhlich macht, dessen gegenteiliges Wirken jedenfalls nur vorläufig und nur eine pädagogische Maske wäre. Luther würde dann tatsächlich in recht trivialer und völlig unbiblischer Weise lehren, daß man sich Gott in Christus nur als den gnädigen und barmherzigen vorstellen und daß man den Gedanken an sein richtendes Handeln verdrängen müsse. So, scheint es, haben die Antinomer unter der Führung Agricolas Luther verstanden, so scheint aber – trotz allem! – auch die Lutherdeutung bis heute oft die sog. reformatorische Grunderkenntnis verste-

---

[16] Promissio S. 196 f. Das zuletzt zitierte Lutherwort findet sich 2,715,25 f., Bußsermon, 1519.

hen zu wollen[17]. Die Antinomer, so Luthers Vorwurf, möchten nur einen Christus kennen, „der eitel Süßigkeit" ist[18]. Das Evangelium, so der Gedanke, hat das Wissen um Gottes Gnade und Christi Hingabe gebracht, allein an dieser Selbstkundgabe der Barmherzigkeit Gottes soll sich Reue, Buße und erneuernder Glaube entzünden[19]. Dieser Gedanke aber, so einleuchtend und so „neutestamentlich" wie er zu sein scheint, geht an der Realität des göttlichen Handelns vorbei, weil er an der schweren Realität der Sünde vorbeigeht. Ein bloß „in die Köpfe verfaßter"[20] Gott, ein Gottes*bild*, würde selbstsicher machen, solange sich Christus im Lebensschicksal freundlich zeigt. Der Mensch würde das harmlose Bild eines so oder so letztlich gnädigen Gottes mit sich tragen, die Freundlichkeit Gottes wäre ihm eine Selbstverständlichkeit, da der Ernst der Sünde ohne das Gesetz nicht empfunden würde. Aus dieser Sicherheit heraus aber müßten die Menschen dann, wenn das Schicksal sich wendet, in Verzweiflung fallen. Es ist der Teufel, der diese Reduktion des Gotteswortes auf einen simplen Gottesbegriff betreibt, und er tut es, nicht um das Gesetz, sondern um Christus aus den Herzen zu nehmen. „Denn er weiß wohl, daß Christus kann wohl bald und leichtlich weggenommen werden, aber das Gesetz ist in des Herzens Grund geschrieben, so daß es nicht möglich ist, das Gesetz aus den Herzen wegzunehmen (...)"[21]

Das Wort muß in der Gestalt des drohenden Gerichtswortes wie des süßen Gnadenzuspruchs verkündet werden, es muß Zorn und Barmherzigkeit nebeneinander „ins Wort gefaßt" auf dem Plan bleiben[22]. Denn es ist ja auch von Gott her beides wirksam! Der Mensch bekommt beides zu spüren, deshalb muß auch beides im Wort begegnen. Nur so bleibt sein Leben in Wohl und Weh umfaßt vom Wort Gottes, und nur

---

[17] Von einem neuen „Gottesbild", das Luther gefunden habe, spricht z. B. Brecht (zitiert bei Pesch, Catholica 38, 1984, S. 87 f.), eine „neue, einseitige Definition [sic!] des Evangeliums als ausschließlich rechtfertigende Barmherzigkeit" sieht Modalsli bei Luther (zitiert ebd. S. 71). Vgl. zum Problem Pesch selber: „Es fällt auf, wie geradezu unbekümmert sie das als die unumstößliche Wahrheit der Theologie Luthers hinstellen, was etwa Paul Hacker gerade als die Perversion des christlichen Glaubens bei Luther bezeichnet: die ‚einseitige' (Modalsli) Interpretation der ‚Gerechtigkeit Gottes' als Barmherzigkeit, des Evangeliums als Freispruch und damit die heimliche, aber wirksame – geschichtswirksame! – Relativierung des Gerichtsgedankens" (ebd. S. 114). Meine Stellungnahme s. u. „Die Gerechtigkeit Gottes". Aber auch Barth hat bezeichnenderweise kein Verständnis für Luther in dieser Sache: „Den Luther des Streites gegen die Antinomer (der mir freilich auch in nicht weniger früheren und späteren seiner Äußerungen erschreckend genug begegnet) verstehe ich sicher nicht (...)" (KD IV, 3, 428). Vgl. u. Teil 2, Kap. 2.2. Exkurs „Evangelium und Gesetz?"
[18] 50, 471, 36; 1539.
[19] 50, 472, 16–20.
[20] Vgl. o. Kap. 1, Anm. 25.
[21] 50, 471, 22 ff.
[22] 50, 472, 21–23.

so gibt es dann einen Ort, wo Gesetz und Evangelium wirklich unterschieden sind und wo also wirklich die Gnade das einzige ist. Im *Wort* der Gnade ist nur Gnade, und dieses Wort soll klar und deutlich dastehen für diejenigen, die vom Gesetz zerschlagen und gedemütigt sind, während das Gesetz mit seinen Drohungen unerschütterlich feststehen muß über denen, die eigensinnig sicher ihren Weg gehen. Nicht einen faden Begriff und nicht ein wirklichkeitsfremdes Bild eines barmherzigen Gottes soll der Mensch mit sich tragen, sondern umgeben vom wechselnden Schicksal und seinen Schrecken und von den Anklagen und angstmachenden Bildern des Gesetzes und Gerichtes soll er zur Gnade fliehen und das *Wort* ergreifen, das ihm rein und lauter nichts als die unverdiente Barmherzigkeit Gottes zusagt.

Man könnte Luther aber auch *mystisch* mißverstehen. So nämlich, daß es seiner Meinung nach darum ginge, durch einen innerlichen Rückbezug auf Christi Leiden ihm „gleichförmig", in einem unmittelbaren geistlichen Erleben mit ihm vereinigt zu werden „allein durch den Geist". So scheint Karlstadt die Sache verstanden zu haben, so scheint aber auch Luther selber – angeleitet von Staupitz – ursprünglich gesucht zu haben[23]. Im Abendmahlsstreit zwischen Karlstadt und Luther wird der grundsätzliche Streit zwischen Mystik und reformatorischem Glauben an das Wort ausgetragen. Karlstadt redet – im Stil eher bibelnäher als die Theologia Deutsch, die Luther noch 1518 zum zweiten Mal herausgegeben hatte – von der Gelassenheit und von der „überhimmlischen Stimme Gottes", die Anteil gibt am Geist Gottes[24]. Luther erwidert darauf (im Ton um so schärfer, als er eigene frühere Unklarheiten bekämpft):

„Wenn man sie aber fragt, wie kommt man denn zu demselben hohen Geist hinein? So weisen sie dich nicht aufs äußerliche Evangelium, sondern ins Schlaraffenland und sagen: Stehe in der Langweile, wie ich gestanden bin, so wirst du es auch erfahren, da wird die himmlische Stimme kommen und Gott selbst mit dir reden. Fragst du weiter nach der Langweile, so wissen sie eben so viel davon als D. Karlstadt von griechischer und hebräischer Sprache. Siehst du da den Teufel, den Feind göttlicher Ordnung? wie er dir mit den Worten Geist, Geist, Geist das Maul aufsperrt und doch dieweil beide, Brücken, Steg und Weg, Leiter und alles umreißt, dadurch der Geist zu dir kommen soll, nämlich, die äußerlichen Ordnungen Gottes im Zeichen der leiblichen Taufe und mündlichen Wort Gottes, und will dich lehren, nicht wie der Geist zu dir, sondern wie du zum Geist kommen sollst, daß du sollst lernen auf den Wolken fahren und auf dem Winde reiten, und sagen doch nicht, wie oder wann, wo oder was, sondern sollst es selbst erfahren wie sie."[25]

---

[23] Oberman, Werden S. 112.
[24] Zitiert 18, 137, Anm. 3 u. 4.
[25] 18, 137, 5 ff.

Speziell auf das Abendmahl bezogen wiederholt sich dann im Grunde derselbe Schlagabtausch: Nach Karlstadt ist eine unmittelbare Beziehung zum Heilsgeschehen möglich, nach Luther muß diese „Brücke" das Wort schlagen. Das Essen des Fleisches Christi, die Aneignung des Heils im Abendmahl also, sagt Karlstadt, ist „ein inwendiger Geschmack (...) des Leidens Christi (...) Christum also empfangen heißt (...) Christum herzlich und brünstiglich erkennen."[26] Luther polemisiert:

„Wenn aber gleich ihre Erkenntnis und ihr Gedächtnis von Christus eitel Brunst, eitel Herz, eitel Hitze, eitel Feuer wäre, daß auch die Rottengeister davor zerschmülzen und solche ihre Geisterei mit noch tausendmal prächtigern Worten aufgeblasen würde, was wäre denn geschehen? Was hätte man davon? Nichts, denn neue Mönche und Heuchler, die mit großer Andacht und Ernst sich gegen das Brot und den Wein stellten (...)"[27]

Der Versuch der mystisch-unmittelbaren Heilsaneignung führt nicht zur Gewißheit des Heils und zur Freiheit des Glaubens, sondern zu neuen verkrampften Andachtsformen und angespannten Bemühungen. Der Mystiker kann letztlich wieder nicht zusprechen und vom verspannten Bemühen entlasten, sondern muß auf die eigene Erfahrung verweisen und damit den Menschen im Wichtigsten allein und hilflos lassen. Dagegen unterscheidet Luther (ein Gedankengang, der dann immer wieder begegnet): *Erworben* wurde die Vergebung am Kreuz auf Golgatha, den Gläubigen hier und jetzt *ausgeteilt* und geschenkt aber wird sie durch „das Wort, das Wort, das Wort", wie Luther mit aller wünschenswerten Deutlichkeit sagt[28]:

„Will ich nun meine Sünden vergeben haben, so muß ich nicht zum Kreuze laufen, denn da finde ich sie noch nicht ausgeteilt. Ich muß mich auch nicht zum Gedächtnis und zur Erkenntnis halten des Leidens Christi, wie Karlstadt gaukelt, denn da finde ich sie noch nicht, sondern zum Sakrament oder Evangelium, da finde ich das Wort, das mir solche am Kreuz erworbene Vergebung austeilt, schenkt, darbietet und gibt."[29]

Karlstadt hat aus der Rechtfertigung aus dem Glauben eine Rechtfertigung aus der (mystischen) Glaubenserkenntnis gemacht. Luther aber fragt: Wenn nicht das Wort von Christus her bis zum Menschen kommt und ihm die Gabe Christi zuteilt – wer schlägt dann die Brücke? Der Geist, die Erfahrung, die Erkenntnis, sagt Karlstadt. Aber ist dies richtig? Kommt wirklich der Geist und schafft wirklich *er* den notwendigen Rückbezug ohne und über die irdischen Gegebenheiten hin? Re-

---

[26] Zitiert 18,193, Anm. 1.
[27] 18,195,23 ff.
[28] 18,203,27–38, vgl. das Zitat o. Kap. 2.3, Anm. 17.
[29] 18,203,39 ff.

det der Geist „überirdische" Worte, die dann – so anders als bei Paulus (2. Kor 12,4) – zum *Grund* und zur eigentlichen Kraft des Glaubens werden? Karlstadt kann natürlich nur beteuern, daß es so ist (sonst wäre es ja keine unhörbare überhimmlische Stimme). Gerade dadurch aber verweist er den Menschen wieder in das Niemandsland der bloßen Erwartungen eines überirdischen Geschehens. Ein solches mag sich zwar vielleicht auch wirklich ereignen. Luther geht wohl unnötig weit, wenn er das geradezu prinzipiell ausschließt[30]. Aber wenn solche Erwartungen ausgespielt und hervorgehoben werden gegenüber dem schlichten Glauben an das Wort, dann ist tatsächlich schärfster Widerstand am Platz. Denn erstens: Wer sagt der mystischen Erfahrung, daß sie rechtmäßig und eine Gabe Gottes ist, wenn nicht das Wort? Dann steht aber doch das Wort als weit bedeutsamer und wichtiger da als die unmittelbare Erfahrung der „Geistesgegenwart". Und zweitens: Die praktische Erfahrung zeigt, daß die suggerierte „überhimmlische" Verbundenheit mit Christus, auch wenn sie Ereignis wird, Mühe hat, sich in schlichter Beständigkeit zu bewähren. Es ist mit ihr die Gefahr gegeben, daß der Mensch in einem ruhelosen und nimmersatten Begehren nach immer neuen Erfahrungen sucht. Die Erwartung der mystischen Vereinigung führt nicht zu den geduldigen, alltäglichen Werken der Nächstenliebe, zu denen die Apostel mahnen, sondern viel eher zu einer Vielzahl von geistlichen Sonderaktivitäten: Die äußeren Lebensformen, aber auch die innerlichen Übungen müssen mehr als alles andere gepflegt und wichtig genommen werden – ein Indiz dafür, daß dieses „Kommen des Geistes" doch keine Gnadengabe, sondern eine Bewegung und ein Werk vom Menschen aus ist. Wieder macht sich Ungewißheit oder falsche Sicherheit breit, und wieder nehmen scheinbar wissende Seher und Führer eine vermittelnde Rolle ein in der Aneignung des Heils: „Karlstadt macht eine menschliche, fleischliche Andacht (...) und ein brünstig, hitzig Werk im Herzen" aus der geistlichen Erkenntnis, von der die Apostel und Propheten lehren[31].

Das Heil kommt „allein aus Gnade" durch das Wort, das Christus ausgesandt hat und erhält, und durch den Geist, den er seiner Gemeinde versprochen hat. Alles ist da Gabe und Geschenk – der einzige Kampf, den der Mensch zu kämpfen hat, ist derjenige, bei diesem Einfachen zu bleiben, den Hochmut und die Selbstgefälligkeit zu „kreuzigen" (Gal 5,24) und beim Wort in seiner unansehnlichen und schwachen Gestalt zu verharren, auch wenn äußerlich und innerlich so vieles davon wegführen will. Dieses Einfache aber ist wirklich ein Kampf, und so ist die Gnade zwar bedingungslos einfach zu haben – „aber es liegt

---

[30] Z. B. 33,274,9 ff., 1530.
[31] 18,198,5–16.

daran, wer es ergreifen kann"!³² Es gibt keine bequeme Sicherheit und keine platte Selbstverständlichkeit der Gnade – es gibt einen schweren Streit und Kampf des Glaubens! Aber dieser spielt nicht irgendwo im leeren Raum überzeitlicher Beziehungen und Gedanken und zwingt nicht zu vergeblichen Lufthieben, sondern er hat seinen bestimmten Ort und Gegenstand: Der Glaube kämpft gegen die Einbildung um das Vertrauen auf die göttliche Einfalt, die sich im Wort äußert, der Geist kämpft gegen das Fleisch, das sich mit seinen Vorurteilen so hochgeistlich gibt.

„Weil es (nämlich das äußere Wort und seine Mittel) so geringe Ding anzusehen ist, wird es veracht, daß man meinet, der H. Geist sei hoch droben im Himmel, und wir hienieden auf Erden, und müssens selber erlangen durch unser Leben und Werk, so wir wollen heilig werden."³³

„Das menschliche Herz versteht das nicht und glaubt nicht, daß etwas so Wertvolles, nämlich der Hl. Geist, allein aufs Hören des Glaubens hin gegeben wird, sondern schließt so: Es ist etwas Großes um die Sündenvergebung, die Befreiung von Sünde und Tod, um die Begabung mit dem Hl. Geist, um die Gerechtigkeit und das ewige Leben; darum mußt du etwas Großes leisten, damit du diese unaussprechlichen Gaben empfängst. Diese Meinung bestätigt der Teufel und macht sie groß und wichtig im Herzen. Darum wenn die Vernunft hört: Du kannst nichts tun, um die Sündenvergebung zu erlangen, sondern mußt nur Gottes Wort hören, antwortet sie alsbald und spricht: ach, du machst die Vergebung der Sünden allzu gering und verachtet. So bewirkt die Größe der Gabe, daß wir sie nicht empfangen. Und weil der große Schatz umsonst, ohne Gegenleistung angeboten wird, wird er verachtet."³⁴

Immer wieder ist dies die unerhörte Gefahr: daß die Vernunft in einem dummen Analogiedenken das Göttliche dort sucht, wo es ihrer Meinung nach sein müßte, daß darum das Wort gering geachtet wird und der Mensch in vermeintlicher Gesundheit sich seinen eigenen Weg sucht, und daß er den Glauben als eine geringe Kunst erachtet, weil er ihn nicht wirklich am Wort übt, sondern mit einem beliebigen Meinen und Dünken verwechselt. „Weil die Welt durch ihre Weisheit Gott in seiner Weisheit nicht erkannte, gefiel es Gott wohl, durch törichte Predigt zu retten, die daran glauben" (1. Kor 1, 21). Die praktischen Folgen

---

³² Vgl. TR 1, 352, 5 f. (no. 726) 1530–35: „Diabolos non potest solvere hoc argumentum: Iustus ex fide vivit. Aber es liegt daran, wers ergreifen kann".

³³ 45, 615, 18 ff.; zitiert nach Steck, Lehre S. 201.

³⁴ „Humanum cor non intelligit neque credit tantum pretium, scilicet spiritum sanctum, solo auditu fidei dari, Sed sic colligit: Magna res est Remissio peccatorum, liberatio a peccato et morte, donatio spiritus sancti, iustitiae et vitae aeternae; Ideo oportet te aliquid magni praestare, ut ista inenarrabilia dona consequaris. Hanc opinionem approbat et exaggerat in corde diabolus. Itaque cum audit ratio: Tu nihil potes facere pro consequenda remissione peccatorum, sed tantum debes audire verbum Dei, statim reclamat et dicit: Ah, tu nimis exilem et contemptam facis remissionem peccatorum etc. Sic magnitudo doni facit, ut illud non accipiamus. Et quia gratis offertur tantus thesaurus, ideo contemnitur" (40 I, 343, 22 ff.).

dieser göttlichen Heilsökonomie führen den Menschen täglich in den Kampf gegen die größte aller Plagen, die Verachtung des Wortes Gottes. Hierin und dorthin läuft der Mensch und sucht sich etwas Heiliges und Hilfreiches. „Allein das Wort, das allergrößte Heiligtum, das alles andere heilig macht, läßt er in seiner Kirche, in seinem Hause, in seinem Buche daliegen, das ist ja eine unselige Plage. Aber wir danken Gott, daß wir davon erlöst sind."[35]

Der Glaube ist vom Wort gezeugt und lebt von ihm, ja, er ist eigentlich nichts anderes als das Zutrauen und die Liebe zum Wort. Denn auch der zweite Ausweg, den sich das Heilsbegehren vom Wort fort in ein unmittelbares Sehen und Erleben denken könnte, der Weg nach vorne in die Vergewisserung durch die Werke, ist versperrt. Ohne den Glauben an das Wort, über diesen Glauben hinaus führt auch das Tun zu keiner Gewißheit, sondern zu neuer Rastlosigkeit des Zweifelns und der Selbstrechtfertigung. Denn die Werke, die der Glaube tut, sind keine herausragenden, besonderen Werke, denen eine natürliche Evidenz eignen würde, so daß man an ihnen das Sein in der Gnade ablesen könnte. Im Gegenteil – der Glaube tut fröhlich und tapfer gerade die sonst so gering geachteten „zivilischen Werke"[36] in Beruf und Familie. Daß diese alltäglichen und gewöhnlichen Werke gut und Gott angenehm sind, kann man ohne das Wort Gottes nicht erkennen, vielmehr wird der Mensch mit seiner natürlichen Einstellung sich immer wieder bessere und höhere Werke erdenken, die er im Rahmen einer spekulativen Theorie oder einer Praxis des „Eigentlichen" mit besonderen Erwartungen umgibt. Damals waren es die Werke des Mönchtums und der kirchlichen Praktiken zur Heilsaneignung, heute sind es die Werke der höheren sozialen Gerechtigkeit oder der „echten", „persönlichen" Freiheiten jenseits der Berufsarbeit... Nur das Wort bezeichnet die Werke des Berufes als überaus kostbar und Gott wohlgefällig, obgleich sie nicht mitwirken an der Rechtfertigung[37].

Luther hat die Gnade an das Wort gebunden gesehen, an das Wort allein: „Es will dich Christus nirgends anbinden denn an seinen Mund und sein Wort, er will dich nicht lassen fladdern."[38] Damit geht Luther in seiner Verkündigung den Weg zwischen einer „gesetzlich verteuerten" und einer bedeutungslos „billigen" Gnade hindurch. Es ist zumindest irreführend, von einer „bedingungslosen" Gnade zu reden. Die Gnade ist äußerlich bedingt und begründet und nimmt den Menschen in diese ihre Bedingungen hinein: Das Wort, das in der Gemeinschaft der Kirche weitergegeben wird, ist die Bedingung der Gnade (ohne das

---

[35] 48,147,6ff. (no.193) zu Joh 5,39 Bibeleinzeichnung.
[36] 50,518,18f.
[37] Vgl. z.B. 40 I,590,19-26, u. Teil 2, Kap. 3, Anm. 9 u. 10.
[38] 33,274,16ff., 1530, ebenso TR 5,436,6f. (no. 6010).

Wort wird sie ja nirgends deutlich faßbar), und das Wort der Gnade ruft deshalb zur Teilhabe an dieser Gemeinschaft. Die Gnade ist nicht nur begründet in einem zeitlosen „Wesen" oder einer als schließlich einzig maßgebend gedachten Eigenschaft Gottes. Sonst könnte der Mensch tatsächlich diesen „Gottesbegriff" mit sich tragen und in billigster Weise die Gnade in allem voraussetzen, könnte „mit ihr rechnen" und würde dann seinen Gedanken (die ja diesen „Gottesbegriff" enthalten) entsprechend leben, ohne von der wirklichen, irdisch im Opfer Christi begründeten Gnade gebunden und verändert zu werden. Die Gnade ist für Luther ganz selbstverständlich bedingt durch Christi Werk und ist ohne Bindung an dieses Werk nicht zu haben. Diese Bindung aber geschieht nicht durch eine Erkenntnis oder einen willentlichen Vorsatz, sondern durch das Wort und den Glauben, und sie hat als Folge nicht ein gesetzlich oder rational normiertes Handeln, sondern sie bewirkt indirekter eine Veränderung des Handelns, indem sie in die Gemeinschaft der Kirche hineinbindet und da eine neue Art zu reden und ein neues Lebensgefühl wachsen läßt, das zu veränderten Urteilen und Verhaltensweisen führt. Die Gnade ist ganz Geschenk. Aber Gott schenkt auf eine bestimmte Art und hat seine Ordnung, zu geben: Er verleiht Gnade durch das Wort, das allen zugänglich ist und das gerade, indem es sich gibt, an sich selber bindet. *Diese* Bindung fordert kein Können und Vermögen von seiten des Menschen, sondern schlicht – „passiv" – einen Glauben, der sich auf Gottes Hilfe zu stützen begehrt, so wie dieser sie anbietet. Wer diese Bindung als beschwerende Forderung und Leistung empfindet, der lebt noch immer in der Selbstsicherheit und kann deshalb nicht glauben, d.h. dankbar sein, daß er aus den Bindungen an seine Wünsche und deren Ohnmacht herausgerissen und außerhalb seiner selbst auf Gottes reales Wort gestellt wird. Diesem Selbstsicheren aber *soll* die Gnade nicht zugänglich sein, sie soll ihm vielmehr als ein verschlossenes, unerreichbares und wohl auch unnötiges und bedeutungsloses Gut erscheinen: „Die Reichen läßt er leer..." (Lk 1,53). Wer aber wirklich in sich keine eigene Sicherheit und keine vermeintlicherweise noch gültigen Werte und Vorstellungen hat, der wird sich leicht und gerne ans Wort binden lassen, wo ihm mit der Gnade Gottes dann auch die Gemeinschaft „der vielen" geschenkt wird – und wo er dann auch in Pflicht genommen wird, so, wie es seinem Vermögen entspricht: „Die Hungrigen füllt er mit Gutem" (ebd.). (Auch menschlich gesehen ist die Aneignung des Heils also eine einfache und leichte Sache – und doch ist sie möglich und wirklich nur durch das Wunder des Heiligen Geistes!) „Er will dich nicht lassen fladdern" – das ist zwar eine Bindung und Einschränkung. Aber nur, wer noch nicht die eigene Hilflosigkeit und enge Beschränktheit im Kontrast zur fremden Gnade und vielfältigen Weisheit Gottes geschmeckt hat, kann es als eine Belastung und einen Verlust empfinden.

Für den Selbstunsicheren aber ist es der stärkste Beweis des guten göttlichen Willens, daß er am „Fladdern" verhindert und an den Mund Christi gebunden ist, der wie niemand sonst „Worte der Gnade" „ausgehen" läßt (Lk 4,22).

Es wird im ganzen Werk Luthers deshalb immer wieder dieses Eine spürbar: eine tiefe, dankbare Liebe zum Wort als dem Teuersten und Kostbarsten, was dem glaubenden Menschen geschenkt ist. Es ist eine Liebe zum Wort in allen seinen Formen, mündlich und geschrieben, und es ist eine Liebe, die das ganze Vermögen des Menschen umfaßt und in Anspruch nimmt: sein geistiges Können, das sich im tiefen, ahnenden, aber auch dialektisch schneidenden Erkennen bewährt, sein seelisches Empfinden, das die Schönheit des Wortes mit Freude hervorhebt und mit der eigenen schöpferischen Kraft lobend erwidert, aber auch die körperlichen Kräfte, die sich durch das Wort erfrischt und geläutert finden im Beruf wie auch in der Zeit der Muße, die sich aber auch opfern und verbrauchen müssen im Kampf für die Reinhaltung des Wortes:

„Was für ein köstlich Ding ist es, das Wort Gottes bei jeder Arbeit vor sich zu haben! Der Mann ist sorglos, soviel er auch versucht werden mag. Ein anderer ohne das Wort fällt schließlich notgedrungen in Verzweiflung, da ihm der Ruf vom Himmel fehlt."[39]

„Ach, daß ich ein guter Poet wäre, gleichwie Moses Dtn 33 es gemacht hat, so möchte ich gerne ein köstlich Lied und Poema davon machen. Denn ohne das Wort ist alles nichts."[40]

„Daß man das wahre Altarsakrament hat, ebenso die Taufe, ebenso das wahre Wort, das ich predige, dafür setzte ich meine Seele, dafür will ich auch sterben."[41]

„Wie selig sind wir Christen, die nicht weit laufen müssen, da wir Gott selbst hören können mit uns reden, sondern haben die Schrift in die Häuser zu uns gebracht, und ist alles um uns voll, voll göttlicher Rede."[42]

In der Nähe und einfachen Zugänglichkeit des biblischen Wortes ist Gottes Gnade nahegekommen und jedermann zugänglich geworden, so daß die Gerechtigkeit aus dem Glauben nun gegenüber dem ziellosen religiösen Suchen wie auch gegenüber dem allzu zielbewußten Eifer für Gesetz und Recht vom *Ende* des Gesetzes zu sagen und zu rühmen vermag: „Sag nicht in deinem Herzen: Wer wird hinaufsteigen in den Himmel, das ist: Christus hinabzuführen? Oder: Wer wird hinunterstei-

---

[39] „Quam pretiosa res est habere prae se verbum Dei in omni opere, quia ille securus est, quantumvis tentetur, alius sine verbo tandem cadit necessario in desperationem, quia vocatio deest ei coelestis" (TR 1,248,16 ff.; no 534, 1533).

[40] „... Nam sine verbo nihil est" (TR 5,436,4 ff.; no.6010, undatiert).

[41] „Quod aliquis verum habeat sacramentum, item baptismum, item verum verbum, quod praedico, davor setze ich mein seel, da vor wil ich auch sterben" (TR 3,226,33 ff.; no. 3229a, 1532).

[42] 48,147,3 ff. (no. 193) s. o. Anm. 35.

gen in die Tiefe, das ist, Christus von den Toten zu holen? – Aber was sagt sie? Nahe ist dir das Wort, in deinem Mund und in deinem Herzen, das ist: das Wort des Glaubens, das wir verkündigen" (Röm 10,3 ff.). Ohne dieses äußere Wort und ohne dessen unbegreifliche und unerklärbare Fassung in der Schrift müßte der Glaube unweigerlich mit sich selber beschäftigt und in den Schlingen der menschlichen Bedürfnisse gebunden bleiben. Damit müßte aber gerade sein trostreicher Inhalt als eine bloße Projektion erscheinen, ein Werk des Menschen, das dieser entweder mit selbstgefälliger Leichtigkeit als einen bloßen Gedanken aus seiner Eigenliebe herausfließen läßt (sofern er nämlich annimmt, daß das Gesetz der Erlösung in ihm selber liege), oder das er in ernsthaftem Ringen auch nach äußerer, objektiver Wirklichkeit zu vollbringen versucht (sofern er annimmt, daß das Gesetz ihm äußerlich vorgegeben sei). Das Wort aber macht gewiß, daß nicht wir gefunden haben, was wir unseren Bedürfnissen entsprechend gesucht und geschaffen haben, sondern daß wir gefunden worden sind von dem, der zu Recht „Wunder-Rat" heißt (Jes 9,5). Insofern kann man dann – am Subjektivismus vorbeigleitend – auch aus dem „Begriff des Glaubens" heraus die Notwendigkeit des Wortes fordern, daß nämlich „der Glaube etwas haben muß, das er glaube"[43], damit er nicht sich selber zum schwankend haltlosen oder zum vermessen selbstsicheren Grund werden muß. Das formuliert aber kein Bedürfnis, sondern es formuliert den Weg und die Gestalt des Glaubens, so wie dies durch das Wort vorgegeben ist nach dem Willen und Ratschluß Gottes.

„Die Gerechtigkeit Gottes"

Seit es eine moderne Lutherforschung gibt, hat sie sich immer wieder mit zwei Seiten der Weimarer Ausgabe ganz besonders beschäftigt, nämlich mit den Seiten 185 und 186 des 54. Bandes. Auf diesen Seiten findet sich das sog. Selbstzeugnis über den sog. Durchbruch der sog. reformatorischen Erkenntnis Luthers. (Alle diese Begriffe, die das Denken so suggestiv leiten, sind Wortschöpfungen – und beinahe schon mythologische Gebilde – der Lutherforschung und müssen mit wacher Kritik verwendet werden.) Die vielbesprochenen Ausführungen Luthers stehen im Vorwort des ersten Bandes seiner lateinischen Werke. In den frühen Schriften, die da gesammelt sind, erblickt Luther aus der Distanz seines dreißigjährigen Lernens und Lehrens nun ein „rohes und un-

---

[43] 30 I, 215, 24 f. über die Notwendigkeit der Taufe mit Wasser (BSLK 696,33). Vgl. 26, 165, 2 ff.; (1528): „Wer sich auf den Glauben taufen läßt, der ist nicht allein ungewiß, sondern auch ein abgöttischer verlogener Christ, denn er traut und baut auf das Seine, nämlich auf eine Gabe, die ihm Gott gegeben hat, und nicht auf Gottes Wort alleine."

geordnetes Chaos"⁴⁴ und warnt seine Leser davor! (Dieser Warnung zu Trotz hat man immer wieder klüger sein wollen als Luther selber und hat gerade aus diesem Frühwerk – oder gar aus noch weiter zurückliegenden Schriften – lernen wollen.) In seinem Vorwort zu diesen Frühschriften blickt nun Luther zurück auf die Ereignisse in den Anfangsjahren der Reformation, und im Rahmen dieses Rückblickes beschreibt er dann eine für ihn entscheidende und befreiende Entdeckung. Diese Beschreibung auf den zwei erwähnten Seiten der WA haben die Forscher in immer neuen Anläufen durchpflügt, analysiert und „gedeutet" – und bis heute liegt doch noch kein wirklich ganz schlüssiges und in sich ganz überzeugendes Ergebnis dieser Erklärungsversuche vor. Das muß aber doch heißen, daß der so umstrittene Text in sich zu knapp und wohl auch zu unklar ist, als daß er Luthers Meinung wirklich aufzuschlüsseln vermöchte.

Es ist daher sehr unheilvoll, wenn gerade dieser Text zum Ausgangspunkt der Verstehensversuche genommen wird (es sei denn, man wolle nicht wirklich Luther verstehen, sondern suche ihn zum Zeugen und Garanten eigener Gedanken und sei deshalb froh um einen Text, der offen ist und beliebige Deutungen zuläßt). Man könnte die Sache, von der Luther bewegt ist, und die Formulierungen, die er verwendet, zunächst in ihrem „Sitz im Leben" zu verstehen versuchen, indem man mit Luther selber unterscheidet: Die einleuchtende Erkenntnis und das persönliche Erlebnis eines plötzlichen befreienden Durchbruchs ist ein Stück *innere* Klarheit der Schrift, biographisch entscheidend, aber nur schwer mitteilbar und ohne wirkliche Bedeutung für andere; „sie nützt keinem andern", sagt Luther selber davon⁴⁵. Gerade dort, wo persönlich erschütternde und erhebende Erfahrungen gemacht werden durch unmittelbar wirkmächtige Erkenntnisse (Luther spricht von dieser seiner Erfahrung ja als vom Eintritt in das Paradies), gerade dort fällt das Formulieren oft schwer, weil häufig mit der gewonnenen Erkenntnis mehr verbunden ist als mit den Worten und Gedanken, die sie ausgelöst haben, und weil dann der Mensch das gewonnene Licht selber in Gedanken und Worte fassen (zum äußeren Licht machen) muß und dabei die Gegebenheiten, die zum Auslöser seiner Einsicht geworden sind, leicht auch überfordert. Wir dürfen also nach Luthers eigener „Erkenntnistheorie" und deren psychologischen Implikationen davon ausgehen, daß eine knappe Beschreibung einer Erleuchtung von dichter Intensität eher belastet und nicht unbedingt der Ort des sachlichen Lernens sein kann.

Wenn ich hier abschließend nun doch auch in die weitverzweigte Diskussion über diesen Text eingreife und einen Versuch wage, Luthers

---

⁴⁴ „rude et indigestum cahos" (54, 179, 11).
⁴⁵ S. o. Kap. 2.1, Anm. 24.

Aussage zu verstehen, geschieht das mit großer Zurückhaltung und mit Respekt vor allen, die es vor mir ernsthaft versucht haben. Die Probleme, die der kurze Text bietet, sind wirklich schwerwiegend, und es wäre tatsächlich ein Unglück, wenn auch nur das Verständnis Luthers an das Verständnis dieser Worte gebunden wäre – geschweige denn, wenn die evangelischen Kirchen von dieser Beschreibung des „Reformatorischen" leben müßten...

O. H. Pesch hat einen Überblick über die bisherigen Ergebnisse zur Sache gegeben. Auf seine Darstellung der Forschungslage stützen sich meine nachfolgenden Gedanken[46].

Luther beschreibt seine durchbruchsartige Erkenntnis als ein neues Verständnis dessen, was die „Gerechtigkeit Gottes" in Röm 1,17 sei. „Alle Doktoren" der Tradition, so Luther, haben sie philosophisch verstanden als die Gerechtigkeit Gottes, vermittelst welcher er strafe[47]. Er aber habe nach langem, qualvollem Suchen und Nachdenken plötzlich begriffen, daß diese Gerechtigkeit Gottes als diejenige Gerechtigkeit zu verstehen sei, durch die Gott durch den Glauben rechtfertigt[48].

Luthers Entdeckung besteht also scheinbar darin, daß er begriff, daß die Gerechtigkeit Gottes nicht eine Eigenschaft, sondern ein schenkendes Wirken, eine Gabe Gottes sei. Dieses naheliegende Verständnis scheitert aber daran, daß Luther damit als so unerhört befreiend eine Sache entdeckt hätte, die in der mittelalterlichen Theologie „stadtbekannt" war. Er scheint nämlich mit seinem Urteil über „alle Doktoren" in geradezu grotesker Weise der ganzen scholastischen Tradition Unrecht zu tun. Denn – wie als erster Denifle herausgestellt hat – die ganze Scholastik hat mit Augustin die Gerechtigkeit Gottes in Röm 1,17 nicht als eine Eigenschaft Gottes, sondern als seine Gabe verstanden. Sie liest also auch schon, wie es in der Lutherbibel noch heute heißt: „die Gerechtigkeit, die vor Gott gilt", die er schenkt.

Es fragt sich aber: Hat Luther wirklich sein neues Verständnis der

---

[46] Der Durchbruch S. 445–505; Catholica 37,1983, S. 259–287 u. 38,1984, S. 66–133.

[47] „Ich haßte nämlich dieses Wort ‚Gerechtigkeit Gottes', weil ich durch den Brauch und die Gewohnheit aller Lehrer unterwiesen war, es philosophisch von der formalen oder aktiven Gerechtigkeit (wie sie es nennen) zu verstehen, nach welcher Gott gerecht ist und die Sünder und Ungerechten straft." („Oderam enim vocabulum istud ‚Iustitia Dei', quod usu et consuetudine omnium doctorum doctus eram philosophice intelligere de iustitia (ut vocant) formali seu activa, qua Deus est iustus, et peccatores iniustosque punit." 54,185,17 ff.).

[48] „Da fing ich an, die Gerechtigkeit Gottes als eine solche zu verstehen, durch welche der Gerechte als durch Gottes Gabe lebt, nämlich aus Glauben, und daß dies der Sinn sei: Durch das Evangelium wird die Gerechtigkeit Gottes offenbart, nämlich die passive, durch welche uns der barmherzige Gott durch den Glauben rechtfertigt..." („... ibi iustitiam Dei coepi intelligere eam, qua iustus dono Dei vivit, nempe ex fide, et esse hanc sententiam, revelari per euangelium iustitiam Dei, scilicet passivam, qua nos Deus misericors iustificat per fidem..." 54,186,5 ff.).

Gerechtigkeit Gottes so beschrieben, daß damit statt einer Eigenschaft ein Geschenk, statt einem Sein Gottes in sich ein geschenktes Sein des Menschen vor Gott gemeint sei? Luther stellt einander gegenüber: das Verständnis der Gerechtigkeit Gottes als einer „formalen" und „aktiven", wie es „alle Doktoren" vor ihm gelehrt hätten, und das Verständnis der Gerechtigkeit Gottes als einer „passiven", vermittelst welcher der barmherzige Gott durch den Glauben rechtfertigt[49]. Es scheint also, als ob Luther *beide Male* die „Gerechtigkeit" Gottes nicht vom Wirken Gottes, sondern von der Wirkung im Menschen her näher definiert! Es steht gar nicht zur Diskussion, ob in Röm 1,17 von der geschenkten Gerechtigkeit Gottes die Rede sei. Das ist selbstverständlich – vielleicht allzu selbstverständlich – von der Tradition her gegeben. Das Evangelium offenbart nach gemeinsamer Auffassung eine Gerechtigkeit, die Gott den Menschen mitteilt. Luther ringt aber darum, wie dieses Geschenk der Gerechtigkeit zu verstehen sei. Er versteht sie zunächst „mit allen Doktoren" als „formale", „aktive" Gerechtigkeit, also als eine neue, dem Menschen inhärierende Qualität im Sinne eben der „fides *charitate formata*": eine Gerechtigkeit, die Gott den Menschen mitteilt und sie dadurch in Stand setzt, das „ihnen zukommende" zu tun. Gerade dadurch aber wird das Evangelium zu einem neuen Gesetz; es offenbart, was der Mensch durch das Hinzukommen der Gnade zu tun vermag. So ist dann die verwirrende Formulierung zu verstehen, wenn Luther von der „aktiven Gerechtigkeit" sagt, sie sei diejenige, „nach welcher Gott gerecht ist und die Sünder und Ungerechten straft"[50]. Das klingt zunächst so, als ob sich das „aktiv" auf Gottes Strafen beziehen würde. Luther formuliert aber verkürzt. Es ist die Gabe Gottes, die den Menschen zum aktiven Gerechtsein befähigt, durch die dann Gott wiederum gerecht ist, wenn er die Sünder straft. Gott schenkt und befähigt den Menschen zum Guten, und so erweist er sich als gerecht, auch wenn er straft: Er hat ja die Menschen nicht in der natürlichen Ohnmacht nur unter dem Gesetz gelassen, sondern hat die Möglichkeiten zum Gerechtwerden geboten. Die Gerechtigkeit Gottes ist also nach diesem alten Verständnis die Gabe Gottes, deretwegen er zu Recht ein gerechtes Handeln verlangen und dann die Ungerechten auch strafen darf. *Diese* Gerechtigkeit, also diese *Gabe* haßt der Mönch „mit wildem und verwirrtem Gewissen"[51]. Luther formuliert dies mit polemischer Ironie: „Mußte denn Gott auch noch durch das Evangelium Jammer auf Jammer häufen und uns auch durch das Evangelium seine Gerech-

---

[49] „iustitia formali seu activa" – „passivam, qua nos Deus misericors iustificat" (s.o. Anm. 47 u. 48).
[50] S.o. Anm. 48.
[51] „saeva et perturbata conscientia" (54, 186, 1).

tigkeit und seinen Zorn androhen?"⁵² Durch das „Geschenk", das sich umsetzen und aktualisieren lassen soll, ist auch das Evangelium zu einem Drohwort geworden. Auch es sagt als letztes nun wieder, was zu tun sei – mit Hilfe der Gnade, die es, wie man sagt, voraussetzt –, um vor Gott zu bestehen; es sagt, wie Gott gerecht sei, der gibt ... und fast scheint es: um nachher zu Recht strafen zu dürfen. Auch das Evangelium gibt, so gesehen, nicht Gewißheit, reißt uns nicht weg von uns ins Wort „allein", sondern verweist uns vielmehr auf das die geschenkte Gerechtigkeit aktualisierende, „formende" Tun (wobei zwar gesagt wird, daß dieses Tun ein Geschenk ist und keinen Ruhm verdient, was aber nur um so zynischer wirkt, wenn es sich – wie Luther sein vergebliches Bemühen beschreibt – nicht einstellt). Gegen dieses durchaus sublime Verwiesensein auf das – Gottes Wirken zugeschriebene – Werk entdeckt Luther die „passive Gerechtigkeit", nämlich, wie er ausdrücklich sagt, die „imputative"⁵³, diejenige, die nur zugerechnet wird und also „*sola* fide" besteht. Ebenso ist das Werk Gottes dasjenige, das er tut (Christi Leiden, Sterben und Auferstehen) und zurechnet, die Kraft, die Weisheit Gottes etc. ebenso⁵⁴.

Wenn dieses Verständnis von Luthers Beschreibung seiner Entdeckung an Röm 1,17 richtig ist, dann heißt das aber, daß sich der Ort der „Gerechtigkeit Gottes" wieder aus dem Menschen heraus verschoben hat hin zu „Gott allein". Gott gibt seine Gerechtigkeit insofern, als er gerecht ist und dieses Gerechtsein für den Menschen gelten läßt. Wer will verurteilen, wo Gott, der Gerechte, für die Angeklagten spricht? (vgl. Röm 8,33f.) Vermittelt wird diese Gerechtigkeit einzig durch das Evangelium und den Glauben. Luther hatte also, wenn ich richtig sehe, v.a. wieder die *Objektivität* der Gerechtigkeit Gottes entdeckt: daß sie extra me besteht und mich, von mir aus gesehen, rein „passiv" an ihr teilhaben läßt „sola fide". Dann könnte man aber fragen, ob Luther die Sache nicht klarer hätte fassen können, wenn er gegen die Tradition den Genitiv bei Paulus wieder schlicht als einen Genitiv possessivus gelesen hätte. Denn die Tradition versteht die Gerechtigkeit Gottes Röm 1,17 als geschenkte (in den Menschen gelegte, von Gott her zu Gott hin wirksame) gerechtmachende Kraft; Luther aber versteht diese geschenkte Gerechtigkeit wieder als ein Geschenk, das ganz in Gottes Hand bleibt und vor ihm wirkt durch seine *Zurechnung*. Hätte Luther das nicht am Paulustext einfacher haben können (ohne die Formulierung: „die vor Gott gilt")? Nämlich etwa so: Die Gerechtigkeit Gottes – also Gottes Gerechtigkeit, durch die er in sich und in seinem Werk ge-

---

⁵² „... non satis sit ... nisi Deus per euangelium dolorem dolori adderet, et etiam per euangelium nobis iustitiam et iram suam intentaret" (54,185,25ff.).
⁵³ 54,186,19.
⁵⁴ 54,186,10–13.

recht ist – wird im Evangelium offenbart, sagt Paulus Röm 1,17. Gott ist gerecht und setzt dieses Gerechtsein ein *für uns,* sagt Paulus später, Röm 3,26 und 4,5. Röm 1,17 sagt er, wie die Gerechtigkeit Gottes erkennbar wird und wie darum derjenige, der dieser Gerechtigkeit entspricht, lebt, nämlich „aus Glauben"? Rührt nicht das reichlich Komplizierte und Verzwängte in Luthers Darstellung daher, daß er in Röm 1,17 etwas zu lesen versuchte, was erst Röm 3 zu lesen steht? (Dies angeleitet von der Tradition, die Röm 1,17 von der Mitteilung einer im Menschen wirksamen Gerechtigkeit reden ließ, während bei Paulus die Wirksamkeit Gottes ganz an das Evangelium gebunden ist, das zum Heil wirkt, indem es *offenbart,* d.h. im Glauben zu erkennen gibt, wie Gott gerecht ist – um es pointiert zu sagen: *in seinem gerechtsprechenden Wort*).

Ausblick: Luthers Grundprinzip als umfassende Anfrage an die heutige theologische Arbeit

„Gleich wie Gott am Anfang durch ein Wunder die Früchte und alles andere, was aus der Erde hervorgeht, gemacht hat ohne einen Gärtner und Samen, so hat er ohne eine menschliche Lehre auf eine wunderbare Weise die Herzen der Propheten und Apostel und gewiß auch die Evangelien fruchtbar gemacht mit heilbringendem Samen. Von daher nehmen wir, was immer wir im Ackerbau Gottes Gesundes säen zur Ernährung der Seelen, gleichwie wir auch zur körperlichen Nahrung nichts pflanzen können als das, was wir vom Samen der ersten Erde haben. So daß wir also zum geistlichen Heil nichts Nützliches predigen, was nicht die durch das Wunder des Heiligen Geistes fruchtbare Schrift hervorbringt."[1]

Mit diesen strahlenden Worten, in denen das Geheimnis der Schöpfung zum Bild für das Geheimnis der Erlösung wird, hat der Begründer der scholastischen Theologie, Anselm, der Schrift das Lob gesungen. Überall, wo Menschen sich um den Gott des Evangeliums geschart und sein Wort zu lehren versucht haben, sind die Schriften der Propheten und Apostel und die Evangelien als ein großes und heilsames Rätsel herausgestanden und haben sie sich als eine Quelle erwiesen, aus der man schöpfen und weiterschenken kann, auch wenn es unbegreiflich bleibt, woher das Wasser fließt.

In dieser Weise hat auch Luther die Bibel als das Geschenk Gottes an seine Kirche gesehen, und hat darüber hinaus dann nichts anderes getan, als daß er diese Bibel benützt, gelesen und gelehrt hat im Vertrauen darauf, daß Gott „seinen Gläubigen" doch gewiß nicht etwas Halbbatziges und Unbrauchbares, sondern etwas Gutes und ganz und gar Hilfreiches geschenkt hat: eine Schrift also, die in sich klar und das „allergewisseste Licht" ist. Indem er sich in einer bestimmten, präzise be-

---

[1] „Sicut ergo Deus in principio per miraculum fecit frumentum et alia de terra nascentia ad alimentum hominum sine cultore et seminibus: ita sine humana doctrina mirabiliter fecit corda prophetarum et apostolorum necnon et evangelia foecunda salutaribus seminibus: unde accipimus quidquid salubriter in agricultura Dei ad alimentum animarum seminamus, sicut non nisi de primis terrae seminibus habemus, quod ad nutrimentum corporum propagamus. Siquidem nihil utiliter ad salutem spiritualem praedicamus, quod sacra scriptura Spiritus sancti miraculo foecundata non protulerit." (De concordia Qu. III 6, II 271,20 ff. zitiert bei Barth, Fides quaerens, S. 21 f.).

grenzten Sachfrage auf diese Klarheit der Schrift berief und statt Antworten und Argumenten dann nur die Aufforderung zum Widerruf bekam, ist Luther zum Reformator geworden.

„Für uns, diesseits der Reformation im 20. Jahrhundert, ist diese Begründung schon deshalb nicht überzeugend, weil das Bestehen auf der Schrift allein, also der Einsatz des reformatorischen Prinzips ‚sola scriptura‘, gerade nicht zur erhofften Eindeutigkeit geführt hat. Es ist vielmehr verantwortlich für eine Vielfalt von Erklärungen und Deutungen, die jede Berufung auf die Klarheit der Schrift ad absurdum zu führen scheinen", schreibt Oberman dazu[2].

Was aber zu sein *scheint*, das nimmt Oberman dann als eine Gegebenheit und stellt gegen das Bedürfnis nach einem „papierenen Papst" das in der modernen evangelischen Theologie so heiß geliebte und darum auch bedenkenlos seinem Zusammenhang entführte Lutherwort, daß Gott und Schrift zweierlei seien[3]. Mit diesem Wort scheint man aus dem so arg zerschellten Wrack der „Schriftgläubigkeit" umsteigen zu können in den kleinen, flotten Dampfer einer neuen Selbsterkenntnis: „Die Klarheit der Schrift führt zur Erkenntnis des Menschen und seiner unauflöslichen Gebundenheit, entweder an Gott den Erlöser oder an Satan den Verderber."[4] Ein Begriff der „Sache der Schrift" hat die Klarheit der Schrift und ihre geheimnisvolle Einheit und Vielfalt ersetzt...

Darin spiegelt sich das Elend, die falsche Selbstsicherheit der modernen evangelischen Theologie, mit der sie sich allzu rasch über die „vielen Deutungen" der Schrift und den wieder erstarkenden Fundamentalismus hinwegzusetzen vermag.

Luther hat anders gedacht und gelebt: Er hat sich nicht mit einer „reformatorischen Erkenntnis" (und wäre sie noch so tief und abgründig) für äußerliche Anfechtungen immun gemacht. Er bleibt verletzlich: Wo das prophetische und apostolische Wort widereinander (und also zum

---

[2] Luther S. 235. Ähnlich z. B. auch Pesch, Hinführung S. 67 f.

[3] „Duae res sunt Deus et Scriptura Dei ..." (18, 606, 11 f.), zitiert bei Oberman, aaO. S. 235 f., s. Teil 2, Kap. 1, Anm. 12, die Verwendung des Wortes durch K. Barth und meine Kritik. Wie in diesem Wort, das seit Jahrzehnten in den einschlägigen Büchern herumgeistert, ausgerechnet „ein kritischer Neuansatz" für die heutige Theologie „stecken" soll, ist reichlich unbegreiflich. Oder soll man selbstgefällig davon ausgehen, daß natürlich *wir* mit unserem Denken schon das Neue repräsentieren?

[4] AaO. S. 239. Obermans Vorgehen in der Interpretation Luthers in diesem Punkt ist bezeichnend – er historisiert das sola scriptura: Luther hat es vorgefunden, von Jodokus Trutfetter gelernt – also (merkwürdiger Schluß) gehört es „nicht zur reformatorischen Entdeckung". Der Schlachtruf „sola scriptura" war jedermann einleuchtend (anders „als die zwei komplizierteren Sprengsätze ‚allein durch die Gnade – allein durch den Glauben'") und bald einmal Volksgut. So trivial aber hat Luther nicht gedacht. Also (nochmals merkwürdiger Schluß) hat der Satz aber doch diese triviale Bedeutung und Luther hat ihn also nicht wirklich gemeint... (aaO. S. 236 ff.).

Teil auch gegen Luther) zu sein scheint, da tut ihm das weh und da wird er in den Kampf geworfen – denn da scheint dann das Wort zu betrügen, auf das er sich in seiner theologischen Arbeit verläßt: daß Schrift nicht widereinander sein könne[5].

Es ist ein hartnäckiges Vorurteil, daß Luthers Denken in diesem Punkt nicht „mehr" haltbar sei. Ich möchte deshalb noch einmal Luthers Annahmen in dieser Sache zusammenfassen: Die Klarheit der Schrift ist für Luther keine Erfahrungstatsache, sondern ein Prinzip des *Glaubens*. Es steht nicht am Ende, es steht am Anfang der theologischen Arbeit, und wenn es da nicht steht, wird es auch nicht mirakulös am Schluß zu stehen kommen. Es kann durch die Erfahrung weder ganz bestätigt noch ganz erschüttert werden; wie alle Glaubenswahrheiten muß es manchmal „auf's bloße Wort hin ins Dunkle hinein" geglaubt werden – *dann* stellen sich auch hier oder dort bestätigende Erfahrungen ein. Luther rechnet aber keinen Augenblick damit, daß die Klarheit der Schrift irgendwann als ein unangefochtener Konsens der Schriftauslegung sichtbar werden könnte – solange Gott und Welt nicht versöhnt, sondern im Streit sind! (Von der „Vielfalt von Erklärungen und Deutungen" hat er zu seiner Zeit einen sehr kräftigen Eindruck bekommen. Er hat dagegen aber nicht *seine* Deutung gestellt, sondern hat erklärt, warum man die Schrift nicht deuten dürfe! Dagegen einzuwenden, dies sei eine bloß subjektive Überzeugung, wirkt im Vergleich dazu als bequeme Skepsis, weil es vom hilflos-leidenschaftlichen Bemühen um die objektiven Gegebenheiten in der Schrift entbindet, ein Bemühen, das nach Luthers Meinung durch die Schrift in ihrer faktischen Gestalt von Gott selber uns aufgetragen ist.) Die Klarheit der Schrift bewährt sich aber auch nicht in einem individualistischen Versuch, an der vorfindlichen Kirche und ihren Hilfestellungen zum Schriftverständnis vorbei ganz einsam alle Wahrheiten neu zu begründen. Wer Gott in dieser Weise versucht, dem entzieht sich dessen Gabe in das Dunkel, das vor der österlichen Gemeinde alle Völker und einen jeden Einzelnen bedeckt (Lk 24,13 ff.; Jes 60,2). Die Klarheit der Schrift ist schließlich auch nicht eine geheimnislos unpoetische perspicuitas, durch welche die „Wahrheiten" des Glaubens rational geordnet, eingesehen und abgerufen werden könnten wie in einer Kartei[6].

Die Klarheit der Schrift bewährt sich dort, wo vorausgesetzt wird, daß Gott die Schrift gegeben und daß er in ihr den Leitern der Kirche das Mittel vor allen anderen bereitstellt, durch das sie die Herde Christi zu weiden und die bedrängenden Kämpfe ihrer Zeit zu bestehen vermögen. Sie führt nicht zum Konsens, sondern zum Streit: Solange das

---

[5] S.o. Kap. 2.1, Anm. 8.
[6] S.o. S. 19, 75–80 u. 134–145.

Prinzip der Schriftklarheit hoch gehalten und energisch behauptet wird, dies oder jenes sei die unwidersprechlich klare Lehre der Schrift, wird es auch Widerspruch geben. Nur wenn es, wie Oberman sagt, still wird „um diese Parole"[7], wenn also Einigkeit herrscht darin, daß es letztlich keine klaren Aussagen der Schrift Gottes, sondern nur menschliche Meinungen und Wertungen gibt, wird sich Ruhe einstellen: die Ruhe der geistlichen Windstille, der Friede der Welt ... (Joh 3,8; 14,27).

Wer in der Schrift menschliche Gedanken sucht, die man verstehen, oder Gesetze, die man erfüllen kann, der wird die Schrift widersprüchlich finden – weil er dann seine Erwartungen und seine Erweiterungen und abschwächenden „Verbesserungen" in die Schrift hineinträgt und „weil dann die Schrift etwas anderes ist, als was sie gewesen ist"[8]. Wer in der Schrift umfassende Handlungsanweisungen oder normierende Vorstellungen für die kirchlichen Ordnungen sucht, der wird sie als unzureichend und unklar empfinden. Und schließlich: wer in der Schrift eine Geschichte als Grundlage des Glaubens sucht, der wird die Schrift ebenfalls als unklar empfinden; denn das Leben – auch die Geschichte und auch alle Wundergeschichten – ohne das Wort ist dunkel, und die Schrift gibt deshalb nicht eine Geschichte als Grundlage des Glaubens, sondern das Wort, das eine – in sich unklare! – Geschichte umschließt und sie geklärt an den Leser des Wortes weitergibt.

Wer die Schrift mit den Fragen und Erwartungen der natürlichen Vernunft liest, seien es die philosophisch geschulten oder die des „gesunden Menschenverstandes", dem wird sie unklar. Wer aber die Schrift in der kritischen Distanz zum Gott der Philosophen liest, dem enthüllt sie in allen jeweils aktuellen Fragen immer wieder ihre Klarheit als eine schlichte und unübersehbar deutliche Gegebenheit. Pascal in seiner Situation hat es so gesehen:

„Es ist erstaunlich, daß noch nie ein kanonischer Autor sich der Natur bedient hat, um Gott zu beweisen. Alle gehen darauf aus, den Glauben an ihn zu schaffen. David, Salomo usw. haben nie gesagt: Es gibt keinen leeren Raum, also gibt es einen Gott. Sie müssen klüger gewesen sein als die klügsten Leute, die nach ihnen gekommen sind, und die sich alle ihrer bedient haben. Das ist sehr beachtlich."[9]

---

[7] AaO. S.235.

[8] 18,732,3 vgl. o. S.136, Anm.201.

[9] „C'est une chose admirable que jamais auteur canonique ne s'est servi de la nature pour prouver Dieu. Tous tendent à le faire croire. David, Salomon, etc., jamais n'ont dit: ‚Il n'y a point de vide, donc il y a un Dieu.' Il fallait qu'ils fussent plus habiles que les plus habiles gens qui sont venus depuis, qui s'en sont tous servis. Cela est très considérable." (Pensées, IV, S.446 f.; no.243.)

Durch die Zeiten, durch die Konfessionen und durch die verschiedensten Bedrängnisse und Anliegen hindurch – für den, der Ohren hat zu hören (Mt 13,9), spricht in den kanonischen Schriften mit wunderbar klarer Stimme der Gott Abrahams, Isaaks und Jakobs von *seinen* Anliegen. Aus dem Reichtum dessen, was er hat sehen, betrachten und betasten lassen und was die Apostel und Propheten dann geschrieben haben, kann auch derjenige nehmen, dem heute der Dienst am Wort anvertraut ist. Er kann damit – amazing grace! – als ein Schriftgelehrter, der ein Jünger des Himmelreiches geworden ist, dazu beitragen, daß die Gemeinschaft des Lebens wächst und die Freude des Gottes, der sich an die Menschen verschenkt hat, vollkommen wird (1.Joh 1,1–4; Mt 13,52). Er kann das tun – er muß es tun, wenn er nicht Gott und sein Volk betrüben will. „Es ist kein Spiel und kein Scherz, die Heilige Schrift und die Frömmigkeit zu lehren", sagt Luther gegen die alles relativierenden Behauptungen des Erasmus[10]. Mit unserem Reden und Lehren und mit unserem Schweigen und Schulterzucken tragen wir so oder so dazu bei, daß dieses oder jenes als gültig heraussteht und ein anderes als zweifelhaft erscheint in Kirche und Frömmigkeit, in Welt und Wissenschaft. Und Luther warnt uns: Wenn nicht das Wort als ganz gewiß heraussteht, dann legt sich letztlich über alles ein Gesetz und eine Moral mit seiner flachen Evidenz. Dann mag sich zwar der Mensch vielleicht einen gnädigen Gott denken, der Gerechtigkeit schenkt – aber ohne das Wort allein wird dieses Geschenk zu einem neuen Gesetz, zur Erwartung nämlich, daß man die Gabe Gottes erfahren und „umsetzen" können sollte. Wo das aber dann nicht geschieht und Gott sich abkehrt von demjenigen, der sich abkehrt von seinem Wort, da bleiben billige Selbstzufriedenheit oder ratlose Verzweiflung als einzige Möglichkeiten.

Es geht nirgends darum, Luthers Worte kritiklos nur nachzusprechen. Die theologische Arbeit ist nie getan und abgeschlossen, auch mit dem Werk Luthers nicht. Wir haben unsere Aufgaben in unserer Zeit, und manches werden wir differenzierter und zurückhaltender, anderes noch kritischer und schärfer beurteilen als Luther in seiner Situation. Luther kann uns aber, das wollten meine Ausführungen zeigen, helfen, unsere Aufgaben zu sehen und sie mit dem nötigen schweren Ernst und der geschenkten Freiheit und Zuversicht anzugehen.

Es liegt deshalb eine unerhörte Verantwortung auf der exegetischen Theologie: Will sie es sich weiterhin leisten, mit Voraussetzungen zu arbeiten, die theologisch so dürftig geklärt sind, aufgebaut auf so viele Konstruktionen dessen, was philosophisch jeweils gerade modern ist? Weiß sie von der Besonderheit ihres Gegenstandes, die etwas viel Größeres und Rätselhafteres in sich schließt als der platte Rationalismus

---

[10] „Non est ludus neque iocus, sacras literas et pietatem docere..." (18,620,18).

des freien Willens meint, wenn er – z. B. – neben dem historischen Stoff in den biblischen Schriften auch „eine Forderung" (!) an den Leser erblickt, „sich der in ihnen enthaltenen göttlichen Botschaft gegenüber zu entscheiden"[11]? Ist es überhaupt klar, ob und wo die Ergebnisse der historischen Kritik sich äußeren Gegebenheiten verdanken und nicht vielmehr den inneren Voraussetzungen, die in sich schon einen Gottesbegriff bergen, der alle Ergebnisse im voraus im Entscheidenden mitbestimmt? Es ist an den Exegeten, präzise und einfältiger als bisher geschehen den Rahmen und die Voraussetzungen ihrer Arbeit zu definieren, dieses Bemühen sind sie den Kirchen am Ausgang des 20. Jahrhunderts dringend schuldig. Ohne eine solche offene Selbstbestimmung (die auch im Stil etwas von der Herrschaft des „Königs der Schrift" und seiner Redeweise erkennen lassen muß) verlieren die Ergebnisse der Exegese alles theologische Interesse[12]. Luther gibt ein vorbildliches Beispiel solcher eindringlich klaren Gedankenarbeit, und meine Bemühungen um Luther möchten eine Bitte und eine Herausforderung sein an die Exegeten, nun ihrerseits die Arbeit der Grundlagenbestimmung zu tun – wenn sie es vermögen, besser als Luther, oder sonst im Anschluß an ihn.

Es liegt aber eine ebenso große Verantwortung auch auf der dogmatischen Theologie. Auch hier ist zu fragen: Weiß sie noch, daß sie es mit einem Gegenüber zu tun hat, mit dem Gott des Lebens, und nicht nur mit Gottesgedanken und -erfahrungen? Und kennt sie noch den Ort ihres Bemühens? Luther hat unterschieden zwischen der inneren und äußeren Klarheit der Schrift. Die innere Klarheit ist die persönliche Zustimmung und das wachsende Verständnis des Gläubigen für den Inhalt der Schrift, die äußere Klarheit ist die deutlich geordnete, selbstgewisse öffentliche Rede und Lehre. Es scheint sich aber, wie der zweite Teil dieser Arbeit am Beispiel Karl Barths zeigen wird, ein grundsätzlicher Rückzug der theologischen Aufklärungsarbeit auf die innere Klarheit *allein* vollzogen zu haben. Selten nur noch gibt es öffentlich klärende Stellungnahmen zu biblischen und kirchlichen Fragen, selten nur noch ein energisches Bemühen, Vorurteile und offensichtliche Desinformationen richtigzustellen. Von Luther her gesehen liegt darin eine unentschuldbare Bequemlichkeit. Wenn man darauf verzichtet, berichtigend, erklärend, aber auch warnend und drohend öffentlich auf dem Plan zu sein und Aufmerksamkeit und eine gerechte Beurteilung zu fordern, dann hat man sich einem selbstgenügsamen Individualismus oder Kongregationalismus hingegeben: Man pflegt die innere Klarheit und verzichtet darauf, mit seinen Erkenntnissen auch anderen nützlich zu sein. Es ist zwar vielleicht eine Schwäche in der

---

[11] Kümmel, S. 520.
[12] Vgl. K. Barth, KD I/2,. S. 71 (s. u. Teil 2, Einl. Anm. 59).

Theologie Luthers, daß er zu wenig herausgestellt hat, wie die innere, „spekulative" Klarheit entfaltet und mit „Gleichgesinnten" besprochen werden kann, so daß sie da zur Stärkung und zur Freude beiträgt, wenn – in gedanklicher Spielerei, beweisend, allegorisierend usw. – die inneren Zusammenhänge des Glaubensgutes, die ratio fidei, erhellt wird. (Dieser Mangel im theologischen Denken Luthers hängt natürlich mit seinem persönlichen Werden und dem Ernst der Situation, in die er hineingestellt wurde, zusammen. Er mußte sich ja aus den allzu ernst genommenen Spielereien der klösterlichen Theologie und aus den übermächtig gewordenen Regeln der ratio herauskämpfen in die Freiheit der biblischen Redeweise, und er mußte dann mit handfesten Mitteln das Werk der Reformation befestigen – da blieb ihm nur noch wenig Muße für das Spiel der fides quaerens intellectum.) Die Freude an der ratio fidei und die aufbauende Pflege der Gedanken des Glaubens und der Lust an den inneren Schönheiten des Wortes ist die Stärke und das Verdienst einer jeden spekulativen Theologie, gerade auch derjenigen Karl Barths. Es ist aber die unvergleichliche Stärke der Theologie Luthers, daß er die innere Klarheit in ihre Grenzen weist und ihr jedes äußerlich normierende Recht abspricht, daß er so die Gemeinschaft der Kirche über die verschiedenen Denkbewegungen hinaus immer schon breit abgestützt sieht im äußeren Credo, und daß er überdeutlich aus jeder Selbstbeschäftigung des Glaubens mit sich selber herausruft in die Verantwortung und den Dienst an der äußeren Klarheit der Schrift. Denn die innere Klarheit zu entfalten, kann nicht die Notwendigkeit ersetzen, die äußere Klarheit zu pflegen: mit den Worten und Inhalten der Schrift *allein* einen angemessenen Raum im öffentlichen Leben zu behaupten und das, was die Schrift setzt, als ein solches herausstehen zu lassen, und zwar so klar, „das keiner dagegen mucksen kann"…

Wo die Theologie darauf verzichtet, diesen äußeren Dienst zu tun, da gibt sie kampflos die Menschen den Unklarheiten der privaten Meinungen und der lähmend selbstverständlichen Moden preis, in denen es keine wirkliche – sichtlich in Gott begründete – Gnade geben kann.

Es liegt schließlich auch eine große Verantwortung auf der praktischen Theologie. Was Luther negativ voraussetzt, ist die selbstverständliche Erfahrung, die jeder einzelne Mensch und jede Gemeinschaft macht: „Das Leben ohne das Wort ist dunkel." Geschöpflich Wahres und diabolisch Verlogenes durchmischen sich im weiten Feld des Humanen – wer aber will unterscheiden und qualifizieren, wenn nicht „das Wort allein"? Deshalb muß in aller praktischen Arbeit der Kirche das Wort aus allen anderen Bemühungen überdeutlich herausstehen: Es ist der einzige Ort, wo es eine reine Gnade, ein voraussetzungsloses Geschenk der Gerechtigkeit geben kann. Bieten die Ratschläge und Handlungsanweisungen der praktischen Theologie aber noch Gewähr dafür, daß man immer und überall unterscheiden kann zwischen dem gewissen Wort Gottes und den ungewissen menschlichen Reden, zwischen dem Gesetz und seinen Forderungen und dem Evangelium und seinen Gaben, zwischen der Liebe Gottes und ihrer machtvoll heilenden Kraft und der liebenden Anteilnahme der Menschen in ihrer letztlichen Hilflosigkeit? Lernen und üben wir auch nur noch stückweise die Kunst des Unterscheidens, die Luther als die Vorbedingung eines jeden heilsamen Wirkens in Haus und Kirche herausstellt?

„Es ist kein Spiel und kein Scherz, die Heilige Schrift und die Frömmigkeit zu lehren..."

Literaturverzeichnis

I. Quellen

1. Martin Luther

(Es werden hier nur die besonders häufig zitierten Schriften angeführt. Im übrigen wird durchgehend nach der Weimarer Ausgabe zitiert und unmittelbar in der Anmerkung die Fundstelle näher beschrieben.)

- WA 15: An die Ratsherren aller Städte deutschen Landes, daß sie christliche Schulen aufrichten und halten sollen, 1524
- WA 18,62-214: Wider die himmlischen Propheten, von den Bildern und Sakrament, 1525
- WA 18,600-787: De servo arbitrio, 1525
- WA 23: Daß diese Wort Christi (Das ist mein Leib etc.) noch fest stehen wider die Schwarmgeister, 1527
- WA 26: Vom Abendmahl Christi, Bekenntnis, 1528
- WA 30 I: Der große Katechismus, 1529
- WA 40 I und II: Großer Galaterbriefkommentar, 1531
- WA 45: Das XIV und XV Capitel S. Johannis, 1537
- WA 48: Bibel- und Bucheinzeichnungen aus den Jahren nach 1530
- WA 50,262-283: Die drei Symbole oder Bekenntnisse des Glaubens Christi, in der Kirche einträchtiglich gebraucht, 1538
- WA 50,509-653: Von den Konziliis und Kirchen, 1539
- WA 51: Wider Hans Worst, 1541

2. Weitere Quellen

(Soweit in der Arbeit ausdrücklich aus ihnen zitiert oder auf sie verwiesen wird.)

Platon: Werke in acht Bänden, hg. v. G. Eigler, Darmstadt 1970 ff.
A. Dürer: Schriften und Briefe, Berlin 1984
Erasmus von Rotterdam: De libero arbitrio ΔΙΑΤΡΙΒΗ sive collatio. Ausgewählte Schriften Bd. 4, Darmstadt 1969
- Hyperaspistes Diatribae adversus servum arbitrium Martini Lutheri. Liber primus, ebd.
Die Bekenntnisschriften der evangelisch-lutherischen Kirche (BSLK), Göttingen 1952²
Kirchen- und Theologiegeschichte in Quellen: Die Kirche im Zeitalter der Reformation. Ein Arbeitsbuch hg. v. H. A. Oberman, Neukirchen-Vluyn 1981

H. Schmid: Die Dogmatik der evangelisch-lutherischen Kirche. Dargestellt und aus den Quellen belegt. Neu hg. v. H. G. Pöhlmann, Gütersloh 1979
Blaise Pascal: Pensées et opuscules, hg. v. L. Brunschvicg, Paris 1900
G. E. Lessing: Werke, hg. v. H. G. Göpfert, München 1970 ff.
Georg Wilhelm Friedrich Hegel: Grundlinien der Philosophie des Rechts (1821), hg. v. H. Glockner, Stuttgart-Bad Cannstatt 1964
Johann Wolfgang von Goethe: Sämtliche Werke, München 1910
Friedrich Schleiermacher: Der Christliche Glaube, 2. Aufl. 1830, 2 Bde, hg. v. M. Redeker, Berlin 1960
Georg Büchner: Dantons Tod (1835), in: Sämtliche Werke Bd. 1, hg. v. W. R. Lehmann, Oldenburg 1967
Dokumente des Zweiten Vatikanischen Konzils: Constitutio dogmatica de divina revelatione. Dogmatische Konstitution über die göttliche Offenbarung, hg. v. H. Groß, Trier 1966

II. Sekundärliteratur

K. Aland: Die Reformatoren, Gütersloh 1976
P. Althaus: Die Theologie Martin Luthers, Gütersloh 1962
- Der Schöpfungsgedanke bei Luther, München 1959
H. U. von Balthasar: Karl Barth, Einsiedeln 1976[4]
H.-M. Barth: Der Teufel und Jesus Christus in der Theologie Martin Luthers, Göttingen 1967 (FKDG Bd. 19)
K. Barth: Fides quaerens intellectum, Zürich 1981
- Die christliche Dogmatik im Entwurf. Bd. 1: Die Lehre vom Wort Gottes. Prolegomena zur christlichen Dogmatik, 1927. Neu hg. v. G. Sauter, Zürich 1982
- Die protestantische Theologie im 19. Jahrhundert, Zürich 1947
- Die Kirchliche Dogmatik. I. Die Lehre vom Wort Gottes, Bd. 2, Zürich 1940, IV. Die Lehre von der Versöhnung, Bd. 3, Zürich 1959
O. Bayer: Aus Glauben leben. Über Rechtfertigung und Heiligung, Stuttgart 1984
- Oratio, Meditatio, Tentatio. Eine Besinnung auf Luthers Theologieverständnis, LuJ 55, 1988, S. 7-59
- Promissio. Geschichte der reformatorischen Wende in Luthers Theologie, Göttingen 1971
- Schöpfung als Anrede. Zu einer Hermeneutik der Schöpfung, Tübingen 1986
- Schriftautorität und Vernunft - ein ekklesiologisches Problem, in: Schrift und Auslegung, Veröffentlichungen der Luther-Akademie Ratzeburg, Bd. 10 1987
- Vernunftautorität und Bibelkritik in der Kontroverse zwischen Johann Georg Hamann und Immanuel Kant, in: Historische Kritik und biblischer Kanon in der deutschen Aufklärung, Wolfenbüttel 1988, S. 21-46
- Vernunft ist Sprache, KuD 32, 1986, S. 278-91
- Zeitgenosse im Widerspruch. J. G. Hamann als radikaler Aufklärer, München 1988
F. Beisser: Claritas scripturae bei Martin Luther, Göttingen 1966
W. Bienert: Martin Luther und die Juden, Frankfurt a. M. 1982
E. Billing: Luthers lära om staten, Karlskrona 1971[2]

E. Bizer: Fides ex auditu, Neukirchen-Vluyn 1966³
H. Bornkamm: Luther und das Alte Testament, Tübingen 1948
- Luthers geistige Welt, Gütersloh 1960⁴
- Luther im Spiegel der deutschen Geistesgeschichte, Göttingen 1970
- Martin Luther in der Mitte seines Lebens, Göttingen 1979
M. Brecht: Martin Luther
  Bd. 1: Sein Weg zur Reformation, 1483-1521, Stuttgart 1981
  Bd. 2: Ordnung und Abgrenzung der Reformation 1521-1532, Stuttgart 1986
R. Bring: Bibeln såsom Guds ord, SvTK 37 1961, S. 1-20
- Dopets innebörd, Stockholm 1968
C. J. Burckhardt: Erasmus von Rotterdam, in: Gestalten und Mächte, Zürich 1961
E. Busch: Karl Barths Lebenslauf, München 1975.
H. J. Dörger: Schlecht vorbereitet - lieblos arrangiert. Luther in den Medien, in: Luther 83, hg. v. C.-J. Roepke, München 1984, S. 97-111
U. Duchrow: Christenheit und Weltverantwortung, Stuttgart 1970
- Die Klarheit der Schrift und die Vernunft, KuD 15, 1969, S. 1-17
- Sprachverständnis und biblisches Hören bei Augustin, Tübingen 1965
G. Ebeling: Die Anfänge von Luthers Hermeneutik, in: ZThK 48, 1951, S. 172-230
- Die Bedeutung der historisch-kritischen Methode für die protestantische Theologie und Kirche, ZThK 47, 1950, S. 1-46, nachgedruckt in Wort und Glaube Bd. 1, Tübingen 1960
- Dogmatik des christlichen Glaubens, Bd. I-III, Tübingen 1979
- Einführung in die theologische Sprachenlehre, Tübingen 1971
- Evangelische Evangelienauslegung. Eine Untersuchung zu Luthers Hermeneutik, in: FGLP 10. Reihe Bd. 1, München 1942
- Zur Klage über das Erfahrungsdefizit in der Theologie als Frage nach ihrer Sache, in: Wort und Glaube Bd. 3, Tübingen 1975
- Luther. Einführung in sein Denken, Tübingen 1971
- Lutherstudien Bd. 2: Disputatio de homine, 1. Teil, Tübingen 1975
- Lutherstudien Bd. 3, Tübingen 1985
- „Sola scriptura" und das Problem der Tradition, in: Wort Gottes und Tradition, Göttingen 1964, S. 91-143
W. Führer: Das Wort Gottes in Luthers Theologie, Göttingen 1984
Ch. Gestrich: Die hermeneutische Differenz zwischen Barth und Luther, ZThK Beiheft 6, 1986, S. 136-157
F. Gogarten: Luthers Theologie, Tübingen 1977
L. Grane: Luther's Case, LuJ 52, 1985, S. 46-63
- Modus loquendi theologicus. Luthers Kampf um die Erneuerung der Theologie (1515-1518), Leiden 1975
A. v. Harnack: Dogmengeschichte, Berlin 1922⁶
- Lehrbuch der Dogmengeschichte, 3 Bde., Tübingen 1910⁴
Th. Harnack: Luthers Theologie 2 Bde., Neue Ausgabe München 1927
B. Hägglund: De homine. Människouppfattningen i äldre luthersk tradition, Lund 1959
- Die Heilige Schrift und ihre Deutung in der Theologie Johann Gerhards, Lund 1951

- Evidentiae sacrae scripturae. Bemerkungen zum „Schriftprinzip" bei Luther, in: Vierhundertfünfzig Jahre lutherische Reformation 1517-1967, Festschr. für Franz Lau zum 60. Geburtstag, Berlin und Göttingen 1969, S. 116-125
- Geschichte der Theologie, München 1983
- Martin Luther über die Sprache, NZSTh 26, 1986, S. 1-12
- Problematiken i Luthers hävdande av skriftens auktoritet, SvTK 37, 1969, S. 224-235
- Theologie des Wortes bei J. Gerhard, KuD 29, 1983, S. 272-283
- Theologie und Philosophie bei Luther und in der occamistischen Tradition, Lund 1955

M. Hengel: Historische Methoden und theologische Auslegung des Neuen Testamentes, KuD 19, 1973, S. 85-90

R. Hermann: Luthers Theologie, Göttingen 1967
- Zum Streit um die Überwindung des Gesetzes, Weimar 1958

W. Herrmann: Schriften zur Grundlegung der Theologie. Teil 1 und 2, München 1966 und 1967

K. Holl: Gesammelte Aufsätze zur Kirchengeschichte. Bd. 1: Luther, Tübingen 1948[7]

H. J. Iwand: Einführung und Anmerkungen zu: Martin Luther: Daß der freie Wille nichts sei, Münchener Ausgabe, Ergänzungsbd. 1, München 1975[3], S. 251-315
- Gesetz und Evangelium. Nachgelassene Werke Bd. 4, München 1964
- Glaubensgerechtigkeit nach Luthers Lehre, München 1959[3]
- Die heilige Schrift als Zeugnis des lebendigen Gottes, in: Um den rechten Glauben. Gesammelte Aufsätze. ThB Bd. 9, München 1959, S. 110-124
- Luthers Theologie. Nachgelassene Werke Bd. 5, München 1974

W. Joest: Dogmatik, Bd. 1: Die Wirklichkeit Gottes, Göttingen 1984[2]
- Dogmatik, Bd. 2: Der Weg Gottes mit dem Menschen, Göttingen 1986
- Erwägungen zur kanonischen Bedeutung des Neuen Testamentes, KuD 12, 1966, S. 27-47

E. Jüngel: Quae supra nos, nihil ad nos. Eine Kurzformel der Lehre vom verborgenen Gott - in Anschluß an Luther interpretiert, EvTh 32, 1972, S. 197-240

M. Kähler: Aufsätze zur Bibelfrage, hg. v. E. Kähler, München 1967 (ThB Bd. 37)

E. Käsemann: Begründet der neutestamentliche Kanon die Einheit der Kirche? In: Das Neue Testament als Kanon. Dokumentation und kritische Analyse zur gegenwärtigen Diskussion, hg. v. E. Käsemann, S. 124-133
- Kritische Analyse. Zusammenfassung, ebd. S. 336-410

E. W. Kohls: Luthers Verhältnis zu Aristoteles, Thomas und Erasmus, ThZ 31, 5 1975, S. 289-301
- Luther oder Erasmus, Sonderbd. 3 der ThZ, Basel 1972

H. J. Kraus: Geschichte der historisch-kritischen Erforschung des Alten Testaments, Neukirchen-Vluyn 1982[3]

M. Kroeger: Rechtfertigung und Gesetz. Studien zur Entwicklung der Rechtfertigungslehre beim jungen Luther, Göttingen 1968 (FKDG Bd. 20)

W. G. Kümmel: Das Neue Testament. Geschichte der Erforschung seiner Probleme, Freiburg/München 1970[2]

W. Link: Das Ringen Luthers um die Freiheit der Theologie von der Philosophie, München 1955²
W. von Loewenich: Die Eigenart von Luthers Auslegung des Johannes-Prologes, München 1960
- Luthers Theologia crucis, München 1929
- Luther und der Neuprotestantismus, Witten/Ruhr 1963
- Martin Luther. Der Mann und das Werk, München 1982
B. Lohse: Lutherdeutung heute, Göttingen 1968
- Martin Luther. Eine Einführung in sein Leben und sein Werk, München 1981
- Ratio und fides. Eine Untersuchung über die ratio in der Theologie Luthers, Göttingen 1958
I. Lønning: „Kanon im Kanon", in: FGLP 10, Bd. 43, Oslo-München 1972
- Luther und die Kirche. Das blinde Wort und die verborgene Wirklichkeit, LuJ 52, 1983, S. 94-112
K. Löwith: Von Hegel zu Nietzsche. Der revolutionäre Bruch im Denken des 19. Jahrhunderts, Hamburg 1978⁷
P. Manns: Lutherforschung heute. Krise und Aufbruch, Wiesbaden 1967
P. Meinhold: Luthers Sprachphilosophie, Berlin 1958
- Luther heute, Berlin und Hamburg 1967
K. H. Michel: Anfänge der Bibelkritik, Wuppertal 1985
M. Müller u. A. Halder (Hg.): Kleines Philosophisches Wörterbuch, Freiburg i. Br. 1971
A. Nygren: Eros und Agape. 1. Teil, Gütersloh 1930; 2. Teil, Gütersloh 1937
H. A. Oberman: „Iustitia Christi" und „Iustitia Dei", in: Der Durchbruch der reformatorischen Erkenntnis bei Luther, Hg. B. Lohse, Darmstadt 1968
- Luther. Mensch zwischen Gott und Teufel, Berlin 1982
- Spätscholastik und Reformation:
  Bd. 1: Der Herbst der mittelalterlichen Theologie, Zürich 1965
  Bd. 2: Werden und Wertung der Reformation. Vom Wegestreit zum Glaubenskampf, Tübingen 1977
H. Odeberg: Rannsakan. Bibliska studier, Karlskrona 1968
- Skriftens studium. Inspiration och auktoritet, 2. Aufl., Schweden, undatiert
H. Østergaard-Nielsen: Scriptura sacra et viva vox, in: FGLP 10. Reihe Bd. 10, München 1957
W. Pannenberg: Die Krise des Schriftprinzips (1962), in: Grundfragen systematischer Theologie. Gesammelte Aufsätze, Göttingen 1967
- Systematische Theologie Bd. 1, Göttingen 1988
O. H. Pesch: Hinführung zu Luther, Mainz 1982
- Neuere Beiträge zur Frage nach Luthers „Reformatorischer Wende", Catholica 37, 1983, S. 259-287 u. Catholica 38, 1984, S. 66-133
- Der Stellenwert der Kirche. Lehren aus dem Lutherjahr, in: Luther 83, hg. v. C. J. Roepke, München 1984, S. 16-53
- Theologie der Rechtfertigung bei Martin Luther und Thomas von Aquin, Mainz 1967
- Zur Frage nach Luthers reformatorischer Wende, in: Der Durchbruch der reformatorischen Erkenntnis bei Luther, Hg. B. Lohse, Darmstadt 1968
H. G. Pöhlmann: Abriß der Dogmatik, Gütersloh 1973³

J. S. Preus: From shadow to promise, Cambridge 1969

M. Ruokanen: Das Problem der Gnadenlehre in der Dogmatik Gerhard Ebelings, KuD 35, 1988, S. 2–22

H. Sasse: Sacra Scriptura. Studien zur Lehre von der Heiligen Schrift, Erlangen 1981

M. Schoch: Verbi divini ministerium, Bd. 1: Verbum. Sprache und Wirklichkeit, Tübingen 1968

K. Scholder: Ursprünge und Probleme der Bibelkritik im 17. Jahrhundert, München 1966

M. Seils: Der Gedanke vom Zusammenwirken Gottes und des Menschen in Luthers Theologie, Gütersloh 1962

– Wort und Wirklichkeit bei Johann Georg Hamann, Stuttgart 1961

E. Seeberg: Luthers Theologie. Motive und Ideen. I. Die Gottesanschauung, Göttingen 1929

A. Sierszyn: Die Bibel im Griff? Wuppertal 1978

K. G. Steck: Lehre und Kirche bei Luther, in: FGLP 10. Reihe, Bd. 27, München 1963

– Luther und die Schwärmer, ThSt(B) 44, 1955

P. Stuhlmacher: Vom Verstehen des Neuen Testaments. Eine Hermeneutik, Göttingen 1979

E. Thestrup-Pedersen: Luther som skriftfortolker, København 1959

E. Troeltsch: Über historische und dogmatische Methode in der Theologie, in: Gesammelte Schriften II, Tübingen 1913, S. 729–753

V. Vajta (Hg.): Luther und Melanchthon. Referate und Berichte des Zweiten Internationalen Kongresses für Lutherforschung, Göttingen 1961

– Die Theologie des Gottesdienstes bei Luther, Stockholm/Göttingen 1952

K. Vorländer: Philosophie des Mittelalters. Geschichte der Philosophie II, Hamburg 1964

H. Vorster: Das Freiheitsverständnis bei Thomas von Aquin und Martin Luther, Göttingen 1965

A. Wikerstål: Verbum och filius incarnandus, Lund 1969

G. Wingren: Die Leibhaftigkeit des Wortes, Hamburg 1958

– Gamla vägar framåt, Alvsjö 1986

– Gestalt einer Kirche von morgen. Der theologische Entwurf des Schweden Einar Billing, München 1969

– Luther frigiven, Lund 1970

– Die Predigt, Göttingen 1955

– Den springande punkten, SvTK 50, 1974, S. 101 ff.

J. Wirsching: Was ist schriftgemäß? Gütersloh 1971

E. Wolf: Erwählungslehre und Prädestinationsproblem, ThEx N. F. 28, 1951, S. 63–94

– „Jesus Christus, mein HERR" – die „Sache" der Reformation, in: Vierhundertfünfzig Jahre lutherische Reformation 1517–1967, Festschr. für Franz Lau zum 60. Geburtstag, Göttingen 1969, S. 416–425

– Über „Klarheit der Heiligen Schrift" nach Luthers „De servo arbitrio", ThLZ 92, 1967, S. 721–730

H. Wolf: Martin Luther, Stuttgart 1980

Personenregister

Steht der Buchstabe A neben der Seitenzahl, so bezieht sich der Verweis auf den Anmerkungsteil.

Althaus, P. 70, 151 A
Agricola, S. 232
Ambrosius 208
Amsdorf, N. v. 197 f.
Anselm von Canterbury 247
Aristoteles 30, 57, 153
Augustin 28, 61, 105, 208, 243

Balthasar, H. U. 176 A
Barth, K. 13, 17, 25 A, 31, 52 A, 61 A, 68 A, 72, 83 A, 142 A, 176, 185 A, 233 A, 247 A, 248 A, 252 f.
Bayer, O. 15 f., 26 A, 38 A, 84, 197, 209 A, 230, 231 f.
Beisser, F. 17, 53 f., 88, 138
Bernhard von Clairvaux 82
Bienert, W. 62 A
Billing, E. 19
Bizer, E. 230
Bornkamm, H. 70, 72, 89 A, 98 A, 99, 101 A, 107 A, 119, 129, 224 A, 225 A
Brecht, M. 233 A
Büchner, G. 163 f.
Bultmann, R. 11, 68 A
Burckhardt, C. J. 116 A
Busch, E. 176 A

Cajetan, Th. d. V. 9 A, 105, 231
Cicero 71, 75, 78

Denifle, H. S. 243
Descartes, R. 170 A, 194
Dörger, H. J. 14
Duchrow, U. 150 A
Dürer, A. 7 f., 210 A

Ebeling, G. 11, 15 A, 19, 25, 44, 78, 125, 128, 129 A, 133 A, 150 A, 216 f.
Eck, J. 105
Erasmus von Rotterdam 9 f., 21, 28 A, 32 f., 58, 59 A, 82 f., 87, 97, 115–126, 143 f., 148 A, 160 f., 167 f., 193, 198, 199, 251

Freitag, A. 133 A
Frey, H. 72
Führer, W. 17, 151 A

Gerhard, J. 53 A
Gestrich, Ch. 52 A
Gloege, G. 17 A, 19
Goethe, J. W. v. 145, 164, 192
Goeze, J. M. 149
Grane, L. 29, 32 A

Hacker, P. 233 A
Halder, A. 170 A
Hamann, J. G. 197
Hägglund, B. 45 A, 52 A, 151 A, 197
Harnack, A. v. 24 A, 45 f.
Hegel, G. W. F. 164
Hengel, M. 17
Hermann, R. 24, 138
Herrmann, W. 11, 24 A
Hieronymus 111
Homer 55 A
Honius, C. A. 99 A

Iwand, H. J. 17, 116 A, 118, 128

Joest, W. 12, 17, 19
Jonas, J. 155 f.

261

Jordahn, B. 118, 128
Jüngel, E. 35 A, 37 A
Justinian 153

Karlstadt, A. B. v. 97–106, 200, 234 ff.
Kant, I. 29, 194, 197
Kantzenbach, F. W. 22
Käsemann, E. 142
Kirkegaard, S. 176
Kolb, F. 99 A
Kopernikus, N. 20
Kraus, H.-J. 16, 18 A, 19, 56 A
Krautwald, V. 89 A
Kümmel, W. G. 16, 17 f., 46, 252

Lessing, G. E. 149
Link, W. 26
Loewenich, W. v. 24 A, 70
Lohse, B. 25, 29, 56 A, 206 A
Lønning, I. 24 A, 47 A, 49, 82 A

Mathesius, J. 197 A
Melanchthon, Ph. 51, 70, 154–156, 198
Michel, K.-H. 18 f.
Modalsli, O. 233 A
Müller, M. 170 A
Müntzer, Th. 156

Oberman, H. A. 9, 17 A, 29, 119 A, 200, 224 A, 230 A, 234, 248, 250
Odeberg, H. 23 A, 214 f.
Oekolampad, J. 97–105
Origenes 23 A, 111
Osiander, A. 107

Pannenberg, W. 11, 18, 19, 21
Pascal, B. 250
Persson, P. E. 19 A

Pesch, O. H. 17, 24 A, 26 A, 29, 50 A, 105, 230 f., 233 A, 243, 248 A
Platon 145 A
Plutarch 101 A
Pöhlmann, H. G. 17
Prierias, S. 50

Ratzeberger, M. 41 A
Ritschl, A. 24 A
Rörer, G. 45
Ruokanen, M. 12 A

Sasse, H. 22 f., 64 A, 66 A, 215 A
Schleiermacher, F. 13 A, 216
Schmid, H. 53 A
Scholder, K. 30 A
Schwenckfeld, K. v. 89 A
Spitz, L. W. 29 A
Staupitz, J. v. 132, 227, 230 A, 234
Steck, K. G. 15, 82 A, 96 A, 98 A, 170 A, 185 A, 237 A
Stiefel, M. 139 A
Strauss, D. F. 61
Stuhlmacher, P. 16 A

Thestrup-Pedersen, E. 29 A
Thomas von Aquin 105, 111
Trutfetter, J. 248 A

Vergil 55 A, 75, 78
Vorländer, K. 170 A

Watkin, J. 176 A
Wikerstål, A. 25 A, 160
Wingren, G. 17 A, 19 A
Wirsching, J. 13, 22
Wolf, E. 17, 88
Wyclif, J. 103

Zwingli, H. 97–107

Bernhard Rothen
Die Klarheit der Schrift
Teil 2: Karl Barth. Eine Kritik
1990. Ca. 145 Seiten, kartoniert

Der Verfasser fragt die beiden größten biblischen Theologen der Reformationszeit und des 20. Jahrhunderts nach ihrem Schriftverständnis.
Von Luther führt dieser Band zum bedeutendsten Theologen unseres Jahrhunderts. Die breit gefächerte, fundamentale Kritik will klären, wodurch das heutige theologische Denken in seinen Urteilen und Vorurteilen bestimmt ist. Dem reichen Quellenmaterial folgend, mit beständigen Rückfragen nach der biblischen Begründung und den praktisch-theologischen Konsequenzen, ordnet und wertet der Verfasser Barths dogmatische Entscheidungen. Im Vergleich zur Reformation wird deutlich, wie die schulmäßige Grundlegung seiner Theologie die Wahrnehmung in verengende Bahnen lenkt und wie der Begriff des „Zeugnisses" die Schrift in ein vereinheitlichendes Verständnis preßt. Hochgespannte Erwartungen („Evangelium und Gesetz") werden geweckt und durch relativierende Formulierungen eingelöst. Das Interesse verschiebt sich vom Wort (Liturgie, Katechismus) zur „theologischen Existenz". So droht das kirchliche Reden, in sich verschlossen, über den durchaus irdischen Realitäten des Neuen Testaments zu schweben.

Johannes Wirsching
Kirche und Pseudokirche
Konturen der Häresie. 1990. 281 Seiten, kartoniert

Jede Generation muß sich dem Problem von Gemeinschaft und Abgrenzung unter Christen neu stellen.
Kirche wird in dieser Untersuchung als Gemeinschaft des Glaubens bestimmt, die sich von Anfang an als neue Schöpfung erfaßt hat und deren Gestalt in der Wirklichkeit ihres kommenden Herrn gründet. Pseudokirche wiederum zeigt sich in dem Versuch, den Heilsglauben zu überbieten und das, was Kirche ist, als vollendete Gruppengestalt oder vollkommene Tatgestalt zu erzwingen.
Die wahre Kirche ist nicht die reine Kirche, die sich durch Selbstabgrenzung rein hält, sondern die Kirche der ungehinderten Verkündigung Jesu Christi und der dadurch bewirkten Abgrenzungen.
Dieses Buch bietet eine durchgängige Geschichte, Begriffserklärung und systematische Erhellung kirchlicher Abgrenzungsvorgänge von der altkirchlichen Kanonbildung bis heute.

Vandenhoeck & Ruprecht · Göttingen und Zürich

Ulrich Asendorf
Die Theologie Martin Luthers nach seinen Predigten
1988. 435 Seiten, Leinen und kart. Studienausgabe

Die Predigten zeigen uns Luther als originären Prediger und volksnahen Theologen. Die Literatur über Luthers Predigt ist spärlich. Die Untersuchung seiner Theologie auf dieser Basis ist bisher einzigartig.

Ulrich Asendorf stellt die Predigten den großen Vorlesungen als selbständige Ausprägung der Theologie Luthers an die Seite. Er erschließt die Systematik der (Predigt-) Theologie Luthers im Horizont der Rechtfertigungslehre und in der ständigen Präsenz der altkirchlichen Lehrentscheidungen zur Trinitätslehre und Christologie. Dabei geht es um das Ganze der Bibel in ökumenischer Verantwortung.

Für Prediger ist dieses Buch eine Fundgrube von Lutherzeugnissen zu den großen Themen christlicher Predigt.

„Das Buch ist ein hilfreicher Beitrag zur Lutherforschung, weil es zum ersten Mal eine zusammenfassende Darstellung der Predigttheologie Luthers bietet. ... Der Verfasser hat gezeigt, wie wichtig es ist, die Predigten Luthers in eine systematische Sicht seiner Theologie einzuordnen. Die damit verbundenen methodischen Fragen und Antworten sollten in der Lutherforschung lebhaft erörtert werden." *Theol. Literaturzeitung*

Heinrich Bornkamm (Hg.)
Luthers Vorreden zur Bibel
(Kleine Vandenhoeck-Reihe 1550). 3. Auflage 1989. 231 Seiten mit einer Abbildung, kartoniert

Mit gutem Recht kann man Luthers Vorreden zur heiligen Schrift eine kurze Summe seiner ganzen Theologie nennen. Sie sind es zwar nicht im Sinne eines schulmäßigen Lehrauszugs, aber wenn Luthers Theologie Schrifttheologie oder genauer: Einübung in das Evangelium sein wollte, so müssen die Einleitungen, die er den beiden Testamenten und den einzelnen biblischen Büchern voranschickte, in den Kern und in die Ausstrahlung seiner Theologie einführen.

Diese Vorreden haben die Form der Bibel selbst: ihren historischen Tiefenraum, ihre unerschöpfliche Vielfalt, ja ihre Spannungen, ihr farbiges Einzelleben und die Fülle ihrer Einheit.

Werner Führer
Das Wort Gottes in Luthers Theologie
(Göttinger Theologische Arbeiten, Band 30). 1984. 330 Seiten, kartoniert

Friedrich Beißer
Claritas scripturae bei Martin Luther
(Forschungen zur Kirchen- und Dogmengeschichte, Band 18). 1966. 199 Seiten, kartoniert

Vandenhoeck & Ruprecht · Göttigen und Zürich